SHOW ENGLISH CONVERSATION

you the best way to

*영어말하기 **표현**사전

Show English Conversation

*영어 말하기 **표현** 사전

초판 1쇄 | 2008년 1월 25일
초판 3쇄 | 2008년 11월 5일

지은이 | 신용빈
발행인 | 김태웅
편 집 | 최문선, 조선형, 임민정
디자인 | 안성민, 최진화
내지 디자인 | 이현해
영 업 | 남상조, 한찬수, 육장석, 박종원, 한승엽, 박광균
제 작 | 이시우

발행처 | 홍익미디어플러스(주)(동양문고 · 상상공방)
등 록 | 제 2-4410호(2006년 2월 22일)
주 소 | 서울시 마포구 서교동 463-16호 (121-841)
전 화 | 02-333-0957
팩 스 | 02-333-0964
홈페이지 | http://www.dongyangbooks.com
www.hongikmediaplus.co.kr

ISBN 978-89-5939-026-7 03740

SHOW you the best way to ENGLISH CONVERSATION

*영어말하기 표현사전

Prologue

인터넷 시대에 영어는 중요한 의사 소통(communication) 도구로써 자리잡았기 때문에 누구나 영어를 배우고 싶어한다. 그러나 마음먹은 만큼 쉽게 되지 않는 것이 외국어 공부이다.

서점에 가보면 우리말 번역과 함께 영어 회화 표현을 다양하게 실어 놓은 책들이 많다. 독자들은 영어 회화를 빨리 배우고 싶은 마음에서 이런 책들을 고르지만 막상 공부를 하려면 잘 되지 않는다.

그 이유는 무엇보다 학습자가 충분한 반복 훈련을 하지 않기 때문이고, 두번째 이유는 교재가 학습하기에 불편하게 되어 있기 때문이다. 대부분의 교재들은 영어 문장 밑에 번역만 있을 뿐 다른 설명은 부족한 것이 많아, 보다 보면 뜻을 모르는 단어가 불쑥불쑥 튀어나오고 어떻게 읽어야 하는지 사전을 찾아보기 전에는 알 수 없는 경우가 많다. 따라서 영어 실력에 자신이 없는 독자들은 어렵다는 생각에 쉽게 포기해 버리고 만다. 다시 말해 교재가 학습자의 눈높이에 맞춰져 있지 않다는 말이다.

독자들의 이러한 어려움을 접한 필자는 원고를 미리 내가 가르치고 있는 학생들에게 보여 주고 뜻을 모르는 말이나 발음하기 어려운 단어들을 체크해 보게 하였다. 그런 다음 어휘 풀이와 발음기호, 간단한 문법 설명을 첨가하여 학습자로 하여금 아무런 불편 없이 영어 회화를 공부할 수 있도록 하였다. 그 결과 지금 여러분이 보는 대로 친절하고 공부하기 쉬운 교재가 탄생되었다.

본서는 '인사·소개·축하·격려·파티…' 등 일상 생활에서 흔히 쓰이는 표현을 45개의 섹션으로 나누어 주제별로 소개하고 있다. 우리말 표현을 앞에 두어 상황에 따른 영어 표현을 찾아보기 쉽게 하였으며, 기본 표현을 대화문을 통해 익히도록 하여 입체적인 학습이 되도록 하였다. 아울러 앞서 말한 바와 같이 어려운 어휘나 표현에 대한 자세한 설명과 발음기호를 하나하나 달아 놓아 사전 없이도 공부할 수 있게 했고, 표현 학습시 기본이 되는 문법 사항과 각각의 표현이 쓰이는 상황이나 의미상의 차이점을 알기 쉽게 어법연구로 묶어 설명해 놓았다.

영어 말하기에 도전하는 독자 여러분에게 모쪼록 이 책이 외국인과 좀더 쉽게 의사 소통할 수 있는 계기가 되어 성공적인 영어 학습을 이루시길 바란다.

신용빈 저

How to study

❶ 반복해서 연습하면 잘 할 수 있다

"Practice makes perfect."는 "반복해서 연습을 하면 완벽하게 할 수 있다."는 격언이다. 영어 회화에서도 중요한 것은 반복 훈련이다. 정확한 발음으로 영어 문장을 암기해서 적재 적소에 사용할 수 있도록 여러 차례 연습해야 한다. 특히 소리로써 의사를 전달하는 회화는 자기가 읽는 소리가 자기 귀에 들릴 수 있도록 큰 소리로 떠들면서 익히는 것이 좋다. 그러기 위해선 원어민(native speaker)의 소리를 정확히 듣고 리듬 감각을 익혀 그대로 따라 하면서 영어 표현을 자신의 것으로 만드는 것이 중요하다. 아나운서가 뉴스를 방송하기 전에 거의 암기하게 될 때까지 읽는 연습을 하는 것과 마찬가지로 외국어를 배울 때에도 원어민의 소리를 듣고 여러 번 따라 말하는 것이 필수적이다.

❷ 실수를 두려워하지 마라

"실수하는 것을 두려워하지 마라.(Don't be afraid of making a mistake.)"는 말처럼 외국인과 대화를 나누고 싶다면 실수하는 것을 창피하게 생각하지 말아야 한다. 영어가 우리말이 아닌 이상 실수하는 것은 당연하다. 오히려 실수하면서도 자기 생각을 표현하려는 모습이 외국인에게 좋은 인상을 줄 수도 있고 그런 과정을 통해 잘못된 표현에 대해 지적 받고 올바른 표현을 익힐 수도 있다. '나도 할 수 있다'는 긍정적인 생각을 갖고 하루에 적어도 30분 이상은 꼭 말하기와 듣기를 연습하고, 직접 써보도록 하라. 요즘은 외국인을 직접 만나지 않아도 인터넷 채팅이나 메일 등 영어를 쓸 수 있는 기회는 많으므로 이를 적극 활용하도록 하면 좋다.

❸ 회화 · 어휘 · 문법을 동시에 공부하는 것이 효과적이다

"영어 교육은 회화다 문법이다 어휘다 작문이다 해서 따로따로 시키는 것보다 말하기 · 듣기 · 쓰기 · 읽기를 동시에 영어로 교육하는 것이 가장 효과적인 방법이다." 이 말은 미국의 보스턴대 이중언어교육과 학과장인 마리아 브리스크 박사가 우리나라 초 · 중 · 고교 영어 교사 세미나에서 강조한 말이다. 이 말은 실용 영어를 익히려는 이들에게도 그대로 해당하는데 교재 선택에서도 이러한 기능이 통합된 교재를 선택하는 것이 좋다. 본서는 독자가 회화와 문법 · 어휘를 동시에 공부할 수 있도록 구성되었으므로 학습 효과를 높일 수 있다.

❹ 응답은 짧게 하라

외국인과 대화를 나눌 때 완전한 문장으로, 즉 '주어 · 동사 · 목적어 · 보어 · 부사'를 모두 갖추어서 응답해야 한다는 강박관념을 버려라. 완전한 문장으로 응답을 하게 되면 같은 단어를 반복하게 되어 지루한 느낌을 줄 뿐만 아니라 실수할 가능성이 더 많아진다. 예를 들어 "What did you buy yesterday?"라는 물음에 "I bought a book yesterday."라고 완전한 문장으로 대답하려고 하다가 'buy'의 과거형을 모른다든지 발음이 정확하지 않으면 상대방이 오해할 수 있다. 또한 'bought'와 'yesterday'가 반복되므로 비경제적이고 지루함을 주게 된다. 그러므로 'What'에 대한 응답으로 "A book."이라고 짧게 대답하면 상대방도 알고 싶어하는 말을 듣게 되어서 만족할 것이고 말하는 쪽에서도 틀릴 가능성이 적어진다. 엘리베이터 앞에서나 버스 승강장에서 '먼저 타세요.' 라고 하려면 간단히 "After you."라고 말하면 되고, "So you think we should sell the house and move to the country?"라는 말에 대해서도 "You're absolutely right!"라고 완전한 문장으로 말하는 대신에 "Exactly!"나 "Absolutely!"와 같이 부사 하나로만 응답해도 훌륭한 영어가 된다. 그러므로 생략된 표현으로 응답을 짧게 하는 것이 영어 회화를 잘하는 지름길이다. 이 책에서는 이러한 짧으면서도 유용한 구어 표현들을 많이 다루었다.

❺ 본서에 쓰인 약어

sb = somebody	sth = something
S = subject	V = verb
O = object	C = complement

About the book

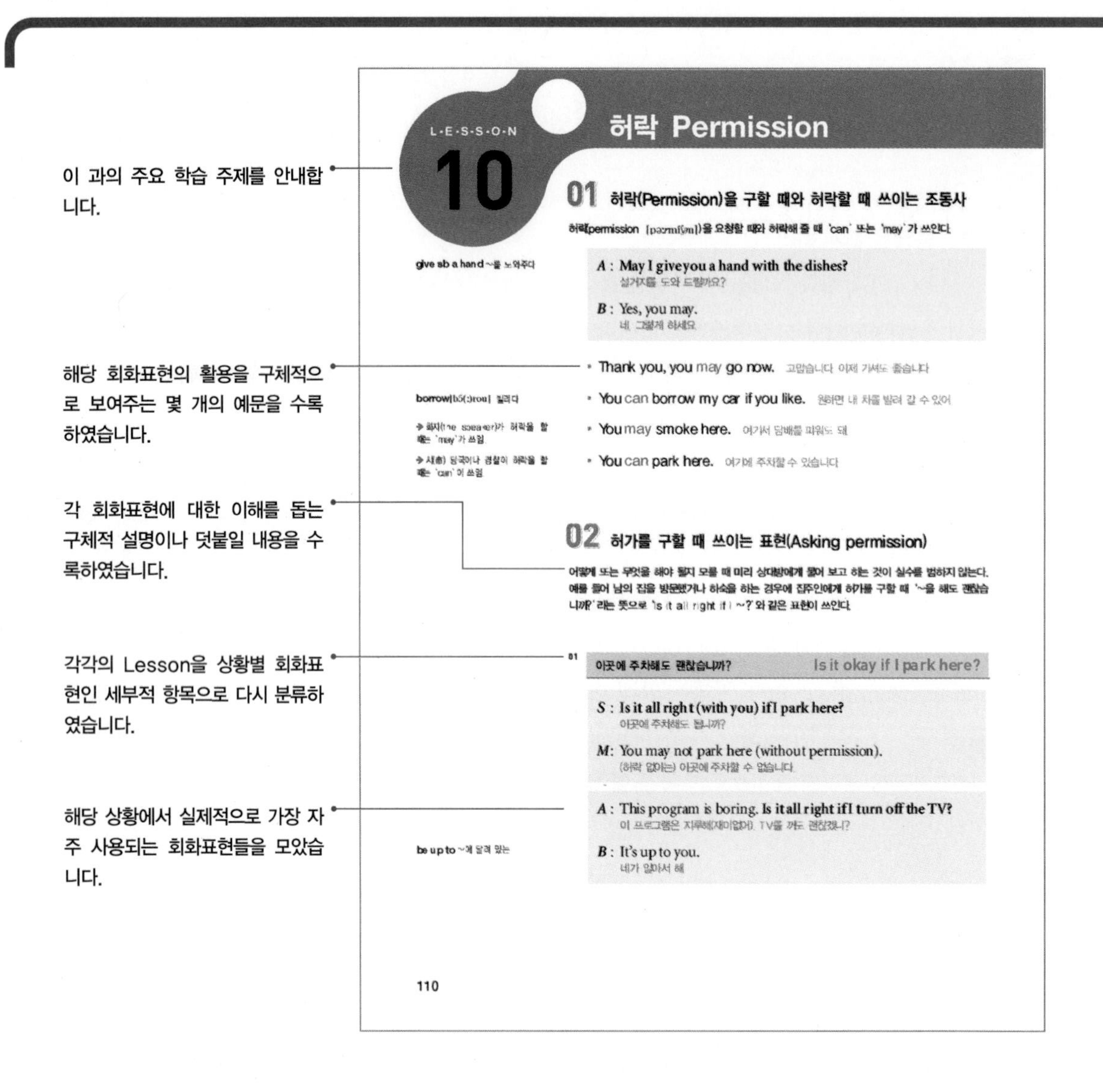

이 과의 주요 학습 주제를 안내합니다.
해당 회화표현의 활용을 구체적으로 보여주는 몇 개의 예문을 수록하였습니다.
각 회화표현에 대한 이해를 돕는 구체적 설명이나 덧붙일 내용을 수록하였습니다.
각각의 Lesson을 상황별 회화표현인 세부적 항목으로 다시 분류하였습니다.
해당 상황에서 실제적으로 가장 자주 사용되는 회화표현들을 모았습니다.

L·E·S·S·O·N 10

허락 Permission

01 허락(Permission)을 구할 때와 허락할 때 쓰이는 조동사

허락(permission [pəːrmíʃən])을 요청할 때와 허락해 줄 때 'can' 또는 'may'가 쓰인다.

give sb a hand ~을 도와주다

A : May I give you a hand with the dishes?
설거지를 도와 드릴까요?

B : Yes, you may.
네, 그렇게 하세요.

- Thank you, you may go now. 고맙습니다. 이제 가셔도 좋습니다.
- You can borrow my car if you like. 원하면 내 차를 빌려 갈 수 있어.
- You may smoke here. 여기서 담배를 피워도 돼.
- You can park here. 여기에 주차할 수 있습니다.

borrow [bɔ́(ː)rou] 빌리다

→ 화자(the speaker)가 허락을 할 때는 'may'가 쓰임.

→ 사회) 당국이나 경찰이 허락을 할 때는 'can'이 쓰임.

02 허가를 구할 때 쓰이는 표현(Asking permission)

어떻게 또는 무엇을 해야 될지 모를 때 미리 상대방에게 물어 보고 하는 것이 실수를 범하지 않는다. 예를 들어 남의 집을 방문했거나 하숙을 하는 경우에 집주인에게 허가를 구할 때 '~을 해도 괜찮습니까?'라는 뜻으로 'Is it all right if I ~?'와 같은 표현이 쓰인다.

01 이곳에 주차해도 괜찮습니까? Is it okay if I park here?

S : Is it all right (with you) if I park here?
이곳에 주차해도 됩니까?

M : You may not park here (without permission).
(허락 없이는) 이곳에 주차할 수 없습니다.

A : This program is boring. Is it all right if I turn off the TV?
이 프로그램은 지루해(재미없어). TV를 꺼도 괜찮겠니?

B : It's up to you.
네가 알아서 해.

be up to ~에 달려 있는

110

Index – Key Expression

각 회화표현의 영어 제목과 주요 영어 예문을 순차적으로 정리해 놓아 찾아보기가 용이하고 빠르게 활용할 수 있습니다.

이 책의 구성과 활용법

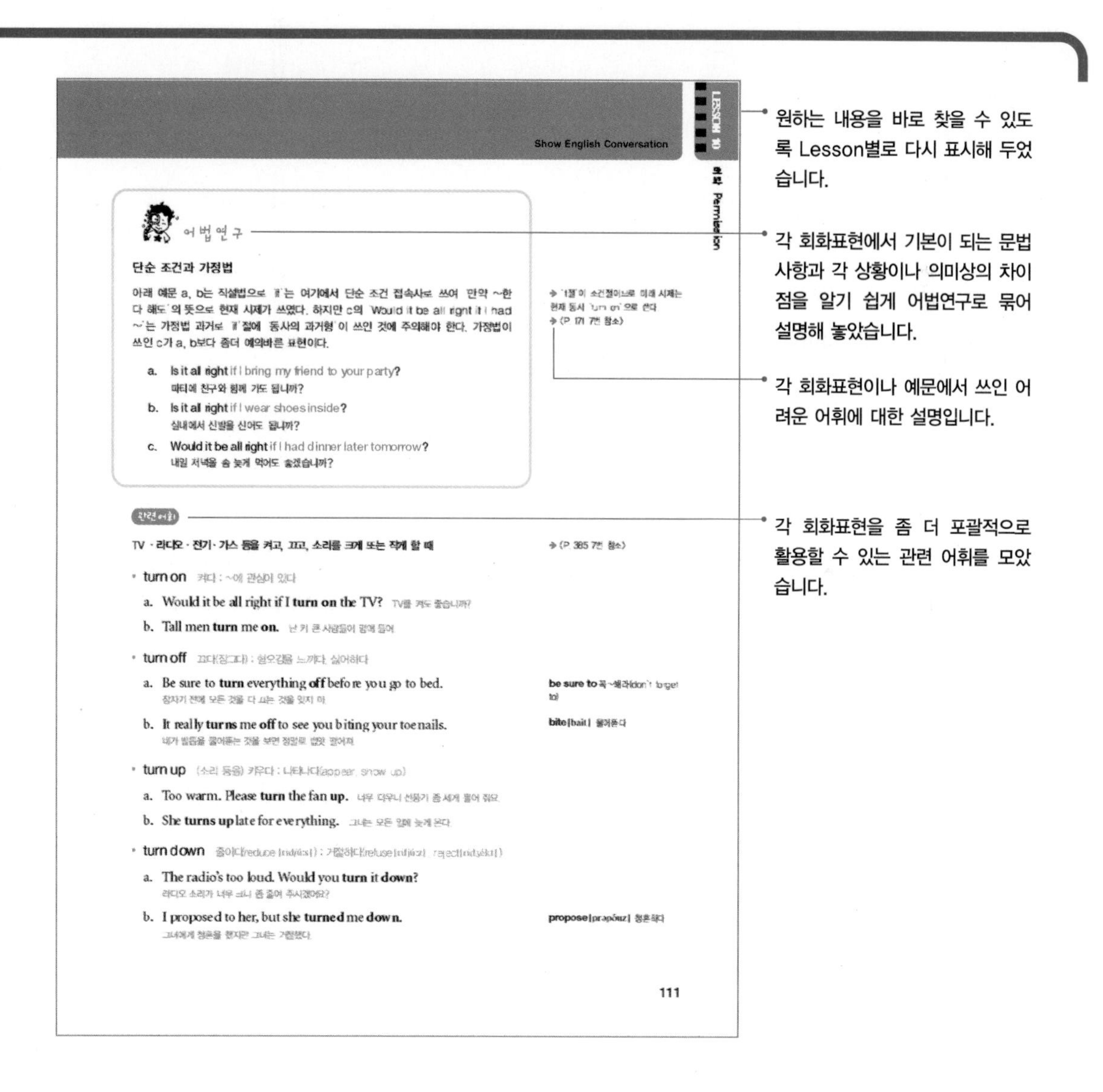

Show English Conversation

LESSON 10 허락 Permission

어법연구

단순 조건과 가정법

아래 예문 a, b는 직설법으로 'if'는 여기에서 단순 조건 접속사로 쓰여 '만약 ~한다 해도'의 뜻으로 현재 시제가 쓰였다. 하지만 c의 'Would it be all right if I had ~'는 가정법 과거로 'if'절에 '동사의 과거형'이 쓰인 것에 주의해야 한다. 가정법이 쓰인 c가 a, b보다 좀더 예의바른 표현이다.

a. **Is it all right** if I bring my friend to your party?
파티에 친구와 함께 가도 됩니까?

b. **Is it all right** if I wear shoes inside?
실내에서 신발을 신어도 됩니까?

c. **Would it be all right** if I had dinner later tomorrow?
내일 저녁을 좀 늦게 먹어도 좋겠습니까?

→ 'if절'이 조건절이므로 미래 시제는 현재 동사 'turn on'으로 쓴다
→ (P. 171 7번 참조)

관련어휘

TV · 라디오 · 전기 · 가스 등을 켜고, 끄고, 소리를 크게 또는 작게 할 때

→ (P. 385 7번 참조)

- turn on 켜다 : ~에 관심이 있다
  - a. Would it be all right if I **turn on** the TV? TV를 켜도 좋습니까?
  - b. Tall men **turn** me **on.** 난 키 큰 사람들이 맘에 들어
- turn off 끄다(잠그다) : 혐오감을 느끼다, 싫어하다
  - a. Be sure to **turn** everything **off** before you go to bed.
    잠자기 전에 모든 것을 다 끄는 것을 잊지 마
  - b. It really **turns** me **off** to see you biting your toenails.
    네가 발톱을 물어뜯는 것을 보면 정말로 밥맛 떨어져
- turn up (소리 등을) 키우다 : 나타나다(appear, show up)
  - a. Too warm. Please **turn** the fan **up.** 너무 더우니 선풍기 좀 세게 틀어 줘요
  - b. She **turns up** late for everything. 그녀는 모든 일에 늦게 온다
- turn down 줄이다(reduce) : 거절하다(refuse, reject)
  - a. The radio's too loud. Would you **turn** it **down?**
    라디오 소리가 너무 크니 좀 줄여 주시겠어요?
  - b. I proposed to her, but she **turned** me **down.**
    그녀에게 청혼을 했지만 그녀는 거절했다

be sure to 꼭 ~해라(don't forget to)

bite [bait] 물어뜯다

propose [prəpóuz] 청혼하다

111

원하는 내용을 바로 찾을 수 있도록 Lesson별로 다시 표시해 두었습니다.

각 회화표현에서 기본이 되는 문법 사항과 각 상황이나 의미상의 차이점을 알기 쉽게 어법연구로 묶어 설명해 놓았습니다.

각 회화표현이나 예문에서 쓰인 어려운 어휘에 대한 설명입니다.

각 회화표현을 좀 더 포괄적으로 활용할 수 있는 관련 어휘를 모았습니다.

영어 본문 그대로를 원어민의 목소리로 mp3 제공

본문에 있는 내용을 음원과 함께 학습함으로써 원어민의 발음으로 좀 더 생생한 회화표현을 익힐 수 있습니다.

Contents

목차

어법연구 목록

LESSON 01

인사 Greetings

01 안녕하세요? How are you?
02 좋은 아침! Good morning.
03 어떻게 지내요? How's everything?
04 아주 좋아요. Great.
05 참 반갑다. You're a sight for sore eyes.
06 오랜만이야. Long time no see.
07 얼굴 잊어버리겠어요. You're quite a stranger.
08 가 봐야겠습니다. I should get going now.
09 잘 가. Good-bye.
10 무리하지 마세요. Take it easy.
11 보고 싶을 땐 편지해요. Drop me a line when you miss me.
12 또 놀러 오세요. Come see me again.
13 머지 않아 만납시다. Let's get together soon.
14 연락하며 살자고. Let's keep in touch.
15 엄마께 안부 전해 주세요. Give my (best) regards to your mom.
16 무슨 일이 있어요? What's up with you?
17 뭐 별다른 일이라도 있어? What's new with you?
18 우연히 만났어. I met him by chance.
19 영어를 전공했어요? Did you major in English?
20 새해에 만사 형통하길 바랍니다. All the best for the New Year.
21 시험 잘 봐. Good luck on your test.

L·E·S·S·O·N

01 인사 Greetings

01

안녕하세요? How are you?

'How are you?' 는 격식을 갖춘 인사말로 누구에게나 쓸 수 있지만 가까운 친구 사이에는 'Hello!' 또는 'Hi!' 와 같이 인사한다.

➔ 〈P. 17 4번 참조〉

- Hello. (친한 친구 사이에) 안녕.
- Hi. (친한 친구 사이에) 안녕.

02

좋은 아침! Good morning.

우리말과는 달리 영어에는 시간별로 인사말이 다르다. 우리 나라 사람들이 요즘 잘 쓰는 말 중에 '좋은 아침' 이란 말이 있다. 그러면 날이 궂은 날에는 '나쁜 아침' 이라고 인사를 해야 하나? 그런 뜻이 아니고 'Good morning.' 은 'I wish you a good morning.' 의 줄임말로 날씨가 좋든 안 좋든 간에 또는 부부 싸움을 하고 출근한 아침일지라도 '당신에게 좋은 아침이 되길 바란다' 는 뜻으로 '행복(happiness)과 행운(good luck)' 을 빌어 주는 말이다. 그리고 서양의 최대 명절인 크리스마스 때 인사말인 'Merry Christmas!' 역시 'I wish you a merry Christmas.' 의 줄임말이다.

➔ 'Good night.' 은 '잘 자.', 또는 '안녕히 주무세요.' 의 뜻으로 'Have a good sleep.' 과 함께 밤에 잠자리에 들 때 쓰이는 인사말이다. 또한 'Good night.' 은 저녁에 헤어지면서 'Good by.' 대신에 쓰이기도 한다. 가까운 사이가 아닌 남과 만났을 때 인사말로 쓰는 일은 결코 없다. 아침에 일어나서는 'Good morning, did you sleep well?' 하고 인사하면 된다. 그리고 이런 인사말에 'Yes, thank you, very well.' 이라고 응답하면 된다.

- Good morning. 안녕. (보통 정오까지 쓰인다.)
- Good afternoon. 안녕. (보통 오후 5시까지 쓰인다.)
- Good evening. 안녕. (오후 5시 이후의 밤에 인사말로 쓰인다.)

03

어떻게 지내요? How's everything?

'How are you?(안녕하세요?)' 대신에 쓰이는 인사말로 친구들 사이에 'How's it going?(요즘 어때요?)' 이 쓰인다. 이 때 'it' 는 상대방의 'life(생활), work(하는 일 또는 직장 생활), business[bíznis](사업), married life(결혼 생활)' 등 상황에 따라 다른 의미를 암시할 수 있다. 또한 이 모든 것을 합쳐 'things / everything' 으로 쓰일 수도 있다.

A : **How's it going?** 요즘 재미가 어때요?

B : Very good. 매우 좋아요.

➔ 자주 만나는 경우에는 'How are you?' 를, 몇 달이 지나서 오랜만에 만났을 때는 'How have you been?' 을 사용한다.

- How are things? 요즘 어떻게 지내요?
- How are you doing? (친구 사이에) 어떻게 지내?
- How have you been? (오랜만에 만났을 때) 그 동안 어떻게 지냈어요?

04 아주 좋아요. Great.

'How are you?'의 인사에 비록 기분이 좋지 않더라도 습관적으로 '좋아(Okay)'의 뜻인 'Fine.'으로 거의 응답을 하지만 기분이 나쁘지도 좋지도 않아 '그저 그래'라고 할 때는 'So so.'라고 한다. 그리고 기분의 정도에 따라 다음과 같이 응답하면 된다.

1 기분이 좋을 때 응답하는 표현

기분이 아주 좋은 경우에 'Fine.' 외에 'Excellent[éksələnt]! / Fantastic[fæntǽstik]! / Super[sú:pər]! / Marvellous[má:rvələs]! / Wonderful[wʌ́ndərfəl]!' 등과 같은 형용사가 'Pretty good!'의 뜻으로 쓰인다.

- Not (too) bad. 그다지 나쁘지 않아. 상당히 좋아.
- So far so good. 지금까지는 매우 좋아요.
- Terrific[tərífik]! 아주 좋아요(Pretty good)!
- Perfect[pə́:rfikt]! 더할 나위 없어!
- Fantastic[fæntǽstik]! 기분이 굉장히 좋아! 끝내 줘!
- (I) Can't complain. 불만 없어요. 좋아요.
- Out of this world! 굉장히 좋아! 끝내 줘!
- Couldn't be better. 아주 좋아요.

so far 지금까지

cf. **terrible**[térəbl] 매우 나쁜

complain[kəmpléin] 불평 불만하다

➜ 'Couldn't be better.'는 가정법 과거형으로 '더 이상 좋을 수가 없다'는 'best'의 뜻.
eg. **I couldn't be prouder.** 나는 더 이상 자랑스러울 수가 없어요.

2 기분이 별로 좋지 않을 때 응답하는 표현

'under the weather[wéðər]'하면 '컨디션이 좋지 않거나 기분이 우울한 것(feeling slightly[sláitli] ill or depressed[diprést])'을 의미한다. '얼굴이 별로 안 좋아 보이는데.'라고 말하려면 'You look a bit under the weather.'라고 하면 된다.

A : How are you today? 오늘 기분 어때요?
B : **I'm a bit/a little under the weather.** I have an upset stomach.
컨디션이 별로 안 좋아요. 배탈이 났어요.

upset[ʌpsét] 혼란한, 뒤죽박죽이 된

S : How are you doing? 어떻게 지내요?
M: **Hang in there.** 죽지 못해 살고 있어요.

hang in there. 어려움을 참고 굳세게 지내다(not give up in spite of difficulties)

A : How's it going? 어떻게 지내요?
B : **Managing.** 그럭저럭 지내고 있어요.

manage[mǽnidʒ] 그럭저럭 변통해 나가다, 꾸려 나가다

- Not so hot. I'm really tired. 별로야(Not very good). 정말 피곤해.
- Not so good. 그렇게 좋지는 않아.
- Not very well. 매우 좋지는 않아.
- Awful [ɔ́:fəl]. 아주 기분이 안 좋아(very bad or unpleasant).

➔ 〈P. 287 27번 참조〉

- Terrible [térəbəl]. 매우 안 좋아(extremely [ikstrí:mli] bad).
- I'm under the weather. 몸이 안 좋고 기분이 우울해.

05

참 반갑다. You're a sight for sore eyes.

sight [sait] 볼만한 것, 구경거리
sore [sɔ:r] 아픈, 쑤시는

'a sight for sore eyes'는 피로한 눈(sore eyes)을 달래 주는 반가운 볼거리(a welcome sight)란 뜻으로 반가운 사람을 만났을 때 'I'm very glad to see you.'의 인사로 쓰일 수 있으며, 만나면 기분 좋고 즐거운 사람 또는 물건(someone or something that you feel very happy to see)에 쓰인다. 그러나 영국에서는 '보기에 눈꼴사나운 것(something that is very unattractive to look at)'을 의미한다.

W: Steve! **You're a sight for sore eyes.** 스티브! 너 참 반갑다.

S : Willy, it's great to see you, too. 나도 만나서 반가워, 윌리.

06

오랜만이야. Long time no see.

아주 오랜만에 옛 친구를 만나면 반가운 법이다. 이렇게 오랜만에 친구를 만났을 때 '오랜만이야.'라고 말한다. 이것을 영어로는 'I haven't seen you for a long time.'이다. 그러나 회화체에서 더 자주 사용되는 말이 'Long time no see!'이다. 또한 전화 상에서 '오랜만이야!'라고 할 때는 'Long time no talk!'라고 하면 된다.

not ~at all 전혀 ~하지 않다 (not~a bit)
except 제외하고
used to ~하곤 했다, 전에는 ~이었다

S : **Long time no see.** How have you been?
오랜만입니다. 어떻게 지냈어요?

M: Not bad. You haven't changed at all except a few white hairs.
잘 지냈어요. 흰머리 몇 개 빼고는 당신은 하나도 안 변했어요.

S : Oh, come on. I used to have more hair.
오, 그럴 리가. 전엔 머리카락이 더 많았죠.

A : How's everything with you? 어떻게 지내요?

B : Great. 잘 지내고 있어요.

A : How are the kids? 아이들은 잘 지내요?

B : They are both fine. 둘 다 잘 지내고 있어요.

A : **I haven't seen them for a long time.** They must be really big.
본 지가 너무 오래돼서. 정말로 컸겠는데요.

B : Why don't you come over sometime? The kids would love to see you.
언제 한번 들르세요. 아이들이 보고 싶어하거든요.

come over 잠깐 들르다

- I haven't seen you for ages. 오랫동안 못 뵈었습니다.
- I haven't seen you for a long time. 오랫동안 못 뵈었습니다.
- It's been a long time (since I saw you last). 오랜만입니다.

for ages = for a long time
오랫동안

07 **얼굴 잊어버리겠어요. You're quite a stranger.**

20년만에 동창회에 나가면 동창생들이 처음 보는 사람 같아 생소한 느낌을 주게 된다. 이 때 동창을 보며 '이거 얼굴 잊어버리겠어/참으로 오래간만이군요.' 라고 말하려면 'You're quite a stranger.' 와 같이 하면 된다. 오랜만에 만나는 사람에게 농담조로 '오랜만이군!' 하고 인사할 때는 'Hello, stranger!' 라고 하면 된다.

stranger[stréindʒər] 낯선 사람; 경험없는 사람, 풋내기

A : **You're quite a stranger,** Patty. How have you been?
패티, 참으로 오랜만이야. 어떻게 지냈어?

B : So far so good. 지금까지는 그런 대로 잘 지냈어.

➔ 〈P. 38 9번 / P. 405 2번 참조〉

so far 지금까지(up to now)

quite + a/the + 단수 명사

'quite[kwait] + a/the + 단수 명사' 는 '~이라 해도 좋을 정도로, 꽤, 상당히, 제법' 의 뜻으로 감탄과 경외심(awe[ɔː])을 나타낸다.

a. It takes quite a time. 시간이 상당히 걸리는군요.
b. That was quite a party. 그것은 굉장한 파티였어.
c. She is quite a beauty. 그녀는 대단한 미인이야.
d. He is quite the gentleman. 그는 정말로 훌륭한 신사야.

➔ a + 추상명사 = 보통명사

08

가 봐야겠습니다. I should get going now.

식후에 갑자기 간다고 하면 영미인들은 뭐가 잘못되어 손님이 화가 나서 그러는 줄 오해할 수가 있기 때문에 보통 영국인들은 10분 정도의 간격을 두고 2번 정도 가야 한다는 것을 얘기한다. 이 때 진행형을 사용해서 먼저 가야 한다는 사실을 나타내고 그 다음에 말할 때는 진행형이 아닌 표현을 사용한다. 그 이유는 'be going'보다 'get going'이 더 빨리 서두르고 있다는 뜻이 되기 때문이다.

continue [kəntínju:] 계속하다
conversation [kɑ̀nvərséiʃən] 대화

S: I'd love to continue this conversation, but **I should get going.**
대화를 계속하고 싶지만 가야겠어.

M: So soon? 이렇게 빨리 가요?

- You know, I think I should get going now.
  당신도 알지만 이제 가 봐야 할 것 같아요.

be on one's way 떠나다

- (You know), I think I should be on my way now.
  이제 가 봐야 할 것 같아요.
- (I'm afraid) It's getting late. I've got to go (now).
  시간이 점점 늦어지는데. (지금) 가 봐야겠어.
- So anyway we had a great time. I'd better get going.
  어쨌든 즐거웠습니다. 서둘러 가 봐야겠습니다.
- Goodness, is that the time! I'll have to be going.
  이런, 시간이 이렇게 됐네! 가 봐야겠습니다.

take up (시간 · 장소 등을) 차지하다

- Well, I don't want to take up any more of your time.
  저, 더 이상 네 시간을 뺏고 싶지 않아.

rush off 급히 떠나다

- Sorry I have to rush off like this. 이렇게 서둘러 가게 되어 죄송합니다.
- I think I'd better go and do my homework. 가서 숙제를 하는 게 좋겠어.

09

잘 가. Good-bye.

떠나면서 하는 작별 인사로 그저 'Good-bye.' 또는 'Good night.'라고만 인사를 끝내기보다는 'Let's have a drink soon.(곧 술이나 한잔합시다.)' 또는 'Give me a call sometime.(일간 전화 주게.)'와 같은 말을 덧붙이는 것이 우정을 돈독하게 할 수 있는 길이 아닐까?

- Good-bye. 작별 인사로 가장 많이 쓰인다.
- Good night. 저녁에 헤어질 때 또는 잠잘 때 쓰인다.

- **By-by.** 아기들이나 주로 여성들이 하는 작별 인사.
- **So long.** 허물없는 사이에 오랫동안 만나지 못하게 될 때 하는 작별 인사.
- **(I'll) Be seeing you.** '곧 만나요.' 라는 격식을 갖추지 않은 작별 인사.
- **(I'll) See you.** '또 봐.' 라는 작별 인사로 다시 만날 사람에게 자주 쓰인다.
- **See you again.** 또 만나요.
- **See you Friday** – your office at 7:30.
  금요일 7시 30분에 자네 사무실에서 만나.
- (I'll) **See you around.** Let's have dinner soon.
  곧 만나서 저녁이나 먹읍시다.
- (I'll) **See you soon** / later / at 3 / next week.
  곧/나중에/3시에/다음 주에 만나요.
- **Take care.** 가족이나 친구 사이에 쓰는 인사말로 'Be careful.' 의 뜻

10 무리하지 마세요. Take it easy.

'Take it easy.'는 너무 화가 난 사람에게 '진정하고 마음 편히 하라(remain calm or relax and do not get upset)' 거나, 열심히 일을 하는 사람에게 '쉬엄쉬엄 느긋하게 일을 하라' 또는 '무리를 하지 마라(avoid working too hard or doing too much)'는 뜻으로 말할 때 쓰이며, '잘 있어, 또 봐!' 와 같은 의미의 작별 인사로도 쓰인다. 'Please take your time.' 도 같은 뜻으로 쓰인다.

- Just **take it easy** and tell us exactly what happened.
  자, 진정하고 무슨 일이 있었나 정확하게 얘기해 봐.
- The doctor says I'm going to have to **take it easy** for a few weeks.
  2, 3주는 무리하지 말아야만 할 것이라고 의사가 말했어.

exactly [igzǽktli] 정확하게

11 보고 싶을 땐 편지해요. Drop me a line when you miss me.

사랑하는 사람이 곁에 없어서 마음이 허전하고 슬프거나 즐겁지 않을 때 '그리워하다, 보고 싶다'라는 뜻으로 'miss' 동사가 쓰인다. 그리고 친구나 연인에게 '간단하게 몇 자 적어서 보내.' 라고 할 때 'drop sb a line'이라고 한다.

➔ ⟨P. 407 5번 참조⟩

A : Please drop me a line when you miss me.
보고 싶을 땐 편지를 보내요.

B : No problem. 알았어요. 걱정 말아요.

- Drop me a line when you get to Hawaii.
  하와이에 도착하거든 편지해.

- Her children have gone to America, and she misses them very much.
  그녀의 아이들이 미국에 가서 그녀는 아이들을 매우 보고 싶어한다.

miss 빠뜨리다, 놓치다

➔ 다이어트 중이라, 또는 속이 안 좋아서 식사를 거르는 경우에는 'skip(거르다)'이 쓰임

cf. I *missed lunch* today. 나 오늘 점심을 (바빠서) 못 먹었어요.

I'm going to *skip lunch* today. 오늘 점심은 안 먹을 거야.

12

또 놀러 오세요. Come see me again.

헤어지면서 상대방에게 '또 놀러 오세요.'라는 말을 함으로써 나를 찾아왔던 사람을 다시 만나 보고 싶다는 마음을 전달하게 되어 떠나는 사람의 마음을 즐겁게 해줄 수 있다. '또 놀러 오세요.'라는 표현을 'Come and see me again.', 접속사를 생략한 채 'Come see me again.' 또는 부정사를 이용하여 'Come to see me again.'과 같이 나타낼 수 있다.

S : **Come and see us again.** 또 놀러 오세요.

M: I will. I've had a good time. 그럴게요. 즐거웠습니다.

- Come again anytime you like.
  편하신 시간 어느 때고 놀러 오세요.

- Please visit us again when you're free.
  시간 있으면 또 놀러 오세요.

- I hope you'll visit us again.
  또 놀러 오시길 바래요.

'Come (and) see me again.'에 대한 응답 표현

a. I will. And thanks for your kindness. 그럴게요. 친절에 감사드립니다.

b. I'd love to when I can. 사정이 되면 꼭 그렇게 할게요.

13

머지 않아 만납시다. Let's get together soon.

사회 생활을 하다 보면 늘 새로운 사람을 만나게 된다. 새로운 사람을 만나서 서로에 대해서 인상이 좋으면 헤어지면서 'Let's get together soon.(머지않아 만납시다.)'이라고 말하는 것은 예의라고 볼 수도 있다. 이 때 'get together'는 사교적으로 만나거나 뭔가 토론하기 위하여 만날 때 '만나다(meet)'의 뜻으로 쓰인다.

A : It's getting late; we must be on our way. Good-bye.
늦었군요. 이제 가 봐야겠습니다. 안녕히 계세요.

B : Good-bye. 안녕히 가세요.

A : **Let's get together some time for a drink.**
머지않아 만나 술 한잔합시다.

some time 언젠가, 머지않아, 훗날에

S : **I hope we can get together again.** 다시 만날 수 있기를 바랍니다.

M: Yes, I'll be looking forward to it. 네, 손꼽아 기다리겠습니다.

S : Take care! 조심해서 가세요.

M: So long. 안녕.

get-together [get təgéðər] 사교 모임(social gathering)
look forward [fɔ́:rwərd] **to** ~를 손꼽아 기다리다

- I hope to see you again.
  또 만나 뵙기를 바랍니다.

- I still get together with Linda from time to time.
  린다와 수시로 만나고 있어.

from time to time 때때로

14 연락하며 살자고. Let's keep in touch.

'keep in touch'는 전처럼 자주 만날 수 없는 사람에게 헤어지면서 편지나 전화로 '연락하고 지내자고.'의 뜻으로 자주 쓰이는 말이다. 떠나는 친구를 전송하며 '서로 연락하며 지내자고.'라고 말하려면 'Let's keep in toucch.'라고 말하면 된다.

cf. **lose touch with** 연락이 끊어지다
➔ 〈P. 315 참조〉

A : **Do you keep in touch with your old school friends?**
너는 동창들과 연락하니?

B : Yes, we exchange letters regularly.
그래, 정기적으로 편지를 주고받아.

exchange [ikstʃéindʒ] 교환하다
regularly [régjələrli] 규칙적으로

S : **Do you still keep in touch with anyone from school?**
학창시절 이후로 계속 만나는 친구가 있어?

M: I still get together with Linda from time to time. How about you? 린다와 수시로 만나고 있어. 너는?

S : Well, Tim and I used to send e-mail to each other occasionally, but I haven't heard from him in over a year.
글쎄, 난 팀과 서로 가끔씩 e-mail을 주고받았지. 그런데 1년쯤 전부터는 소식을 못 들었어.

get together 만나다(meet)
from time to time 때때로

each other 서로(둘 사이)
cf. **one another** 서로(셋 이상)
occasionally [əkéiʒənəli] 때때로
hear from (서신 · 전화를 통해) ~로부터 소식을 듣다

- Do get in touch soon. 곧 연락해.
- We've been out of touch with Roger for years now.
  몇 년 동안 로저와 연락이 없어.
- I'll be in touch again towards the end of the week.
  주말까지 다시 연락할게.

trend 경향, 추세

cf. I'm not *in touch with* latest trends in music.
나는 음악의 최근 경향을 몰라.

in touch with sth (일이 돼 가는) 사정을 알고 있는
current [kə́:rənt] 현재의
cf. current English 시사 영어
event [ivént] (중요한) 사건, 행사

I keep *in touch with* current events by reading the newspapers.
신문을 읽어서 요즘 일어나는 일들을 알게 돼.

15 엄마께 안부 전해 주세요. Give my (best) regards to your mom.

regard [rigá:rdz] 주목; 마음씀; 관계 동 주목해서 보다; 중시하다

'regards[rigá:rdz]'는 '안부'라는 말로 '~에게 안부 전해 주세요'라고 말할 때 'Give my (best) regards to ~'라고 하면 된다. 'Give my love to ~'는 애교 있는 인사말로 주로 여성들이 사용하며, 'Say hello/hi to ~'는 어른에게는 사용하지 않고 친구 지간이나 자기보다 어린 사람에게 사용할 수 있는 안부 인사이다. 안부를 전하라는 부탁에 'Oh, (thank you) I'll do that.'이라고 응답하면 된다.

A **: Please give my love to your sister.** 네 누나에게 안부 전해.
B : Thank you. I will. 알았어. 전할게.

- Please say hello to your brother. 네 형에게 안부 전해.
- Tell your mom I was asking about her. 어머니께 안부 전해.
- Give him my regards when you see him.
  그를 만나거든 내 안부 좀 전해.
- Robert sent his regards to you. 로버트가 너에게 안부를 전하래.
- Remember me to your parents, please. 부모님께 안부 전해.
- Julie asked to be remembered to you. 줄리가 너의 안부를 묻더라.

16 무슨 일이 있어요? What's up with you?

'What's up?'은 'What's the matter?(무슨 일이야?)/What's happening?(무슨 일이 있어요?)'의 뜻으로 흔히 쓰이는 인사말로 '얼굴 표정을 보고서 좋지 않은 일이나 반갑지 않은 일'이 있었는가 물어 보는 것이다.

A: **What's up with you?**
무슨 일이 있어요?

B: I got out of work because of the restructuring of the company.
회사 구조 조정 때문에 실직했어.

S: **Is anything up?**
무슨 일이 있어요?

M: My car broke down this morning, so I got in late.
아침에 차가 고장나서 늦었어요.

- I could tell by the look on Jane's face that something was up.
  제인의 얼굴 표정으로 봐서 뭔가 좋지 않은 일이 있다는 것을 알 수 있어.
- Is something up with Julie? She looks really miserable.
  줄리에게 무슨 일이 있어요? 얼굴 표정이 가엾어 보여.

get out of work 실직하다
restructuring [ristrʌ́ktʃəriŋ] 구조 개혁(reformation), 구조 조정
cf. **shake-up** 구조 조정 (a rearrangement of an organization)
shakeout [ʃéikàut] 퇴출(산업 · 기업 활동의 급격한 저하로 빈약한 회사를 사업계에서 내보내는 상황)

break down 고장나다
get in (집 또는 사무실에) 들어오다
➔ 고민이 있거나 일이 생겨서 좋지 않은 상황에 처해 기분이 좋지 않을 때 'Is anything up?(무슨 일이 있어요?)' 라고 묻는다.

miserable [mízərəbəl] 비참한, 불쌍한
➔ 의문문에 'anything' 아닌 'something'이 쓰인 것은 그녀에게 좋지 않은 어떤 일이 있다는 것을 확신하기 때문이다.
➔ 〈p.289 참조〉

'What's up with you?'에 대한 응답 표현

a. Nothing much. 별일 없어.

b. Everything's just the same. 언제나 같아요.

c. (Everything's) The same as ever. 여전해요.

d. Nothing in particular [pərtíkjələr]. = Nothing special [spéʃəl].
뭐 중요하거나 특별한 일 없어.

어법연구

부정대명사의 수식

특정한 것이 아니라 막연하게 사람, 사물, 수량 등을 나타내는 부정대명사 'everybody / everything / somebody / something / nobody / nothing'은 형용사가 대명사 뒤에서 수식을 한다.

a. "What are you doing tonight?" "Nothing *special*."
"오늘밤에 뭐 할 거니?" "특별한 일 없어."

b. Is there anything *wrong* with the left leg?
왼쪽 다리를 다쳤어요?

c. Is there anything *else* I can help you with?
제가 도와 드릴 수 있는 다른 일이 있습니까?

special [spéʃəl] 특별한

d. If you have nothing *to do*, how about going out for a coffee?
할 일이 없으면 커피나 한 잔 하러 가는 게 어때?

➔ 〈P. 277 else용법 참조〉

e. Then, let's talk about something *else*.
그러면 우리 딴 얘기하죠.

f. Are you seeing anybody *else*?
다른 사람과 사귀고 있나요? (=Are you seeing anyone new?)

common [kάmən] 공통의

g. Did you have anything *in common*?
얘기는 잘 통하는 것 같니?

something [sʌ́mθiŋ] 중요한; 대단한 사람; 물건

h. Your'e something *special*, something *different*.
너는 뭔가 특별하고 좀 색다른 녀석이야.

i. I want to see lots of things *Korean*.
한국적인 것을 많이 보고 싶군요.

17 뭐 별다른 일이라도 있어? What's new with you?

'What's new?'는 친한 사이에 다정한 인사로 '뭐 새로운 일이 있니?'라고 물어 보는 인사이기 때문에 자신에게 좋든 나쁘든 새로운 사실을 알려주면 된다.

1 좋은 소식(Some good news)

a. I just passed my driver's test!
운전 면허 시험에 합격했어!

b. We finally bought a new house!
마침내 새 집을 샀어!

lottery [lάtəri] 복권

c. I won the lottery the other day!
전날 복권에 당첨됐어!

2 나쁜 소식(Some bad news)

stand sb up ~를 바람맞히다

a. She stood me up.
그녀에게 바람맞았어.

b. I failed in my driver's test!
운전 면허 시험에 떨어졌어!

wreck [rek] 파괴하다 (destroy [distrɔ́i])

c. My brother wrecked the car last night!
어젯밤에 내 동생이 자동차를 망가뜨렸어!

break up 헤어지다 (separate [sépərèit])
fiance [fiːɑːnséi] 약혼자

d. My sister broke up with her fiance yesterday!
누나가 약혼자와 헤어졌어!

e. I left my keys in my apartment. Now I can't get in!
아파트 키를 안에 두고 나와서 지금 들어갈 수가 없어.

A : **What's new with you?** 뭐 새로운 일이라도 있어요?

B : Nothing much. How about you? 별로 없어요. 당신은요?

A : Well, actually, I have some good news.
저, 사실은 좋은 소식이 있어요.

B : Really? What is it? 정말? 뭔데요?

A : My wife had a baby boy last week.
집사람이 지난주에 사내아이를 낳았어요.

B : Congratulations! 축하합니다!

➔ 〈P. 64 참조〉

S : **You seem upset. Is anything wrong?**
기분이 안 좋은 것 같아. 뭔 일 있어?

M: Yes, I got a ticket for speeding on my way to work this morning.
그래. 오늘 아침 출근하다가 과속으로 딱지 뗐어.

S : You did? That's too bad! I'm sorry to hear that.
그래? 저런! 그 말을 들으니 안됐군.

upset [ʌpsét] 당황한, 걱정하는

speeding [spí:diŋ] 속도위반

18

우연히 만났어. I met him by chance.

'~를 우연히(accidentally[æ̀ksədentəli]) 만나다'라고 말할 때 'meet by chance' 또는 'happen to meet'라고 한다. 'run into'는 '(오랫동안 만나지 못했던 사람을) 놀랍게 마주치다, 우연히 만나다', 'bump[bʌmp] into'는 '(몸이 부딪히면서) 우연히 만나다'라는 뜻이다. 이렇게 어떤 사람을 우연히 만나게 될 때 흔히 쓰이는 표현이 'It's a small world, isn't it?(세상 참 좁군요.)'이다.

- I ran into my ex-girlfriend in the restaurant the other day.
  전날 옛 여자 친구를 식당에서 우연히 만났어.

- I'm glad we bumped into each other.
  우리가 우연히 만나게 되어 기뻐.

- I happened to be passing by.
  우연히 지나가던 길이었어.

cf. *Do you happen to* know the lady?
혹시 저 아가씨를 아세요?

➔ 'happen[hǽpən] to'를 의문문에선 '혹시', 부정문에선 '마침, 공교롭게도'와 같이 해석한다.

19 영어를 전공했어요? Did you major in English?

'대학에서 ~을 전공하다'는 'major in', '부전공하다'는 'minor in'이라고 한다. 'major [méidʒər]'는 명사로 '전공, ~을 전공한 사람'이란 뜻이며 '부전공'은 'minor[máinər]'라고 한다.

A : Did you major in English? 영어를 전공했어요?

B : No, **I majored in French.** 아뇨, 불어를 전공했어요.

S : What is your major? 전공이 뭐예요?

M: (My major is) History. 역사입니다.

A : What do you intend to major in in college?
대학에서 무엇을 전공하려고 합니까?

B : I think I'd like to major in economics.
경제학을 전공했으면 합니다.

intend ~할 작정이다, ~하려고 생각하다

economics [ì:kənámiks] 경제학

- What are you majoring in?
무엇을 전공합니까?

- She is a history major.
그녀는 역사를 전공하는 학생이다.

- I specialized in mathematics.
난 수학이 전공이야.

- No minors.
미성년자 출입금지.

specialize [spéʃəlàiz] in ~을 전문으로 다루다, 전공하다(英)

mathematics [mæ̀θəmǽtiks] 수학

20 새해에 만사 형통하길 바랍니다. All the best for the New Year.

'all the best'는 '만사 형통하길 바란다(I hope everything goes well for you)'는 뜻으로 한해를 보내면서 작별 인사로 또는 새해를 맞이하면서 새해 인사로 흔히 쓰이며 다음과 같은 표현도 있다.

- Goodbye, and all the best for (the year of) 2008.
안녕, 그리고 2008년에는 모든 행운이 깃들기를.

- All the best in the coming year.
명년에 만사 형통하길 바랍니다.

21 시험 잘 봐. Good luck on your test.

시험을 보거나 길 떠나는 사람에게 '행운(또는 성공)을 빌겠습니다.'라고 말하려면 'Good luck to you.' 또는 '(The) Best of luck (to you)!'라고 하면 된다. 또한 상대방에게 행운을 빌어 준다고 할 때 'keep one's fingers crossed'라고 한다.

S : **Good luck on your test.**
시험 잘 봐.

M: Thanks. I'll need it.
고마워. 나도 그러길 바래.

A : **Well, good luck on your future.**
저, 앞날에 행운이 있길 비네.

B : Thanks. Let's keep in touch.
고마워. 연락하고 지내자고.

S : I'll have an interview tomorrow for a job on the Los Angeles Times.
내일 LA 타임지 취업 인터뷰가 있어.

M: **I'll keep my fingers crossed for you.**
행운을 빌게요.

- I wish you good luck in/with the exam!
시험 잘 보기를 바랍니다.

- Luck was with us / on our side and we won easily.
행운의 여신은 우리 쪽에 있어서 쉽게 승리했다.

- I'm sorry you didn't pass the driving test – better luck next time.
운전 면허 시험에 떨어졌다니 안됐군. 다음엔 더 좋은 행운이 있길 바라네.

➔ 상대방을 격려할 때 'better luck next time'이 쓰인다.

- You're not having much luck today, are you?
오늘 운이 상당히 안 좋지?

- I've had bad luck all week.
일주일 내내 재수가 없었어.

LESSON 02

소개 Introductions

01	바브라고 불러 주세요.	Just call me Barb.
02	저를 소개하겠습니다.	Let me introduce myself.
03	남편을 소개하고 싶어요.	I'd like to introduce my husband to you.
04	만나서 반갑습니다.	(It's) Nice to meet you.
05	고향이 어디시죠?	Where are you from?
06	어디서 자랐어요?	Where did you grow up?
07	인사 있었나요?	Haven't we met before?
08	어디선가 뵌 것 같군요.	Don't I know you from somewhere?
09	완전 초면입니다.	We're strangers.
10	샘이라는 이름의 사내가 기억나요?	Do you remember a guy called Sam?
11	많이 뵌 것 같군요.	You look familiar to me.
12	처음엔 못 알아봤어요.	I didn't recognize you at first.
13	안면만 있어요.	I only know her by sight.
14	말씀 많이 들었습니다.	I've heard a lot about you.

L·E·S·S·O·N

02 소개 Introductions

01 바브라고 불러 주세요. Just call me Barb.

다른 사람에게 자신을 소개할 때 그저 'Hello. My name is Peter.(안녕하세요. 제 이름은 피터입니다.)' 또는 'Hello. I'm Susan Miller.(안녕하세요. 저는 수잔 밀러입니다.)'라고 하면 된다. 그러나 여러 사람이 돌아가며 자신을 소개할 때 똑같은 표현을 반복하다 보면 지루하게 들릴 수 있으므로 아래 있는 표현을 익히는 것이 좋다.

A : May I ask what's your name? 이름이 뭐예요?

B : **Just call me Barb.** 그냥 바브라고 불러.

➔ Barb는 Barbara의 약칭
➔ 같은 또래 사이에는 'Just call me Barb.'라고 말할 수 있지만 'Please call me Barb.'와 같이 'Please'를 사용하는 것이 예의 바른 표현이다.
➔ Maggie는 Margaret의 약칭

- Everybody calls me Maggie.
  모든 사람이 매기라고 부르죠.

02 저를 소개하겠습니다. Let me introduce myself.

introduce [ìntrədjúːs] ~를 소개하다

- **Let me introduce myself** – I'm Melody Johnson.
  저를 소개하죠. 저는 멜로디 존슨입니다.
- **May I introduce myself** – I'm Helen Robinson.
  저를 소개하겠습니다. 저는 헬렌 로빈슨입니다.

cf. I *was introduced to* a Greek girl at the party.
파티에서 그리스 소녀를 소개받았어.

03 남편을 소개하고 싶어요. I'd like to introduce my husband to you.

다른 사람을 소개할 때 'Mr. Smith, this is Mr. Johnson.(스미스 선생, 이분이 존슨 선생입니다.)'과 같이 말하는 것이 사람을 소개하는 가장 간단한 표현이다.
사람을 소개할 때에는 나이 많은 사람이나 손윗사람의 이름을 먼저 말해야 한다. 위의 예에서 본다면 Smith 씨가 Johnson 씨보다 나이가 많거나 손위가 된다. 또한 남자보다 여자를 먼저 말한다.

A : **I'd like to introduce my husband, Bruno to you.**
나의 남편 브루노를 당신에게 소개하고 싶습니다.

B : Nice to meet you.
만나서 반갑습니다.

S : How did you make friends with each other?
너희들은 어떻게 서로 친구가 되었니?

M: **Last spring Jane introduced me to her.**
지난 봄에 제인이 나를 그녀에게 소개시켜 주었어.

- Let me introduce my friend Clinton to you.
  제 친구 클린턴을 소개하겠습니다.
- I'd like to introduce my girlfriend Vicky to you.
  제 여자 친구 비키를 소개하고 싶어요.
- I'd like you to meet my roommate, Kent.
  저와 같이 지내는 켄트를 소개하죠.
- Allow me to introduce my wife.
  제 집사람을 소개하겠습니다.
- It gives me the greatest pleasure to introduce Mr. Shin to you.
  신 선생을 여러분께 소개시켜 드리게 되어 대단히 기쁩니다.

roommate [rú(:)mèit] (기숙사 · 하숙집 등에서 방을 함께 쓰는) 친구
cf **soul mate** [soulmèit] 마음의 친구, 애인
workmate [wə:rkmèit] 직장 동료
allow [əláu] ~에게 …하는 것을 허락하다

어법연구

항상 복수로 써야 할 표현

'make friends'는 'become friends'와 마찬가지로 '친구가 되다'라는 뜻이다. 그리고 주의할 것은 친구가 된다고 할 때는 두 사람이 있어야 하므로 'friends'가 항상 복수로 쓰인다는 점이다. 또한 '자리를 서로 바꾸다(switch[switʃ]/exchange [ikstʃéindʒ] seats)', '악수를 하다(shake hands)', '기차를 갈아타다(change trains)' 등도 항상 복수로 쓰인다.

a. I was wondering if you'd be willing to switch seats with me?
저와 자리를 기꺼이 바꿔 주실 수 있는지요.

b. People usually shake hands when they're introduced to someone.
다른 사람에게 소개될 때 사람들은 보통 악수를 한다.

c. People exchange the cups of wine each other when they drink.
사람들은 술을 마실 때 서로 잔을 주고받는다.

d. Where do I have to change trains?
어디에서 기차를 갈아타야 합니까?

be willing to 기꺼이 ~하다

exchange [ikstʃéindʒ] 교환하다

04

만나서 반갑습니다. (It's) Nice to meet you.

처음 소개받았을 때 상대방이 'How do you do?(처음 뵙겠습니다.)' 라고 인사를 하면 똑같이 되받아 'How do you do?(처음 뵙겠습니다.)' 라고 응답한다. 그 후에 다음과 같이 말한다.

A **: Nice to see you.** 만나서 반가워요.

B **:** Nice to see you, too. 저도 만나서 반가워요.

cf. (It's) *Nice to see you again.* How are you?
다시 만나서 반가워요. 어떻게 지내세요?

pleasure[pléʒər] 즐거움, 기쁨

company[kʌ́mpəni] 친구들, 같이 있음

- (It's a) Pleasure to meet you. 만나서 즐거워요.
- (I'm) Pleased/Happy/Glad to meet you. 만나서 즐거워요.
- Nice seeing you again. 다시 만나 뵙게 되어 반가웠습니다.
- Nice talking with you. 대화가 즐거웠습니다.
- I've enjoyed your company.
  함께 있어서 즐거웠어.(= I've enjoyed being with you.)

➔ 〈P. 487 어법연구 참조〉

Nice to meet you.와 Nice meeting you.

'(It's) Nice to meet you.' 는 처음 만났을 때, '만나서 반갑습니다.' 의 뜻으로 쓰이는 인사말인 반면에 '(It's been) Nice meeting you.' 는 만났다가 헤어지면서 하는 작별 인사로 '만나서 즐거웠습니다.' 의 뜻이다.

시제에 따른 인사 표현

시제가 다른 다음의 a, b, c 문장은 언제 쓰이는가? 문장 a는 현재의 기쁨을 말하므로 'is' 가 쓰였고, b는 '지금까지 함께 있었던 것이 매우 즐거웠다.' 라는 말로 만나서부터 헤어질 때까지의 시간을 나타내므로 '완료(has been)' 가 쓰였다. 그리고 c에서는 미래를 의미하므로 조동사(would/will)가 쓰인 것이다.
파티 또는 모임 장소에서 새로 소개받은 사람에게는 문장 a와 같이 말하고, 모임이 끝나고 작별 인사하는 말로는 b와 같이 한다. 그리고 c와 같은 '부디 왕림해 달라는 완곡한 표현' 을 사용할 수 있다면 훌륭한 영어가 될 것이다.

a. It is a great pleasure to be here with you today.
   오늘 당신과 자리를 함께 하게 되어 정말 기쁩니다.

b. It has been a great pleasure to be with you today.
   오늘 당신과 함께 있어서 매우 즐거웠습니다.

c. It would/will be a great pleasure for me to be with you.
   당신과 자리를 같이 할 수 있다면 정말 기쁘겠습니다.

인사와 함께 다른 소식을 알고 싶을 때

미국인들은 대개 업무와 개인 생활을 엄격히 분리시킨다. 그러나 파티나 그 밖의 사교 모임에서 비교적 짧은 시간에 새로 사귄 사람과 친해질 수가 있다. 그럴 때 서로가 직업, 가족, 친지에 관한 얘기를 하는 것은 매우 흔한 일이다. 종교, 정치, 나이에 대한 이야기, 뚱뚱하다든가 말랐다든가, 대머리와 같은 신체적 특징 또는 상대방 기분을 상할 것 같은 화제는 피하는 것이 좋다. 보통 혼인 관계나 그 밖의 가족 문제에 대해 노골적인 질문하는 것 역시 피한다. 그런 이야기는 상대방이 먼저 꺼낼 때까지 기다리든가 또는 자기 이야기를 먼저 화제로 삼아서 시작하는 것이 좋다. 상대방에게 이것저것 물어서 무슨 정보라도 캐는 듯한 인상을 주지 않도록 해야 한다.

❶ 처음 인사를 나눈 후에 보통 다음과 같은 이야기로 대화를 이어간다.

a. What do you do (for a living)?
직업이 뭐죠? (= What is your job?)

b. What kind of hobbies do you have?
어떤 취미를 갖고 계세요?

c. What kind of music do you like?
어떤 음악을 좋아합니까?

d. What is your major?
무엇을 전공하나요?

e. What do you usually do for relaxation?
휴식을 취하기 위해 보통 뭘 하세요?

f. What's your favorite sport?
좋아하는 스포츠가 뭐예요?

g. Which apartment do you live in?
어느 아파트에 사시나요?

h. What floor do you live on?
몇 층에 사세요?

relaxation [rìːlækséiʃən] 휴식 (rest after work)

favorite [féivərit] 좋아하는

➔ '어느 아파트에 살아요?' 할 때는 전치사 'in'이 쓰이고, '몇 층에 살아요?'라고 할 때는 'on'이 쓰이는 것에 유의. 〈P.137 참조〉

floor [flɔːr] 바닥, 층

❷ 다음에 나오는 물음은 인사말로는 쓰이지 않고 친한 사이에 인사를 나눈 다음 자연스럽게 물어볼 수 있는 말이다.

a. How's your family?
가족은 어떻게 지내요?

b. How's life?
요즘 사는 재미가 어때?

c. How's work?
요즘 하는 일 어떻게 잘 돼?

d. How's business?
사업 잘 돼요?

➔ '신혼 부부'라고 할 때는 'a newly married couple' 또는 'newlyweds' 라고 하지만 '신혼 생활'이라고 할 때는 굳이 'newly'를 첨가할 필요가 없다.

hear from ~로부터 소식을 듣다

lately[léitli] 최근에 (recently[ríːsəntli])

be in touch with ~와 연락하다

e. How's your married life?
신혼 생활 재미있어요?

f. Have you heard from Steve lately?
최근에 스티브 소식 들었어요?

g. Have you seen Julie lately?
최근에 줄리를 만났어요?

h. Have you been in touch with Lucy lately?
요즘에 루시와 연락하고 있어요?

❸ 특별한 상황이 아니면 물어 보지 말아야 할 질문들

'결혼관계·나이·월급·체중·종교' 등에 대한 개인적인 사항(personal[pə́ːrsənəl] things)은 물어 보지 않는 것이 좋다.

a. Are you married? 결혼했어요?

b. Why aren't you married? 왜 결혼을 안 해요?

c. When are you going to get married? 언제 결혼할 거예요?

d. Why don't you have any children? 왜 아이들이 없어요?

e. How old is your wife? 부인은 몇 살입니까?

f. Why did you marry so young? 왜 그렇게 어린 나이에 결혼했나요?

g. What's your weight? / How much do you weigh? 체중이 얼마죠?

h. How much do you get paid a month? 월급이 얼마나 됩니까?

05 고향이 어디시죠? Where are you from?

고향 또는 국적(nationality[næ̀ʃənǽləti])을 물었을 때 고유 형용사로 응답을 한다. 'an Italian[itǽljən]'은 '이탈리아의 한 시민(a citizen)'을 나타낸다. 'from'은 '출처, 기원'을 나타내므로 'I'm from Italy[ítəli].'와 같이 전치사 다음에 나라 이름이 와야 한다.

A **: Where are you from?** 고향이 어디시죠?

B : I'm from Italy / I'm Italian. 이탈리아입니다 / 이탈리아인입니다.

S **: What's your nationality?** 국적이 어디시죠?

M: I'm American. 미국입니다.

A **: Is he a Chinese?** 저 사람은 중국인입니까?

B : No, he is a Korean. 아뇨, 그는 한국 사람입니다.

- I'm an American by birth. 미국 태생입니다.
- I'm a naturalized Korean. 귀화한 한국인입니다.

by birth [bəːrθ] 태생은

naturalized [nǽtʃərəlàizd] 귀화한

어법연구

나라별 영어 표현

나라 이름	형용사	개인	복수	국민 전체
America [əmérikə]	American	an American	Americans	the Americans
Canada [kǽnədə]	Canadian	a Canadian	Canadians	the Canadians
China [tʃáinə]	Chinese	a Chinese	Chinese	the Chinese
Denmark [dénmaːrk]	Danish	a Dane	Danes	the Danes
England [íŋglənd]	English	an Englishman	Englishmen	the English
Germany [dʒə́ːrməni]	German	a German	Germans	the Germans
Korea [kouríːə]	Korean	a Korean	Koreans	the Koreans
Spain [spein]	Spanish	a Spaniard	Spaniards	the Spanish

06 어디서 자랐어요? Where did you grow up?

'grow[gróu] up'은 '성장하다, 자라다'의 뜻이고 'grown-up[gróunʌ̀p]'은 형용사로는 '성장한'의 뜻이고, 명사로는 '성인, 어른(adult[ədʌ́lt])'이라는 뜻이다.

A : Where did you grow up?
어디에서 자랐어요?

B : (I grew up) In a little country town not far from here.
이곳에서 멀지 않은 작은 시골 마을에서 자랐어요.

far from ~로부터 먼

- I was born in California, but I grew up in Seoul.
  캘리포니아에서 태어났지만 서울에서 성장했습니다.
- I was brought up not to speak during meals.
  식사 중에는 말을 하지 않도록 교육을 받았어.
- When were you born?
  언제 태어났어요?
- Where were you born?
  어디에서 태어났어요?

meal [miːl] 식사
➜ 'bring up'은 '아이가 성장할 때까지 돌보며 교육시키다(look after a child until it is grown up)'라는 뜻으로 주로 수동문으로 쓰인다.

07

인사 있었나요? Haven't we met before?

모임에서 새로운 친구를 만나게 될 때 긴요하게 사용할 수 있는 말이 'Haven't we met before?' 이다. 이 표현은 현재완료(have + p.p.)로 과거부터 지금까지의 경험을 나타낸다. '전에 우리가 만난 적이 있습니까?' 의 뜻으로 '우리가 인사 나누었습니까?' 로 해석한다.

A : Excuse me. Haven't we met before?
실례합니다만 우리가 인사 있었나요?

B : I think so. But your name doesn't come to mind.
그런 것 같지만 당신 이름이 기억나질 않네요.

come to mind 기억나다(be remembered), (생각 등이) 떠오르다(come up with)

- **Have you two been introduced?** 두 분이 인사를 나누었나요?
- **Have you met each other before?** 전에 서로 뵌 적이 있나요?
- **I don't believe we've met before.**
인사 없었던 것 같습니다. (= I don't think we've met (before)).
- **I've met him before,** but his name escapes me.
전에 만나 본 것 같지만 그의 이름이 기억 나질 않아.

escape [iskéip] (전화번호 · 이름 · 날짜 · 제목 등이) 기억 나질 않는다; 달아나다; (가스 등이) 새다

08

어디선가 뵌 것 같군요. Don't I know you from somewhere?

전에 만난 적이 있는 것 같기도 하지만 확실하지 않은 경우에 'Do I know you?(전에 만난 적이 있던가요?)', 또는 'Haven't we met before?' 하고 물어 볼 수 있다.

know = have seen

A : Excuse me, but don't I know you from somewhere?
실례합니다만 어디선가 뵌 것 같아요.

B : No, I don't think so. 아뇨, 모르겠는데요.

- **Haven't I seen you somewhere** before?
전에 어디서 뵌 적이 있는 것 같습니다.

09

완전 초면입니다. We're strangers.

'둘이 서로 아는 사인가요?' 또는 '두 분이 인사를 나누셨습니까?' 라는 물음에 '우리는 초면입니다.' 라고 말하려면 'We're strangers.' 라고 하면 된다. 이 때 둘이 전혀 모른다는 것을 강조하기 위하여 형용사 'complete[kəmplíːt], perfect[pə́ːrfikt], total[tóutl]' 이 쓰인다. 또한 '어떤 장소에 생소하거나 익숙지 못한(unfamiliar[ʌ̀nfəmíljər]) 사람' 을 'stranger [stréindʒər]' 라고 한다.

A : Have you met each other before? 두 분이 서로 인사를 나누었나요?

B : No, we're complete strangers. 아니요. 전혀 모르는데요.

- We're perfect/total strangers.
  서로 생판 모르는 사람입니다.
- Sorry, I'm a stranger here myself.
  죄송합니다. 저도 이곳에 초행입니다.
- They never talk to strangers.
  그들은 낯선 사람에게 결코 말을 하지 않아.
- He's a stranger to me.
  나는 그를 몰라.
- She has been a stranger to poverty.
  그녀는 가난을 모르고 살아왔다.
- My sister is no stranger to misfortune.
  나의 누나는 불행이 무엇인지 너무 잘 알고 있다.

poverty[pávərti] 가난
➔ 'has been'은 현재완료로 '과거부터 지금까지 가난에는 생소한 사람'이라는 뜻으로 '가난이 무엇인지 전혀 모르는 사람'이라는 말이다.

misfortune[misfɔ́:rtʃən] 불행, 불운
➔ 어떤 종류의 경험이 많아서 매우 잘 알고 있다(very familiar with)고 할 때 'be no stranger to sth'라고 한다.

어법연구

'no + 보어'와 'not a(not any) + 명사'의 쓰임

1. be 동사 다음의 보어 앞에 'no'를 붙이면 보어를 완전 부정하여 반대의 뜻을 나타낸다.

   a. He is *no* politician.
   그는 정치가로서 자질이 없다.

   b. He's *no* fool.
   그는 전혀 바보가 아니고 매우 영리하다. (= He's intelligent[intélədʒənt].)

   c. She is *no* beauty.
   그녀는 미인이 아니라 못생겼다. (= She is ugly[ʌ́gli].)

   d. It was *no* easy matter.
   그것은 쉬운 일이 결코 아니었다. 즉 매우 어려웠다. (= It was very difficult.)

politician[pɑ̀litíʃən] 정치가
cf. **He's not a politician.** 그의 직업은 정치가가 아니다.

2. 유무(有無)를 표현할 때 'not a / not any'는 강조를 나타낸다.

   A : Do you have a dog?
   개를 키우나요?

   B : No, I have *not a* dog / *not any* dog.
   한 마리도 없어요.

➔ '다른 집은 2 혹은 3마리의 개가 있을 수 있다'는 뜻이 된다.
cf. **I have no dog.** 개가 없어요.
cf. **I have not a father.** (×)
➔ '나는 아버지가 한 분도 안 계시다.'라고 강조한다는 것은 언외(言外)의 뜻으로 '다른 사람에게는 아버지가 두세 분 있을 수 있다.'는 말이 되어 잘못된 표현이 되고 올바른 문장은 'I have no father.'이다.

10 샘이라는 이름의 사내가 기억나요? Do you remember a guy called Sam?

과거에 했던 행동, 가 보았던 장소, 만나 보았던 사람 등의 영상이 머리 속에 남아 있어(have a picture in one's mind) 기억한다고 할 때 'remember[rimémbər]' 동사가 쓰인다. 'Do you remember a guy who is called Sam?' 에서 'who is' 가 생략된 것이다.

A : **Do you remember a guy called Sam?**
샘이라는 이름의 사내가 생각나요?

B : Sure, I remember him well. 물론, 그를 잘 기억하지.

S : Have you met my brother? 내 형과 인사를 나눈 적이 있니?

as far as ~하는 한

M: **Not as far as I remember.**
내 기억으로는 없어. = (I have) Not (met him) as far as I remember.

- **Do you remember Nancy?** I saw her yesterday.
  낸시가 생각나? 어제 그녀를 만났어.
- **Do you remember where you put the key?**
  열쇠를 어디다 두었는지 기억해?

rather[rǽðər] 다소, 좀

- **I remember her as rather a tall woman.**
  내 기억으로는 그녀가 다소 키가 컸던 것으로 생각나.
- **I distinctly remember** telling you to be home by 10 o'clock.
  너에게 10시까지 집에 돌아오라고 말한 것을 분명히 기억하고 있어.

➔ '기억이 잘 안 난다' 라고 할 때 'vaguely[veigli](희미하게), dimly(어렴풋이), scarcely[skέərsli](거의 ~않다)' 와 같은 부사와 함께 쓰인다.
이와 반대로 기억이 뚜렷하고 명확하다고 할 때 'distinctly[distíŋktli](뚜렷하게), vividly[vívidli](생생하게)' 가 쓰인다.

➔ 'remember + 동명사' 는 '이미 전에 일어난 과거의 일을 기억하다' 라는 뜻이고, 'remember + 부정사' 는 '앞으로 일어날 미래의 일을 기억하다' 라는 뜻이다.

- They had three children, **if I remember correctly/rightly.**
  내 기억이 정확히 맞다면 그들은 3명의 자식이 있어.

cf. Don't *forget to remember* me.
날 잊지 말아요.

11 많이 뵌 것 같군요. You look familiar to me.

세상에 비슷한 사람이 많다 보니 착각할 수 있는 경우가 많다. 알지는 못하지만 낯이 익은 사람을 만나는 경우가 종종 있다. 이 때 사용할 수 있는 표현이 'You look familiar to me.(어디서 많이 뵌 것 같습니다.)' 이다. 'familiar[fəmíljər]' 는 '전에 여러 번 봐 왔거나 들어본 적이 있어서 쉽게 알아볼 수 있다' 는 뜻이다. '어디서 많이 들어본 것 같아요.' 라고 말하려면 'That sounds familiar.' 라고 하면 된다.

A : **You look familiar to me.** 어디선가 만난 적이 있는 것 같습니다.

take A for B A와 B를 착각하다

B : I think you're taking me for somebody else.
혹시 잘못 본 것은 아닐는지요.

- He has a familiar face. 그 사람 낯익은 얼굴이에요.
- I didn't see any familiar faces.
  아는 사람을 하나도 못 만났어요.(= I didn't see any people I know.)
- The voice on the phone sounded familiar to me
  전화에서 들리는 그 목소리는 많이 들어본 목소리 같아.

12 처음엔 못 알아봤어요. I didn't recognize you at first.

'전에 보았거나 들어서 또는 경험했기(experience[ikspíəriəns]) 때문에 '누구인지, 무엇인지'를 알다'의 뜻으로 'recognize[rékəgnàiz]'가 쓰인다.

A : **I didn't recognize you at first. You've really changed!**
처음엔 못 알아봤어요. 정말 많이 변했어요!

B : Well, I've put on a lot of weight. 그래요, 체중이 많이 불었어요.

at first 처음에
put on/gain weight 체중이 늘다
↔ lose weight 체중이 줄다

- Could you recognize me? 제가 누군지 알아보겠어요?
- Dogs recognize people by their smell.
  개들은 냄새를 맡고 사람을 알아본다.
- I recognized her from the photograph you showed me.
  네가 보여준 사진 때문에 그녀를 알아봤어.

photograph[fóutəgræ̀f] 사진

13 안면만 있어요. I only know her by sight.

'know sb by sight'는 잘 알지 못하지만 전에 본 적이 있어서 얼굴을 아는 경우에 쓰이며, 만나본 적은 없고 이름만 들어서 아는(recognize[rékəgnàiz]) 경우에는 'know sb by name'이라고 한다. 'I know her by sight.'라고 말하면 '그녀가 어떻게 생겼는지 난 알아.(= I know what she looks like.)' 또는 그녀를 본 적이 있어서 '그녀의 얼굴은 알아.(= I recognize her face.)'의 뜻이다.

A : Do you know Julie Kirkland well? 줄리 커클랜드를 잘 알아요?

B : **No, I only know her by sight.** 아니오. 단지 안면만 있어요.

- I know the man only by name. 단지 그 사람 이름만 알아요.
- They're cousins by blood. 그들은 친사촌간이다.
- He is a Frenchman by birth. 그는 태생이 프랑스인이다.
- He is a doctor by profession. 그는 직업이 의사이다.

cousin[kʌ́zn] 사촌

birth[bəːrθ] 출생
profession[prəféʃən] 직업
➔ 전치사 'by'는 '~에 관해서(with regard to)'의 뜻으로 두 사물의 관계(connection[kənékʃən])를 보여준다.

14

말씀 많이 들었습니다. I've heard a lot about you.

여러 사람으로부터 얘기를 들어서 알게 된 경우에 'hear about'이라고 하며, 서신이나 전화를 통해 ~로부터 소식을 듣는 경우에는 'hear from'이라고 한다.

A : How do you do? I'm Sam. Glad to meet you.
안녕하세요? 저는 샘입니다. 뵙게 되어 반갑습니다.

B : How do you do? **I've heard a lot about you from Steve.**
안녕하세요? 스티브로부터 말씀 많이 들었습니다.

전치사에 따라 동사의 의미가 달라지는 경우

1. 'shout[ʃaut], throw[θrou], run' 등의 동사 다음에 전치사 'at'를 사용하면 '공격할 목적으로 어떤 동작이 행해지는 뜻이 되고, 'to'를 사용하면 동작이 행해지는 '방향'을 나타낸다.
   a. I wish you'd stop shouting at the children.
   아이들에게 고함을 지르는 것 좀 그만 두었으면 좋겠어.
   b. "Watch out!" she shouted to me, as the car started to move.
   차가 움직이기 시작했으니 조심하라고 그녀는 나에게 큰 소리로 말했다.
   c. She got suddenly furious and ran at me with a bread knife.
   그녀는 갑자기 난폭해져서 빵 자르는 칼을 갖고 나에게 달려들었다.
   d. My puppy is running to me.
   우리 강아지가 나에게 달려오고 있다.

2. dream about ~을 꿈꾸다, ~을 꿈속에서 보다
   dream of ~을 하는 것을 꿈꾸다, ~이 되는 것을 꿈꾸다
   a. Last night I dreamed about you.
   어젯밤 꿈속에서 너를 보았어.
   b. I dreamed of being rich.
   부자가 되는 꿈을 꿨어.

3. complain[kəmpléin] of (몸이 아프거나 신체 어딘가 통증이 있어) 호소하다
   complain to sb about (불만(dissatisfied[dissǽtisfàid])스럽거나, 짜증(annoyed[ənɔ́id]), 또는 기분 좋지 않은 것을) ~에게 불평하다, 투덜거리다
   a. Dan's been complaining of severe backaches recently.
   댄은 최근에 심한 허리 통증을 호소하고 있다.
   b. Employees complained bitterly about working conditions.
   근로자들은 근로 조건에 대하여 몹시 불평했다.

furious[fjúəriəs] 노한

severe[sivíər] (아픔 따위가) 격심한, 심한
backache[bǽkèik] 요통
employee[emplɔ́ii:] 고용인, 종업원(worker)
cf. **employer**[emplɔ́iər] 고용주
bitterly[bítərli] 몹시

LESSON 03

감사 Thanks

01 고마움을 표현하는 방법 (Expressing thanks/gratitude)

01	매사에 감사합니다.	Thanks for everything.
02	도와주신 것에 감사합니다.	I'm grateful to you for your help.
03	~해 주시면 고맙겠습니다.	I'd appreciate it if you ...
04	아무튼 감사합니다.	Thanks anyway.
05	네가 도와준 덕에.	thanks to your help
06	~해 주시니 고맙습니다.	It's very nice of you to ....

02 감사의 말에 대한 응답 표현 (Responding to thanks)

01	천만에요.	You're welcome.
02	별것 아닙니다.	Think nothing of it.
03	오히려 제가 기뻐요.	My pleasure.

L·E·S·S·O·N 03

감사 Thanks

01 고마움을 표현하는 방법 (Expressing thanks/gratitude)

어떤 일을 해준 것에 고마움을 느끼거나 감사의 뜻을 표할 때 가장 많이 쓰이는 동사가 'thank, appreciate[əpríːʃièit]'이며 형용사로 'grateful[gréitfəl], appreciative[əpríːʃətiv]'가 흔히 쓰인다. 감사의 뜻을 표하는 다양한 표현을 알아보자.

01 **매사에 감사합니다. Thanks for everything.**

'~에 대해서 감사합니다'라고 말할 때 'Thank you for ~ / Thanks for ~'라고 한다.

get off (차에서) 내리다

S : Is this where you want to get off? 여기가 내리려고 하는 곳이야?

M: Yeah, this is fine. 응, 여기면 좋아.

S : O.K. I'll see you tomorrow. 좋아. 그럼 내일 보자.

M: **Yeah, thanks for the lift.** 그래, 태워 줘서 고마워.

➔ **lift** 무료로 태워 주기(a free ride in a vehicle)
eg. **Give me a lift, please.**
차 좀 태워 주세요.

come by 어디 가는 길에 잠깐 들르다

- Thanks for coming by.
  들러줘서 고마워.

move in 이사오다 ↔ **move out**

- Thank you for all the help you've given us since we moved in.
  이사온 이후 저희에게 베풀어주신 도움에 감사드려요.

compliment[kámpləmənt] 경의, 찬사, 칭찬

- Thank you for the compliment.
  그렇게 찬사를 해주시다니 고맙습니다.

hospitality[hàspitǽləti] 환대, 친절히 접대함

- Thank you so much for your hospitality.
  당신의 호의에 대단히 감사합니다.

➔ 〈P. 241 5번 참조〉
sympathy[símpəθi] 조문(弔問)

- Thank you for your sympathy.
  조의(弔意)에 감사합니다.

- I can't thank you enough!
  어떻게 감사해야 할지 모르겠습니다.

help out 일이 바쁜 사람을 돕다
➔ 'I appreciate it'은 도움을 많이 받은 것에 감사한다고 할 때 쓰인다.

- Thanks for helping out on a Sunday! I appreciate it.
  일요일 같은 날에 끝까지 도와준 것에 고맙습니다. 감사합니다.

- Did you say your thank-you to Mrs. Brown for the party?
  브라운 아줌마께 파티에 대해서 고맙다고 말했어요?

➔ 'thank-you'와 'thanks'는 명사

- I'd like to express my thanks for all that you have done.
  베풀어주신 모든 것에 고마움을 표하고 싶습니다.

02

도와주신 것에 감사합니다. I'm grateful to you for your help.

어떤 일을 해준 것에 감사의 뜻을 표할 때 'grateful to + 사람 / grateful for + 행위'가 쓰이며, 'grateful for'의 동의어로 'thankful for / indebted[indétid] to'가 쓰인다. 명사(gratitude[grǽtətjù:d])를 사용하여 '~에게 감사의 뜻을 전하다/표하다'라고 할 때 'express one's gratitude/thanks', 'show one's appreciation[əprì:ʃiéiʃən]' 또는 'say a thank-you'가 쓰인다.

grateful[gréitfəl] 고맙게 여기는
↔ ungrateful 은혜를 모르는
cf. ingratitude 배은 망덕

A : **I shall be grateful to you all my life.**
평생 은혜를 잊지 않겠습니다.

B : I was glad to help.
도와 드려서 제가 기쁩니다.

- We're very grateful to you for all you've done for us.
  우리에게 베풀어주신 모든 것에 매우 감사합니다.
  (= We're very indebted to you for what you've done for us.)

- I'm deeply grateful to you for your help.
  도와주신 것에 대하여 깊이 감사드립니다.

- I want to express my gratitude to you.
  당신에게 사의를 표하고 싶습니다.

express[iksprés] 표현하다
gratitude[grǽtətjù:d] 고마움

- I don't know how to express my gratitude.
  고마운 마음을 어떻게 표현해야 할지 모르겠어요.

- She showed me her gratitude by inviting me to dinner.
  저녁 식사 초대로 그녀는 나에 대한 고마움을 표시했다.

- I'd like to give you this small present out of gratitude.
  감사하는 마음에서 이 조그만 선물을 드리고 싶습니다.

out of gratitude 은혜에 보답하여

- We'd like you to accept this gift as a small token of our gratitude.
  감사에 대한 조그만 표시로 이 선물을 받으셨으면 합니다.

accept[æksépt] 받아들이다
token[tóukən] 표, 증거, 상징
eg. as a token of love 사랑의 정표로써

03

~해 주시면 고맙겠습니다. I'd appreciate it if you...

'I'd appreciate[əprí:ʃièit] it if ~(~해 주시면 고맙겠습니다)'는 '제가 부탁드린 것 좀 해주세요.(Please do what I ask.)'의 뜻으로 남에게 부탁할 때 쓰이는 정중한 표현이다.

A : Do you want me to get them for you?
그것들을 가져다 드릴까요?

B : Sure, **I'd appreciate that** (**if you would get them for me**).
예, 갖다 주시면 고맙겠습니다.

- **I'd appreciate it if** you would turn the radio down.
  라디오 소리 좀 줄여 주시면 고맙겠습니다.(= Please turn it down.)

cash 현금

- **I'd appreciate it if** you would pay in cash.
  현금으로 지불해 주신다면 감사하겠습니다.

- **We really appreciate** all the help you gave us last weekend.
  지난 주말에 도와주신 것 정말로 고맙게 생각합니다.

appreciate [əpríːʃièit] + -ing ~한 것에 감사하다
keep sth a secret [síːkrit] ~을 비밀로 하다

- **I would appreciate** your keeping it a secret.
  그것을 비밀로 해준 것에 감사드립니다.

04 아무튼 감사합니다. Thanks anyway.

상대방에게 부탁을 한 후에 실제로 도움을 받지 못했거나 또는 '상대방이 무엇을 도와 드릴까요?' 하고 제의해 왔을 때 도움을 받을 것이 없더라도 호의에 감사한다는 의미로 'Thanks anyway. / Thank you anyway.' 라고 말한다.

museum [mjuːzíːəm] 박물관

A : Would you show me the way to the museum?
박물관에 가는 길 좀 가르쳐 주시겠습니까?

B : Sorry. I'm a stranger here myself.
죄송합니다. 저도 이곳이 초행입니다.

A : You are? **Thanks anyway.**
그래요? 여하튼 감사합니다.

S : Is there anything else I can help you with?
제가 도와 드릴 수 있는 다른 일이 있습니까?

M: I guess not, **thanks anyway.**
없을 것 같은데요. 여하튼 감사합니다.

05 네가 도와준 덕에 Thanks to your help.

말 한마디에 천냥 빚을 갚는다는 말이 있듯이 사소한 일이라도 상대방에게 고마움을 표시하는 것은 사교 생활에 상당한 도움을 줄 것이다. '~ 덕분에' 라고 고마움을 나타낼 때 'thanks to' 가 쓰인다.

A : All done, **thanks to your help.** 네가 도와준 덕에 모든 걸 다 마쳤어.

B : Think nothing of it. 뭘 그런 걸 가지고. 별거 아냐.

S : Are you interested in studying English?
영어 공부에 흥미가 있나요?

M: Yes, I take great pride in it, **thanks to Steve.**
네, 스티브 덕분에 상당히 만족하고 있어요.

take pride in ~을 자랑하다, ~에 만족하다(be proud of, gain satisfaction[sæ̀tisfǽkʃən] from)

06 ~해 주시니 고맙습니다. It's very nice of you to...

'it's very kind of you ~'는 상대방이 넓은 마음으로 ~을 해주겠다고 제안해 왔을 때 '~해 주셔서 고맙습니다'라는 뜻으로 쓰인다.

S : Here, you can have my seat.
여기 내 자리에 앉아요.

M: Thank you, **that's very kind of you.**
고맙습니다. 매우 친절하시군요. (= Thanks a lot. You're very kind.)

A : I keep forgetting to thank you for lending me your bike.
자전거 빌려준 것에 고맙다는 말을 계속 잊어버려요.

B : Oh, it was noting at all.
별것 아닌데요 뭘.

A : No, I mean it. **It was very nice of you to lend it to me.** I'm very grateful to you.
아닙니다. 진담입니다. 친절하시니까 자전거를 빌려주신 거죠. 매우 감사합니다.

B : I'm glad I could do it.
빌려 드릴 수 있어서 기뻐요.

keep -ing 계속 ~하다
bike[baik] 자전거

grateful[gréitfəl] **to** + (사람) ~에게 감사하는

- It's nice of you to invite me to your house.
  댁으로 초대해 주시다니 친절하기도 하셔라.

- How nice of you to be with us!
  우리와 함께 자리를 해주셔서 얼마나 고마운지 모르겠어요!

02 감사의 말에 대한 응답 표현 (Responding to thanks)

대화란 핑퐁에서 공이 왔다갔다하는 것처럼 순발력 있게 서로 말을 주고받아야 한다. 감사의 뜻을 받았을 때 그에 대한 응답 '천만에요.'란 뜻으로 영국 영어에선 'Don't mention it.'이 흔히 쓰이고, 미국 영어에선 'You're welcome.'이 흔히 쓰인다. 다음에 나오는 다양한 표현을 익혀 대화의 맛을 살려 보자.

01 천만에요. You're welcome.

상대방이 도와준 것에 감사의 뜻을 전할 때 'You're welcome.' 대신에 '언제든지 도와드릴 수 있다'는 뜻으로 'Anytime.'이 쓰이기도 한다. 또한 어떤 부탁 · 요청 등에 대한 응답 또는 감사 · 사과에 대한 응답으로 'No sweat.(누워서 떡 먹기죠, 간단해요.)' 또는 'No problem.(괜찮아요, 문제없어.)'이 자주 쓰인다.

- You're welcome. 천만에요.
- Don't mention it. 그런 말씀 하지 마세요.
- Not at all. 천만에요.

mention[ménʃən] ~에 대해서 언급하다
➔ 친구 사이에 쓰이는 비격식체

02 별것 아닙니다. Think nothing of it.

'Think nothing of it.(별것 아닌데요/별일도 아닌데요.)'는 자신의 호의에 대해서 상대방이 사의(gratitude[grǽtətjùːd])를 표할 때, 겸양을 나타내는 표현으로 'I'm very glad to have helped you.'란 뜻을 갖고 있다. 특히 이 표현은 하기 어려운 일을 해주었다고 상대방이 생각할 때 쓰인다. 또한 상대방이 자신의 잘못을 사과할 때 답변으로서도 쓰인다. 'Think nothing of it.' 대신에 아래와 같은 표현도 흔히 쓰인다.

take so much trouble 많은 시간과 노력을 아끼지 않다

A : You shouldn't have taken so much trouble!
그렇게 수고를 하지 않았어도 됐는데!

B : **Think nothing of it.**
별것 아닌데요 뭘.

S : Hey, I really appreciate how you helped me with English.
이봐, 영어 공부를 도와줘서 고마워.

M: **I was glad to help.**
도와줘서 내가 기뻐.

- It was nothing at all. 별것 아닙니다.
- I was glad to be of service. 도움이 되었다니 기쁩니다.
- It was the least I could do. 제가 할 수 있었던 최소한의 것입니다.

03

오히려 제가 기뻐요. My pleasure.

'My pleasure[pléʒər]. / It was a pleasure. / The pleasure is mine.'은 상대방을 도와주어 기뻤고, 당연히 해야 할 일을 했다는 뉘앙스가 풍긴다. 상대가 고마움을 표시할 때 '오히려 제가 감사드려요, 기꺼이 한 일인데요, 천만의 말씀입니다' 정도의 대꾸로 쓰일 수 있는 예의를 갖춘 표현이다.

A : Thank you for helping me.
도와주셔서 감사합니다.

B : (It was) **My pleasure.**
도와 드린 것이 저의 기쁨입니다.

- **It was my pleasure** to show you around the city.
  시내 구경을 시켜 드려서 제가 기쁩니다.

S : Would you join us?
함께 하시지 않겠어요?

M: **Thank you, with pleasure.**
고마워요. 기꺼이 하죠.

cf. With pleasure.
기꺼이 해 드리죠(willingly), 좋고 말고요.

➔ 상대방의 부탁 · 제안에 '기꺼이(willingly) 응하겠다'는 의미로 쓰인다.

LESSON 04

사과 Apologies

01 사과의 'Sorry'가 쓰이는 경우 (Expressing thanks/gratitude)

02 'Sorry' 외에 사과에 쓰이는 표현 (Responding to thanks)

03 상대방의 사과를 받아들일 때 (In accepting apologies)

L·E·S·S·O·N 04

사과 Apologies

01 사과의 'Sorry'가 쓰이는 경우

❶ 사소한 일이라도 상대방을 당황케 했거나 불편을 끼쳤을 때 '(I'm) Sorry~'라고 뒤에 사과할 일을 덧붙여 말한다.

- (I'm) Sorry I'm so late. 너무 늦어 죄송합니다.
- I'm sorry for all this confusion. 이렇게 헷갈리게 해서 죄송합니다.
- Sorry for bothering you. 방해를 해서 죄송합니다.
- I'm sorry if I offended you. 기분을 상하게 했다면 죄송합니다.
- I'm sorry it was a slip of the tongue. 죄송합니다. 제가 실언했습니다.
- I'm sorry I lost my temper. 화를 내서 죄송합니다.
- I'm sorry to have kept you waiting. 기다리게 해서 죄송합니다.
- I'm sorry to phone so early; did I get you up? 아침 일찍 전화해서 죄송합니다. 저 때문에 잠을 깨셨나요?
- Sorry I made such a fool of myself last night. I must have been drunk. 어젯밤에 실수를 해서 죄송합니다. 술이 취했던 것 같습니다.

confusion [kənfjúːʒən] 혼동, 혼란
bother [báðər] 귀찮게 하다
offend [əfénd] 감정을 상하게 하다
slip 미끄럼, 실수
tongue [tʌŋ] 혀
lose one's temper 화를 내다
make a fool of oneself 바보스런 짓을 하다
➔ must + 완료 과거의 확실한 추측을 나타냄.

❷ 길을 지나가다 모르는 사람과 부딪쳤을(bump[bʌmp]) 때 쌍방의 잘못이므로 서로 'Sorry.'라고 말한다. 버스 안에서 어떤 사람의 발을 실수로 밟았을 때에도 '(I'm) Sorry.'라고 말하면 상대방은 'That's O.K.'라고 응답할 것이다.

S : **I'm sorry, did I step on your foot?**
죄송합니다. 제가 발을 밟았나요?

M: That's all right / O.K.
괜찮습니다.

❸ 상대방에게 사과할 때 'Sorry.'만으로 부족하다고 생각이 들 때 'AM'을 강조하거나 'very, really[ríːəli](정말), extremely[ikstríːmli](아주, 대단히), terribly[térəbli](몹시,대단히)'와 같은 부사를 사용한다.

S : **I AM sorry. I didn't realize.** 정말 죄송합니다. 미처 몰랐습니다.

M: That's quite all right. 정말 괜찮습니다.

realize [ríːəlàiz] ~을 알다, 깨닫다

A : **I'm extremely sorry.** 정말 죄송합니다.
B : Don't worry about it. 걱정하지 마세요.

❹ 동의하지 않을 때(disagreement[dìsəgríːmənt]) 또는 거절(refusal[rifjúːzəl])할 때

A : Can you lend me some money? 돈 좀 빌려줄 수 있어요?
B : **I'm sorry, I can't.** 빌려 드릴 수 없어 죄송합니다.

- **I'm sorry,** but I don't agree.
  죄송하지만 전 생각이 달라요.

agree 의견을 같이하다

- **I'm sorry,** Alex, but you've got your figures wrong.
  죄송하지만 알렉스, 당신 계산이 틀렸어요.

figure[fígjər] (pl.)계산; 숫자; 사람의 모습; 인물

사과의 뜻이 아니라 다른 의미로 쓰이는 sorry

1. 상대방의 말을 못 들었거나 이해하지 못해서 다시 한 번 말해 달라고 할 때 미국 영어에선 'Pardon me?', 또는 'Excuse me?'가 쓰이고, 영국에선 'Pardon?' 또는 'Sorry?'가 'I beg your pardon?'의 뜻으로 쓰인다.

   A : He's late. 그가 늦었어.
   B : *Sorry?* 뭐라고 말했어?
   A : I said he's late. 그가 늦었다고 말했어.

2. 과거에 한 일을 후회(regret[rigrét])한다고 말할 때에도 'Sorry'를 쓴다.

   a. Paul **was sorry** he'd gotten so angry at the kids over nothing.
   폴은 아무것도 아닌 일에 아이들에게 그렇게 화를 낸 것을 후회했다.

   b. One day **you'll be sorry** that you didn't study harder at school.
   학교 다닐 때 더 열심히 공부하지 않은 것을 언젠가 후회할 거야.

   c. **I'm sorry** I shouldn't have said that.
   그렇게 말하지 말았어야만 했는데, 죄송합니다.

   d. **I'm sorry** I ought not to have lost my temper.
   미안해. 버럭 화를 내지 말았어야 했었는데.

regret[rigrét] 후회하다
cf. **I really regret it.** 정말로 후회하고 있어요.

lose one's temper 화를 내다
➔ 'should/ought to + 완료'는 과거 행동에 대한 후회 또는 유감을 나타냄.

pass away 죽다(die)
be of help 도움이 되다
sympathy[símpəθi] 동정(a feeling of pity), 조문(弔問)
consolation[kὰnsəléiʃən] 위로, 위안(comfort during a time of sadness or disappointment)

show off 뽐내다, 자랑하다
all the time 언제나

feel sorry for ~에 동정하다, ~을 불쌍히 여기다

3. 상대방에게 슬픈 일이 있어 위로하거나 유감스러움을 표현할 때에도 'Sorry'를 쓴다.

A : *I heard your mother passed away. I'm so sorry.* Can I be of help in any way?
어머니가 돌아가셨다는 얘기를 들었어요. 조의를 표합니다. 어떤 방법으로든 제가 도움이 되겠어요?

B : Thank you. Your sympathy is a great consolation.
감사합니다. 애도해 주시는 것만으로도 큰 위로가 됩니다.

S : Some people try to show off all the time because they think they're so important.
어떤 사람들은 자기들이 매우 중요하다고 생각해선지 언제나 주위의 시선을 끌기 위해 뽐내려고 해.

M: Right. *I feel sorry for people like* that.
맞아. 그런 사람들 참 딱한 생각이 들어.

- We **were sorry** to hear of your father's death.
  춘부장의 별세를 애도합니다

cf. 'I'm sorry to hear (about) that.' 대신에 상대방의 고민 또는 좋지 않은 일에 대한 슬픔·동정·이해를 나타내기 위하여 'That's too bad.(그것 참 안됐군요.)' 또는 'That's terrible.(안됐군요.)'이 자주 쓰인다.

A : I'd like to go to the movies tonight, Mother.
엄마 오늘 저녁에 영화 구경 가고 싶어요.

B : *That's too bad.* You have to stay home and study your English.
안됐구나. 집에서 영어 공부를 해야만 해.

a. **It's too bad** that Poe died when he was so young.
포가 그렇게 젊은 나이에 죽다니 너무 안됐어요.

b. **It's too bad** that Jimmy failed the examination.
지미가 시험에 떨어졌다니 너무 안됐어요.

02 'Sorry' 외에 사과에 쓰이는 표현

❶ 'I'm sorry.' 외에 'forgive me(용서해 주세요), make an apology[əpάlədʒ](사과하다), I apologize[əpάlədʒàiz] for(사과 드립니다), demand an apology(사과를 요구하다), please accept my apology for(~에 대한 사과를 받아 주세요), I owe you an apology for(사과 드립니다)' 등이 쓰인다.

pick up 집어들다

- **I beg your pardon!** I must have picked up the wrong bag by mistake.
  죄송합니다. 실수로 가방을 잘못 가져간 것이 확실해요.

- **I must apologize for** not being able to meet you.
  만날 수 없게 된 것에 사과 드립니다.

apologize[əpálədʒàiz] **for** ~에 대해 사과하다

- **Please accept my apology** for the delay.
  지연시킨 것에 대한 사과를 받아 주세요.

apology[əpálədʒi] 사과
delay[diléi] 지연

- The restaurant manager was **very apologetic** and said we could have our meal for free.
  식당 지배인은 매우 미안해하면서 무료로 식사를 할 수 있다고 말했다.

apologetic[əpɑ̀lədʒétik] 사과하는, 사죄하는
for free 무료로(for nothing)

- **I owe you an apology for** what I said. I was afraid I was rather emotional.
  제가 말한 것에 사과 드립니다. 다소 감정적이었던 것 같아요.

owe[ou] (의무 등을) 지고 있다, 은혜를 입고 있다
rather[rǽðər] 약간, 다소, 좀
emotional[imóuʃənəl] 감정적인

- **Please forgive** me my thoughtless remark.
  아무 생각 없이 한 말을 용서해 주세요.

- I don't want this to spoil our friendship – **let's just forgive** and forget, shall we?
  이 일로 우리 우정이 깨지는 것을 원치 않아. 용서하고 잊자고.

forgive 용서하다
thoughtless[θɔ́:tlis] 생각이 없는, 경솔한
↔ **thoughtful**[θɔ́:tfəl] 생각이 깊은
remark[rimɑ́:rk] 의견, 말
spoil 망치다

❷ 'mean'은 '의도하다(intend), 마음속에 품고 있다(have in mind as a purpose[pə́:rpəs])'의 뜻으로 상대방을 해치거나(hurt[hə:rt]) 당황케 하려고(upset[ʌpsét]) 했던 것이 아니라고 사과할 때 'I didn't mean it.(그럴려고 했던 게 아니었습니다.)'라고 한다.

- I'm sure **she didn't mean it**, really.
  그녀가 정말로 그러려고 했던 게 아니라는 것을 난 확신해.

- I'm sorry **I didn't mean to** upset you.
  당황케 하려고 했던 게 아닌데 죄송합니다.

upset[ʌpsét] 당황하게 하다

- I'm sorry. **I didn't mean to** hurt you.
  미안해요. 다치게 하려고 했던 게 아니에요. (= I'm sorry I hurt you: I didn't mean to.)

mean to ~할 뜻을 품다
hurt[hə:rt] (신체 · 마음에) 상처를 입히다

- **I didn't mean to** make things difficult for you. Please forgive me.
  일을 어렵게 하려고 했던 게 아니었습니다. 용서해 줘요.

cf. Do you mean Miss Anne Smith or Miss Mary Smith?
앤 스미스양 말입니까 메리 스미스양 말입니까?

03 상대방의 사과를 받아들일 때(In accepting apologies)

상대방이 자기의 실수를 사과해 왔을 때 무표정으로 잠자코 있으면 사과를 한 사람이 얼마나 무안하겠는가? 이 때 아래에 있는 표현으로 바로 응답할 수 있는 순발력을 키우는 것이 자연스러운 회화 실력을 향상시키는 지름길이 아니겠는가?

- That's all right / O.K. 괜찮습니다.
- Don't worry about it. 걱정하지 마세요.
- It doesn't matter. 괜찮습니다.
- Never mind. 염려 마세요.
- Forget it. 잊어버리세요.
- No problem. 걱정 마세요.
- Think nothing of it. 미안해할 것 없어/별 것 아닌데요 뭘.
- It's not important. 큰일 아녜요.

01 **괜찮아요. That's all right.**

'That's all right.'은 'I'm sorry.'에 대한 응답이고, 'That's right.'은 상대방의 말에 '맞아.(true, correct)'라는 뜻으로 맞장구칠 때 쓰는 표현이다.

lose one's temper 화를 내다

A : I'm sorry I lost my temper. 화를 내서 죄송합니다.

B : **That's all right.** 괜찮아요.

S : Is this Piccadilly Circus? 이것이 피카딜리 서커스야?

M: **Yes, that's right.** 그래 맞아.

- Actually, **that's not quite right.**
  사실은 그것이 완전히 맞는 것은 아냐.

02 **별일 아녜요. Think nothing of it.**

'Think nothing of it.'는 상대방의 사과를 받아들이는 한편 그를 안심시킬 때 '그런 건 잊어버리세요/별일 아녜요.'라는 뜻으로 쓰인다. 'No big deal.'보다 좀더 격식을 갖춘 표현이며 이 표현 또한 감사의 말을 받아들일 때도 사용할 수 있다.

M: I'm sorry for not speaking to you this morning, but I was very busy. 오늘 아침에 자네에게 말을 건네지 못해 미안하네. 굉장히 바빴다고.

S : **Think nothing of it.** 잊어버려.

A : I'm sorry I missed your birthday. It completely slipped my mind.
생일을 챙기지 못해 죄송합니다. 깜빡 잊었어요. (= I just completely forgot.)

B : **Think nothing of it.** 미안해할 것 없어요.

completely[kəmplíːtli] 완전히
slip one's mind 깜빡 잊다

03

큰일 아녜요. (It's) No big deal.

'(It's) No big deal.'은 '그거 별거 아냐(not really important), 대단한 일 아니에요(not a big problem)'의 뜻으로 사과의 말이나 감사 표현을 받아들일 때 쓰는 구어 표현이다. 실수한 사람이 사과할 때 그것을 받아들이면서 용서의 뜻을 표할 때는, 그 일은 그다지 중요치 않거나 큰 문제 아니니 걱정할 것 없다는 의미를 내포한다.

➔ 요즘 한창 언론에 오르내리는 'Big Deal'은 사업상(in business[bíznis])의 조정(arrangement[əréindʒmənt]) 또는 협약(agreement[əgríːmənt])을 의미한다.

S : I'm sorry. I just spilled my drink on your coffee table.
당신네 차 탁자에 음료수를 흘려서 죄송합니다.

M: **No big deal. I'll wipe right off.**
대단치도 않은데요, 뭐. 제가 바로 닦아낼게요.

spill 엎지르다, 흘리다

wipe[waip] **off** 닦아 내다

A : I'm sorry I'm late. I missed the bus. I won't be late again.
늦어서 죄송합니다. 버스를 놓쳤어요. 다시는 늦지 않겠어요.

B : (It's) **No big deal.**
대단치 않아요.

S : I was really sorry to hear about your accident.
사고 소식을 듣고 정말 마음이 아팠습니다.

M: **Oh, it was no big deal.**
오, 그렇게 큰일 아녜요.(=it was not serious)

A : My father is very unhappy about not working.
아버지가 일이 없어서 매우 기분이 안 좋으셔.

B : Is he? **It sounds like a big deal.**
아버지가 우울하셔? 이거 큰 문제 같은데.

LESSON 05

실례합니다 Excuse me

1 상대방을 당황케 하거나 무례한 짓 또는 방해했을 때

2 뭔가 부탁을 하거나 길을 물을 때

3 전화를 받으러 또는 화장실에 가려고 잠시 자리를 비울 때

4 상점에서 손님에게, 또는 뭔가 도움이 필요해 보이는 외국인에게

5 다른 사람들이 있는 곳을 통과해서 지나갈 때

6 기침(cough)이나 재치기(sneeze)를 한 후에

L·E·S·S·O·N

05 실례합니다 Excuse me

1 상대방을 당황케 하거나 무례한 짓 또는 방해했을 때

- **Excuse me.** Oh, excuse me. I didn't know anyone was in here.
  아, 죄송합니다. 누가 안에 있는지를 몰랐어요.
- **Excuse me**, but could you please move your car?
  죄송합니다만 자동차를 옮겨 주시겠어요?

pardon [pá:rdn] 용서하다

- **Excuse me / Pardon me**, I didn't see you there.
  죄송합니다. 제가 그곳에서 뵙질 못했어요.
- **Excuse me**, is this seat taken? 죄송합니다만 이 자리 임자 있어요?

2 뭔가 부탁을 하거나 길을 물을 때

change 잔돈

A : **Excuse me, do you have change for the phone?**
죄송하지만 전화 걸 잔돈 좀 있어요?

B : No, I'm afraid I don't.
아뇨. 없는 것 같아요.

S : **Excuse me, which buses go to the sports center?**
죄송하지만 어느 버스가 스포츠 센터로 갑니까?

M: I'm sorry. I'm a stranger here myself.
죄송합니다. 저도 초행입니다.

pull over 길가에 차를 세우다

- **Excuse me**, could you pull over here?
  실례지만, 여기서 세워 주시겠습니까?

happen to (의문문에서) 혹시 ~하다

- **Excuse me**, do you happen to know the time, please?
  죄송하지만 혹시 몇 시인지 아세요?
- **Excuse me**, could you tell me the way to the station?
  죄송하지만 정거장 가는 길 좀 가르쳐 주시겠어요?

tell if there is~ ~이 있는가를 말하다

- **Excuse me**, could you tell me if there's a post office near here?
  죄송하지만 이 근처에 우체국이 있는지 알려주시겠어요?

3 전화를 받으러 또는 화장실에 가려고 잠시 자리를 비울 때

'Excuse me.'는 '실례합니다.' '죄송합니다.'의 뜻으로 허락(permission[pə:rmíʃən])을 얻을 때 사용하며 특히 잠시 자리를 비울 때 쓴다.

moment [móumənt] 순간, 잠깐

- **Excuse me** a moment.
  (화장실을 가거나 전화를 받으러 가면서) 잠깐 실례합니다.

- **Excuse me,** the phone is ringing.
  잠깐 실례합니다. 전화가 왔군요.

- **Excuse me,** I'll just go you-know-where.
  잠깐 거시기 좀 다녀올게요.

you-know-where 말하기 거북스러운 곳을 말할 때 쓰임

- **Excuse me.** I'll be right back.
  실례합니다. 곧 돌아오겠습니다.

4 상점에서 손님에게, 또는 뭔가 도움이 필요해 보이는 외국인에게

A : **Excuse me, but would you like some help?**
실례합니다만 도와 드릴까요?

B : Oh yes, thanks. I'm trying to find the Post Office. Could you tell me how to get there?
네, 고맙습니다. 우체국을 찾으려고 하는데, 가는 길을 알려주시겠어요?

- **Excuse me,** but may I help you?
  실례합니다만 도와 드릴까요?

5 다른 사람들이 있는 곳을 통과해서 지나갈 때

- **Excuse me.** (= I would like to go past.)
  실례합니다. (지나가려 합니다.)

➔ 좁은 통로에서 옆 좌석에 앉은 사람 앞을 지나가야 하는 경우 쓰일 수 있다.

- **Excuse me,** may I get through?
  실례지만 좀 지나갈까요?

- This is my floor. **Excuse me,** please.
  (만원인 엘리베이터 안에서) 여기서 내릴 겁니다. 실례합니다.

floor [flɔːr] (건물의) 층

6 기침(cough [kɑf])이나 재채기(sneeze [sniːz])를 한 후에

- **Excuse me.**
  죄송합니다.

LESSON 06

축하 · 격려 Congratulations

01	축하합니다!	Congratulations!
02	축하회라도 열어야겠어요.	This calls for a celebration.
03	끝내주는군 / 멋져요!	That's fantastic!
04	잘했어!	Good for you!
05	기운 내!	Lighten up!
06	포기하지 마!	Don't give up!
07	계속해 봐!	Keep it up!
08	초지일관(初志一貫)하라.	Stick to the first plan.
09	힘을 내. 바로 그거야!	That's the spirit!
10	초보자 치고는 괜찮았어.	Not bad for a novice.
11	인생이란 다 그런 거야.	That's life.

L·E·S·S·O·N **06**

축하·격려 Congratulations

01

축하합니다! Congratulations!

A : I hear you were promoted recently. Congratulations!
최근에 승진하셨다고 들었습니다. 축하합니다!

B : Thank you.
감사합니다.

A : I know you deserve it.
승진하셔야 마땅하지요.

promote[prəmóut] 승진하다

deserve[dizə́:rv] ~할 만하다, ~이 마땅하다

- Congratulations on your marriage! 결혼을 축하합니다!
- Congratulations on your recovery from illness!
  건강 회복을 축하합니다!
- Congratulations on your graduation! 졸업을 축하합니다!
- Oh, by the way, congratulations on passing your driving test.
  아, 그건 그렇고 운전 면허 시험 합격을 축하해.
- Please give her my congratulations when you see her.
  그녀를 보거든 축하한다고 전해 줘.

recovery[rikʌ́vəri] (건강의) 회복, 완쾌

graduation[grӕdʒuéiʃən] 졸업

by the way (화제를 바꿀 때 사용) 그런데, 그건 그렇고

02

축하회라도 열어야겠어요. This calls for a celebration.

'call for'는 '어떤 특별한 행위 등이 필요하다 또는 요구된다(need, demand[dimǽnd], require[rikwáiər])'라고 할 때 쓰인다.

S : I've been promoted to sales manager.
판매 부장으로 승진했어.

M: That's wonderful! This calls for a celebration.
정말 멋진 일이에요! 축하회라도 열어야겠는데요.

celebration[sèləbréiʃən] 축하, 축하회

call for ~를 청하다, 요구하다

- You're getting married? This calls for a celebration!
  결혼을 한다고요? 축하회라도 열어야겠는데요!

03

끝내주는군 / 멋져요! That's fantastic!

새 생명을 잉태했다(get pregnant)는 상대방의 말에 대해 'Fantastic[fæntǽstik]!(좋아요, 끝내 주는군!)', 'Congratulations[kəngrӕtʃəléiʃənz]!(축하합니다!), Great[greit]!(좋아요!), Excellent[éksələnt]!(훌륭해!), Very good!(정말 잘했어!), Wonderful[wʌ́ndərfəl]!(아주 멋져요!)'이란 말을 써서 상대방이 임신했다는 것을 축하해 준다.

- You're pregnant? That's fantastic! 임신했다고? 멋져요!
- You passed your test? That's fantastic!
  시험에 합격했다고? 정말 잘했어!

pregnant[prégnənt] 임신한

관련 표현

위에 열거한 표현 외에 다음과 같은 표현으로 상대방을 기쁘게 해줄 수 있다.

- I'm very happy to hear about that. 그 말을 들으니 정말로 기쁩니다.
- I'll bet you're pleased. 기쁘시겠어요.
- I'm really proud of you. 네가 정말 자랑스러워.
- You must be really proud of yourself. 자신이 정말로 자랑스러우시겠어요.

I'll bet ~라고 생각하다
be proud of 자랑하다(= take pride in, pride oneself on)
proud[praud] 뽐내는, 자랑하는

04 잘했어! Good for you!

Good for you!'는 '잘한다, 거 잘됐네, 말 잘한다'의 뜻으로 다른 사람의 성공·시험 합격·결혼·임신 등을 축하하거나 격려·찬성·동의·칭찬할 때 쓰인다.

A : My wife and I had an argument yesterday, but we made up today.
어제 부부 싸움을 했지만 오늘 화해했어.

B : Good for you! 잘했어!

S : Do you really think I'm doing good work here at the front desk?
정말 내가 여기 프론트 데스크에서 일을 잘하고 있다고 생각하는 거야?

M: Yes, you've done a fine job. 그럼, 너는 아주 잘하고 있어.

A : Well done, Susan! The apple pie was delicious.
잘 만들었어, 수잔! 애플 파이 맛있었어.

B : Thank you for saying so.
그렇게 말해 주니 고마워.

argument[ɑ́ːrgjəmənt] 논쟁, 불화
make up (with) 화해하다(reconcile[rékənsàil])
↔ break up 절교하다

delicious[dilíʃəs] 맛있는

- She's stopped smoking, and a good job too!
  그녀가 담배를 끊었는데 역시 잘한 일이야!
- Oh, well done! I could never have done that myself.
  오, 잘했어! 나라면 그것을 결코 할 수 없었을 거야.

관련 표현

어떤 일을 잘했다고 격려할 때 쓰는 표현

- Attaboy[ǽtəbɔ̀i]. 잘한다! 장하다! 힘내라! (= That's the boy.)
- (That's a) Good/Fine job! 잘했어!
- Well played! (운동경기에서) 잘했어!
- Well done! 잘했어! 잘 만들어졌는데!

05

기운 내! Lighten up!

lighten[láitn] 기운나게 하다, 밝게 하다

'Lighten up[láitn ʌp]!'은 친구가 어떤 일로 고민하며 우울해 하고 있을 때 심각하게 생각하지 말라고(not to be so serious[síəriəs] about) 격려해 주는 말로 '힘을 내(Cheer[tʃiər] up), 진정해(Be calm[kɑːm]), 걱정 마(Don't worry[wə́ːri])'라는 뜻이다.

➔ 〈P. 67 어법연구 참조〉

A : If I were only 5 years younger...
내가 단지 5살만 젊다면…

B : **Lighten up! Age is only a state of mind.**
기운 내! 나이는 단지 마음의 상태일 뿐이야.

worth -ing ~할 만한 가치가 있다
angry about/at ~에 화를 내다
cf. angry with ~에게 화를 내다

S : That guy makes me so mad!
저 녀석 때문에 미치겠어!

M: **Lighten up, Sam. It's not worth getting so angry about.**
진정해, 샘. 그렇게 화낼 가치조차 없는 일이야.

bad[bæd] 중대한, 어려운

A : I'm never going to get a good mark in this course.
이 과목에서는 결코 좋은 점수를 못 받을 것 같아.

B : **Lighten up, will you! It's not that bad.**
기운을 내라고! 그렇게 어려운 과목은 아니니까.

by accident[ǽksidənt] 우연히

- Lighten up, would you? – She broke it by accident.
너무 의기소침하지 마. 그녀가 실수로 깬 거야.
- It was a joke, Sam – lighten up!
농담이야, 샘. 심각하게 생각하지 마!

relax[rilǽks] 긴장을 풀다
uptight[ʌ́ptáit] 마음이 불안한

- Relax, will you? Don't be so uptight.
진정해요, 네? 그렇게 조마조마해 하지 마세요.

calm down[kɑːm daun] 진정하다
take it easy 마음을 편안히 해, 서두르지 마

- Look, why don't you calm down and just take it easy?
자, 진정하고 그저 마음을 편안히 해.

가정법 과거

실제로 일어나지 않는 상황이지만, 그러한 상황이 일어났으면 하고 바라거나 일어날지도 모른다고 상상할 때, 또는 비현실적이거나 일어날 것 같지 않은 일을 나타낼 때 사용되는 표현 방법을 가정법이라고 한다.
가정법 과거는 현재에 일어날 것 같지 않은 상황(unlikely situations)과, 미래 시간을 언급한다. 형태는 'If + S + 과거 동사~, S + 조동사의 과거형 + 동사 원형~' 이다. 한 예로 '지금 돈이 많다면 나는 언덕 위의 저 빌라를 샀을 거야.' 를 영어로 하면 'If I had much money now, I'd buy the villa on the hill.' 이지만 사실은 '지금 돈이 없어 살 수 없다.(As I don't have much money now, I can't buy the villa on the hill.)' 는 말이다.

A : What *would* you do *if* you *lost* your job?
직장을 잃는다면 무엇을 하겠소?

B : *If* I *lost* my job, I *might* go back to school.
직장을 잃는다면 학교로 돌아갈지 모르겠어.

a. If I had plenty of time, I would go round the world.
시간이 많다면 세계 일주 여행을 할 텐데.

b. Where would you go if you had the chance to live in another country?
다른 나라에 살 수 있는 기회가 있다면 어디로 가고 싶어?

c. If I were ten years younger, I would spend all my time studying.
10년만 젊다면 나의 모든 시간을 공부하면서 보낼 텐데.

d. If I were you, I would listen to what she says.
너라면 그녀가 말하는 것을 귀담아 들었을 텐데.

➔ 친구간에 충고를 할 때 'If I were you, I would...' 를 사용하며 가정법 과거의 조건절(if절)에서 be동사의 형태는 항상 'were' 가 쓰이는 것이 문법적이지만 회화체에서는 종종 'was' 도 쓰인다.

06

포기하지 마! Don't give up!

복싱 경기에서 시합 도중에 링으로 타월을 던진다(throw in the towel[táuəl])는 것은 '패배했다는 것을 인정하고(admit) 게임을 포기한다(give up, abandon[əbǽndən])' 는 의미이다. 일상생활에서도 똑같은 의미로 맡은 일이 도무지 감당하기 힘들 때 'I feel like throwing in the towel.' 이라고 한다. 이 때 상대방의 행위 등을 격려해 주는(encourage[enkə́:ridʒ]) 표현으로 'Don't give up.(포기하지 마.), Keep it up.(계속해 봐(Continue[kəntínju:]).)' 등이 쓰인다.

A : I feel like throwing in the towel.
포기하고 싶어.

B : **Don't give up. You still have a chance, and I'll help you.**
포기하지 마. 아직도 가능성은 있어. 내가 도와줄게.

feel like + (동)명사 ~하고 싶다 (have a wish for, want)

chance[tʃæns] 기회, 가능성, 승산

07 계속해 봐! Keep it up!

'Keep it up!(계속해 봐!=Continue![kəntínjuː])'은 '중단하지 말고 끈기 있게 계속해 봐.'라는 뜻으로 격려(encouragement[enkə́ːridʒmənt])할 때 쓰이는 말이다. 'Keep at it!(힘내서 계속해라!)', 'Don't let up!(멈추지 마!)'도 같은 뜻이다.

let up 그만두다(stop)

work 움직이다, 작동하다

S : I understood how this works now.
이제 이것이 어떻게 작동되는지 알겠어요.

M: **Good. Keep it up; don't stop now!**
좋아, 계속해, 지금 멈추지 말고!

A : **You're doing a good job, boys. Keep it up.**
얘들아 잘하고 있어. 계속해 봐.

B : All right.
알았어요.

08 초지일관(初志一貫)하라. Stick to the first plan.

'Stick to the first plan.(초지일관)'은 '처음에 세운 뜻을 끝까지 밀고 나가라'는 말이다. 또한 어떤 일을 성취하기 위해서는 아무리 힘들어도 포기(give up)하지 말고 단호한 태도로 계속 노력하라고(continue[kəntínjuː]) 할 때 격려하기(encourage[enkə́ːridʒ]) 위해 쓰이는 말이 'Stick to it.(계속해 봐.)'이다. 'stick to'는 '~을 성취하기 위해 단호한 태도로 공부 · 일 등을 계속하다, 결심 · 약속 등에 충실하다'라는 뜻이며 영국 영어에서는 'stick at'가 쓰인다.

S : Is it interesting to study English?
영어 공부 재미있니?

M: That's rather hard.
좀 어려워.

S : **Don't worry, stick to it.** And you can speak English well.
걱정하지 말고 계속해 봐. 그러면 잘할 수 있을 거야.

practice[prǽktis] 연습하다

promise[prámis] 약속

- I hated practicing, but **I stuck to it** and now I can play pretty well.
  연습을 싫어했지만 계속 연습한 결과 지금은 매우 잘할 수 있어.
- If you make a promise, you should **stick to it**.
  네가 약속을 하게 되면 그것을 반드시 지켜야만 해.
- He **can't stick to** anything very long.
  그는 작심삼일이야.

'Stick to the first plan.'의 뜻을 지니고 있는 격언

a. Rome wasn't built in a day.
로마는 하루에 이루어지지 않았다.

b. Slow and steady wins the race.
더디더라도 착실히 하는 편이 결국 이긴다.

c. A rolling stone gathers no moss.
구르는 돌에는 이끼가 끼지 않는 법이야./우물을 파도 한 우물을 파라.

➔ 〈P. 487 참조〉
roll[róul] 구르다
gather[gǽðər] 모으다
moss[mɔ(:)s] 이끼

09

힘을 내. 바로 그거야! That's the spirit!

'That's the spirit[spírit]!(잘한다!/장하구나!/힘을 내!)'는 상대방의 행위(behavior[bihéivjər])나 태도(attitude[ǽtitjù:d]) 또는 연주·연기·공연(performance[pərfɔ́:rməns])을 칭찬하거나(admire[ædmáiər]), 용기, 열의(enthusiasm[enθú:ziæzəm])에 대해서 격려해 주는(encourage[enkɔ́:ridʒ]) 표현이다. 이와 비슷한 표현으로 'Keep it up.(계속해 봐. = Continue[kəntínju:].)' 또는 'Don't give up.(포기하지 마.)' 등이 쓰인다.

A : I'm really exhausted, coach Robert. 로버트 선생님, 정말 지쳤어요.

B : I know, Sam, but you've got to hang in there for five more minutes.
샘, 나도 알아. 하지만 자넨 5분 더 참고 버텨야만 해.

A : Okay. I'll try my best.
알았습니다. 최선을 다하겠어요.

B : **That's the spirit!**
힘을 내!

exhausted[igzɔ́:stid] 녹초가 된(worn-out, tired out, beat)
hang in there 어려움을 참고 굳세게 지내다
try/do one's best 최선을 다하다(make one's best effort)

S : Dad, I'm starting to get the hang of this bike.
아빠, 나 이 자전거 타는 거 이제야 감을 잡기 시작했어요.

M: **That's the spirit,** son.
얘야, 잘하는구나.

get the hang of 다루는 법을 알게 되거나 요령을 터득하다 (learn how to do sth or use sth)

10

초보자 치고는 괜찮았어. Not bad for a novice.

'Not bad for novice[návis].'는 '초보 치고는 못한 것이 아냐.'라는 뜻이다. 'not bad'는 '꽤 괜찮아(quite good)' 또는 '생각보다 좋아(better than expected)'라는 말로 칭찬이나 격려의 의미를 담고 있다.

perfect[pə́ːrfikt] 완벽한

A : Today was a perfect day for playing tennis.
오늘은 테니스하기에 참 좋은 날이었어.

B : It sure was. What did you think of my playing?
정말 그랬어. 내 테니스하는 솜씨 어땠어?

pretty 꽤, 상당히
novice[návis] 초보자(beginner)

A : Pretty good. **Not bad for a novice.**
매우 잘하던데. 초보 치고는 괜찮았어.

S : How are you feeling?
몸이 어때요?

M: **Not so bad.**
예상보다 훨씬 나았어요.

- Not bad at all. (예상했던 것보다 훨씬 만족스러울 때) 상당히 좋아요.

for ~ 치고는
attempt[ətémpt] 시도

- That wasn't bad for a first attempt.
그것은 첫 번째 시도 치고는 꽤 괜찮았어.
- That's not a bad idea! 꽤 좋은 생각인데!

11

인생이란 다 그런 거야. That's life.

살아가면서 모든 일이 뜻대로 풀리지 않아 실망하고 좌절하는 사람에게 그럴 수 있는 일이니 그저 현 상황을 받아들여야만 한다고 하거나, 사는 것이 허무하다고 한탄하는 사람에게 종종 '인생이란 다 그렇고 그런 거야.' 또는 '사는 게 다 그런 거야.'라는 말을 한다. 이럴 때 영어로는 'That's life.'라고 한다.

A : How's it going?
요즘 어떻게 지내?

tough[tʌf] 힘든, 고달픈; 강인한, 튼튼한; (고기 등이) 질긴

B : It's tough for me.
힘들어요.

Come on. (간청 · 격려의 말투) 힘내! 자!

A : **Come on. That's life.**
힘내. 인생이란 다 그런 거야.

- Oh, well, that's life!
자, 인생이란 다 그런 거야. 어쩔 도리가 없어.

LESSON 07

맞장구 Agreement

01 'Yes' 대신 감정 표현에 따라

02 되받아 응답하는 표현

03 상대방의 말에 동의할 때 쓰는 표현

04 상대방 주장에 수긍할 때 쓰는 표현

05 확신을 나타낼 때 쓰는 표현

06 자신의 주장•논리에 확신이 서지 않을 때 쓰는 표현

07 우회적으로 자신의 생각을 나타낼 때 쓰는 표현

08 토론 도중 자신의 개인적 의견을 말할 때 쓰는 표현

09 상대방의 의견을 부인할 때 쓰는 표현

10 어떤 의견에 찬성하지 않을 때 쓰는 표현

L·E·S·S·O·N

07 맞장구 Agreement

01 'Yes' 대신 감정 표현에 따라

01

틀림없어! You bet!

bet (돈 따위를) 걸다, 내기하다

한국인의 응답은 'Yes/No'의 한 단어로 끝나더라고 말하는 외국인도 있다. 'Yes' 대신 감정 표현에 따라 여러 가지로 응답할 수 있다. 다음에 나오는 다양한 표현을 익히면 여러분은 한층 살아 있는 대화를 하게 될 것이다.

'You bet!'는 'You can be sure of it.'의 뜻으로 우리말로는 '틀림없어, 물론이죠!'에 해당된다. 상대방의 제안·요청에 흔쾌히 동의할 때 쓰이는 말이다. 즉, 내기를 걸 수 있을 만큼 확실히 그렇게 하겠다는 뜻이 포함되어 있다.

S : Going to the party on Saturday? 토요일에 파티에 가는 거지?

M: **You bet!** 틀림없어(certainly[sə́ːrtənli]).

have some trouble with ~을 고민하다

help sb out (어려운 상황 또는 위기에 처한) ~를 도와주다

A : I'm having some trouble with this program.
이 프로그램 때문에 골치가 아파 죽겠어.

B : Maybe I could help you out with that.
내가 좀 도와줄 수도 있을 것 같군.

A : Do you really think you could? 정말 도와줄 수 있니?

B : **You bet! No problem.** 물론이야! 아무 걱정 말아.

관련 표현

- Yes, indeed. 예, 그렇고 말고요.
- Of course. 물론.
- Sure. 물론이죠.
- All right/O.K./Okay. 좋아요.
- Absolutely[ǽbsəlùːtli]. 그렇고 말고요.

02

물론이지. Sure thing.

긍정적으로 응답할 경우에 'Yes / Of course.' 대신에 강조하기 위해 '물론, 틀림없어, 꼭'이란 뜻으로 'Sure thing.' 또는 'Sure enough.'를 쓴다.

A : Going to the dance? 춤추러 갈 거야?

B : **Sure thing.** 물론이지.

S : Are you coming tomorrow? 내일 올 거야?

M: **Sure enough.** 틀림없어.

02 되받아 응답하는 표현

다른 사람과 같은 느낌을 갖게 되어 동의를 나타내거나, 식당 · 커피숍 등에서 상대방이 주문한 것과 동일하게 주문을 할 때 같은 표현을 반복하지 않고 간단하게 응답할 수 있는 방법이 'Me too. / So do I. / I do, too.' 이다. 긍정으로 되받아 응답할 경우에 'So do I. / I do, too. / Me too.' 가 쓰이고 부정으로 응답할 경우에는 'Neither do I. / I don't, either. / Me, neither.' 가 쓰인다. 앞서 말한 사람이 사용한 동사에 따라 'So do I. / So have I. / So can I. / So am I.' 등이 쓰인다.

A : I love you, Lucy. 루시, 난 널 사랑해.

B : **So do I. / Oh, I don't!** 나도 좋아해. / 오, 난 아닌데!

A : I don't like smoking. 난 담배 피우는 걸 싫어해.

B : **Neither do I. / Well, I do!** 나도 싫어해. / 글쎄, 난 좋은데!

A : I've been to Hong Kong. 홍콩에 다녀왔어.

B : **So have I.** 나도 다녀왔는데.

A : I can't use a computer. 난 컴퓨터를 할 줄 몰라.

B : **Neither can I.** / Oh, I can. 나도 그래. / 오, 난 할 줄 알아.

A : I'm good at swimming. 난 수영을 잘해.

B : **So am I. / Gee, I'm not.** 나도 잘해. / 제기랄, 난 못해.

A : Have a nice weekend! 즐거운 주말 되세요!

B : **You too.** 당신도 그러길 바랍니다.

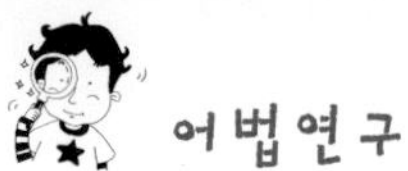

반복 의문문

상대방이 한 말을 되묻거나 분명히 알아듣지 못해서 반복(repeat)해 달라고 할 때 쓰이는 의문문을 반복 의문문이라고 하며 동일한 술부는 생략된다.

1. 상대방이 한 말을 잘 이해하지 못했을 때 그 부분을 의문사로 바꾼다.

➔ 상대방이 한 말을 되묻는 경우
➔ 목적어를 잘 못 들었을 경우

A : Do you love me? 나를 사랑해요?
B : *Do I love you?* 너를 사랑하냐고?
Do I love whom? 내가 누굴 사랑한다고?

S : Switch the light off, please. 불 좀 꺼 주세요.
M : *Switch the light off?* 불을 끄라고요?

A : I studied three hours. 3시간 공부를 했어.
B : *You studied how long?* 몇 시간 공부했다고?

2. 상대방이 한 질문을 상대방에게 다시 물어 보는 경우

A : I was so drunk last night. 지난밤엔 너무 취했어.
B : *Were you?* 그랬었니?(= Were you so drunk last night?)

S : Do you like playing tennis? 테니스하는 것을 좋아하니?
M : *Yes, I do. Do you?* 그래, 좋아해. 너는?

A : I'm going to Seoul tomorrow. 내일 서울 갈 거야.
B : *Are you?* 그래요?(= Are you going to Seoul tomorrow?)

S : I got a ticket for speeding on my way to work this morning.
오늘 아침 출근하다가 과속으로 딱지 뗐어.
M : *You did? That's too bad!* 그랬어? 안됐네!

➔ 'fall in love with'는 '사랑이 시작되는 것', 'be in love with'는 '사랑이 계속되는 상태'를 의미

A : Have you ever fallen in love with a girl?
여자에게 사랑에 빠져 본 적이 있어요?
B : *Of course, I have. Have you?*
물론 있죠. 당신도 사랑에 빠져 본 적이 있나요?

3. 상대방이 하는 말을 믿지 못해서 하는 의문문으로 비꼬는 말투

S : I will stop smoking, darling. 여보, 나 담배를 끊어야겠어.
M : *You will stop WHAT!* 당신이 뭘 끊는다고요!

01 저도 같은 것으로 하죠. Me too.

식당 · 커피숍 등에서 상대방이 주문한 것과 같은 것을 주문하고 싶을 때 'Me too. / So do I.' 와 함께 'Make it two.' 또는 'The same for me.' 가 자주 쓰인다.

A : Regular coffee, please. 보통 커피로 주세요.

B : **Make it two.** 저도 그것으로 하죠.

S : I'll have a hamburger steak. 햄버거 스테이크 주세요.

M: **The same for me. I'll have the same.**
같은 것으로 주세요. 저도 같은 걸 먹겠어요.

regular coffee 설탕과 프림을 넣은 커피
regular[régjələr] 규칙적인, 일정한, 단골의
➔ 〈P. 172 참조〉

02 당신도 그러길 바래요! (The) Same to you!

'Happy New Year! / Merry Christmas! / Good morning.' 과 같은 인사에 똑같이 되받아 인사하는 대신에 쓰이는 표현이 '(The) Same to you!' 이다. 상대방의 인사뿐만이 아니라 상스러운 말의 대꾸로도 쓰이며 'You too!' 와 함께 자주 쓰인다.

A : Merry Christmas!
즐거운 성탄이 되시길 바랍니다!

B : **Same to you!**
당신도 그러길 바래요!

S : Have a nice weekend!
즐거운 주말을 보내!

M: **Same to you!**
너도 그래!

A : Have a good day!
즐거운 하루가 되세요!

B : **You too!**
당신도 그러길 바래요!

S : Go to hell!
뒈져 버려라!

M: **And the same to you!**
그럼 너도 그래라!

➔ 'Merry Christmas!' 는 'I wish you a merry Christmas!' 의 줄임말이다.

03 나도 마찬가지야. Same here.

'(The) Same here.'는 식당 · 커피숍 등에서 상대방이 주문한 것과 동일하게 주문을 할 때 '나도 같은 것으로 주세요.', 상대의 말에 동의를 나타내어 '나도 마찬가지야.'의 뜻으로 'Me too. / So do I.' 대신에 자주 쓰인다. 회화에서는 'the'가 생략되지만 문어체에서는 생략하지 않는다.

A : (I'm) Glad to see you.
만나서 반갑습니다.

B : **Same here. Welcome to my house.**
저도 반가워요. 우리 집에 오신 것을 환영합니다.

absolutely [æbsəlù:tli] 완전히
exhausted [igzɔ́:stid] 지친

S : I'm absolutely exhausted. 완전히 녹초가 됐어.

M: **Same here!** 나도 그래! (= Me too.)

in favor of ~에 찬성하는(in support of)
favor [féivər] 호의, 찬성

A : I'm in favor of it. 난 그것을 찬성합니다.

B : **Same here.** 나도 마찬가지야.

04 같은 심정이야. The same goes for me.

근사한 식당에서 비싼 음식을 시켰더니 서비스도 엉망이고 음식 맛도 형편없어(awful, terrible) 함께 간 친구에게 투덜거렸더니 그 친구 역시 '나도 마찬가지 심정이야.'라고 말할 때 쓰이는 표현이 'The same goes for me.'이다. 'Same here. / I feel exactly the same way.' 도 같은 뜻으로 쓰인다.

A : I'm never going to that restaurant again.
다시는 저 식당에 가지 않을 거야.

B : **The same goes for me.**
나도 마찬가지야.

worst 최악의, 제일 못한

A : That was the worst service that I've ever had.
이렇게 형편없는 서비스는 난생 처음 받아 봤어.

stay in business [bíznis] 장사를 계속하다

B : I don't see how they stay in business.
그러고도 어떻게 장사를 계속하는지 알 수가 없군.

terrible [térəbəl] 지독히 음식 맛이 없는; 무서운, 소름 끼치는

- He thought the lunch was terrible, and the same goes for the rest of us too.
그는 점심이 엉망이었다고 생각했는데 나머지 우리도 역시 같은 생각이었다.

05

이심전심(以心傳心) The feeling is mutual.

'mutual[mjú:tʃuəl]'은 '공동의, 공통의(common[kámən])'의 뜻으로 'the feeling is mutual'은 '두 사람 서로 똑같은 감정을 가지고 있다'고 말할 때 쓰이는 표현이다. 즉, 이심전심이란 뜻.

A : I think that Sam is a great painter.
샘은 뛰어난 화가 같아.

B : He says the same thing about you.
그 사람도 자네에 대해서 똑같은 소릴 하던걸.

A : **Well, the feeling is mutual.**
이심전심(以心傳心)이군.

B : Then you two should get along quite well.
그러니 자네들은 꽤 잘 어울릴 수 있을 거야.

get along well 호흡이 잘 맞다
↔ **get along badly** 호흡이 맞지 않다

- I like her and I hope **the feeling is mutual.**
그녀를 좋아하는데 이심전심(以心傳心)이길 바래.

- We both **feel the same way** about each other.
우리 둘은 서로 똑같이 생각하고 있어.

- We **share the same sentiments.**
우리는 공감하고 있어.

share[ʃεər] 함께 하다
sentiment[séntəmənt] 감정

06

제가 하고 싶었던 말이에요. You took the words right out of my mouth.

대화를 나누다가 자기가 의중에 품고 있던 말을 상대방이 했을 때 '그래! 바로 그게 내가 하고 싶었던 말이야.' 정도의 의미로 쓰이는 표현이 'You took the words right out of my mouth.'이다.

A : The prices here are ridiculous. 이곳 가격은 참 터무니없군.

B : They are awfully expensive, aren't they? 엄청나게 비싸지 않아요?

A : Yeah, this is a real tourist trap.
맞아, 여긴 관광객들에게 진짜 바가지를 씌우는 곳이야.

B : **You took the words right out of my mouth.**
바로 제가 하고 싶었던 말이에요.

ridiculous[ridíkjələs] 웃기는, 터무니없는(unreasonable[ʌnrí:zənəbəl])
awfully[ɔ́:fəli] 대단히, 지독하게
tourist[túərist] 여행자, 관광객
tourist trap 관광객에게 바가지를 씌우는 장소(식당 · 호텔 등)
trap[træp] 덫

- **You read my mind.** 내 마음을 읽는군/내가 생각한 대로야.
- That's **just what I was going to say.** 그것이 바로 내가 말하려고 했던 거야.
- That's **exactly what I think.** 그것은 내 생각과 딱 들어맞는군.

03 상대방의 말에 동의할 때 쓰는 표현(Expressions of agreement)

좀 허풍스럽더라도 감탄사, 강의어(强意語), 비유 표현 등의 양념을 넣어야 대화가 부드럽게 풀려 가는 것이다. 다음은 상대방이 하고 있는 말을 잘 알고 있다고 상대방의 말에 공감을 나타내는 표현들이다.

01 동감이야. That's true.

상대방이 하는 말에 동의를 나타낼 때 'I agree (with you).(동감이야.) / You're right.(네 말이 맞아.) / That's right.(맞아)' 등이 쓰인다.

generous [dʒénərəs] 관대한

A : George is a kind and generous person.
조지는 친절하고 마음이 넓은 사람이야.

B : **That's true.**
맞아요.

totally [tóutəli] 전적으로, 아주

doubt [daut] 의심, 불확실함

complete [kəmplíːt] 전부의, 완전한

accord [əkɔ́ːrd] 일치, 조화

exactly [igzǽktli] 정확히 말해서, 바로, 꼭

- You're **totally correct**.
  당신 말이 전적으로 옳아요.
- (There's) **No doubt** (about it).
  그것에 의심할 여지가 없지요.
- I'm **in complete accord**.
  전적으로 동의합니다.
- That's **exactly** what I was talking about.
  제가 말씀드리는 것이 바로 그것입니다.
- That's **exactly** what I was thinking.
  제가 생각하는 것이 바로 그것입니다.

02 정말 그래요. You're telling me!

'You're telling me!'는 '맞아요!, 안 들어도 다 알어!, 정말 그렇다니까요!, 그것쯤은 나도 잘 알고 있어!'라는 말로 같은 경험이 있어 상대방의 말뜻을 잘 알고 있다는 의미를 함축하고 있으며, 상대방의 말에 맞장구치는 표현이다.

A : It's hot in here. 실내가 덥군요.

B : **You're telling me!** 맞아요. 정말 더워요!

S : He's in a bad mood today. 오늘 그의 기분이 언짢아.

M: **You said it.** 그래 네 말이 맞아.

➔'You said it.'은 '맞아 / 넌 그랬어 / 네 말에 동감해.'라는 뜻.

03

네 맞습니다. Exactly.

상대방의 말에 대한 동의·찬성을 나타낼 때 '맞습니다, 바로 그대로입니다'라는 뜻으로 'Exactly[igzǽktli]'와 '당신 말이 전적으로 옳아!, 네 맞아요!, 그렇고 말고요!, 확실하고 말고요!'라는 뜻으로 '(You're) Absolutely[ǽbsəlù:tli] (right)!'가 쓰인다.

A : So you think we should sell the house and move to the country?
그래서 우리가 집을 팔고 시골로 이사가야 한다고 당신은 생각하는 거죠?

B : **Exactly.**
맞습니다.

S : The cost of sending your kids to college is getting ridiculous.
애들 대학 보내는 데 드는 비용이 점점 엄청나집니다.

M: You're telling me! I've got four children myself.
다 알아요! 저도 애들이 4명이나 있어요.

S : It's just not as easy as it used to be.
옛날만큼 그리 쉽지가 않아요/예전 같지 않아요.

M: **Absolutely!** Everything costs so much nowadays.
네 맞아요. 요즘은 모든 게 너무 돈이 많이 들어가요.

cost 비용
kid 아이
ridiculous[ridíkjələs] 우스운, 터무니없는

as~ as it used to be 옛날만큼 ~한

absolutely[ǽbsəlù:tli] 절대적으로, 완전히, 확실히 (certainly[sə́:rtənli])

04

맞아요. You can say that again.

'You can say that again.'은 '맞아요. 바로 그대로야. 당신 말이 옳아(That's right.)'라는 말로 다른 사람과 의견이 완전히 일치한다고 말할 때 'I agree with you completely [kəmplí:tli]. / You are absolutely[ǽbsəlù:tli] right.'와 같은 뜻으로 쓰인다.

A : Mother Theresa is quite a woman.
테레사 수녀는 대단한 여자야.

B : **You can say that again.** Imagine dedicating your entire life to helping the poor.
네 말이 맞아. 전 생애를 가난한 사람 돕는 데 바치는 것을 생각해 봐.

dedicate[dédikèit] 전념하다
entire[entáiər] 전체의(whole)
the poor 가난한 사람들

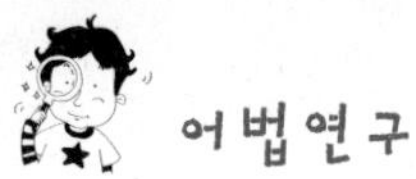

'quite + a/the + 단수 명사'와 'the + 형용사'

1. 'quite[kwàit] + a/the + 단수 명사'는 감탄과 경외심(awe[ɔ́:])을 나타낸다.

➔ a + 추상명사 = 보통명사

   a. She's **quite a beauty.**
   그녀는 대단한 미인이야.

   b. He's **quite the little gentleman.**
   그는 정말로 훌륭한 꼬마 신사야.

2. 'the + 형용사'는 복수 보통명사나 추상명사의 뜻으로 쓰인다.

   a. **The rich** are not always happier than **the poor.**
   부자(rich people)라고 가난한 사람(poor people)보다 항상 행복하지 않다.

   b. **The beautiful** is not always good.
   아름다운 것(beauty[bjú:ti])이 항상 좋은 것은 아니다.

04 상대방 주장에 수긍할 때 쓰는 표현

토론을 할 때 상대방의 주장을 듣고 난 다음에 자기의 논리를 펴는 것이 기본적 예의이다. 쌍방이 다 자기 논리만 내세우다 보면 쓸데없는 말싸움(argument[ɑ́:rgjəmənt])이 될 뿐이다. 다음은 상대방의 의견에 공감을 나타내는 표현들이다.

01 **네 말뜻을 알겠어. I can see your point.**

provocative[prəvɑ́kətiv] 성적으로 흥분케 하는(making sb sexually excited)
flock[flɑk] 모이다, 몰려오다

A : I think movies are just too provocative.
영화 내용들이 너무 성적으로 자극적인 것 같아.

B : **I can see your point,** but people still flock to see them.
네 말뜻은 알겠는데, 그래도 사람들이 그런 영화들을 보러 몰리잖아.

point 요점
guess[ges] 추측하다
suppose[səpóuz] 추측하다

- I see your point. 네 말뜻은 알겠어/요점을 알겠어.
- I guess that's true. 그것이 맞는 것 같아.
- I suppose you're right. 자네 생각이 옳은 것 같아.
- That might/may be true. 그것이 옳은 것 같아.

02 네 말에 일리가 있어. You've got a point there.

나는 미처 그 점을 생각하지 못했지만 당신의 의견이나 아이디어가 옳다고 인정할 때 쓰이는 표현이 바로 'You've got a point there.(그 점에선 네 말에 일리가 있어.)' 이다.

S : Smoking not only is bad for you, but it wastes money, too.
흡연은 네 건강에 좋지 않을 뿐만이 아니라 돈을 낭비하게 되는 거야.

M: **You've got a good point there.**
네 말에 상당히 일리가 있어.

waste[weist] 낭비하다

- That's a good point.
일리 있는 말입니다.

- There's something in what you say.
당신 말에 일리가 있는 것 같군요.

something 어떤 진리; 대단한 사람/물건/일

- Now that I think about it, that sounds valid.
생각해 보니 근거가 확실한 것처럼 들리는군요.

now that 이제 ~이니까
valid[vǽlid] 타당한

03 참 좋은 생각 같군요. That sounds great.

'That sounds great.(아주 좋은 생각이에요.)' 는 상대방의 계획이나 생각에 동감한다고 할 때 쓰이며, 'Sounds great.' 또는 'Great[greit].' 와 같이 줄여서 흔히 쓰인다.

A : I'm going to take off Saturday this week.
이번주 토요일엔 직장을 쉬려고 하는데.

B : What for?
무엇 때문에요?

A : I thought that we could go up to the lake for the weekend.
우리 가족이 함께 호숫가에서 주말을 보냈으면 해서.

B : **That sounds great.**
그거 참 좋은 생각 같군요.

➔ '휴가를 내다'는 'take ~ off'라고 하며 '토요일 휴가를 내다'라고 하려면 take off Saturday (from work)' 또는 'take Saturday off'라고 하면 된다.

- That sounds fantastic.
끝내 주는군요.

fantastic[fæntǽstik] 환상적인, 굉장한

- I'm all for that.
무조건 찬성입니다.

for ~에 찬성하여

- Wonderful idea.
멋진 생각입니다.

04 **잘 생각했어요.** **That makes sense.**

'That makes sense.'는 상대방의 제안이 합리적이거나 이치에 닿는다고 느껴질 때 이에 대한 호의적 반응으로 쓰이는 표현이다. 'That's being sensible.(생각 잘 하셨어요.)'은 다른 사람의 행동이나 결정이 건전하고 분별 있어 찬성한다는 뜻으로 쓰이며 'Sounds sensible. / That's reasonable.'도 같은 뜻이다.

sensible [sénsəbəl] 분별 있는, 현명한
reasonable [ríːzənəbəl] 분별이 있는

A : What should we get Tim for his birthday?
팀의 생일 선물로 뭘 해줘야 될까요?

B : Well, what does he like?
글쎄, 그가 어떤 것을 좋아할까요?

A : How about asking his wife?
부인에게 물어 보는 게 어떨까요?

B : **That makes sense.**
그게 합리적인데./그게 좋은데.

- It makes sense to save money while you can.
  저축할 수 있을 때 저축하는 것은 잘하는 일이야.

come to think of it 생각해 보니

- Come to think of it, that makes sense.
  그러고 보니 사리에 맞는군요.

05 확신을 나타낼 때 쓰는 표현(Expressing certainty)

상대방의 의견 · 제안 등에 확신이 설 때 다음과 같이 말하면 된다.

01 **내 손에 장을 지져.** **I'm a hundred percent sure.**

어떤 사실에 대해서 확신을 장담할 때 쓰는 우리말의 '내 손에 장을 지져.'라는 말처럼 확신을 장담하는 영어 표현이 'I'm a hundred percent sure.(100퍼센트 확신해.)'이다.

A : Are you sure that she's getting married?
그녀가 결혼하는 것이 확실해?

B : **Yes, I'm a hundred percent sure.**
그럼, 100퍼센트 확신해.

- What makes you so sure? 뭘 보고 그렇게 장담하는 거야?
- Don't be so sure! 그렇게 확신하지 마!

02

장담할 수 있어! I can assure you!

'assure[əʃúər]'는 '확신시키다(tell sb that sth will definitely happen or is definitely true), 장담하다, 보증하다(guarantee[gæ̀rəntíː])'라는 뜻으로 'I can assure you!'는 '날 믿어! 장담할 수 있어!'라는 말로 'Believe me!'와 같은 뜻이다.

- The document is genuine, I can assure you.
  그 문서는 진짜야. 장담할 수 있어.
- When I bought the clock, the dealer assured me of its quality.
  내가 시계를 샀을 때 상인은 품질을 보장했다.
- The movie is excellent – I guarantee you'll enjoy it.
  그 영화는 끝내 줘. 네가 즐길 거라는 것을 난 장담해.

document[dákjəmənt] 문서
genuine[dʒénjuin] 진실된, 믿을 만한
dealer 상인, 판매업자
quality[kwáləti] 품질
excellent[éksələnt] 뛰어난, 훌륭한

03

틀림없어. I'm positive.

'positive[pázətiv]'는 '어떤 일이 옳고 사실이다'라는 것을 확신하며 의심할 여지가 없다고 자신 있게 말할 때 'I'm certain[sə́ːrtən]/sure.' 대신에 쓰인다.

S : Are you positive you locked the door?
문을 잠근 것이 확실해?

M: **Positive.**
틀림없어.

positive[pázətiv] 확신하고 있는, 자신 있는

- It seemed unlikely to me, but she seemed positive about it.
  나에게는 가능성이 없어 보였지만 그녀는 그것을 확신하는 것 같았다.
- I'm sure I can pass English.
  영어는 합격할 수 있다고 확신해.
- There's no doubt about it.
  그것에 대해 전혀 의심할 여지가 없어.
- I don't doubt that he'll come.
  그가 오리라고 믿어 의심치 않는다. (= I'm sure he will come.)

cf. I *bet* you can make it.
네가 성공할 수 있다고 생각해.

doubt[daut] 명 의심 동 의심하다
bet ~이 사실이라고 생각하다; 내기하다, (돈을) 걸다
make it 성공하다

04 두말하면 잔소리야. No two ways about it.

'(There are) No two ways about it.'는 상대방의 말에 강하게 맞장구치는 일상적 표현. 다시 말해 '그렇게 말고는 달리 생각해 볼 길이 없다.' 또는 '어떤 반대도 있을 수 없다.'라는 뜻이다.

restaurant[réstərənt] 식당
in 안으로, 들어가서

fantastic[fæntǽstik] 굉장히 좋은, 환상적인
➧ 'we've ever been in'은 최상급(the best)을 강조함.

A : This is the best restaurant we've ever been in.
여기가 우리가 가본 식당 중 가장 좋은 곳이야.

B : **No two ways about it.** The food is fantastic.
두말하면 잔소리지. 음식맛 끝내 줘!

- You're certainly right.
네 말이 틀림없어.
- Without a doubt.
틀림없어, 확실해.
- No question about it.
그것에 대해서는 이의가 없어.

관련 어휘

'No way'는 강한 반대나 거절을 나타낸다.

A : Will you help me do this? 이것 좀 도와주시겠어요?

B : No way; do it yourself! 절대로 안 돼요. 스스로 하세요!

05 그렇고 말고. Definitely!

어떤 일에 대하여 믿음 · 확신을 나타낼 때 쓰이는 부사들을 알아보자. 'definitely[défənitli]'는 '강한 믿음 때문에 의심할 여지가 없이 확실하다고 말할 때', 'surely[ʃúərli]'는 '믿기 때문에 그리고 다른 사람들이 동의하지 않는다면 놀랄 것이라는 믿음을 보여줄 때', 그리고 'certainly[sə́:rtənli]'는 'surely'보다 4배 정도 더 빈번히 쓰이며 강한 믿음을 나타낼 때 각각 쓰인다.

definitely[défənitli] (동의 또는 강한 긍정의 표현으로) 확실히, 그렇고 말고

A : Are you coming? 올 거야?

B : **Definitely!** 물론이지!(=Of course!)

definitely[défənitli] (부정어와 함께 써서 강한 부정을 나타내어) 절대로 ~이 아니다

S : It's not worth that much, is it? 그만큼의 가치는 없지 않아?

M: **No, definitely not!** 그래 그렇고 말고 . (확실히 그만큼의 가치는 없어.)

> ***A*** : Patty's a brilliant student, isn't she?
> 패티는 총명한 학생이야, 그렇지 않아?
>
> ***B*** : Well, she **certainly** works very hard.
> 글쎄. 그녀는 공부를 매우 열심히 하는 것이 확실해.

brilliant[bríljənt] 영리한, 재기가 뛰어난

- It was **definitely** his fault.
  틀림없이 그의 잘못이야.

fault[fɔ:lt] 결점, 흠, 결함

- I'm sorry if I upset you. I **certainly** didn't mean to.
  난처하게 했다면 죄송합니다. 그럴 의도는 전혀 없었어요.

upset[ʌpsét] 당황케 하다

06 그건 확실해. That's for sure!

'for sure'는 '틀림없는, 분명한(for certain[sə́:rtən], without doubt[daut], certainly [sə́:rtənli], surely[ʃúərli])'의 뜻. 그래서 'That's for sure.'는 '틀림없다/그건 확실해.'라는 의미.

> ***S*** : Look at that terrible accident over there.
> 저기 저 끔찍한 사고 좀 봐.
>
> ***M***: A lot of people must be badly hurt. **That's for sure!**
> 많은 사람들이 심하게 다쳤을 거야. 분명해!
>
> *cf.* It is difficult to say *for sure* whether someone is a boy or a girl.
> 어떤 사람이 여자인지 남자인지 확실히 말하기 어렵다.

terrible[térəbəl] 끔찍한(very unpleasant), 심각한

badly 몹시
hurt 다치게 하다

관련 어휘

'끔찍한 사건(accident[ǽksidənt]), 경험(experience[ikspíəriəns]) 또는 심한 충격(shock[ʃak])' 등을 말할 때와 날씨가 나쁠 때, 영화가 무지하게 재미없다든지 음식 맛이 엉망이라고 말할 때 '매우 나쁘거나(very bad) 기분 좋지 않은(unpleasant[ʌ̀nplézənt])'의 뜻으로 'awful[ɔ́:fəl]'이 쓰이며 'terrible[térəbəl]'도 같은 뜻으로 쓰인다.

- The film was **awful**. 그 영화는 정말 재미없어.
- The weather is **awful**. 날씨가 엉망이야.
- I'm **terrible** at tennis. 테니스 실력이 형편없어.
- She's a **terrible** cook. 그녀의 요리 솜씨는 형편없어.
- The hotel is **terrible**. 저 호텔은 서비스가 엉망이야.

cf. good at ~을 잘하는

06 자신의 주장 · 논리에 확신이 서지 않을 때 쓰는 표현

상대방의 의견에 대해 동의할 수는 없지만 자신의 논리에 특별히 확신이 서지 않을 때에는 'I don't know about that.(그것에 관해선 모르겠는데요.)' 라고 말하면 된다. 이와 같은 의미를 지니는 표현으로 다음과 같은 것들이 있다.

- I don't know for sure. 확실히 모르겠어요.
- I don't know yet. 아직 몰라요.
- I'm not completely positive. 완전히 확신하지 못해요.
- I'm not absolutely positive. 전혀 확신 못해요.
- I'm not a hundred percent positive. 완전히 확신 못해요.

completely[kəmplí:tli] 완전히
absolutely[ǽbsəlù:tli] 참말로, (부정문에서) 전혀
positive[pázətiv] 확신하는

01

확실히 모르겠어. I'm not sure.

'I'm not sure.'는 상대방의 의견 · 제안 등에 확신 또는 자신감이 없을 때 쓰이는 표현이다.

> ***A*** : What time is it now?
> 지금 몇 시죠?
>
> ***B*** : **I'm not sure.** I think it's about three o'clock.
> 확실히 모르지만 약 3시쯤 된 것 같아요.

- I think so, but I'm not certain.
  그렇게 생각은 하지만 확신이 없어요.
- I'm not sure (if) I agree (with you) (on that).
  (그 점에 관해서 당신과) 동의하는지 확신이 없어요.
- I'm not sure if I can meet you tomorrow. 내일 만날 수 있을지 모르겠어.
  = I'm not sure that I can meet you tomorrow.
  = I doubt that I can meet you tomorrow.
  = I doubt if I can meet you tomorrow.
  = I don't think I can meet you tomorrow.

doubt if ~인가 의심스럽다

02

자신 못해. I doubt it.

'doubt[daut]'는 '~일 것 같은 생각이 들지 않는다', '어떤 사실을 믿지 않는다' 거나, '불확실한(uncertain[ʌnsə́:rtən]) 느낌' 또는 '자신감이 없을 때(not having confidence [kánfidəns] in)' 쓰인다. '의심이 가요.' 라고 말하려면 'I doubt it.' 이라고 하면 된다.

A : Do you think there'll be any tickets left?
표가 남았을 거라고 생각해?

B : I doubt it.
자신 못해.

- I doubt that she will get the job.
  그녀가 직장을 구할 것 같지가 않아.(= I don't think she will get the job.)
- I doubt that we'll ever see George again.
  조지를 다시 못 볼 것 같아.
- I doubt whether he's telling the truth.
  그가 진실을 말하리라고 안 믿어.(= I don't believe he's telling the truth.)
- I doubt if that was what he wanted. 그것이 그가 원했던 것일까?
- I'm afraid I can't explain very well. 잘 설명할 수 없을 것 같아.
  = I doubt that (if) I can explain very well.

➔ 'I'm afraid ~'는 반갑지 않거나 부정적인 소식을 전할 때 쓰인다.
➔ ⟨P. 265 참조⟩

07 우회적으로 자신의 생각을 나타낼 때 쓰는 표현

표면적인 갈등을 없애기 위해 다음과 같이 우회적인 표현을 사용하는 것이 좋다.

- I wish I could agree with you. 동의했으면 좋겠지만.
- I don't mean to disagree with you. 의견을 달리하려는 것은 아닙니다.
- I don't want to argue (with you) (about that).
  (그 점에 대해 당신과) 언쟁을 원치 않아요.
- I don't want to start/get into an argument (with you) (about that).
  (그 점에 대해 당신과) 언쟁을 벌이고 싶지는 않아요.
- I won't argue with you, but I think you're being unfair.
  논쟁을 하려고는 안 하지만 당신이 옳다고는 생각하지 않습니다.
- There are always two sides to everything.
  모든 일엔 항상 두 가지 면이 있다.
- We seem to have opposite views on this.
  이에 대해서 서로 반대 의견을 가지고 있는 것 같다.
- You have your point of view, and I have mine.
  당신은 당신의 견해가 있고, 나도 나대로의 견해가 있습니다.

agree with ~와 의견이 일치하다

argue [ɑ́:rgju:] **with** ~와 말다툼을 하다

argument [ɑ́:rgjəmənt] 논의; 언쟁

unfair [ʌnfɛ́ər] 부당한

opposite [ɑ́pəzit] 반대되는
view [vju:] 견해

08 토론 도중 자신의 개인적 의견을 말할 때 쓰는 표현

A : How do you feel about the movies they're making now?
요즘 제작되는 영화에 대해서 어떻게 생각하세요?

B : **If you ask me,** movies today are just too full of sex, violence and dirty language.
내가 생각하는 바로는 요즘 영화는 성, 폭력, 지저분한 말로만 가득 찼어요.

full of ~으로 가득한
violence [váiələns] 폭력
dirty [dɔ́:rti] 더러운
language [lǽŋgwidʒ] 언어

- She is all right **in my book.** 제 생각으로는 그 여자가 옳아요.

관련 표현

- In my opinion [əpínjən] 나의 견해로는
- In my book 제가 생각하기엔
- If you ask me, 내가 보는/생각하는 바로는
- As far as I'm concerned [kənsɔ́:rnd], ~ 제가 관계하는 한
- I personally [pɔ́:rsənəli] think, ~ 제 개인적인 생각으로는

09 상대방의 의견을 부인할 때 쓰는 표현

A : You don't seem to love me anymore.
당신이 이젠 더 이상 날 사랑하지 않는 것 같아요.

B : **Oh, that's not true.** I love you as much as always.
오, 그렇지 않아. 난 변함없이 당신을 사랑하고 있다고.

관련 표현

➔ 옆 표현들은 상대방의 잘못을 직접적으로 지적하는 말이니만큼 조심해서 사용해야 한다.

- You're mistaken. 자넨 잘못 생각하고 있네.
- You're wrong. 자넨 잘못 생각하고 있어; 그것은 틀린 거야.
- That's wrong. 그것은 잘못된 거야.
- That just isn't so. 꼭 그렇지도 않은데요.

10 어떤 의견에 찬성하지 않을 때 쓰는 표현

A : If kids can vote and serve in the army at 18, they should be allowed to drink also.
아이들이 18세에 투표와 군복무를 할 수 있다면 음주권 또한 부여되는 것이 마땅하다고 봐.

B : **I disagree.** It'll only lead to more accidents on the highway.
난 반대야. 그런 조치는 더 많은 고속도로 사고만 초래할 뿐이야.

S : Do you let your kids go around alone at night?
밤중에 아이들만 돌아다니게 놔두시나요?

M: **Absolutely not!**
물론 절대 안 되지요!

let + O + OC ~하게 내버려두다

➔ 〈P. 79 3번 참조〉

관련 표현

- I don't think so. 저는 그렇게 생각하지 않습니다.
- I'm not so sure about that. 그 점에 관해선 그렇게 확신이 없어요.
- I disagree with you completely. 완전히 당신과 의견이 달라요.
- I hate to disagree with you, but... 의견을 달리하고 싶지는 않지만…

➔ 옆의 표현들은 딱 부러지게 자신의 의견을 표명하고 있다.

hate [heit] ~하기를 싫어하다(dislike)

disagree with ~와 의견이 다르다(differ)

LESSON 08

반말과 존댓말 Politeness

01 부드러운 명령

02 직접 의문문과 간접 의문문

03 Please

L·E·S·S·O·N

08 반말과 존댓말 Politeness

01 부드러운 명령

문장 a와 같이 반말로 '이곳에서 담배를 피우지 마라.' 라고 명령하는 말을 들었을 때 기분 좋은 사람은 없을 것이다. 그리고 못된 사람 같으면 'None of your business.(쓸데없는 참견 말아.)' 또는 'Mind your own business.(네 일이나 신경 써.)' 라고 대꾸할 수도 있다. 그러나 문장 b와 같이 격식을 갖추어 '이곳에서 담배를 피우지 마세요. 여기는 금연 구역입니다.' 라고 공손함을 보이고 이곳은 금연 구역이라는 것까지 말한다면 상대방은 'OK. I'll put it out.(알겠습니다. 담배를 끄지요.)' 라고 응답할 것이다.

A : **Don't smoke** here.
이곳에서 담배를 피우지 마세요.

B : **Would you mind not smoking** here? This is a nonsmoking section.
이곳은 금연 구역입니다.

❶ 직선적으로 반말을 하는 것보다 조동사를 사용하면 부드럽고 상대방에 예의를 갖춘 존댓말 표현이 된다.

➔ 〈P. 111 참조〉

- Turn the TV down.
  TV 소리 좀 줄여.
  → Can you turn the TV down?
  TV 소리 좀 줄일 수 있겠어요?
- Call me at 7:00.
  7시에 전화 해.
  → Would you call me at seven?
  7시에 전화 주시겠습니까?
- Sit down and relax.
  앉아서 편히 쉬게.
  → Would you sit down and relax?
  앉아서 편히 쉬세요.

relax [rilǽks] 편하게 쉬다(rest after work)

possible [pásəbəl] 가능한
possibly [pásəbli] (의문문에서 can과 같이) 어떻게든지

❷ 같은 요청이라도 'possible[pásəbəl], possibly[pásəbli]' 를 사용함으로써 상대방에게 좀더 부드럽게 들릴 수 있다. 또한 모르는 사람에게 무엇을 요청할 때 작은 목소리보다는 크게 말하는 것이 공손하게 들린다.

- Bring me dinner in bed.
  → Will you bring me dinner in bed, please?
  → Would it be possible (for you) to bring me dinner in bed?
  → Could you possibly bring me dinner in bed?
  침실로 저녁 식사를 가져다주실 수 있겠습니까?

02 직접 의문문과 간접 의문문

'의문사 + 조동사 + S + V'의 형태를 직접 의문문이라 하고, 의문문이 다른 문장의 일부가 될 때 이를 간접 의문문이라 한다. 간접 의문문이 직접 의문문보다 격식(formal[fɔ́ːrməl])을 갖춘 예의바른(polite[pəláit]) 표현이다.

❶ 의문사가 있는 간접 의문문의 어순 : 의문사 + 주어 + 동사

- Who is calling?
  ⋯› May I ask who is calling?
  누구신지 물어 봐도 됩니까?(전화상에서)
- When does the party start?
  ⋯› Could you ask him when the party starts?
  파티가 언제 시작하는지 그에게 물어 봐 주세요.
- How often does the bus come?
  ⋯› Can you tell me how often the bus comes?
  몇 분마다 버스가 오는지 알려주시겠어요?

❷ 의문사가 없는 간접 의문문의 어순 : if/whether + 주어 + 동사

- Is he at home?
  ⋯› Would you see if he's at home?
  그가 집에 있는가 알아 봐 주겠어요?

  see if ~인가를 알아보다
- Is Ann free tonight?
  ⋯› Could you ask Ann if she's free tonight?
  오늘 저녁 시간이 있는지 앤에게 물어 봐 주겠어요?

  ask if ~인가를 물어보다
- Does she have my phone number?
  ⋯› Would you ask her if she has my phone number?
  그녀가 내 전화번호를 가지고 있는가를 그녀에게 물어 보겠어요?

  ➜ 'if/whether'가 'ask, see, wonder, find out' 등의 목적어로 쓰일 때 '~인지 ~아닌지, ~인가를'와 같이 해석된다

03 Please

영어에서 가장 중요한 단어 중의 하나가 'please'일 것이다. 누군가에게 뭔가를 요청할 때 'please'를 사용하는 것이 예의바른(polite[pəlàit]) 어법이다. 특히 상대방을 잘 모르는 경우에 'please'를 사용하지 않고 'Stop talking.', 'Don't talk. / Never talk.'와 같이 직접적인 명령문을 사용한다면 매우 무례한(impolite[ìmpəláit]) 일이고 상대방을 당황케(upset[ʌpsét]) 한다. 자기보다 나이가 어린 사람에게도 'please'를 붙여 'Please don't talk.'와 같이 말하면 분위기가 부드러워진다. 좀더 예의를 갖춘다면 'Do you think you could stop talking?(잡담을 그만둘 수 있다고 생각지 않아요?)'와 같이 말할 수 있다. 영국 영어에서는 'please'가 문장의 처음이나 끝에 쓰이고, 미국 영어에서는 끝에 쓰인다.

❶ 반말로 부탁하기보다는 부드러운 요청을 하기 위하여 'please'가 쓰인다.

A : Could you pass the sugar, **please**?
설탕 좀 건네주시겠어요?

B : Here you are.
여기 있어요.

take off (몸에서 옷 · 보석 · 모자 · 시계 · 안경 등을) 벗다

drop sb off (차에서) 하차시키다

- Please take your coat off.
  코트를 벗으세요.
- Please drop me off over there.
  저쪽에 내려 주세요.
- Could you post this letter for me, please?
  = Please could you post this letter for me?
  나 대신 편지 좀 부쳐 주시겠어요?

❷ 문장 처음에 'please'를 사용하는 것은 내용을 강조하기 위한 것이다.

- Please come in.
  어서 들어와요.
- Please don't wait for me.
  제발 나를 기다리지 말아요.
- Please take your time.
  쉬엄쉬엄 하세요.
- Please keep your dog off this beach.
  해변가에 개를 들여오지 마세요.

❸ 상점 · 커피숍 · 식당 등에서 물건을 주문할 때 원하는 물건 뒤에 'please'를 붙여 말한다.

- Two black coffees, please.
  블랙커피 2잔 주세요.
- Something for a headache, please.
  머리 아픈 데 먹는 것 주세요.
- A cheese sandwich and a cup of coffee, please.
  치즈 샌드위치와 커피 한 잔 주세요.
- (A) Single to London, please.
  런던행 표 하나 주세요.

cf. **round-trip ticket** 왕복표(英)
a return ticket(美)

❹ 상대방 권유를 받아들이며(accepting[ækséptiŋ]) 고마운(grateful[gréitfəl]) 마음을 나타낼 때 'Thank you.' 대신에 쓰이거나 또는 요청을 받았을 때 'Yes' 대신에 종종 쓰인다.

A : Would you like a cup of coffee?
커피 한 잔 드시겠어요?

B : **Please**, I'd love one.
네, 주세요. 한 잔 마시고 싶어요. (= Yes, I'd love one.)

S : Would you like some more?
좀더 드시겠어요?

M: Yes, **please**.
네, 주세요.(= Yes, thank you.)

H: May I have some water?
물 좀 마실까요?

Q: **Please** do.
네, 드세요.

LESSON 09

제안과 요청 Suggestion & Request

01	외식할까요?	Shall we dine out?
02	커피 좀 갖다드릴까요?	Shall I get you some coffee?
03	술 한잔 더하겠어요?	How about another drink?
04	앉으세요.	Why don't you have a seat?
05	자전거 좀 탈까요?	May I use your bike?
06	일 좀 도와주시겠어요?	Will you help me with the work?
07	함께 하시겠어요?	Would you join us?
08	담배를 피워도 괜찮습니까?	Would you mind if I smoked?
09	함께 가시겠어요?	Would you like to come along?

L·E·S·S·O·N

09 제안과 요청 Suggestion & Request

01 외식할까요? Shall we dine out?

상대방에게 '~합시다' 또는 '~할까요?' 라고 제안하는 경우에 흔히 쓰이는 표현이 'Shall we ~? / Let's ~' 이다.

dine out 외식하다(eat out)

A : **Shall we dine out?** 외식할까요? (=Let's dine out.)

B : Yes, let's do that. 네, 그럽시다.

Sounds good/great. 좋습니다.

All right./Okay. 좋아요.

stop off 여행 중에 잠깐 휴식을 취하다
hate [heit] 싫어하다
crowded [kráudid] 복잡한
bar 술집

S : **Shall we stop off here for a drink?**
여기 내려서 한잔할까요?

M : No, let's not. I hate crowded, smoky bars.
아뇨. 난 붐비고 담배 연기가 자욱한 술집은 싫어요.

A : **Let's call (up) George.** 조지에게 전화하죠.

B : No, let's not. **Let's call (up) Sally.** 그러지 말고 샐리에게 전화하죠.

➔ 〈P. 23 14번 참조〉

S : **Let's keep in touch.** (오랫동안 만나지 못할 사람에게) 연락하고 지냅시다.

M: O.K. That'd be very nice. 좋아요. 좋은 생각이죠.

02 커피 좀 갖다 드릴까요? Shall I get you some coffee?

상대방에게 '~해 드릴까요?' 라고 제안할 때 자주 쓰이는 표현이 'Shall I ~?' 이다. 같은 표현으로 'Do you want me to get you some coffee?' 가 쓰인다.

A : **Shall I get you some coffee?** 커피 좀 갖다 드릴까요?

B : Yes, thank you. 네, 고맙습니다.

Yes, please. 네, 주세요.

No, thank you. I've had enough. 됐습니다. 많이 마셨어요.

No, thanks. Coffee keeps me awake at night.
됐습니다. 커피를 많이 마시면 밤에 잠이 안 와요.

➔ 상대방의 제안을 거절할 때 (refusing [rifjú:ziŋ]) 그 이유를 덧붙이는 것이 자연스럽다.

S : **Shall I serve you?** 제가 음식을 떠 드릴까요?

M: No, that's all right. I can help myself.
아니요, 괜찮습니다. 제가 먹을게요.

help oneself (필요한 일을) 자기 스스로 하다
➔ 〈P. 169 4번 참조〉

A : **Shall I open the window?** 창문을 열어 드릴까요?

B : No, please don't. I have a cold. 아뇨, 열지 마세요. 감기 들었어요.

S : **Shall I tell you about my dream last night?**
어젯밤 꿈 얘기해줄까?

M: Please do. That'd be very interesting. 해보세요. 재미있겠는데요.
No, please don't. I'm exhausted. 하지 마세요. 지금 피곤해요.

exhausted [igzɔ́:stid] 다 써버린, 고갈된; 몹시 지친

03 술 한잔 더 하겠어요? How about another drink?

상대방에게 제안 · 권유를 할 때 가장 많이 쓰이는 다소 격의 없는(informal [infɔ́:rməl]) 표현이 'How about/What about –ing?(~하는 것이 어때요?)' 이며 보통 친구 사이에 쓰인다. 'another [ənʌ́ðər]' 는 '하나 더(one more)' 라는 뜻이다.

A : **How about another drink?** 술 한잔 더 하겠어요?

B : Thank you. / Thanks. / Yes, please. 고맙습니다./ 네.

S : **How about coming over tonight?** 오늘밤에 우리 집에 올래?

M: O.K. What time shall I be there? 좋아. 몇 시에 너의 집에 갈까?

come over 잠깐 들르다(come to my house)

A : **How about joining us for dinner?** 저녁 같이 하겠어?

B : Sure. I'd love to. 그래, 좋아.

join 함께 하다

S : **How about taking a break for a while?**
잠깐 휴식하는 게 어떻겠습니까?

M: I guess I should. 그래야겠다고 생각합니다.

A : **How about asking her out yourself?**
당신이 직접 그녀에게 데이트를 청하는 것이 어때요?

B : That seems a good idea. 좋은 생각 같아요.

take a break 휴식을 취하다
break [breik] 일과 일 사이의 휴식(an interval between periods of work), 또는 학교에서 쉬는 시간
eg. coffee break 커피 마시는 시간
lunch break 점심시간
ask out 데이트를 신청하다
cf. go out with ~와 데이트하다

- How about going to the beach?
  바닷가에 가는 것 어때? (= Shall we go to the beach?)
- How about going swimming?
  수영하러 가는 것 어때요?

put off 미루다, 연기하다 (postpone[poustpóun])
clear up 정리 정돈하다

- **How about** putting it off until my schedule clears up.
  내 스케줄이 정해질 때까지 미루는 것이 어때요?
- **How about** a cup of coffee? 커피 한 잔 어때?
- **How about** coming with us? 우리와 함께 가는 게 어때요?

'come'의 의미

'come'은 1인칭이 있는 곳, 즉 말하는 사람 쪽으로 '오다' 또는 상대방(2인칭)이 있는 쪽으로 '가다'라는 뜻이다. 반면에 'go'는 항상 3인칭 쪽으로 '가다'라는 뜻. 우리말로 '너의 사무실로 곧 갈게 (I'll come to your office.)'라고 말할 때 동사 'go'를 사용하지 않고 'come'을 사용하는 것에 주의해야 한다.

04

앉으세요. Why don't you have a seat?

'Why don't you~?'는 '왜 당신은 ~하지 않습니까?'라는 질문이 아니라 '~하는 게 어때요?'의 뜻으로 공손하게 제안이나 권유를 할 때 쓰이며, 당신의 권유를 상대방이 받아 주길 바라는 마음을 암시하고 있다.

A : **Why don't you have a seat?** 앉으세요.

B : Thank you. 감사합니다.

- **Why don't you** tell the children to be quiet?
  아이들에게 떠들지 말아 달라고 말해 주겠어요?
- **Why don't we** have a coffee break?
  커피 타임 합시다. (= Let's have a coffee break.)

05

자전거 좀 탈까요? May I use your bike?

'May I~?'는 타인에게 허락을 요청할 때 자주 쓰이는 공손한 표현이다. 'Can I~?'는 자신만만하고 거만하게 들릴 수 있으므로 사용하지 않는 것이 좋다.

for a moment[móumənt] 잠깐 동안
in private[práivit] 내밀히, 사적으로

A : **May I speak to you for a moment in private,** please?
둘이서 잠깐 동안 얘기 좀 나눌 수 있겠습니까?

B : No problem. 좋아요.

S : **May I use your bike this afternoon?**
오늘 오후에 자전거 좀 타도 됩니까?

M: Yes, you may. 네, 타세요.
Sure, go (right) ahead. 물론이죠, 갖다 타세요.

S : **May I invite you to dinner this evening?**
오늘 저녁 식사에 초대해도 되겠습니까?

M: No problem. 괜찮아요
With pleasure. 좋고 말고요.

➔ 'With pleasure[pléʒər].'는 상대방의 부탁 · 요청 · 제안에 '기꺼이(willingly) 응하겠다'는 뜻이다.

- I'd like to, but I'm tied up tonight. How about a rain check?
  그러고 싶지만 오늘 저녁은 매우 바빠요. 다음 기회로 하는 것이 어때요?

tied up 매우 바쁜(very busy)
a rain check 초대 등의 연기

- Thank you for inviting, but I'm afraid I have a previous appointment.
  초대해 주셔서 감사합니다만 선약이 있습니다.

previous[prí:viəs] 사전의, 이전의
appointment[əpɔ́intmənt] 약속

Ⅰ 상대방의 부탁 · 요청을 기꺼이 허락할 때 쓰이는 그 밖의 표현

타인의 물건을 사용하거나 빌리는 경우 당연히 양해를 구하게 되는데 이 때 이를 쾌히 승낙하는 표현이 다음과 같다.

- Certainly/Sure/Of course. 물론이죠.
- Please go ahead. 어서 쓰세요.
- Feel free (to do so). 마음놓고 쓰세요.
- By all means. 좋고 말고요. 그러시죠.
- Be my guest[gést]. 그럼요. 마음대로 쓰세요.
- No problem. 문제없어요. 괜찮아요.
- (A) Piece of cake. 누워서 떡 먹기죠.
- No sweat. 걱정 말아요.

➔ 〈P. 484 참조〉

➔ 'sweat[swet]'는 '땀'이라는 말이므로 상대방의 부탁 등을 어려움 없이(with no difficulty) 땀흘리지 않고 쉽게 (easily) 할 수 있다는 뜻으로 'No sweat.'가 자주 쓰인다.

2 상대방의 부탁 · 요청을 거절할 때 쓰는 표현

- No, you may not. 아뇨, 안 되겠어요.
- No, you must not. 아뇨, 절대 안 돼요.
  ➔ 〈강한 금지〉
- Sorry, but I have to use it myself. 죄송하지만 제가 써야 합니다.
- I wish you wouldn't. 안 썼으면 좋겠어.
  ➔ 〈친한 사이〉
- I'm sorry. I need it right now. 미안해. 내가 지금 필요해.

➔ 상대방의 요청에 거절을 해야만 하는 경우에 "No."라고만 대답하면 오해가 생길 수도 있으므로 거절하는 이유를 함께 말하는 것이 좋다.

06 일 좀 도와주시겠어요? Will you help me with the work?

'Will you ~?'는 요청할 때 쓰이는 표현으로 우리말의 '~해주시겠습니까?'에 해당된다. 친구 사이에는 'How about helping me with the work?'라고 말해도 좋다.

A : **Will you help me with the work?** 일 좀 도와주시겠어요?

B : Sure. I'll be glad to. 물론, 기꺼이 도와 드리죠.
I am sorry, but I'm behind in my work.
죄송합니다. 집안일이 밀렸어요.

➔ 〈P. 163 28번 참조〉

S : **Will you get me a copy of** *Newsweek?*
뉴스위크 한 권 사다 주시겠어요?

M: Yes, I'll be glad to.
네, 기꺼이 사다 드리죠.

➔ 긍정으로 응답할 때 'I'm glad to'가 아니라 'I'll be glad to'라고 하는 것에 주의해야 한다.

A : **Will you do me a favor?** 부탁 좀 들어주시겠어요?

B : Sure, if I can. 가능하다면 들어 드리죠.
Sure, what is it? 예, 뭔데요?
Well, it depends on what it is. 글쎄요. 부탁이 뭔가에 달렸죠.

depend on ~에 달려 있다

1 favor를 활용해 부탁할 때 쓰는 표현

일상생활을 하면서 남에게 사소한 일이라도 부탁을 하는 경우가 흔히 생기게 마련이다. 상대방에게 뭔가 도움을 요청할 때 '호의, 친절, 특별한 배려'라는 뜻을 가진 'favor[féivər]'를 사용하여 다음과 같은 다양한 표현을 사용할 수 있다.

- May I ask you a favor?
- Could I ask a favor of you?
- I have a favor to ask of you.

- Could you please do a favor for me?
- Would you do me a favor?

2 도움이 필요하면 요청하라고 할 때 쓰는 표현

- Please let me know if I can be of any further assistance.
  제가 더 도움이 될 수 있다면 저에게 알려주세요.
- If I can be of any further assistance, please don't hesitate to ask.
  제가 더 도움이 될 수 있다면 주저하지 말고 청하세요.

let sb know if ~인가를 ~에게 알려 달라
be of assistance [əsístəns] 도움이 되다
hesitate [hézətèit] 망설이다

07

함께 하시겠어요? Would you join us?

'Would you~? / Could you~?'는 '~해 주시겠습니까?'의 뜻으로 상대방에게 뭔가를 부탁할 경우 자주 쓰이는 공손한 표현이다. 자신을 주어로 할 때는 'May I~?', 상대방을 기준으로 말할 때는 'Would you~?'가 쓰인다. 'join'은 '함께 ~하다, 참가하다, 한패가 되다' 등의 뜻.

A : **Would you join us?** 함께 하시겠어요?

B : Thank you, with pleasure. 고마워요. 기꺼이 하죠.

➔ 'With pleasure[pléʒər].'는 상대방의 부탁 · 제안에 '기꺼이(willingly) 응하겠다'는 뜻

S : **Would you keep an eye on my bag?** 제 가방 좀 봐주겠어요?

M: Sure. No problem. 네, 걱정 마세요.

keep an eye on ~를 감시하다(watch carefully), ~에서 눈을 떼지 않다

A : **Could you give me a hand with this table?**
이 식탁 나르는 것을 도와주시겠어요?

B : Yes. I'd be glad to lend you a hand. 네, 기꺼이 도와 드리지요.
I'd love to, but I won't be able to. 그러고 싶지만 할 수 없겠는데요.

hand=help

A : **Could you move your car?** It's blocking my driveway.
차도를 막고 있으니 자동차 좀 옮겨 주시겠어요?

B : OK. I'll park it across the street.
알았습니다. 길 건너편에 주차하지요.

block [blɑk] (도로 · 관 등을) 막다
driveway [dráivwèi] 차도

S : I want some water.
물을 좀 마시고 싶은데요.

M: **Wouldn't you like some cold beer?**
시원한 맥주를 드시지 않겠어요?

➔ 부탁 받은 것이 아닌 다른 물건을 권할 때는 'Wouldn't you ~?'와 같이 부정 의문문을 쓴다.

care to (의문 · 부정문에서) ~하고자 하다
care for 좋아하다(like), (환자 · 노인 또는 돌볼 사람이 없는 사람을) 돌보다(look after)

A : Would you care for a coffee? 커피 한 잔 드시겠어요?

B : No thanks. I don't really care for coffee.
됐습니다. 저는 커피를 정말 싫어합니다.

give sb a ride [raid] ~를 태워 주다

answer the phone 전화를 받다

- Would you give me a ride home?
  집까지 차 좀 태워 주시겠어요?
- Could you answer the phone while I'm out?
  외출 중에 전화 좀 받아 주시겠어요?

08 담배를 피워도 괜찮습니까? Would you mind if I smoked?

➜ 〈P. 105 어법연구 참조〉

예의를 갖추어 윗사람에게 부탁할 때 쓰이는 표현이 'Would you mind ~?(~하시겠습니까?)' 이고, 'Would you mind if ~?(~해도 괜찮습니까?)' 는 상대방으로부터 허락을 얻고자 할 때 쓰이는 공손한 표현이다. 예의를 갖춰야 하는 윗사람에게 'Would you mind if ~?(~해도 괜찮습니까?)' 가 자주 쓰인다.

A : Would you mind if I smoked here?
이곳에서 담배를 피워도 괜찮습니까?

허락할 때 쓰이는 표현

B : No, I wouldn't mind.
Certainly not.
Of course not.
Of course not. Go (right) ahead!

거절할 때 쓰이는 표현

➜ 'would rather [ræðər]' 의 종속절에 과거형 동사가 쓰이는 것에 주의해야 한다.
➜ 'I'd rather not.' 와 같이 응답하면 무례하게 보일 수 있으므로 거절하는 이유를 함께 말해 주는 것이 좋다.

B : Yes, I would.
I'd rather not.
Well, I'd rather not, if you don't mind. I have a cold.
저, 괜찮으시다면 안 피웠으면 해요. 감기가 들었어요. (= Well, I'd rather (that) you didn't, if you don't mind. I have a cold.)

lift [lift] (들어)올리기; 상승; (무료로) 차를 태워줌

S : Would you mind giving me a lift home?
집까지 좀 태워다 주겠어요?

M: Of course not. Get in.
물론이지. 어서 타.

A : **Would you mind if I parked here?** 이곳에 주차를 해도 됩니까?

B : Certainly not. 물론이죠. (= Certainly, I wouldn't mind)
Not at all. 괜찮습니다. (= I wouldn't mind at all.)
No. Go ahead. 네. 어서 하세요. (= No, I wouldn't mind. Go ahead.)
I'd rather not. 주차를 안 했으면 합니다.

park 주차하다

Would you mind ~?에 대한 응답 표현

동사 'mind'가 부정 · 의문문에서 '싫어하다, 꺼리다, ~에 반대하다'의 뜻이므로 'Would you mind if I parked here?'를 직역하면 '이곳에 제가 주차한다면 꺼려하시겠죠?'의 뜻이 된다. 그래서 주차를 허락한다면 부정으로 'No, I would not.', 허락하지 않는다면 긍정으로 'Yes, I would.'와 같이 응답해야 한다. 'No. Go ahead.'는 'No, I wouldn't mind. Go ahead.'의 줄임말로 '꺼려 하지 않으니 어서 주차하세요.'라는 긍정의 응답이다. 그러나 'I'd rather not.'는 'I'd rather you didn't park, if you wouldn't mind.'의 줄임말로 '괜찮다면 주차를 안 했으면 합니다.'라는 뜻이 된다. 주의할 것은 위 문장은 가정법 과거이므로 조건절에서 과거 동사 'parked'가 쓰인 것이다.

cf. Do you mind if I turn on the TV?

➔ 〈직설법〉
➔ 'if절'이 조건절이므로 미래 시제를 현재 동사 'turn on'으로 쓴다.

mind 표현의 뉘앙스

다음 세 문장의 의미상 차이는 무엇일까?

a. Would you mind my smoking?
b. Do you mind if I smoke?
c. Do you mind my smoking?

문장 a, b는 '담뱃불을 붙이기 전에 피워도 되는가를 물을 때' 쓰이는 문장으로 두 문장은 거의 같은 뜻이지만 a는 가정법 과거이고 b는 직설법 현재이다. 그러므로 가정법으로 쓰인 문장 a가 b보다 겸손한 표현이다. 문장 a, b와는 달리 c는 '담배를 이미 피우고 있는데 다른 사람이 들어온 경우 그 사람에게 담배 피우는 것을 꺼려하는지 물을 때' 쓰이는 표현이다.

09 함께 가시겠어요? Would you like to come along?

예의를 갖춰야 하는 윗사람에게 제안을 할 때 'Would you like to ~?' 와 같은 공손한 표현을 사용하는 것이 바람직하다. 'Do you want to ~?' 와 같은 뜻이지만 'Would you like to ~?' 가 더 예의바른 표현이다. 이와 함께 'Would/Could you ~?' 의 표현도 자주 쓰인다. 'come along' 은 '함께 가다, 동행하다, 따라가다' 의 뜻이다.

S : **Would you like to come along?** 함께 가시겠어요?

요청을 받아들일 때

M: (That's a) Good idea. 좋은 생각입니다.
Yes, I'd be glad to. 네, 기꺼이 하죠.
Yes, I'd like to. Thank you very much. 네, 그러고 싶어요. 고마워요.
We'll be looking forward to it. 손꼽아 기다리고 있겠어요.
It's very nice of you to invite me. 초대해 주셔서 감사합니다.
Why not? 물론이죠! (부정이 아니라 제안에 동의)

➧ 권유 · 요청 · 제안을 받아들일 때 기분 정도에 따라 'I'd be glad to' 대신에 'I'd be delighted to.' 또는 'I'd be thrilled to.' 가 쓰인다.
look forward [fɔ́:rwərd] **to** ~을 학수고대하다

요청을 받아들이지 못할 때

M: I'd love to, but I can't. 그러고 싶지만 할 수가 없어요.
I'd love to, but I won't be able to. 그러고 싶지만 할 수 없겠는데요.
No, I can't right now. 지금 당장 할 수 없겠는데요.
Sorry, but I'm behind in my work. 죄송하지만 일이 밀렸어요.
I'm tied up tonight. How about a rain check?
오늘 저녁은 매우 바빠요. 다음 기회로 하는 것이 어때요?

behind [biháind] **in** ~이 밀린
tied up 매우 바쁜(very busy)
a rain check 초대 등의 연기

A : **Would you like (to have) some more whisky?**
위스키 좀 더 드시겠어요?

B : No, thanks. No more for me. I'm driving.
됐습니다. 저는 됐어요. 차를 운전하고 갈 거예요.

➧ 'No more for me.' 는 '더 먹겠느냐' 는 상대방의 권유에 정중히 사양하는 표현이다.

S : **Would you like to go to the movies?**
극장에 가시겠어요?

M: Well, I'd rather go swimming if that's okay with you.
글쎄요, 괜찮으시다면 수영을 갔으면 합니다.

➧ 'would rather ~than(~하느니 차라리 ~하고 싶다)' 에서 'would' 는 소망을 나타내는 것으로 'wish (to)' 와 같은 뜻이다.

제안에 응답하는 표현(Responding to offering)

인간은 감정의 동물이기 때문에 상황과 느낌에 따라 감정 표현을 달리할 수 있다. 'Good / Nice / Great!' 대신 느낌의 정도에 따라 'Wonderful[wʌ́ndərfəl] / Excellent[éksələnt]!(탁월한, 뛰어난), Marvellous[mɑ́ːrvələs]!(상당히 좋은(extremely good)), Fantastic[fæntǽstik]!(환상적인, 멋진), Terrific[tərífik]!(끝내 주는, 훌륭한(very great and excellent)), Thrilled[θrild]!(전율을 느낄 정도로 몹시 흥분된(very excited)' 등에서 선택할 수 있다.

- Great. 좋습니다.
- (That's a) Good idea. 좋은 생각입니다.
- What a good idea! 참 좋은 생각입니다.
- Good suggestion. 좋은 제안입니다.
- That would be terrific. 좋습니다.
- That sounds like a good idea! 좋은 생각 같군요!

➔ 보통 'That sounds'가 생략되고 'Great'만 쓰임.

suggestion[səgdʒéstʃən] 제안

LESSON 10

허락 Permission

01 허락을 구할 때와 허락할 때 쓰이는 조동사

02 허가를 구할 때 쓰이는 표현 (Asking permission)

03 허락할 때와 거절할 때 쓰이는 표현 (Permitting and Refusing)

L·E·S·S·O·N **10**

허락 Permission

01 허락(Permission)을 구할 때와 허락할 때 쓰이는 조동사

허락(permission[pəːrmíʃən])을 요청할 때와 허락해 줄 때 'can' 또는 'may'가 쓰인다.

give sb a hand ~를 도와주다

A : May I give you a hand with the dishes?
설거지를 도와 드릴까요?

B : Yes, you may.
네, 그렇게 하세요.

- Thank you, you **may** go now. 고맙습니다. 이제 가셔도 좋습니다.
- You **can** borrow my car if you like. 원하면 내 차를 빌려 갈 수 있어.
- You **may** smoke here. 여기서 담배를 피워도 돼.
- You **can** park here. 여기에 주차할 수 있습니다.

borrow[bɔ́(:)rou] 빌리다

➔ 화자(the speaker)가 허락을 할 때는 'may'가 쓰임.

➔ 시(市) 당국이나 경찰이 허락을 할 때는 'can'이 쓰임.

02 허가를 구할 때 쓰이는 표현(Asking permission)

어떻게 또는 무엇을 해야 될지 모를 때 미리 상대방에게 물어 보고 하는 것이 실수를 범하지 않는다. 예를 들어 남의 집을 방문했거나 하숙을 하는 경우에 집주인에게 허가를 구할 때 '~을 해도 괜찮습니까?' 라는 뜻으로 'Is it all right if I ~?'와 같은 표현이 쓰인다.

01 이곳에 주차해도 괜찮습니까? **Is it okay if I park here?**

S : Is it all right (with you) if I park here?
이곳에 주차해도 됩니까?

M: You may not park here (without permission).
(허락 없이는) 이곳에 주차할 수 없습니다.

A : This program is boring. **Is it all right if I turn off the TV?**
이 프로그램은 지루해(재미없어). TV를 꺼도 괜찮겠니?

B : It's up to you.
네가 알아서 해.

be up to ~에 달려 있는

단순 조건과 가정법

아래 예문 a, b는 직설법으로 'if'는 여기에서 단순 조건 접속사로 쓰여 '만약 ~한다 해도'의 뜻으로 현재 시제가 쓰였다. 하지만 c의 'Would it be all right if I had ~'는 가정법 과거로 'if' 절에 '동사의 과거형'이 쓰인 것에 주의해야 한다. 가정법이 쓰인 c가 a, b보다 좀더 예의바른 표현이다.

a. Is it all right if I bring my friend to your party?
파티에 친구와 함께 가도 됩니까?

b. Is it all right if I wear shoes inside?
실내에서 신발을 신어도 됩니까?

c. Would it be all right if I had dinner later tomorrow?
내일 저녁을 좀 늦게 먹어도 좋겠습니까?

➔ 'if절'이 조건절이므로 미래 시제는 현재 동사 'turn on'으로 쓴다.
➔ 〈P. 171 7번 참조〉

관련 어휘

TV · 라디오 · 전기 · 가스 등을 켜고, 끄고, 소리를 크게 또는 작게 할 때

➔ 〈P. 385 7번 참조〉

- turn on 켜다 ; ~에 관심이 있다

a. Would it be all right if I **turn on** the TV? TV를 켜도 좋습니까?

b. Tall men **turn** me **on**. 난 키 큰 사람들이 맘에 들어.

- turn off 끄다(잠그다) ; 혐오감을 느끼다, 싫어하다

a. Be sure to **turn** everything **off** before you go to bed.
잠자기 전에 모든 것을 다 끄는 것을 잊지 마.

be sure to 꼭~해라(don't forget to)

b. It really **turns** me **off** to see you biting your toenails.
네가 발톱을 물어뜯는 것을 보면 정말로 밥맛 떨어져.

bite [bait] 물어뜯다

- turn up (소리 등을) 키우다 ; 나타나다(appear, show up)

a. Too warm. Please **turn** the fan **up**. 너무 더우니 선풍기 좀 세게 틀어 줘요.

b. She **turns up** late for everything. 그녀는 모든 일에 늦게 온다.

- turn down 줄이다(reduce [ridjúːs]) ; 거절하다(refuse [rifjúːz], reject [ridʒékt])

a. The radio's too loud. Would you **turn** it **down**?
라디오 소리가 너무 크니 좀 줄여 주시겠어요?

b. I proposed to her, but she **turned** me **down**.
그녀에게 청혼을 했지만 그녀는 거절했다.

propose [prəpóuz] 청혼하다

02

TV를 봤으면 합니다. I'd like to watch TV.

예의를 갖춰야 하는 윗사람에게 허가를 구할 때 'I want to ~'보다 'I would like to ~'와 같은 공손한 표현을 사용하는 것이 바람직하다.

A : **I'd like to watch TV, if that's all right with you.**
괜찮다면 TV를 보고 싶어요.

B : It's all right with me.
저는 좋아요.

03 허락할 때와 거절할 때 쓰이는 표현(Permitting and Refusing)

A : Is it okay if I smoke here?/Can I smoke here?
이곳에서 담배를 피워도 됩니까?

허락할 때 쓰이는 표현

B : Yes, **it's all right/okay with me.** 네, 나는 괜찮아요.
Sure/Of course, **it's fine with me.** 물론이죠. 나는 좋아요.

거절할 때 쓰이는 표현

B : **No, you shouldn't.** Here is a nonsmoking area.
아니오, 안 돼요. 여기는 금연 구역입니다.
I'd prefer you not to. 안 하셨으면 좋겠습니다.
Sorry, it's not allowed. 죄송하지만 흡연이 안 됩니다.

➔ 'No, you shouldn't.'는 'No, you may not.'보다 강한 금지를 의미한다.

allow[əláu] 허락하다

금지 또는 거절을 나타내는 표현

금지(prohibition[pròuhəbíʃən]) 또는 거절(refusal[rifjú:zəl])을 나타낼 때 'don't / be not allowed[əláud] to / can't / must not' 등이 쓰인다. 'be not allowed to / can't'는 타인에 의한 금지를 나타내고, 'don't / must not'는 직접적인 명령을 나타낸다.

a. You may not go out after 10 p.m.
10시 이후에는 외출할 수가 없어.

b. You can't park here.
이곳에 주차할 수 없습니다.

c. No dogs (are) allowed.
개를 데려오지 마세요.

d. Don't smoke in the cinema! It's forbidden.
영화관에서 담배를 피우지 마! 금연 구역이야.

e. You mustn't walk on the grass.
잔디밭에 절대로 들어갈 수 없습니다.

forbid [fərbíd] 금지하다

LESSON 11

가능성과 추측 Possibility & Prediction

01 가능성(Possibility)을 나타내는 표현

02 추측(Prediction)을 나타내는 표현

L·E·S·S·O·N 11

가능성과 추측 Possibility&Prediction

01 가능성(Possibility)을 나타내는 표현

'may, might, could'는 가능성(~일지도 모른다)을 나타낸다. 조동사 대신 가능성 또는 추측을 나타낼 때 'I'm sure, I suppose[səpóuz], perhaps[pərhǽps], probably[prábəbli]'가 쓰인다.

- You could be right, but I doubt it.
  네 말이 옳을 수도 있지만 나는 좀 미심쩍어.

- If you get a taxi you may / might get there on time.
  택시를 타고 가면 시간에 맞춰서 도착할 수 있을 거야.

stupid[stjú:pid] 멍청한

- You may be right in saying that she is rather stupid.
  = Perhaps you are right in saying that she is rather stupid.
  그녀가 다소 멍청하다는 네 말은 맞을 거야.

- That may or may not be true.
  그것은 사실일 수도 있고 사실이 아닐 수도 있다.

02 추측(Prediction)을 나타내는 표현

'~임에 틀림없다'라는 뜻으로 확실한 추측을 나타낼 때는 'must be'가 쓰인다. '~일 리가 없다'는 뜻의 확실한 부정을 나타낼 때는 'cannot be'가 쓰이고, '~일지도 모른다'라는 뜻으로 반 정도의 가능성을 나타낼 때는 'may be'가 쓰인다.
예를 들어, 어느 예식장에서 신부가 도착하기를 기다릴 때 60살쯤 된 한 신사가 예식장으로 들어오는 것을 보고 옆 친구가 "저 분이 누구야?"라고 물어 보았다고 가정하자. 신부의 아버지라고 단정할 때는 "He is the bride's father."라고 한다. 그러나 잘 모를 때 주변 상황으로 봐서 다음과 같이 추측하여 응답할 수 있다.

- He must be one of the guests. He knows a lot of people.
  많은 사람들을 아는 것으로 봐서 그는 하객 중의 하나임이 틀림없어.

bridegroom[bráidgrù(:)m] 신랑
cf. **bride**[braid] 신부

- He can't be the bridegroom. He's too old./He's not dressed well enough.
  너무 늙은/옷을 잘 차려입지 않은 것으로 봐서 그가 신랑일 리 없어.

guest[gest] 손님, 특별 출연자

- He may be one of the guests.
  그는 하객 중의 한 분일지도 몰라.

LESSON 12

충고 Advice

01 조언을 구하는 방법 (Some ways to ask for advice)

02 조언하는 방법 (Some ways to give advice)

L·E·S·S·O·N 12

충고 Advice

01 조언을 구하는 방법(Some ways to ask for advice)

다른 사람의 조언을 얻고자 하는 경우에 'I need your advice[ədváis].(당신의 조언이 필요합니다.)', 또는 'Do you think I should ~?(~해야 한다고 생각하나요?)'를 사용한다.

get into shape[ʃeip] 몸매를 가꾸다
in order to ~하기 위하여

move[mu:v] 조치, 수단

A : **Do you think I should join the health club in order to get into shape?**
몸매를 가꾸기 위해 헬스 클럽에 가입해야 한다고 생각해?

B : Yes, I think it would be a wise move.
그래, 그게 현명한 조치라고 난 생각해.

- Do you think I should study harder?
  내가 좀더 열심히 공부해야 한다고 당신은 생각하나요?
- If you were me, would you stop smoking?
  당신이 나의 처지라면 담배를 끊겠습니까?

02 조언하는 방법(Some ways to give advice)

❶ 'ought[ɔ:t] to/should[ʃud]'는 '~하는 것이 옳다, 최선책이다'라는 뜻으로 상대방에게 충고·조언할 때 쓰이며, 공손하게 제의하는 경우에 'Perhaps[pərhǽps] you should ~'의 구문이 쓰인다. '어떤 일이 중요해서 상대방에게 강력하고 직접적인(strong and direct) 충고'를 나타내는 'must'보다 덜 강력하다.

lower[lóuər] 낮추다 (reduce[ridjú:s])

first of all 무엇보다도
cut down on 양을 줄이다
workout 몸매를 다듬기 위해 운동하다(exercise to improve physical fitness)

A : How am I supposed to lower my cholesterol?
콜레스테롤 수치를 낮추려면 어떻게 해야 하죠?

B : First of all, **you should cut down on all the fatty foods and have a good workout at least three times a week.**
우선 첫째로 지방질 음식을 줄이고 최소한 일주일에 3번 충분한 운동을 하세요.

- You don't look very well. You should go and see the doctor.
  건강이 안 좋아 보이는군. 병원에 가서 진찰을 받아보는 게 좋겠어.
- You should try aerobic dancing: It's great for getting yourself in shape.
  에어로빅을 해 봐. 날씬한 몸매를 가꾸는 데는 그만이라고.
- If you want my advice, I don't think you should go.
  당신이 나의 충고를 원한다면, 가지 말아야 한다고 생각해.

get oneself in shape[ʃeip] 운동을 해서 몸매를 가꾸다

- I suggest that you (should) begin again.
  네가 다시 시작하기를 권하는 거야.

suggest[səgdʒést] 제안하다, 권하다

- You shouldn't drive so fast. You could have an accident.
  그렇게 빨리 운전하지 않는 게 좋아. 사고를 낼 수가 있어.

accident[ǽksidənt] (돌발)사고

- You ought not to miss this wonderful opportunity.
  이 좋은 기회를 놓치지 말아야 돼.

opportunity[àpərtjúːnəti] 기회

➔ 부모가 자식에게 말하는 경우에는 'ought[ɔːt] to' 대신에 'had better'가 쓰일 수 있다.

- My feeling is that you ought to stay home tonight.
  네가 오늘 저녁은 집에 있어야만 한다는 것이 내 생각이야.

❷ 'must'는 어떤 일이 중요해서 상대방에게 강력하고 직접적인(strong and direct) 충고를 나타낼 때 쓰인다.

- You mustn't worry so much.
  그렇게 심히 걱정하지 말아.

- You must take these tablets four times a day.
  이 알약을 하루에 4번 복용해야만 돼.

tablet[tǽblit] 정제, 알약

cf. Take these tablets four times a day, please.

➔ 생활 영어에서는 명령형이 흔히 쓰임.

❸ 제안 · 충고에는 'Why don't you ~?'가 쓰인다.

- Why don't you take some exercise to lose weight?
  체중을 줄이기 위해 운동을 해보시죠?

- Why don't you take the baby to the doctor's?
  아기를 병원에 데려가는 게 좋겠어요.

❹ 한국인들은 외국인에게 'You had better ~'를 남용하는 것 같은데 'You'd better ~'는 의무감(duty[djúːti] or obligation[àbləgéiʃən])을 주는 일종의 명령의 뜻이 담겨 있으므로 손윗사람이나 친하지 않은 사이에는 쓰지 말아야 한다. 회화에서 종종 'had'는 생략된다. 'had better'는 'should'보다 강한(stronger) 의미를 지니고 'must'는 'had better'보다 더 강하다.

> ***A*** : You should be going now, shouldn't you?
> 지금 가는 게 좋겠어, 그렇지 않아?
>
> ***B*** : Yes. I guess I'**d better** be going now.
> 그래. 지금 가는 게 좋겠어.

- You'd better not carry lots of cash.
  현금을 많이 갖고 다니지 않는 게 좋겠어.

• You better go home. It's getting late.
점점 어두워지니 너는 집에 가는 게 좋겠다.

❺ **친구간에 충고를 할 때는 'If I were you, I would ~'를 사용한다. 친구간에 'Stop smoking.'과 같이 직접적인 명령투보다는 'If I were you, I would stop smoking.(내가 너라면 난 담배를 끊었을 거야.)'과 같은 완곡한 표현인 가정법이 바람직하다.**

• If I were you, I would not go there.
내가 너라면 나는 그 곳에 가지 않을 거야.

jump at 기꺼이 받아들이다

• If I were you, I would jump at the chance of a job like that.
내가 너라면 그와 같은 직장의 기회를 기꺼이 받아들였을 텐데.

cf. Put yourself in my shoes. = Put yourself in my place.
입장 바꿔 생각해 봐.

LESSON 13

능력 Ability

01	자동차를 수리할 수 있어요?	Can you fix my car?
02	언어에 재능이 있군요.	You're good at languages.
03	영어 공부가 어렵다는 것을 알았어.	I find studying English difficult.
04	네 집 찾느라고 애먹었어.	I had difficulty locating your house.
05	재주가 메주야.	I'm all thumbs.
06	요리는 자신이 없어요.	Cooking is beyond me.
07	컴퓨터에 도사군요.	You're familiar with most kinds of computers.
08	사업에 상당한 재능이 있어.	She has a good head for business.
09	적임자가 아니야.	He's not cut out for the job.
10	환경에 좀 적응하지 못해.	I'm a bit of a square peg in a round hole.
11	권투선수로 성공할 소질이 있어.	She's got what it takes to be a boxer.
12	빈틈없고 유능한 분이야.	He is on the ball.
13	단지 버튼만 누르면 돼.	All you have to do is press the button.

L·E·S·S·O·N 13

능력 Ability

01

자동차를 수리할 수 있어요? Can you fix my car?

'~을 할 수 있다(be able to/be capable of)'는 능력(ability[əbíləti])을 나타낼 때에는 'can'을 사용하고, 과거 시제에는 'could'를 사용하지만, 미래의 능력을 말하는 경우에는 'will can'은 사용할 수 없고 대신에 'I'll be able to do it.(난 그걸 할 수 있을 거야.)'와 같이 써야 한다.

fix 고치다

mechanic[məkǽnik] 수리공
➔ 'I'll see what I can do.'는 '장담은 못하겠지만 한번 해보겠다'는 겸손한 표현

afford[əfɔ́:rd] ~을 할 여유가 있다
rent (집·토지 등을) 임차하다
Chances are (that) 아마 ~일 것이다

A : **Can you fix my car?**
내 차를 수리할 수 있어요?

B : I'm not a mechanic, but I'll see what I can do.
기술자는 아니지만 할 수 있는가 해볼게요.

S : **Do you think we can afford to rent this apartment?**
당신은 우리가 이 아파트를 세 얻을 수 있다고 생각해요?

M: Chances are we can.
아마 그럴 수 있을 거야.

어법연구

조동사 can의 의미와 용법

1. 현재의 능력
   a. I'll do what I can. 할 수 있는 한 해볼게요.
   b. Are you able to repair the car? 차를 수리할 수 있어요?

➔ 할 수 있는 '범위내'에서 하겠다는 뜻이다.
➔ 'Can you fix the car?'라는 말이 더 흔히 쓰임.

2. 미래의 능력
   a. If you study hard, I'm sure you'll be able to get a scholarship.
      네가 열심히 공부하면 장학금을 받을 수 있다고 나는 확신해.
   b. I won't be able to go with you tomorrow.
      내일 너와 함께 갈 수 없을 거야.
3. 과거의 능력
   a. I could swim when I was 6. 6살 때 나는 수영할 수 있었다.
   b. I couldn't play the piano many years ago.
      몇 해 전에는 피아노를 칠 줄 몰랐다.
4. 그 밖의 능력을 표현하는 방법
   a. Do you know how to drive? 운전할 줄 알아요?
   b. She's very good at playing the piano. 그녀는 피아노를 매우 잘 쳐요.
   c. He's completely at home with computers. 그는 컴퓨터에 완전 도통했다.

good at ~을 잘하는

at home ~에 정통한, 숙달된

02 언어에 재능이 있군요. You're good at languages.

어떤 사람의 적성(aptitude[ǽptitùːd]) · 재능(natural ability[əbíləti])을 칭찬할 때 '~을 잘한다'고 하는데 이에 해당하는 영어 표현이 'be good at'이다. '그는 이름을 잘 기억한다.'라고 말하려면 'He is good at remembering names.'라고 하면 된다. 이와 반대로 '~을 잘하지 못한다'고 할 때는 'good' 대신에 'poor'가 쓰이며 아주 형편없을(extremely [ikstríːmli] bad) 때에는 'terrible[térəbəl]'이 쓰인다.

A : **You must be good at languages.**
분명히 언어에 재능이 있으시군요.

B : Thank you. 감사합니다.

S : **Are you any good at swimming,** Sam?
샘, 수영 잘해요?

M: No, I can keep my head above the water.
아뇨, 물에 빠지지 않을 정도지요.

- I'm not very good at doing math problems.
  수학 문제를 푸는 데 자신이 없어. (= I'm very poor at doing math problems.)
- I'm a terrible cook.
  나는 요리 솜씨가 형편없어.
- She's good at spending but not at saving.
  그녀는 돈 쓰는 데 귀신이지만 저축하는 데는 얼간이다.
- I'm very poor at English listening.
  영어 듣기가 매우 약해요.
- The trouble with him is that he is a poor linguist.
  그의 고민거리는 어학에 약하다는 것이다.

language[lǽŋgwidʒ] 언어
cook[kuk] 명 요리사 동 요리하다
trouble[trʌ́bəl] 근심, 고민
linguist[líŋgwist] 언어학자, 외국어에 능통한 사람

03 영어 공부가 어렵다는 것을 알았어. I find studying English difficult.

'~을 못한다'라고 말할 때 'not good at' 또는 'poor at' 외에도 'find something difficult'의 구문이 있다. 'find' 동사가 'find + 목적어 + 보어'의 구문으로 쓰일 때는 '경험을 통해 또는 우연히 ~임을 알다(discover sth by experience[ikspíəriəns])'라는 뜻이다.

A : Are you good at dancing to rock music?
록음악에 맞춰 춤을 잘 춰요?

B : No, **I've always found dancing to rock music very difficult.**
아뇨, 록음악에 맞춰 춤추는 것이 매우 어렵다고 항상 생각하죠.

to ~에 맞추어서

How do you like ~? ~은 어떻습니까?
work for ~에 근무하다

S : How do you like working for a computer company?
컴퓨터 회사에 근무하는 것을 어떻게 생각하세요?

M: **I find it very exciting.**
매우 신나는 일이라고 생각합니다.

comfortable [kʌ́mfərtəbl] 편한

- We found the beds very comfortable.
우리는 그 침대가 매우 편하다는 것을 알게 되었다.
- I found it difficult to believe you.
너를 믿기가 어렵다는 것을 알게 됐어.

express [ikspres] 표현하다

- He found it almost impossible to express what he wanted to say.
그가 말하고 싶은 것을 표현하기가 거의 불가능하다고 생각했다.

in front of ~ 앞에서

- I've always found speaking in front of groups difficult.
많은 사람들 앞에서 말하기가 어렵다고 항상 생각했어.

04 네 집 찾느라고 애먹었어. I had difficulty locating your house.

➔ 〈P. 318 참조〉

'~하는 데 어려움이 있다/애를 먹다' 라고 할 때 'have trouble/difficulty/a hard time + -ing'의 구문이 쓰인다. '애를 많이 먹었다' 라고 할 땐 'much, great', '좀 애를 먹었다' 라고 할 땐 'some', '전혀 또는 거의 애를 먹지 않았다' 라고 할 땐 'no' 또는 'little'이 쓰인다. 'locate[loukéit]'는 '(정확한 위치를) 찾아내다, (사람이 있는 곳을) 알아내다(discover)' 라는 뜻이므로, '숨겨진 것, 잃어버린 것, 알려지지 않은 것 등을 찾아내다'의 뜻을 지닌 'find' 동사와 혼동하지 말아야 한다.

A : How do you like your new job?
새로 맡은 일이 어때?

B : **I have some difficulty with it,** but I find it interesting.
좀 어렵긴 하지만 재미있어.

sing in tune [tjuːn] 바른 가락으로 노래하다
carry a tune 정확하게 노래하다

S : **I have a hard time singing in tune.**
곡조에 맞춰 노래하기가 힘들어요.

M: I guess I'm lucky. I've always been able to carry a tune.
난 다행이라고 생각해요. 항상 정확하게 노래를 부를 수 있었죠.

- I'm sure you'll have no difficulty passing the exam.
네가 시험에 합격하는 데 어려움이 없을 거라고 난 확신해.
- He has a hard time learning English.
그는 영어를 배우는 데 애를 먹어.

- He has trouble making small talk.
  그는 잡담을 잘 못해.

small talk 잡담

- She has some trouble getting rid of lots of garbage every day.
  그녀는 매일 많은 쓰레기를 치우느라 애를 먹는다.

get rid of 치우다, 제거하다
lots of 많은
garbage [gáːrbidʒ] 쓰레기

05 재주가 메주야. I'm all thumbs.

어떤 사람의 손가락이 전부 엄지손가락(thumb[θʌm])만으로 되어 있다면 얼마나 행동이 둔하고 서툴겠는가? 이런 뜻에서 'all thumbs'는 '손재주가 없는, 서투른, 미숙한(awkward [ɔ́ːkwərd], clumsy[klʌ́mzi])'의 뜻이다.

A : Well, don't ask Simon. 있지, 사이먼에게 부탁하지 마.
B : How come? 왜?
A : **That guy is all thumbs.** 그 사람은 재주가 메주거든.

➔ 회화에서 자주 쓰이는 'How come?'은 'Why?'의 뜻

S : Did you make that dog house yourself?
개집을 네가 직접 만들었어?
M: No. **When it comes to making things, I'm all thumbs.**
아니야. 물건을 만드는 것이라면 재주가 메주야.

➔ 'yourself'는 주어를 강조

when it comes to -ing ~하는 것이라면

- I'm all thumbs when it comes to repairing things.
  물건을 수리하는 거라면 나는 재주가 없어.

repair [ripέər] 수리하다

- When it comes to speaking English, you can't beat Mr. Kim.
  영어 회화라면 김군이 최고야.

beat (상대 · 적을) 이기다
➔ 'you can't beat Mr. Kim' 하면 'Mr. Kim is better than anyone else.(김군이 어느 누구보다 더 훌륭해, 즉 최고라는 뜻)' 또는 'Mr. Kim is very good.'의 뜻이다.

06 요리는 자신이 없어요. Cooking is beyond me.

'be beyond[bijɑ́nd] sb'는 '~에게 너무 어려운(too difficult for sb), ~로선 할 수 없다'라는 뜻으로 '나에겐 너무 어려워.' 또는 '난 자신이 없어.'와 같은 우리말에 해당하는 영어 표현이 'It's beyond me.'이다.

A : Would you mind helping me cook dinner?
저녁 요리하는 것 좀 도와주시겠어요?
B : **I'm sorry, but I'm afraid cooking is beyond me.**
죄송합니다만 요리는 자신이 없어요.

- English was always beyond me.
  영어는 항상 나에게 어려웠어.

- It's beyond me why she wants to marry Jeff.
  그녀가 왜 제프와 결혼하고 싶어하는지 나는 상상도 할 수 없어.

07

컴퓨터에 도사군요. You're familiar with most kinds of computers.

'familiar[fəmíljər] with'는 '~에 정통한, 잘 알고 있는(have a thorough knowledge of)'의 뜻이고, 'at home'은 경험이 많거나 알맞은 기술이 있기 때문에 '~을 정통한, 숙달되어 있는'의 뜻으로 쓰이는 표현이다. 또한 집에 찾아온 손님에게 '마치 자기 집처럼 편안하게(comfortable [kʌ́mfərtəbl]) 행동하라'는 뜻으로 말할 때 쓰인다.

A : **You are familiar with most kinds of computers, aren't you?**
당신은 대부분의 컴퓨터에 능숙하시겠군요, 그렇죠?

particularly [pərtíkjələrli] 특히

B : I'm particularly at home with Apples.
저는 특히 애플 컴퓨터에 숙달되어 있습니다.

- Are you familiar with this type of machine?
  이런 종류의 기계를 잘 알아?
- Steve is completely at home with cars.
  스티브는 자동차에 관해서는 훤하다.
- Make yourself at home. 편안하게 하세요.
- I feel at home here. 여기 있으면 마음이 편안해.
- Let's make ourselves at home. 우리 마음을 편안하게 합시다.

08

사업에 상당한 재능이 있어. She has a good head for business.

'have a head for something'이란, 선천적으로 어떤 일에 능하거나 특정 분야에 재능(ability of the stated kind)이나 적성(aptitude[ǽptitùːd])이 뛰어남을 말한다.

cf. She *has a good business head.*
그녀는 사업에 상당한 재능이 있어.

- He has a good head for facts.
  그는 여러 가지 사실을 기억하는 재주가 있어.

language [lǽŋgwidʒ] 언어

- I guess he has a real head for languages.
  그는 언어에 정말로 재능이 있다고 난 생각해.

figure [fígjər] (pl.) 계산

- I haven't got much of a head for figures.
  수치에 밝지를 못해. (= I'm not good at doing calculations.)

cf. His heart rules *his head.*
그는 이성보다 감정이 앞서. (= He's influenced more by feeling than by reason.)

09 적임자가 아니야. He's not cut out for the job.

'be cut out for'는 보통 부정문 · 의문문에서 '천성적으로 어떤 일에 자질(資質)을 갖추지 않았을 때' '~에 적임자가 아니다'라는 뜻으로 쓰인다.

➔ 〈P. 142 참조〉

A : Simon is not really cut out for the job.
사이먼은 정말로 그 일에 적임자가 아니야.

B : I don't think so. He has a good head on his shoulders.
그렇지 않아. 그는 매우 현명하고 실무 능력이 있어.

- I'm afraid Tim **isn't up to** the job.
  = Tim isn't good enough to do the job properly.
  팀은 그 일에 적임자가 아닌 것 같아.
- Vicky would be ideally **suited to** the job.
  비키는 그 일에 이상적인 적임자다.
- She's extremely well **qualified for** the job.
  그녀는 그 일에 매우 적합하다.

have a head on one's shoulders 현명하고 실무에 재능이 있다
shoulder [ʃóuldər] 어깨
be up to ~할 능력이 있다, ~에 알맞다
properly [prάpərli] 제대로
ideally [aidí:əli] 이상적으로, 전형적으로
suited [sú:tid] 적합한
extremely [ikstrí:mli] 아주, 대단히, 극도로
qualified [kwάləfàid] 자격 있는
➔ '~에 적임자다(be appropriate [əpróupriət] for), ~에 자질이 있다(have the right qualities for)'라고 할 때는 'be well suited [sú:tid] to, be qualified [kwάləfàid] for'가 쓰인다.

10 환경에 좀 적응하지 못해. I'm a bit of a square peg in a round hole.

정사각형(square [skwεər])의 마개(peg [peg])가 둥근 구멍에 맞지 않듯이 성격(character [kǽriktər])이나 능력(ability [əbíləti])이 직장 또는 어떤 환경에 적합하지 못한 경우에 'a square peg in a round hole'이라고 한다.

A : Everyone else at my office seems so ambitious, competitive, and dedicated to the work, but I just want to make a living.
사무실에 모든 사람들이 너무 야심에 차 있고, 능력이 있고, 일에 열심이지만, 나는 그저 생활비만 벌고 싶어.

B : Try to fit a square peg into a round hole.
환경에 적응하려고 노력해 봐.

ambitious [æmbíʃəs] 야심에 찬
competitive [kəmpétətiv] 경쟁의
compete [kəmpí:t] 경쟁하다
be dedicated [dédikèitid] **to** ~에 전념하다
make a living 생활비를 벌다

11 **권투선수로 성공할 소질이 있어.** **She's got what it takes to be a boxer.**

'have got what it takes'는 '성공할 수 있는 자질을 갖고 있다(have the qualities needed to be successful)'는 말로 보통 찬사(compliment[kámpləmənt])의 뜻으로 쓰인다.

A : **The girl's got what it takes to be a boxer.**
그 소녀는 권투 선수가 될 소질이 있어.

B : I think so.
나도 그렇게 생각해.

- Do you think Mark has what it takes to be a singer?
  마크가 가수로 성공할 소질이 있다고 생각하니?

12 **빈틈없고 유능한 분이야.** **He is on the ball.**

경기에 임하는 선수는 항상 공의 움직임을 주의 깊게 살펴야 한다. 이와 같이 정신을 바짝 차리고 주의를 게을리 하지 않으며(very attentive[əténtiv]) 활기 있게 움직이는(very lively[láivli]) 사람을 가리켜 'He is on the ball.'이라고 말한다. 이것은 일상생활에서도 마찬가지. 순발력(ability to think and act quickly) · 감각 · 최신지식(up-to-date knowledge)을 익혀 기민하고 유능하여 어떤 일에 부닥쳐도 능히 해낼 수 있는 의욕(desire[dizaiər])과 능력(ability[əbíləti])을 갖춘 사람을 말할 때도 쓰인다.

comment[kámənt] 논평, 견해, 해설
latest[léitist] 최신의
item[áitəm] 항목, (신문의)기사

A : You know, I like Johnny Carson best. **He's really on the ball with his comments every night.**
난 말이야, 자니 카슨을 제일 좋아해. 매일 밤(To night Show에서) 그가 하는 말은 정말 참신하거든.

B : Yeah, you're right. He always uses the latest news items.
그래, 네 말이 맞아. 그는 항상 최신 뉴스를 소재로 이야기해.

- That new teacher is on the ball.
  저 새로 오신 선생님은 빈틈없고 유능한 분이야.

- We need a secretary who's really on the ball.
  우리는 정말로 참신하고 유능한 비서가 필요해.

notice[nóutis] 알아채다, 인지하다

- He was on the ball and noticed the error.
  그는 예의 주시한 결과 그 오류를 발견했다.

hire[háiər] 고용하다

- We were right to hire him – he's really on the ball.
  그를 고용하기를 잘했어. 그는 정말로 유능해.

13 단지 버튼만 누르면 돼. All you have to do is press the button.

'all you have to do is'는 '단지 ~하기만 하면 돼'의 회화체 표현으로 미국 영어에서는 'be' 동사의 보어로 원형 부정사를 사용한다.

A : I don't know how to operate it.
어떻게 작동하는지 몰라요.

B : **All you have to do is turn the switch on.**
스위치만 켜면 되는 거야.

operate[ápərèit] 작동하다

- All you have to do is stay where you are.
그 자리에 가만히 있기만 하면 됩니다.

- Studying English is not so hard as you might think. All you have to do is memorize the useful expressions and idioms.
네가 생각하는 것만큼 영어 공부가 그렇게 어렵지 않아. 유용한 표현과 숙어만 암기하면 돼.

memorize[méməràiz] 암기하다

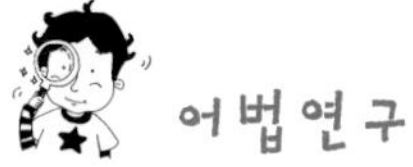

조동사의 의미

본동사가 나타낼 수 없는 의문 · 부정 · 강조 · 태 · 진행 등 문법적 기능과 인간의 심적(心的) 상태를 나타내는 것을 조동사(Auxiliary)라고 한다.

1. 기본 조동사 : Be, Have, Do
단순히 기능만을 나타내는 기본 조동사는 '진행 · 수동 조동사'로 'be' 동사가 쓰이고, '완료 조동사'로 'have'가 쓰인다. 그리고 '의문 · 부정 조동사'로 'do'가 쓰인다.

1) Be
진행형(be + −ing)과 수동태(be + p.p.)에 쓰인다.

You are all dressed up. Are you going out with Sam?
쫙 빼 입었군. 샘과 데이트하러 가니?

be dressed up 정장하다
go out with ~와 데이트하다

2) Have
완료(have + p.p.)에 쓰인다.

A : *Have* you ever *been* to Hong Kong? 홍콩에 가본 적이 있어?
B : No, I *haven't*. *Have* you? 아니, 못 가 봤어. 너는?

① a는 영국에서, b는 미국에서 쓰이며 요즘 영국에서도 흔히 쓰이고 있다.

a. Have you (got) any brothers?
b. Do you have any brothers?

➔ 영국과 미국에서 'have' 동사의 용법

have = eat

have = take

have = experience

② 'have' 동사가 '소유하다'의 뜻이 아니고 동적인 의미(dynamic senses)인 'eat, take, experience[ikspíəriəns]' 등의 뜻일 때 영 · 미 영어에서 의문 · 부정문에서 조동사 'do'가 쓰이며 'have got'는 쓰이지 않는다.

a. Did you have dinner? 저녁 먹었어?

b. Did you have any difficulty getting here? 여기 오는 데 어려웠어?

c. Did you have a good time in London? 런던에서 즐겁게 지냈나요?

3) Do

① 의문문과 부정문을 만든다.

A : What *did* he say? 그가 뭐라고 했죠?

B : I *didn't* understand what he said. 그가 뭐라고 말했는지 모르겠어.

② 대동사 : 앞에 나온 동사의 반복을 피하기 위하여 쓰인다.

A : Did you watch it on TV? 그것을 TV에서 봤니?

B : No, but my mom *did*.
난 못 봤지만 엄마는 보셨어.(= ~, but my mom watched it.)

2. 법(法) 조동사의 의미

법(法) 조동사에서 법이란 '인간의 마음 상태를 표현하는 방법(方法)'이란 뜻으로 법 조동사는 각각 다른 뜻을 지니고 있기 때문에 동시에 2개를 겹쳐서 사용할 수 없다. 그 이유는 2개가 겹치게 되면 인간의 양면성(兩面性)을 나타내기 때문이다.

a. I wish that you would come.
(너는 원치 않지만) 네가 와 줬으면 하고 나는 바래.

b. I wish that you could come.
(뭔일이 있어서 못 오겠지만) 네가 와 줄 수 있기를 바래.

1) 'Will / Would'의 의미

① 미래에 대한 강한 의도(strong intention)를 나타낼 때

I will stop smoking for my health.
난 건강을 위해 담배를 반드시 끊을 거야.(= I'm going to stop smoking ~)

② 보통 확실치 않은 미래(단순미래)의 동작이나 상태 등을 나타낸다.

A : What are you going to do tomorrow? 내일 뭐할 거야?

B : I'm not sure. Perhaps I'*ll* go to the movies.
확실히 모르지만 아마도 영화 구경갈 거야.

③ 상대방의 제의에 즉석 응답을 하거나 순간적인 결정(a sudden decision)을 할 때

A : Come to a party. 파티에 오세요.

B : OK. I *will* bring my girlfriend. 좋아요. 여자 친구도 함께 갈게요.

cf. OK. I'm going to bring my girlfriend. (x)

➔ 'be going to'를 사용하면 초대받기 전에 나의 여자 친구를 데려오기로 결정했다는 의미가 되므로 옳지 않다.

④ 현재의 습성 · 경향 · 특성 등을 나타낼 때

a. Boys will be boys. (흙장난을하거나 싸우는 아이들을 보면서) 애들은 애들이야.

b. He'll talk for hours, if you let him. 그는 내버려두면 몇 시간이라도 지껄인다.

⑤ 'would'는 '~하곤 했다'는 뜻으로 과거의 불규칙적인 행위를, 'used to'는 과거의 규칙적인 습관, '전에는 ~이었다'는 뜻의 상태 및 상황에도 쓰인다.

a. When I was young, I would get up early and go jogging.
젊었을 때 일찍 일어나서 조깅을 하곤 했다.

b. I used to smoke, but I don't now. 예전엔 담배를 피웠지만 지금은 안 피워.

c. I used to be fat, but now I am not. 전에는 뚱뚱했지만 지금은 그렇지 않다.

⑥ '약속 · 거절 · 고집' 등을 나타낸다.

a. I won't tell anyone. 누구에게도 말을 안 하겠어.

b. I won't do it. 그것은 못 하겠어요.

cf. He wouldn't take any money. 그는 돈을 받으려 하지 않았다.

➔ 〈과거의 고집〉

2) 'Must/Have to'의 의미

① 외적 의무(external obligation), 즉 어떠한 법이나 규칙 때문에 또는 다른 사람으로부터 오는 명령을 나타낼 때 쓰인다.

a. You must/have to wear a tie if you go to that nightclub.
그 나이트클럽에 가려면 넥타이를 매야 돼.

➔ 그 나이트클럽에서는 넥타이를 매는 것이 규칙이므로.

b. I've got to pay the phone bill this week.
이번 주에 전화요금을 내야만 해.

➔ 'have got to'는 구어체에서 종종 'have to' 대신에 쓰인다.

cf. I'm sorry but I have to study for the exams this evening.
죄송하지만 오늘 저녁엔 시험 공부를 해야만 해요.

➔ 예의를 갖추고 핑계를 대고 싶을 때

② 'must, have to, mustn't'는 화자(話者)가 옳고 그름을 인식하고 있다는 것을 보여준다.

a. I must give up smoking. It's bad for my health.
내 건강에 좋지 않으므로 담배를 끊어야만 해.

b. I mustn't drink so much, because it is bad for me.
술이 몸에 좋지 않기 때문에 이렇게 많이 마시지 말아야겠어.

③ 'must, have to'의 부정
'~하면 (절대) 안 된다'라는 뜻의 강한 금지를 나타낼 때는 'must not'을 쓰고, 의무감(obligation)이 없다는 뜻으로 '~할 필요가 없다'라고 할 때 일반적으로 'don't have to'가 쓰이고 'haven't got to/don't need to/needn't' 도 쓰인다.

eg. You don't have to/don't need to/needn't dress formally.
정장할 필요가 없어.

formally [fɔ́ːrməli] 정식으로

3) 'Should'의 의미

① 의무 · 당연성 등을 나타낼 때 ~해야 한다

You should not drink and drive. 음주 운전을 해서는 안 돼.

② 앞으로 일어날 일을 합리적으로 예측하는 경우

According to this map, this should be our way.
이 지도에 의하면 이 길이 우리가 가야 할 길이 틀림없어.

4) 조동사 + 완료: 과거 사실에 대한 추측 · 후회 · 유감 · 원망의 뜻을 지닌다.

① 'must + 완료'는 확실한 추측을 나타낸다.

Nobody answered the phone. They must have gone out.
아무도 전화를 안 받아. 그들 모두 외출했음이 틀림없어.

② 'could + 완료'는 과거의 가능성을 나타내는 반면, 'couldn't + 완료'는 'must +완료'의 뜻과는 반대로 거의 확실한 부정을 나타낸다.

a. I could have lent you the money. Why didn't you ask me?
돈을 너에게 빌려줄 수 있었는데 왜 부탁을 하지 않았니?

➔ 부탁을 했더라면 빌려주었을 텐데 부탁을 하지 않아서 빌려주지 않았다는 뜻.

b. You could have told me.
나에게 말해 줄 수 있었는데.

➔ 말해 줄 수도 있었는데 말해 주지 않은 것에 대한 짜증 또는 실망감을 나타내는 느낌을 준다.

③ 'may/might + 완료'는 반반의 가능성에서 긍정 쪽으로 기우는 반면에 'might not + 완료'는 반반의 가능성에서 부정 쪽으로 기우는 느낌을 준다.

a. He may/might have heard it from Jack.
아마도 그는 잭으로부터 그것을 들었을 거야. (= Perhaps he heard it from Jack.)

b. Ann might not have seen Tom yesterday.
아마도 앤은 톰을 어제 못 봤을지도 몰라.

④ 'should/ought to + 완료'는 과거 행동에 대한 후회 또는 유감을 나타냄.

a. I shouldn't have stayed up so late last night.
어젯밤에 그렇게 늦게까지 자지 않고 있지 말아야 했는데.

➔ 하지만 어젯밤에 늦게까지 잠을 자지 않고 있었던 것에 대해 후회를 나타냄.

b. You should have been more careful.
너는 좀더 신중했어야 했는데.

➔ 좀더 신중하지 못했던 것에 대해 원망 또는 비난하는 느낌

c. It was a great party last night. You should have come. Why didn't you?
어제 저녁에 멋진 파티가 있었어. 네가 왔어야 했는데. 왜 안 왔니?

➔ '네가 왔더라면 좋았을 텐데' 하는 말로 오지 않은 것에 대해 서운함을 나타냄.

LESSON 14

직업 Jobs

01	직업이 뭐죠?	What do you do (for a living)?
02	어느 과에 근무합니까?	Which department do you work in?
03	그는 판매 부장으로 근무해요.	He works as sales manager.
04	아르바이트합니다.	I work part-time.
05	몇 층에서 근무합니까?	What floor do you work on?
06	내 일에 자부심을 갖고 있어요.	I take pride in my work.
07	그 일에 어떤 사람이 필요한 거죠?	What kind of person does that job take?
08	승진을 축하해.	Congratulations on your promotion!
09	그는 판촉 담당이야.	He's responsible for sales promotion.
10	야근할 수 있어요?	Can you work nights?
11	그는 해고됐어.	He got the ax.
12	실직했어요.	I lost my job.
13	그가 그 일에 적임자야.	He's the right person for that job.
14	드디어 웨이터 일자리를 구했어.	Eventually I got a job as a waiter.
15	직장을 그만 둘 거야.	I'm going to quit my job.
16	참고 버텨 봐.	Try to stick it out.

L·E·S·S·O·N **14**

직업 Jobs

What kind of job do you want to have?

- **Job** 일반적으로 직업이란 말로 쓰임

  What kind of **job** do you want to do when you grow up?
  성인이 되었을 때 어떤 일을 하고 싶어요?

➔ full-time job 전일 근무하는 직장
part-time job 시간제로 일하는 직장
permanent [pə́ːrmənənt] **job** 평생 직장
temporary [témpərèri] **job** 임시 직장

- **Profession** [prəféʃən] 특별 교육을 받고 시험을 거쳐서 갖게 되는 직업으로 의사 · 변호사 · 교사 등

  Medicine has always been a very male-dominated **profession.**
  의학은 언제나 매우 남성 지배적인 전문직이었다.

medicine [médəsən] 약, 의학
male [meil] 남성의
dominate [dámənèit] 지배하다

- **Occupation** [àkjəpéiʃən] 일반적으로 전시간(full-time)을 근무하는 직업

- **Trade** [treid] 손으로 숙련 기술을 사용하는 직업; 집을 짓는 사람 · 가구 만드는 사람 · 자동차 수리공

  They had worked in a skilled **trade** such as carpentry.
  그들은 목공 같은 숙련된 기술을 요하는 일을 해 왔다.

carpentry [káːrpəntri] 목수일

- **Vocation** [voukéiʃən] 하고 싶은 간절한 마음 때문에 하는 직업(특히 남을 도와주기 위하여)으로 간호사(a nurse) · 성직자(a priest) · 교사(a teacher)

  Nursing is hard work and often low paid, but for many people it is a **vocation.**
  간호는 저임금의 힘든 일이지만 많은 사람들이 원하는 직업이다.

- **Business** [bíznis] 골동품(antiques) · 중고차 사업 등과 같은 물건을 사고 파는 직업

  In our **business** the first rule is that the customer is always right.
  우리 상점에서는 '손님이 왕이다' 하는 것이 첫 번째 신조이다.

- **Career** [kəríər] 지금 하고 있거나 평생 직업으로 갖고 싶은 직업

  Like his father, Sammy chose a **career** in the army.
  자기 아버지처럼 새미는 직업군인이 되고 싶어한다.

01 직업이 뭐죠? What do you do (for a living)?

'What do you do (for a living)?'는 '생계를 위해서 무엇을 합니까?'라는 뜻으로 상대방의 직업을 물어 볼 때 흔히 쓰이는 표현이다. 이 외에 'What is your job/occupation [àkjəpéiʃən]?' 또는 'What kind of work do you do?'와 같은 표현이 흔히 쓰인다.

A : **What's your job?** 직업이 뭐죠?

B : I work in a fast-food restaurant. What about you?
간이 음식점에서 일해요. 당신은요?

A : I'm my own boss. 나 자신이 사장입니다. 즉, 자영업을 합니다.

work in/for ~에 근무하다

boss 주인, 경영주

S : What does your father do for a living?
아버지의 직업이 무엇이죠?

M: He's self-employed. He owns a small clothing shop.
자영업을 하십니다. 조그만 옷가게를 가지고 계십니다.

living 생계 · 생활의 수단 (livelihood[láivlihùd])

self-employed[sélfimplɔ́id] 자기 경영의

- She's a career woman.
그녀는 직장 여성이다.

- We're a two-paycheck couple.
우리는 맞벌이 부부입니다. (= We're a two-income couple.)

- She has a good job in a bank.
그녀는 은행에서 좋은 일자리를 갖고 있다.

- He's got a safe job in the Civil Service.
그는 공무원으로 안전한 직장을 갖고 있다.

- She's a bilingual secretary.
그녀는 두 나랏말을 자유로이 하는 비서이다.

- If the parents are both working, the children may have to spend a lot of time on their own.
부모가 맞벌이를 하면 아이들은 많은 시간을 혼자서 보내야만 할지도 모른다.

bilingual[bailíŋgwəl] 2개 국어를 하는

secretary[sékrətèri] 비서

on one's own 혼자(alone), 자력으로(without anyone's help)

02 어느 과에 근무합니까? Which department do you work in?

'과 또는 부서'라는 우리말을 영어로는 'department[dipɑ́:rtmənt]' 또는 'division[divíʒən]'으로 쓰지만 'division'은 'department'보다 윗단계이다. 사무 직원은 'clerical staff[klérikəl stæf]', 각 부서의 책임자를 'manager[mǽnidʒər]', 상무나 전무급은 'managing director'라고 한다.

A : Which department do you work in? 어느 과에 근무하죠?

B : Personnel. How about you? 인사과에 근무합니다. 당신은요?

A : Accounting. 경리과에 근무합니다.

personnel[pə̀:rsənél] 형 인사의 명 인사과

accounting[əkáuntiŋ] 회계, 경리

- I'm in the sales department. 영업부에 있습니다.

- I'm in charge of the personnel department. 난 인사부 담당이야.

- Our department deals with exports. 우리 부서는 수출품을 취급한다.

- She became head of the advertising department.
그녀는 광고 부장이 되었다.

be in charge of ~을 담당하다, ~을 맡고 있다

deal with 다루다

export[ékspɔ:rt] 수출, (pl.) 수출품

advertising[ǽdvərtàiziŋ] 광고의

관련 표현

- export department 수출부
- foreign exchange department 외환부
- sales department 판매부
- advertising department 광고부
- public relation department 대외 홍보 업무 담당 부서

03 **그는 판매 부장으로 근무해요.** **He works as sales manager.**

'~에 근무하다' 라고 할 때는 'work for/with' 라고 하며, '~로서 근무하다' 와 같이 신분 또는 자격을 나타낼 때는 'work as + 사람' 으로 쓰인다. 학교에 간다고 말할 때 학생은 'I go to Sun Junior High School.' 이라고 말할 수 있지만 선생님은 직업으로 학교에 근무하는 것이므로 'I work for Sun Junior High school.' 이라고 해야만 한다.

A : Do you know anybody that works for this company?
이 회사에 근무하는 아는 사람 있어요?

B : Yes, I do. **One of my friends works as sales manager.**
네, 알아요. 한 친구가 판매 부장으로 근무하고 있어요.

secretary [sékrətèri] 비서

- He works for the BBC and his wife works as a secretary in a bank.
그는 BBC방송국에 근무하고 그의 부인은 은행에 비서로 근무한다.

consultant [kənsʌ́ltənt] 상담역

- She works as a management consultant for a design company.
그녀는 디자인 회사에 경영 컨설턴트로 근무한다.

overseas [óuvərsí:z] 해외로 / 에(서)

- I'd like to work for a company that will send me overseas.
해외로 파견 근무할 수 있는 회사에서 근무하고 싶어.

04 **아르바이트합니다.** **I work part-time.**

'아르바이트(arbeit)하다' 는 영어가 아니라 독일어이므로 영어로 말하려면 'work part-time' 이라고 하면 된다. 아르바이트 학생을 'a part-time student', 아르바이트하는 사람을 'a part-timer', 아르바이트 일자리를 'a part-time job' 이라고 한다. 또한 반나절 근무하는 것은 'work half-time' 이라고 한다.

- He got a part-time job as a waiter. 그는 시간제 웨이터 자리를 구했다.
- Do you work full-time or part-time?
전일 근무제로 근무하는 거야 아니면 아르바이트하는 거야?

- He works part-time in a fast-food restaurant.
  그는 간이 음식점에서 아르바이트한다.
- He got a part-time job washing dishes.
  그는 접시 닦기 아르바이트를 했다.
- We have a few part-timers who work mornings.
  아침마다 아르바이트로 일하는 사람이 몇 명 있다.
- I've been working a part time to make some pocket money.
  용돈 좀 벌려고 아르바이트하고 있어.

pocket money 용돈
make money 돈 벌다

- I could never do an ordinary nine-to-five job.
  나는 매일 규칙적으로 출퇴근하는 정상적인 직장 생활은 결코 할 수 없어.

ordinary[ɔ́:rdənèri] 통상적인, 보통의

05

몇 층에서 근무합니까? What floor do you work on?

'floor[flɔ:r]'는 건물 내의 평면을 뜻하므로 "몇 층에서 근무합니까?" 또는 "7층에 살아요."라고 할 때 '~의 표면에, ~ 위에'의 뜻을 나타내는 전치사 'on'이 쓰인다.

A : **What floor do you work on?** 몇 층에서 근무합니까?
B : (On) The third (floor). 3층에서 근무합니다.

- My office is on the third floor. 내 사무실은 3층에 있다.
- This elevator stops at every floor. 이 엘리베이터는 각 층에서 섭니다.

cf. She lives *in a two story/storied house.* 그녀는 2층 집에 산다.

a house of one story 단층집

어법연구

on the chair/in the chair

She is sitting on the chair / in the chair.

'on'은 표면(평면)을 나타내고, 'in'은 공간을 나타내므로 전치사의 목적어가 어떤 형태인가에 따라 'on'이 쓰일 수 있고 'in'이 쓰일 수도 있다. 따라서 팔걸이가 없는 보통 의자는 'on the chair'이고 팔걸이가 있는 안락 의자는 'in the chair'라고 해야 한다. 상사가 'Bring me a chair to sit in.'이라고 말하면 팔걸이가 있는 안락의자를 가져오라는 뜻이 된다.

eg. Tim and Mary are sitting on the grass / in the grass.

위 문장에서 'on the grass'라고 한 것은 풀이 짧음을 암시하고, 'in the grass'는 풀이 길게 자란 상태를 보여 준다.

06 **내 일에 자부심을 갖고 있어요.** **I take pride in my work.**

'~에 긍지를 갖다 또는 만족하다'라고 할 때 'take pride[praid] in'이라고 하며 'be proud[praud] of / pride oneself on'도 같은 뜻으로 쓰인다.

ambitious[æmbíʃəs] 대망을 품은

call ~을 …이라고 생각하다 (consider)

ambition[æmbíʃən] 대망, 야심

A : I always thought you were more ambitious.
난 당신이 좀더 야심에 찬 사람이라고 늘 생각했어요.

B : Not really. **I take pride in my work.** Whatever I do, I like to do well, but I wouldn't call that ambition.
정말 그렇지 않아요. 난 내 일에 자부심을 갖고 있어요. 무슨 일을 하건 잘하고 싶지만 그것을 야망이라고 생각하고 싶진 않아요.

07 **그 일에 어떤 사람이 필요한 거죠?** **What kind of person does that job take?**

'~를 고객 · 환자 등으로 받아들이다, 채용하다, (아내를) 얻다, 맞아들이다'라고 할때 'take'가 'accept[æksépt]'의 뜻으로 쓰인다.

easygoing[í:zigóuiŋ] 원만한 (even-tempered), 도량이 넓은 (tolerant[tálərənt])

personality[pə̀:rsənǽləti] 성격

experience[ikspíəriəns] 경험, 경력

A : **What kind of person does that job take?**
그 일을 하는 데 어떤 사람이 필요한 거죠?

B : Someone who has a more easygoing personality.
성격이 좀더 원만한 사람이어야죠. (= with a more easygoing personality)

- We need someone with experience.
  우리는 경력 있는 사람을 필요로 합니다.
- The school doesn't take girls.
  그 학교는 여학생을 받아들이지 않는다.(즉 남학교이다.)
- It would take a very strong man to lift that weight.
  그 무게를 들어올리려면 매우 힘센 남자가 필요할 텐데.

관계대명사

'We're looking for people.'이라고 하면 '찾고 있는 사람의 범위'가 너무 막연하다. 그러나 'We're looking for people who has lots of experience in marketing.'이라고 하면 '마케팅에 경험이 많은 사람을 찾고 있다'는 뜻이 되므로 찾고 있는 사람의 범위가 한정된다. 이와 같이 선행사의 범위를 한정해 주거나 새로운 정보를 제공해 주려고 할 때 쓰이는 것이 관계대명사이다. 관계대명사 대신에 'people with lots of experience in marketing'과 같이 전치사를 사용한 형용사

구를 사용할 수 있다.

a. I think that anyone that has a job which he enjoys is very lucky.
누구든 자신이 즐기는 직업을 갖고 있는 사람은 매우 행운아라고 생각한다.

b. Anyone that has excellent command of English is OK.
영어를 자유로이 구사할 수 있는 사람이면 누구나 좋다.

c. He's a man who is familiar with most kinds of computers.
그는 대부분의 컴퓨터에 능숙한 사람이다.

d. We want people who are extremely well qualified for the job.
우리는 그 일에 매우 적합한 사람을 원합니다.

e. Anyone who is qualified for overseas travel can apply for this job.
해외 여행에 자격이 있는 사람이면 누구나 이 직종에 지원할 수 있습니다.

f. This job takes someone that is good at languages.
이 일에는 언어에 재능이 있는 사람이 필요하다.

have (a) command of 자유로이 구사하다

familiar[fəmíljər] **with** ~에 능숙한

extremely[ikstríːmli] 몹시, 아주

be qualified[kwάləfàid] **for** ~에 적임자다(be appropriate [əpróupriət] for)

good at ~에 능숙한

language[lǽŋgwidʒ] 언어

08

승진을 축하해. Congratulations on your promotion!

축하해 줄 일 중의 하나가 상대방의 승진 소식이다. 'promote[prəmóut]'는 '승진시키다'라는 타동사이므로 '~으로 승진하다'라고 할 때 수동으로 쓰여서 'be promoted to'라고 한다.

A : Congratulations on your promotion! 승진을 축하해!

B : Thanks. 고마워.

A : I'll bet you got a thousand-dollar a month raise.
내 추측에 자네 월급이 천 달러 정도는 올랐겠군.

➔ 〈P. 64 참조〉

raise[reiz] 증가, 승급
➔ 'I'll bet ~'는 정확한 사실을 알고 말하는 것이 아니라 '~일 것임에 틀림없다'라는 추측을 나타낼 때 쓰이는 표현이다.

S : If I'm not promoted this year I'm going to change jobs.
금년에 승진하지 못하면 직장을 바꿔야겠어.

M: Do you really mean it?
정말 그만둘 작정이야/진담이야?

➔ 〈P. 414 참조〉

- I was promoted to sales manager.
판매 부장으로 승진했어.

- He's been promoted twice since joining the company 5 years ago.
5년 전에 회사에 입사한 이래 그는 두 번이나 승진했다.

join[dʒɔin] ~에 들다; 입사/입대하다

- I want a job with good promotion prospects.
승진 가망성이 높은 일자리를 원해.

prospect[prάspekt] 전망, 가망

09 그는 판촉 담당이야. He's responsible for sales promotion.

'~을 담당하다, 책임지다, ~을 맡고 있다' 라고 할 때 'be responsible[rispάnsəbəl] for / take care of / be in charge[tʃɑːrdʒ] of / be charged with' 등이 쓰인다.

in charge of ~을 담당하는
responsible[rispάnsəbəl] 책임이 있는
promotion[prəmóuʃən] 승진, 촉진, 증진
project[prədʒékt] 계획; (특정 목적을 위한) 계획 사업

A : **What's your brother in charge of?** 네 형은 무엇을 담당하고 있어?

B : He's responsible for sales promotion. 판촉 담당이야.

S : **I think you can take care of this project, can't you?**
저는 당신이 이 계획 사업을 맡아 주실 수 있다고 생각합니다, 그렇지 않습니까?

M: I love this kind of job.
저는 이런 일을 좋아합니다.

- He was left in charge of the store while the manager was away.
  지배인이 출타 중인 동안에 상점은 그에게 맡겨졌다.
- I'd like to speak to the person in charge.
  담당자(the person in control)와 이야기하고 싶습니다.
- She took charge of the family business when her father died.
  그녀는 아버지가 돌아가셨을 때 가업을 떠맡았다.

charge[tʃɑːrdʒ] 요금; 관리, 담당

cf. No *charge* is made for the service.
서비스료는 받지 않습니다.

These patients are *under the charge of* Dr. Williams.
이 환자들은 윌리엄스 박사가 돌보고 있다.

10 야근할 수 있어요? Can you work nights?

'야근하다'는 'work nights'라고 하며, '주간(晝間)에 근무하다'라고 할 때는 'work days'라고 한다. 'nights'와 'days'는 부사로 각각 '밤에, 낮에'의 뜻이다.

require[rikwáiər] 필요하다, 요구하다
follow[fάlou] (방침 · 계획 등에) 따르다
policy[pάləsi] 정책, 방침

A : If required, **can you work nights?**
필요하다면 야간 근무도 할 수 있습니까?

B : Yes, sir. I'll follow the company's policy.
네, 회사 방침에 따르겠습니다.

- I work days and he works nights.
  나는 주간 근무를 하고 그는 야근을 한다.

antisocial[æ̀ntisóuʃəl] 반사회적인, 비사교적인

- I'd hate to work nights – it's so antisocial.
  너무 반사회적이라 나는 야근을 싫어해.

11 그는 해고됐어. He got the ax.

직장에서 큰 잘못을 하거나 무능력하다고 판단되어질 때, 해고를 당하게(be fired) 된다. 이럴 때 'get the ax[æks]' 또는 'be axed / be dismissed'라는 표현이 쓰인다. 'dismiss [dismís]'는 '(공식적인 또는 법적인 용어로) 해고되다(let sb go)', 'lay off'는 '일거리가 많지 않을 때 일시적으로 해고하다', 'fire'는 '무능하거나 상사 마음에 들지 않아서 해고하다'라는 뜻이다.

A : The boss is going to have to let several workers go.
사장은 종업원을 몇 명 해고해야 될 거야.

B : Yeah, it must really weigh heavily on his mind these days.
그래, 요즘 그것이 사장에게 큰 부담이 되고 있을 거야.

let sb go 해고하다(dismiss)

weigh on one's mind ~에게 부담을 주다

- Get out! You're fired.
  꺼져 버려! 넌 해고야!
- The factory closed down and he was dismissed from his job.
  공장이 문을 닫게 되어 그는 일자리를 잃게 되었다.
- Jack was laid off by the company.
  잭이 회사에서 해고를 당했어.

close down 폐쇄하다

be laid off 실직하다(lose one's job)

12 실직했어요. I lost my job.

'lose one's job'은 '실직하다(be dismissed, be laid[leid] off)'라는 뜻이고, 'out of work, unemployed[ʌ̀nimplɔ́id]'는 '일자리가 없는, 즉 실직된 상태'를 뜻한다.

A : How long have you been out of work?
실직한 지가 얼마나 되었습니까?

B : Since the beginning of the year. 연초부터 되었습니다.

- It's too bad he lost his job.
  그가 실직해서 너무 안됐어.
- I worked for a trading company, but I'm out of work.
  무역 회사에 근무했는데 지금은 실업자입니다. (= I'm out of a job. I used to work for a trading company.)

work in/for ~에 근무하다
➔ 과거 시제 'worked' 대신에 'used to work' 처럼 써도 같은 의미가 된다.

13 그가 그 일에 적임자야. He's the right person for that job.

'~에 적임의, 적합한(most suitable, best for a particular purpose)' 이라고 할 때 'right for' 라고 하며, 반대로 '~에 적임이 아닌, 부적합한' 이라고 할 때 'wrong for' 가 쓰인다.

A : I think he's the right person for that job.
그가 그 일에 적임자라고 난 생각해. (= I think he's just the man for that job.)

B : So do I. 나도 그렇게 생각해.

- She's the wrong person for that job!
  그녀는 그 일에 적임이 아니야. (= She's not cut out for that job!)
- This is the wrong time to make a visit.
  지금은 방문하기에 적합한 시간이 아니야.
- I'm sure we're right for each other.
  우리는 서로에게 꼭 필요한 사람이란 것을 난 확신해.
- She's a very nice girl, but I don't think she's right for my brother.
  그녀는 매우 좋은 여자이지만 내 동생에게 적합하지 않다고 생각해.

14 드디어 웨이터 일자리를 구했어. Eventually I got a job as a waiter.

eventually [ivéntʃuəli] 결국(finally), 드디어(in the end), 마침내(at last)

'일자리(a job)를 찾다' 라고 할 때 동사 'find / look for / hunt' 등이 쓰인다. '웨이터로서 일자리를 얻다' 라는 말을 'get a job as a waiter' 라고 하며, '주어진 일자리를 받아들이다' 라고 할 땐 'take a job' 이라고 한다. 또한 '일자리를 알아보다' 는 'apply for a job / try to get a job', 이라 하고, '~에게 일자리를 주다' 는 'offer sb a job' 이라 한다.

graduation [grӕdʒuéiʃən] 졸업
hunt 사냥하다, 구하다
line up 줄 서다, 확보하다

A : After graduation I've hunted a job.
졸업 후에 일자리를 찾고 있어.

B : Job hunting? I thought you had already lined up a job.
직장을 구한다고? 난 네가 이미 직장을 구한 줄 알았어.

look out for ~을 찾아다니다
have no luck 운이 없다

- He tried hard to look out for a job but he had no luck.
  새로운 일자리를 찾으려고 열심히 애를 써봤지만 운이 따르질 않았다.
- I didn't realize you were looking for a new job.
  네가 새 직장을 구하고 있는지 난 몰랐어.

come along 나타나다
opportunity [àpərtjú:nəti] 기회

- Take any job opportunity that comes along.
  어떤 일자리고 기회가 생기면 잡아라.

available [əvéiləbəl] 구할 수 있는

- Is there a position available at your restaurant?
  자네 식당에 일할 자리 있어?

15 직장을 그만둘 거야. I'm going to quit my job.

'직장을 그만두다'라고 할 때 'leave / quit[kwit] a job'이라고 하며, '공식으로 직(a job) · 직위(a position[pəzíʃən]) 등을 사임하다'는 'resign[rizáin]', '노령 · 정년 등으로 퇴직하다'는 'retire[ritáiər]'라고 한다.

- I'm going to quit my job because it's getting too stressful.
  내가 하는 일이 너무나 스트레스를 많이 받는 것이라 직장을 그만둘 거야.

quit[kwit] 그만두다(stop)
stressful 스트레스를 많이 받는

- I left my last job because I couldn't get along with my boss.
  사장과 사이 좋지 않아서 지난번 직장을 그만두었어.

get along with ~와 사이 좋게 지내다

- If you think you've too much work to do here, you're free to resign your position.
  이곳에 할 일이 너무 많다고 생각하면 자리를 사임하는 것은 당신 마음이야.

free to 마음대로 하는
resign[rizáin] 사임하다

- If you retire at 50, you won't get your full pension.
  50세에 퇴직하면 연금 전액을 받지 못할 거야.

pension[pénʃən] 연금

16 참고 버텨 봐. Try to stick it out.

'stick sth out'은 '어려움 속에서 지속하다, 버티다(refuse[rifjú:z] to yield[ji:ld])'는 뜻의 구어 표현이다. 이와 비슷한 뜻으로 'hang on'이 있다.

S : I don't know if I can take this job any longer.
더 이상 이 직장에 있을지 모르겠어.

M: Well, jobs are scarce, **so you'd better stick it out until something better comes along.**
글쎄, 일자리가 흔치 않아서 더 나은 직장이 나올 때까지 눌러 있는 게 좋겠어.

scarce[skɛərs] 부족한, 드문
come along (예상치 않은 때에) 나타나다(appear[əpíər])

- I know you're tired, but try to hang on a bit longer.
  네가 피곤하다는 것을 알지만 좀더 버티도록 노력해 봐.

- They stick it out for their kids.
  그들은 자식들 때문에 결혼 생활을 힘겹게 버텨 가고 있다.

it = marriage

LESSON 15

일상생활　Daily Life

01	앉으세요.	Sit down, please.
02	화장실이 어디죠?	Where can I wash my hands?
03	커피나 마시면서 쉽시다.	Let's relax over coffee.
04	아침에 일어나서 무엇을 하지요?	What do you do after getting up?
05	여가를 어떻게 보내죠?	How do you spend your leisure (time)?
06	주말엔 친구를 찾아가지요.	I drop in on friends on the weekend.
07	퇴근 후에 일찍 귀가하세요.	Be sure to come home early after work.
08	같이 가겠어?	Want to come along?
09	특별한 일 없어.	Nothing special.
10	무엇을 찾고 있어요?	What are you looking for?
11	방 청소 좀 해라.	Clean up this room.
12	뜨거운 물로 목욕 좀 해.	Take a hot bath.
13	필름을 현상하고 싶은데요.	I'd like to have this film developed.
14	잠깐 기다려!	Hold it, please.
15	디즈니랜드에 가본 적이 있어요?	Have you ever been to Disneyland?
16	담배를 피운 지 얼마나 됐습니까?	How long have you smoked?
17	스페인으로 가 버렸어.	He has gone to Spain.
18	여긴 웬일이야?	What brings you here?
19	무슨 일이에요?	What's the deal?
20	무슨 걱정거리가 있어요?	What's on your mind?
21	세상일이 다 그런 거죠, 뭐.	That's always the way.
22	생활 신조에서 벗어나는 거야.	It's against my principles.
23	왜?	How come?
24	무엇 때문에?	What for?
25	뭐 하는 데 쓰이는 겁니까?	What's this thing (used) for?
26	이 자리 임자 있어요?	Is this seat taken?
27	급한 일이 예기치 않게 생겼어요.	Something urgent has come up.
28	이 달 집세가 밀렸어요.	I'm behind with the rent this month.
29	모든 일이 잘될 거야.	Everything will work out.
30	그런 얘기는 꺼내지 마.	Don't bring up that topic.
31	기분 전환할 겸.	For a change.
32	나오면서 확인했어.	I checked it on my way out.

L·E·S·S·O·N 15

일상생활 Daily Life

01

앉으세요. Sit down, please.

'앉으세요'라고 할 때 가장 쉬운 표현이 'Sit down, please.'이다. '좌석'이라는 명사 'seat'를 사용하여 'Have a seat, please. / Take a seat, please.'라고 하거나 'seat[si:t]'를 동사로 하여 'Seat yourself, please.'라고도 하며 이것을 수동으로 하여 'Please be seated. / Won't you be seated?'와 같이 흔히 쓰인다.

so (that) ~ can ~하기 위하여

- **Please be seated** so we can begin the meeting.
  회의가 시작될 수 있도록 착석해 주십시오.

- **Please keep your seats!**
  일어서지 마시고 그냥 앉아 있어요.

➔ 'be in the driver's seat(운전석에 있다)'라는 말은 자동차 안에선 운전하는 사람이 왕이기 때문에 '지휘 통솔하다(control)', 즉 '책임자의 위치에 있다'라는 뜻이고, 'a back-seat driver'는 운전하는 사람이 왕인데 뒷좌석에 앉아서 '좌회전, 우회전, 깜박이 넣고' 등 운전을 지시하기 때문에 '지위가 낮으면서 지배하는 사람, 참견 잘하는 사람'이란 뜻이다.

cf. His dad is *in the driver's seat.*
그의 아빠는 지금 권좌(權座)에 있다.

He is a *back-seat driver.*
그는 주제넘게 나서기를 좋아한다.

02

화장실이 어디죠? Where can I wash my hands?

'Where can I wash my hands?'는 '화장실이 어디죠?'라는 말이고, 'I'll just go and freshen up before the interview.'는 '인터뷰하기 전에 손도 좀 씻고 머리 좀 매만지러 간다.'는 뜻이다. 'freshen up[fréʃən ʌp]'은 '여행후 또는 모임에 앞서 손을 씻거나 단정하게 보이려고 얼굴 등을 매만지다'라는 뜻이다.
'화장실'이라고 할 때 영국 영어에서는 'toilet[tɔ́ilit]'이 일반적으로 쓰이며 'lavatory[lǽvətɔ̀:ri] / WC'도 또한 쓰인다. 'public convenience[pʌ́blik kənví:njəns]'는 '공중 화장실'을 말하며 '남자 화장실'은 'the gents[dʒents]', '여자 화장실'은 'the ladies'라고 불리며 속어로 'loo[lu:]'라고도 한다. 미국 영어에서는 'bathroom / restroom / washroom'이라고 흔히 말하고, '남자 화장실'은 'men's room', '여자 화장실'은 'women's room'이라고 하며 속어로 'john'이라고도 한다.

go freshen up = go to the ladies'room.

- Oh, could you excuse us a minute while we **go freshen up**?
  아, 실례합니다. 잠깐 화장실 좀 다녀오겠어요.

hurry[hə́:ri] into 서둘러 들어가다 ↔ hurry out 서둘러 나가다

- He hurried into the bathroom to **freshen up** before the meeting.
  그는 모임에 앞서 손도 씻고 머리를 매만지러 급히 화장실로 갔다.

03

커피나 마시면서 쉽시다. Let's relax over coffee.

relax[rilǽks] (정신적 긴장을 풀고) 편안하게 쉬다
chat[tʃæt] 잡담하다

'~을 하면서, ~을 마시면서, ~을 먹으면서(while doing, having or eating sth)'라고 할 때 'over'가 쓰인다. 예를 들어 '커피나 한 잔 하면서 얘기하지요.'는 영어로 'Let's chat over a cup of coffee.'라고 할 수 있다.

A : **Let's discuss the plan over a cup of coffee.**
커피나 한 잔 하면서 그 계획에 대하여 얘기합시다.

B : O.K. Why don't we stop in this coffee shop?
좋아요. 이 커피 숍에 잠깐 들르지요.

discuss[diskʌ́s] 논의하다
➔ '~에 관해서 이야기하다'라는 우리말 때문에 'discuss about'로 착각하기 쉽지만 전치사 없이 목적어를 갖는다는 점에 주의해야 한다.
stop in 잠깐 들르다

- They held a meeting **over dinner.** 그들은 저녁을 먹으면서 회의를 했다.
- We chewed the fat **over a drink.** 술 한잔하면서 여러 가지 이야기를 했다.
- She was waiting for him **over a cup of coffee.**
  그녀는 커피를 마시면서 그를 기다리고 있었다.
- Why don't we sit down and **talk it over?**
  앉아서 그것에 대해 이야기나 합시다.

chew[tʃuː] **the fat** 잡담하다

talk over ~에 대해 이야기 / 논의하다

04

아침에 일어나서 무엇을 하지요? What do you do after getting up?

A : **What do you usually do after you get up?**
아침에 일어나서 보통 무엇을 하지요?

B : I usually go swimming before going to work.
출근하기 전에 보통 수영을 하러 갑니다.

- I **brush my teeth, wash my face and hair.**
  이를 닦고 세수하고 머리를 감아.
- I **take off my pajamas** and **put on my uniform.** And I have breakfast.
  잠옷을 벗고 제복을 입어. 그리고 아침을 먹지.
- She's **wearing a T-shirt** and he **has a jacket on.**
  그녀는 T셔츠를 입고 있고, 그는 재킷을 입고 있다.

take off (몸에서 옷 · 보석 · 모자 · 시계, 안경을) 벗다
↔ **put on** 입다, 끼다
cf. **take out** (콘택즈 렌즈 · 보청기 등을) 꺼내다, 빼다 ↔ **put in**
➔ 'take off, put on'은 벗고 입는 동작을, 'wear'와 부사 'on'은 입고 있는 상태를 나타낸다.

05

여가를 어떻게 보내죠? How do you spend your leisure (time)?

일이나 공부를 하지 않는 시간을 '여가'라고 하며 영어로 'leisure[líːʒər]' 또는 'free time / spare time'이라고 한다.

spare[spɛər] 명 여분; 예비 부품 동 절약하다; 나누어 주다; 용서해 주다

A : **How do you spend your leisure (time)?**
여가를 어떻게 보내죠?

B : I spend my spare time gardening.
정원을 손질하며 여가를 보내죠.

plenty of 많은

- Now that he's retired he has plenty of free time.
  정년 퇴직을 했기 때문에 그는 시간적 여유가 많다.

spare[spεər] 명 여분; 예비 부품 동 절약하다; 나누어 주다; 용서해 주다

- Mothers with young babies rarely have much spare time.
  어린 아기가 있는 엄마들은 거의 많은 여가 시간을 갖질 못한다.

popular[pápjələr] 인기 있는
activity[æktívəti] 활동

- Fishing is a popular leisure activity.
  낚시는 대중적인 여가 활동이다.

'go/come/busy + -ing'의 관용적 표현

'go, come, spend, be busy' 다음에 현대 영어에서는 전치사 없이 -ing형이 쓰인다.

1. go -ing ~하러 가다

go swimming 수영 가다
go camping 야영 가다
go dancing 춤추러 가다
go job-hunting 일자리 구하러 가다

a. I'm going shopping this evening. 오늘 저녁에 장보러 갈 거야.

b. I'm going fishing this weekend. 이번 주말에 나는 낚시하러 갈 거야.

2. spend -ing (시간을) ~에 쓰다 / spend on ~에 돈을 쓰다

a. The woman spends much time taking care of her baby.
그 부인은 아기를 돌보는 데 많은 시간을 보낸다.

b. Much of my time is spent studying English.
나의 많은 시간이 영어 공부에 투자된다.

care for 돌보다

c. She spent her entire life caring for other people.
다른 사람을 돌보는 데 그녀의 전인생을 보냈다.

d. She spends too much (money) on clothes.
그녀는 옷에 너무 많은 돈을 쓴다.

3. be busy -ing ~하느라 바쁘다 / be busy with + 명사 ~으로 분주하다

a. He is busy doing his homework.
그는 숙제를 하느라 바쁘다.(=He is busy with his homework.)

b. He's busy studying for the exams.
그는 시험 공부하느라 바쁘다.

4. catch sb -ing (옳지 못한 것이나 불법적인 것을) 하는 것을 알게 되다, 보다(find, discover or see sb while he's doing wrong or illegal)

He was caught smoking in the bathroom.
그는 화장실에서 담배를 피우다 들켰다.

06

주말엔 친구를 찾아가지요. I drop in on friends on the weekend.

'drop in on'는 '예고 없이 ~를 잠깐 찾아가다(visit unexpectedly[ʌ̀nikspéktədli])'라는 뜻이고, 'drop by/in' 또는 'stop by/in'은 '어느 장소에 잠깐 들르다'라는 뜻이다.

A : What do you usually do on the weekend?
주말엔 보통 무엇을 하나요?

B : I go out for a drink, or drop in on friends on the weekend.
주말엔 술 한잔하러 외출하거나 친구를 찾아가지요.

go out (일반적으로 오락이나 휴식을 하기 위하여) 외출하다

- Ask him to **stop by for a drink.** 그에게 술 한잔하러 들르라고 하게.
- I **stay at home and watch TV** on the weekend. I'm a couch potato.
  주말엔 집에서 TV나 보며 지내죠. 그냥 빈둥거리며 지내요.
- I **stay at home relaxing and refreshing** on the weekend.
  주말엔 휴식을 취하고 원기를 회복하며 집에 있습니다.
- I usually **get exercise** at the gym on the weekend.
  주말엔 보통 체육관에서 운동을 합니다.
- I usually **go to the movies** with friends on the weekend.
  주말엔 보통 친구들과 영화 구경을 갑니다.
- I usually **go out on a date** on the weekend.
  주말엔 보통 데이트를 하죠.
- I usually **go on a picnic** with my family on the weekend.
  주말엔 보통 가족과 함께 피크닉을 갑니다.

couch[kautʃ] 잠을 잘 수 있는 긴 소파
couch potato 감자 칩을 먹으며 TV를 보면서 빈둥거리는 사람
relax[rilǽks] 편하게 쉬다(rest after work)
refresh[rifréʃ] 원기를 회복하다(renovate[rénəvèit])
gym[dʒim] 체육관

07

퇴근 후에 일찍 귀가하세요. Be sure to come home early after work.

'잊지 말고 꼭 ~하라'고 부탁할 때 'don't forget to'와 같은 뜻으로 쓰이는 표현이 'be sure to'이다. 'work'는 '일 또는 업무'를 뜻하며 'after work'는 '퇴근 후'라는 말이다.

A : Be sure to come home early after work. 퇴근 후에 일찍 귀가하세요.

B : All right. 알았어요.

- **Don't forget to** take an umbrella with you.
  잊지 말고 우산을 꼭 가져가세요.
- **Be sure to** call and let us know you've got back safely.
  전화해서 네가 안전하게 도착했다는 것을 꼭 알려줘.

umbrella[ʌmbrélə] 우산
get back 돌아가다

take rest 휴식을 취하다
stay warm 몸을 따뜻한 상태로 하다

- If you have a cold, **be sure to** take a rest and stay warm.
  감기에 걸리면 충분한 휴식을 취하고 몸을 따뜻하게 하는 것을 잊지 말아라.

pick up 사다(buy)
tuna[tú:nə] 참치

- **Don't forget to** pick up two bags of potato chips and a can of tuna fish.
  감자 칩 2봉지와 참치 캔 하나 사 오는 것 잊지 마.

08 같이 가겠어? Want to come along?

'come along'이 '~와 함께 가다, 동행하다, 따라가다, 진행하다(advance[ədvǽns]), 진척되다(improve[imprú:v])'란 뜻을 지니고 있어 '같이 가겠어요?'라는 말을 영어로 'Do you want to come along?'이라고 한다. 'You want to come along?' 또는 'Want to come along?'과 같이도 말한다.

on the weekend 주말에(美)
at the weekend(英)

A : I'm going camping on the weekend. **Want to come along?**
주말에 야영 갈 거야. 같이 가겠어?

B : Well, I was planning to work on Sunday.
글쎄요, 일요일에 난 일할 생각이었어요.

- Do you mind **if I come along with you?** 같이 가도 괜찮아요?
- You go now – **I'll come along later.** 지금 가요. 나중에 뒤따라갈 테니.
- How's your English **coming along?** 영어 공부는 잘 되고 있어요?

어법연구

서술 의문문

서술 의문문(Statement Question)이란 서술문의 형태지만 올림조 억양(↗)을 사용하여 의문문임을 나타내며 회화에서 자주 쓰인다.

a. **You're going?** 가는 거야?
b. (You) **Got a minute?** 잠깐 시간 좀 있어요?
c. **He's your brother?** 그가 너의 동생이야?
d. **You think he's clever?** 그가 현명하다고 생각해?
e. We're going out for pizza tonight. **You want to come along?**
오늘밤 피자 먹으러 갈 거야. 같이 가겠어?

09

특별한 일 없어. Nothing special.

남녀 사이에 '시간 있어요?' 라는 물음에 상대방이 마음에 든다면 'Nothing special.(뭐 특별한 일은 없어요.)' 라고 응답할 수 있다.

➔ 〈P. 25 / 276 6번 참조〉

A : What are you doing tonight? 오늘밤에 뭐 할 거니?

B : **Nothing special.** Why? 특별히 할 일은 없어. 왜 그러지?

A : **If you have nothing to do,** how about going out for a coffee?
할 일이 없으면 커피나 한 잔 하러 가는 게 어때?

B : Sounds great. 좋은 생각이야.

- Are you doing anything special for Christmas?
  크리스마스 때 뭐 특별한 행사를 할 거야?

10

무엇을 찾고 있어요? What are you looking for?

A : **What are you looking for?**
무엇을 찾고 있어요?

B : My wallet. It's somewhere in this room.
지갑을 찾는 중이에요. 이 방 어딘가 있을 거예요.

S : What are you doing?
무엇을 하고 있어요?

M: **Looking for the keys.**
열쇠를 찾고 있어요.

➔ 〈P. 318 참조〉

- I've looked everywhere and I can't find it anywhere.
  다 찾아보았지만 못 찾겠어요.
- We're looking for a house to rent.
  우리는 셋집을 구하고 있습니다.

rent (남에게서) 임차하다

- We're looking for a house that has central heating.
  우리는 중앙 난방 시설이 되어 있는 집을 구하고 있습니다.
- Are you trying to find a furnished house?
  가구가 비치된 셋집을 구하려고 하십니까?

furnished [fə́ːrniʃt] 가구가 붙은

11

방 청소 좀 해라. Clean up this room.

'깨끗하게 하고 먼지를 없애다'를 'clean'이라고 한다. 상대방의 요청을 받아들일 때 'You got it.'이라고 말하면 이는 'I'll do as you requested / I'll do what you ask.'(시킨 대로 하겠습니다. 즉, 알겠습니다.)의 뜻이다.

A : **Clean up this room.** Don't make me say that again.
이 방 좀 청소해라. 다시 말 안 나오게.

B : You got it. 알겠습니다.

➔ 〈P. 292 참조〉

- Your shoes **need cleaning.** 구두 좀 닦아야겠어.
- She **spent all day cooking and cleaning.**
  음식을 만들고 청소하면서 그녀는 하루를 보냈다.
- Let's **clear up** the mess. 어질러 놓은 것을 치우자.

clear up 깨끗이 치우다, 정돈하다
mess 뒤죽박죽

관련 어휘

- wipe [waip] 훔치다, 닦다
- wipe up (엎지른 커피 등을) 닦아 내다
- mop [mɑp] 자루 걸레로 닦다
- mop up (엎지른 물 등을) 닦아 내다
- polish [pɑ́liʃ] 닦다, 문질러 광을 내다
- sweep [swiːp] 쓸다, 청소하다
- vacuum [vǽkjuəm] 진공청소기로 청소하다

12

뜨거운 물로 목욕 좀 해. Take a hot bath.

'몸을 물에 담궈서 목욕하다'를 미국에서는 'take a bath[bæθ]', 영국에서는 'have a bath'라고 한다. '샤워하다'는 'take a shower[ʃáuər]'라고 하며 뜨거운 물이나 찬물로 할 때는 'shower' 앞에 'hot' 또는 'cold'를 붙이면 된다.

A : **Why don't we take a cold shower?** 찬물로 샤워하자.

B : Sounds good. It'll be really refreshing.
좋은 생각이야. 정말로 상쾌할 거야.

refreshing [rifréʃiŋ] 상쾌한, 산뜻한

- She's **in the shower.** 그녀는 샤워를 하는 중이다.
- I'd like **a room with a shower,** please. 샤워기가 있는 방을 주세요.
- She's **bathing a baby.** 그녀는 아기를 목욕시키고 있다.
- Go in and **take a quick shower.** 들어가서 샤워 빨리 끝내.

bathe [beið] 목욕시키다

13

필름을 현상하고 싶은데요. I'd like to have this film developed.

필름 현상은 일반인이 할 수 없는 일이기 때문에 사진 현상소에 가져가야만 한다. 즉 직접 하는 것이 아니고 의뢰하는 것이기 때문에 'have this film developed'의 구조가 되어야 한다. 사진 현상소에 가면 'D.P.&E'라고 씌어 있는데 이것은 'Development(현상)', 'Printing(인화)', 'Enlargement[inlɑ́:rdʒmənt](확대)'를 의미한다.

➜ 〈P. 261 참조〉

A : What can I do for you? 무엇을 도와 드릴까요?

B : **I'd like to have this film developed.** 이 필름을 현상하고 싶은데요.

develop[divéləp] 현상하다

- Can I **have this film developed**? 이 필름 현상할 수 있나요?
- How long will it take to **develop this film**?
  이 필름을 현상하는 데 얼마나 걸려요?
- I want **three prints of each negative**. 필름 한 장에 3장씩 인화해 주세요.
- Will you **enlarge** this, please? 이 사진을 확대해 주세요.

print 인화
negative[négətiv] 현상 필름
enlarge[enlɑ́:rdʒ] 확대하다

14

잠깐 기다려! Hold it, please.

상대방에게 '잠깐만 기다려'라고 말할 땐 'Just a minute[mínit]/a moment[móumənt]/a second[sékənd].' 또는 'Wait a minute. / Wait for me.'라고 하고, 전화상에서 잠시 기다리라고 할 때는 '전화선(the line)을 끊지 말고 붙잡고 있어라'는 뜻으로 'Hold the line. / Hold on. / Just a moment, please.'라고 하고, 엘리베이터를 타려고 하는데 문이 닫힐 때 'Hold it!'라고 하면 된다. 'Hold it!'는 잠깐 기다리라고 하거나 하던 일을 멈추라고 말하기 위하여 쓰이며 '움직이지 마, 가만있어 봐, 잠깐 기다려'라는 뜻이다.

A : **Hold it,** please. 문 닫지 말고 기다려 주세요.

B : Which floor? 몇 층이죠?

A : 10th, please. 10층입니다.

B : Thanks a lot. 감사합니다.

S : See you later. 나중에 봐.

M: **Hold it!** You almost left your umbrella.
잠깐만. 하마터면 우산을 놓고 갈 뻔했잖아.

➜ 'almost[ɔ́:lmoust]'가 동사를 수식하여 '하마터면, 자칫 ~할 뻔하여'의 뜻

- **Hold it a minute!** I've just had a really good idea.
  잠깐만! 막 정말로 좋은 생각이 떠올랐어.
- **Wait here** until I get back.
  내가 돌아올 때까지 이곳에서 기다려.

A: **Wait for me.** I'll be ready in a second. 기다려. 잠깐이면 준비 돼.

B: No problem. 걱정 말아요.

be tired of ~에 싫증이 나다
keep -ing 계속 ~하다
nag [næg] 잔소리하다

S: Come on, John. I'm tired of your being late every morning.
이봐, 존, 넌 아침마다 지각이야. 난 신물이 난다구.

M: I wish you wouldn't keep telling me that. I don't like people always to nag me.
내게 그런 말 좀 하지 말아 줬으면 좋겠어. 사람들은 걸핏하면 내게 잔소리를 하는데, 난 그게 싫어.

S: Well, **I don't like you to keep me waiting every day.**
하지만 넌 매일 날 기다리게 하잖니. 나도 그게 싫어.

- Just **wait there for a few seconds.** 거기에서 잠깐만 기다려 주겠어요?
- Hurry up, **everyone's waiting.** 서둘러. 모든 사람이 기다리고 있어.

keep sb waiting ~를 기다리게 하다

- I'm sorry to **have kept you waiting.** 기다리게 해서 죄송합니다.
- Don't **make me wait.** 나 기다리게 하지 마. (= Don't keep me waiting.)

wait dinner 누가 올 때까지 식사를 미루다

- Don't **wait dinner** for me. I'll be home late.
나 때문에 저녁 기다리지 마. 집에 늦게 올 거야.

turn 순번, 차례

- You'll have to **wait your turn** like everyone else.
다른 사람들처럼 네 차례를 기다려야만 할 거야.

in the end 결국에

- Everything will come right in the end, just you **wait and see.**
결국 모든 것이 잘될 거야. 그저 기다려 봐.

stand/wait in line 줄을 서서 기다리다

- Customers have to **wait in line** to cash checks.
계산을 하기 위해서 고객들은 줄을 서서 기다려야만 한다.

➔ '줄을 서다' 라고 할 때 미국에서는 'be in the line', 영국에서는 'be in the queue [kju:]' 가 쓰인다.

cf. While I *was in the line* at the bank I met an old school friend.
은행에서 줄을 서 있다가 학교 동창을 만났다.

15 디즈니랜드에 가본 적이 있어요? Have you ever been to Disneyland?

과거에서부터 현재까지의 상태 및 동작의 결과 · 경험 · 계속 · 완료 등을 나타내는 것을 현재완료라고 하며 'have + p.p.'의 형태를 갖는다. 과거부터 현재까지 해본 행위, 즉 경험을 나타낼 때 'ever, never, already, yet, before, just, recently, always'와 같은 시간의 부사와 함께 쓰인다.

A : **Have you ever been to Disneyland?**
디즈니랜드에 가본 적이 있나요?

B : No, I haven't.
아니오, 못 가 봤어요.

S : **Have you ever eaten Indian food?** 인도 음식을 먹어 본 적이 있어요?

M: No, I haven't. Have you? 아뇨, 못 먹어 봤어요. 당신은요?

➔ 끝에 'Have you?' 라고 되물어 본 것은 반복 의문문의 형태이다.

A : **Have you ever fallen in love with a girl?**
여자에게 사랑에 빠져 본 적이 있어요?

B : Of course, I have. 물론 있죠.

➔ 'fall in love with'는 '사랑이 시작되는 것', 'be in love with'는 '사랑이 계속되는 상태'를 의미한다.

S : **Have you ever wanted to live somewhere else?**
다른 곳에 가서 살아보고 싶은 적이 있어요?

M: When I was younger, I wanted to move to the country. But here I am still in Seoul.
어렸을 때 시골로 이사갔으면 했지만 아직 서울에 살고 있어요.

16 담배를 피운 지 얼마나 됐습니까? How long have you smoked?

과거에 시작해서 현재까지 계속되는 동작 · 상황 등을 나타낼 때 주로 'for(~ 동안)', 'since(~ 이래)', 'so far (지금까지=up to the present)' 등과 함께 사용된다.

A : **How long have you smoked?** 담배를 피운 지 얼마나 됐습니까?

B : (I have smoked) Since 1990. 90년부터 피우고 있습니다.

S : **How long have you been learning English?**
영어를 배운 지 얼마나 됐습니까?

M: (For) Two years. 2년 동안요.

A : **How have you been?** 그 동안 어떻게 지냈어요?

B : So far so good. 지금까지는 잘 지내고 있어요.

- He **has been working** all day.
  그는 하루종일 일을 하고 있다.
- She's **been staying** in my house since last Saturday.
  그녀는 지난 토요일부터 내 집에 머무르고 있다.
- We **haven't had** any trouble so far.
  지금까지는 아무런 문제가 없어요.
- How long **have you lived** in America?
  미국에 사신 지는 얼마나 됐습니까?

17

스페인으로 가 버렸어. He has gone to Spain.

'He has gone to Spain.'은 그가 'Spain'에 가 버린 결과 '그는 지금 스페인에 있고 여기에 없다.(=He went to Spain, so he's not here.)'는 뜻이다. 'has gone'과는 달리 'has been'은 '다녀왔다'라는 뜻이다.

A : **Has Jim gone to Spain?** 짐이 스페인으로 갔어?

B : Yes, he has (gone to Spain). 그래, 스페인으로 가 버렸어.

S : **Where have you been?** 어디 갔었어요?

M: **I have been to Italy.** 이탈리아를 다녀왔어요.

➔ 그 결과 지금까지 자전거가 없다.

- He **has lost** his bike again. 그는 자전거를 또 잃어버렸다.

➔ 지금 자전거를 찾았는지 알 수 없다.

cf. He *lost* his bike again. 그는 자전거를 또 잃어버렸다.

과거와 현재완료

현재완료를 사용하는가 과거를 사용하는가 하는 것은 말할 때의 시간을 나타내는 시간 부사와 관련이 있으므로 주의해야 한다.

1. 현재완료는 과거부터 현재에 이르기까지의 시간(과거~현재)을 나타내므로 'yesterday, last year, when, 연도, a week ago, earlier this week, the other day, at four o'clock, in the morning, on Sunday'와 같이 구체적인 과거 시점을 나타내는 부사(구)들은 완료와 함께 쓰이지 않고 과거 시제와 쓰인다.

a. I saw her yesterday. 어제 그녀를 만났다.

b. She has come here on Sunday. (x)
→ She came here on Sunday. (o) 그녀는 일요일에 이곳에 왔다.

c. He has gone to Japan last year. (x)
→ He went to Japan last year. (o)그는 작년에 일본에 갔다.

d. When have you eaten dinner? (x)
→ When did you have dinner? (o) 언제 저녁을 먹었니?

2. 'up to now, so far, since Monday, hitherto[hìðərtú]' 등과 같은 부사들은 과거부터 현재에 이르기까지의 시간을 나타내는 부사이므로 현재완료에 쓰인다.

A : Have you met your new neighbor?
새로 이사온 이웃과 인사 나눴어요?

B : (I **have**) Not (**met** my new neighbor) *so far.*
아직 인사 나누지 못했어요.

cf. I haven't seen her up to now.
지금까지 그녀를 못 만났다.

3. 'this month, this year, recently[ríːsəntli], before, once, this June, already' 등과 같은 부사는 사용에 따라 의미가 달라진다.

1) a. I've seen him once/recently.
그를 한 번/최근에 만난 적이 있어.

b. I saw him once/recently.
나는 그를 이전에/얼마 전에 만났어.

2) a. (at 11 a.m.) Mary has rung up four times this morning already.
메리는 오늘 아침에 벌써 4번이나 전화를 했다.

b. (at 2 p.m.) Mary rang up four times this morning.
메리는 오늘 아침에 4번 전화를 했다.

3) a. Mary has written a number of short stories.
메리는 많은 단편 소설을 써 왔다.

b. Mary wrote a number of short stories.
메리는 많은 단편 소설을 썼다.

hitherto[hìðərtùː] 지금까지

➔ 'recently[ríːsntli]'가 완료에서는 '최근에'라는 뜻이고, 과거시제에서는 '얼마 전에'라는 뜻이다

➔ 'this morning'은 12시까지, 'this afternoon'은 5시까지이다. 문장 a에서 11시까지 이미 4번씩 전화를 걸었다는 것은 오전(this morning) 동안 반복된 행위이므로 현재 완료를 사용해야 옳고, 문장 b에서 오전이 지난 2시이므로 과거 시제를 사용해야 옳다.

➔ 문장 a는 Mary가 많은 단편 소설을 과거부터 현재까지 써 왔고 현재도 살아 있어 앞으로 더 쓸 수 있다는 것을 암시하고 있다. 문장 b는 Mary가 죽었거나 또는 살아 있어도 현재는 소설을 쓰지 않는다는 것을 암시하며 과거 한때의 행위를 나타내고 있다.

18

여긴 웬일이야? What brings you here?

'여기 웬일이세요?/여기는 뭐 때문에 왔지?' 라는 우리말을 흔히 영어로 'Why did you come here?' 를 생각하기 쉽다. 이 표현이 틀린 것은 아니지만 '무엇을 알아보기 위하여 조사하거나, 또는 다소 공격적인 느낌' 을 주기 때문에 'What brings you here?' 와 같이 말한다. 이와 같은 물음에 'I'm here on business.(사업차 왔습니다.)', 'I'm here on vacation.(휴가차 왔습니다.)', 'I'm here for a change (of scene).(기분 전환하러 왔습니다.)', 'I'm only here for a cup of coffee.(단지 커피나 한 잔 할까 하고 왔어요.)' 등과 같이 응답하면 된다. 반대로 '무슨 일로 미국에 가나요?' 하고 물을 땐 'take' 동사를 사용하여 'What takes you to America?' 라고 하면 된다.

business[bíznis] 상업, 볼일, 직업
vacation[veikéiʃən] 휴가

A : Hi, Willy. **What brings you to my office?**
윌리 안녕? 내 사무실엔 웬일이야?

B : I'm only here for a cup of coffee.
단지 커피나 한 잔 할까 하고 왔어요.

overtime 정규시간 외에

S : He'll be probably late. 그는 아마 지각할 거야.

M: **What makes you thinks so?** 왜 그렇게 생각하죠?

S : He had to work overtime yesterday. 그가 어제 야근을 해야 했거든.

neighborhood[néibərhùd] 근처; 이웃 사람
have something on ~할 계획[일]이 있다

A : **What brings you here?**
여긴 웬일이야.

B : Oh, I was in the neighborhood, and I thought I'd drop by and see if you had anything on after work.
음, 이 부근에 왔다가 여기 들러 자네가 퇴근 후 무슨 할 일이라도 있는지 알아 보려고 왔지.

- What makes you so sad?
  왜 그렇게 우울해?
- What makes you so sure?
  뭘 보고 그렇게 장담하는 거야?

incredible[inkrédəbəl] 놀라운, 엄청난

- What makes him so incredible?
  그 사람이 왜 그렇게 놀라운 거죠?
- What makes him so great?
  그 사람이 왜 그렇게 대단한가요?

popular[pápjələr] 인기 있는

- What makes him so popular?
  그 사람이 왜 그렇게 인기가 있죠?

19

무슨 일이에요? What's the deal?

'What has happened? (무슨 일이 있었나요)' 또는 'What is going on around here? (무슨 일이 벌어지고 있어요)' 정도의 뜻을 나타내는 구어 표현이 'What's the deal?'이다.

A : **What's the deal?** 무슨 일이에요?

B : Sit down and I'll tell you. 앉아 봐, 얘기해 줄게.

S : Hey, Mark! Come on over here. 어이, 마크! 이쪽으로 와 봐.

M: O.K. **What's the deal?** 알았어. 무슨 일인데?

- What's the matter, Mary? Have you been crying?
  메리, 무슨 일이에요? 울고 있었어요?
- You haven't been to work all week – what's the deal?
  일주일 내내 근무하지 않았는데, 무슨 일이 있나요?
- Is anything the matter? 무슨 일이 있어요?

➔ 안색이 좋지 않거나 당황한 얼굴을 한 사람에게 물어 보는 표현들이다.

20

무슨 걱정거리가 있어요? What's on your mind?

'on one's mind'는 '~을 골똘히 생각하여, 마음에 걸려서, ~을 염두에 두다, 근심 걱정하여'란 뜻이다. 'What's on your mind?'는 상황에 따라 '무슨 걱정거리가 있어요?' 또는 '무슨 할 얘기가 있어요?'란 뜻이 된다.

A : **What's on your mind?** 무슨 일이 있어요?

B : I'd like to discuss the weekly schedule with you.
주간 계획을 상의하고 싶습니다.

- He couldn't sleep because tomorrow's test was on his mind.
  내일 시험이 걱정이 되어 그는 잠을 잘 수가 없었다.
- You've been on my mind all day.
  하루종일 네가 마음에 걸렸어.
- You look worried, Mark. Is there something on your mind?
  마크, 걱정이 있는 얼굴인데. 무슨 걱정거리가 있어?
- She looks very worried. I wonder what's on her mind.
  그녀는 매우 근심스런 표정이야. 무슨 걱정거리가 있는가 봐.

21 세상일이 다 그런 거죠, 뭐. That's always the way.

개똥도 약에 쓰려면 없다는 말이 있듯이 급해서 택시를 잡으려고 하면 그 많던 빈 택시들이 눈에 띄지 않게 된다. 이처럼 일상 생활에서 좋지 않거나 불편을 야기시키는 일이 일어날 때 '항상 그런 거잖아, 세상일이 다 그런 거죠.'라고 말한다. 이것을 영어로는 'That's always the way.' 또는 'That's the way it goes.'라고 말한다.

delayed[diléid] 지연된, 늦은 (late)
hurry[hə́:ri] 매우 급함

A : The train was delayed. 기차가 연착했어.

B : **That's always the way when you're in a hurry!**
급할 때는 항상 그런 거야!

As soon as ~하자마자

S : As soon as I put the washing on the line it started to rain.
빨랫줄에 빨래를 널자마자 비가 내리기 시작하더군.

M: **Isn't that always the way?** 항상 그런 거 아냐?

- **That's the way love goes.** 사랑은 원래 그런 거잖아요.

depressed[diprést] 풀이 죽은

- Don't be so much depressed. **That's the way it goes.**
그렇게 낙담하지 마. 세상일이 다 그런 거야.

behave[bihéiv] 행동하다

- **That's the way he always behaves** when he gets drunk.
술 취하면 그는 언제나 그런 행동을 하잖아.

22 생활 신조에서 벗어나는 거야. It's against my principles.

'principle[prínsəpl]'은 '원리, 원칙'이라는 뜻 외에 '인간 행동의 근본 방침, 즉 신념'이라는 뜻이 있다. 그러므로 'against one's principles'은 '생활 신조에서 벗어난'이라는 뜻이며 'against[əgénst]'는 '~에 반대하는(in opposition[ɑ̀pəzíʃən] to), ~에 맞지 않는(disagreeing with)'의 뜻을 나타낸다.

do the washing[wáʃiŋ] 빨래하다

A : I got a lot of washing that must be done.
해야 할 빨래가 수북하게 쌓였어.

B : Well, you can do it later. 그런데 그것은 나중에 할 수 있잖아.

A : Oh, no, no. **It's against my principles.**
오, 안 돼. 그것은 내 생활 신조에 벗어나는 거야.

- It would be **against my principles** to lie to you.
너에게 거짓말을 한다면 내 신념에 벗어날 거야.

oppose[əpóuz] 반대하다
abortion[əbɔ́:rʃən] 낙태
on principle 신조로서, 원칙 때문에, 도덕적 견지에서

- We are opposed to abortion **on principle.**
우리는 도덕적 견지에서 낙태에 반대한다.

- **Live up to your principles.** 신념을 갖고 살아라.

live up to ~에 맞는 생활을 하다

23 왜? How come?

'How come?'은 'Why?'의 뜻으로 회화에서 자주 쓰이며 'How did it come that~'의 단축형이다. 특히 'How come?'은 '상대방이 한 말이나 일어난 어떤 일로 놀랐을 때' 쓰인다.

A : I hate milk. 난 우유가 싫어.

B : **How come?** 왜?

- **How come** you say that? 어째서 그런 말을 해?
- **How come** Dave's home? Isn't he feeling well?
  데이브가 왜 집에 있어? 몸이 좋지 않은가?
- **How come** you didn't come and see me yesterday?
  어제 찾아오지 않은 것은 어찌된 일이죠? (기다렸는데.)
- **How come** you didn't call me last night?
  어젯밤에 전화 왜 안 했어? (기다렸잖아.)

24 무엇 때문에? What for?

'How come?'과는 달리 'what for'는 '목적(purpose[pə́ːrpəs])'을 물어 볼 때 '무엇 때문에'의 뜻으로 쓰이는 표현이다.

A : I need to go to the doctor. 병원에 가 봐야 돼.

B : **What for?** 무엇 때문에?

S : I'm going to Paris. 파리에 갈 거야.

M: **What for?** 왜?

- What did you do that **for**?
  왜 그것을 했니?
- What did you go there **for**?
  무엇 때문에 그곳에 갔느냐?

25 뭐 하는 데 쓰이는 겁니까? What's this thing (used) for?

'뭐 하는 데 쓰이는 겁니까?'와 같이 '목적 · 용도'를 물어 볼 때 쓰이는 전치사 'for'는 'for fun(재미로)', 'for food(식용)', 'a hat for girls(소녀용 모자)', 'A house for sale.(팔 집)', 'Not for sales.(비매품)' 등에 다양하게 쓰인다.

A : **What's this thing (used) for?**
이것은 뭐 하는 데 쓰이는 겁니까?

B : (That's used) **For picking up heavy dirt.**
그것은 큰 먼지를 끌어 모으는 데 쓰이는 겁니다.

pick up 끌어 모으다

tool [tu:l] 도구

- What is this tool for? 이 도구의 용도는 뭐죠?
- This knife is for cutting bread. 이 칼은 빵 자르는 데 쓰인다.
- That's used for crushing garlic. 그것은 마늘을 찧는 데 쓰입니다.
- This picture is only on display; it's not for sale.
  이 그림은 단지 진열해 놓은 것이지 팔려고 내놓은 것이 아닙니다.

crush [krʌʃ] 분쇄하다
garlic [gɑ́:rlik] 마늘
on display 진열된, 전시중
display [displéi] 진열, 전시 (exhibition [èksəbíʃən])

26 이 자리 임자 있어요? Is this seat taken?

좌석이 지정되어 있는 극장이나 오페라 하우스 같은 곳에서 다른 사람이 내 좌석에 앉아 있는 경우 '제 자리인데요.'라고 말할 때 'Excuse me, you're (sitting) in my seat.' 쓰인다. 그러나 지정 좌석이 아닌 경우에 빈자리를 보았을 때 'Is this seat taken?(누군가 이 자리를 이미 차지했습니까?)'과 같이 말하면 된다.

A : Excuse me, **is this seat taken?** 실례합니다. 이 자리 임자 있어요?

B : No. Help yourself. 아니오. 마음대로 하세요.

➔ 'Help yourself to'는 '마음놓고 드세요'라는 뜻 외에 허락 받지 말고 할 것이 있으면 마음놓고 하라는 뜻

- Is anybody sitting here? 이 자리 임자 있어요?
- Is this seat occupied? 이 자리 누가 차지했어요?
- Save me a seat on the bus. 버스에 자리 하나 잡아 줘.

occupy [ɑ́kjupài] (방, 좌석, 또는 침대 등을 이미 다른 사람이) 차지하다
save [seiv] 저축하다, 남겨두다

27 급한 일이 예기치 않게 생겼어요. Something urgent has come up.

다른 사람과의 약속을 한 후에 급한 일이 생겼거나 몸이 좋지 않아서 약속을 미루는 경우에 'Something urgent has come up.'이라고 말하며 'urgent [ə́:rdʒənt]'는 '매우 중요하거나 즉시 조치를 취해야 하는(very important and needing to be dealt with immediately)'의 뜻의 형용사이고, 'come up'은 '예기치 않게 뭔 일이 생기다(occur unexpectedly [əkə́:r ʌ̀nikspéktədli])'라는 뜻이다.

A : Can I see you tonight?
오늘 저녁에 뵐 수 있어요?

B : I'm afraid **something urgent has come up**; I won't be able to see you tonight.
급한 일이 예기치 않게 생겼어요. 그래서 오늘 저녁에 뵙지 못하겠는데요.

- He's away on urgent business. 그는 급한 볼일로 외출 중이다.
- I'll let you know if anything comes up.
뭔 일이 갑자기 생기면 알려 드리겠어요.
- I'll be late home – something's just come up at work.
집에 늦을 거요. 막 뭔 일이 직장에서 생겼어요.

28 이 달 집세가 밀렸어요. I'm behind with the rent this month.

집세 등 돈 내는 것이 밀려 있다거나 일 · 공부 등이 밀려 있다고 할 때 'behind[biháind] in/with'가 쓰인다. 'rent'는 '집세 · 임대료' 등의 뜻이다.

- He's behind in his homework. 그는 숙제가 밀렸어.
- I'm quite a bit behind in my work. 일이 꽤 밀려 있어.

quite[kwait] 상당히

29 모든 일이 잘될 거야. Everything will work out.

'work out'은 '좋은 결과를 맺다, 계획 등이 잘 되어 가다, 어떤 일이 잘 진전되다'라는 뜻으로 '모든 것이 잘될 거야.'라고 말하려면 위와 같이 하면 된다. 또한 'work out'은 'well, satisfactory[sæ̀tisfǽktəri], good, all right' 등과 결합하여 '결국 ~이 되다(turn out)'라는 결과를 나타낸다.

A : I think it was a mistake to hire that woman.
저 여자를 고용한 것은 잘못이라고 생각해.

B : Come off it! **She'll work out fine.**
그만 해 둬. 저 여자는 잘 해낼 거야.

hire[háiər] 고용하다(employ[emplɔ́i])

- I think he'll work out OK. 그가 잘 해낼 것으로 생각해요.
- Things have worked out quite well for us.
상황이 우리에게 꽤 좋게 되었다.
- I hope everything works out. 모든 일이 잘되기 바래요.

expect [ikspékt] 예상하다

- Things didn't work out as we had expected.
  여러 가지 일들이 우리 생각대로 되지 않았다.

in the end 결국에

- You'll be able to work out everything in the end.
  당신은 결국 모든 일을 다 잘 해낼 수 있을 거예요.

30

그런 얘기는 꺼내지 마. Don't bring up that topic.

'bring up'은 '아이를 기르다(rear[riər], raise[reiz])'라는 뜻이 가장 널리 쓰이지만 '얘깃거리, 특히 당혹스런 문제를 제기하다, 언급하다(mention[ménʃən])'는 뜻으로도 쓰인다.

A : Have you told dad about the result of the exams?
아버지께 시험 결과에 관해 말씀드렸니?

B : Not yet, **I really hate to bring it up with him.**
아직요, 아버지께 그 얘기 꺼내기가 정말 싫어서.

embarrassing [imbǽrəsiŋ] 당황케 하는, 난처한

- Don't bring up that embarrassing topic.
  그런 당혹스런 얘기는 꺼내지 마.

➔ 'bring up'은 '아이가 성장할 때까지 돌보며 교육시키다(look after a child until it is grown up)'라는 뜻으로 주로 수동문으로 쓰인다.

- I was brought up not to speak during meals.
  식사 중에는 말을 하지 않도록 교육을 받았어.

31

기분 전환할 겸. For a change.

늘 똑같은 일이 반복되는 단조로운(routine[ru:tíːn]) 생활을 벗어나고 싶은 마음은 누구나 간절할 것이다. 새로운 일이나 색다른 것을 함으로써 변화를 꾀하고 싶을 때 쓸 수 있는 표현이 'for a change(기분 전환을 위하여, 여느 때와 다르게)'이다.

A : **I want to go fishing, just for a change.**
그저 기분 전환할 겸 낚시 가고 싶어요.

B : O.K, whatever you say. 네가 말하는 것이라면 뭐든지 좋아.

- You should take a holiday – you need a change (from work).
  휴가를 갖는 게 좋겠어. 당신은 기분 전환이 필요해.

- Let's go out to a restaurant for a change.
  늘 집에서만 먹지 말고 식당으로 식사하러 갑시다.

32 나오면서 확인했어. I checked it on my way out.

종종 우리말로 2개의 동사가 필요한 경우에 영어에서는 1개의 동사를 부사로 대신할 수 있다. '~를 돕다' 라고 할 때 'help' 동사가 쓰이지만, 예를 들어 고장난 엘리베이터 안에 갇혀 있다든지 화재 현장에 갇혀 있을 때와 같은 '어떤 어려운 상황 또는 위기에서 벗어나게 도와줘요!' 라고 할 때 'Help me out!' 와 같은 표현이 쉽게 떠오르지 않는다. 이와 같이 부사 'out' 가 '벗어나다' 라는 동사 역할을 한다.

A : Did I unplug the iron before we left the house?
집을 나오기 전에 다리미 플러그를 뺐나?

B : Yes, **I checked it on my way out.**
응, 나오면서 확인했어.

- He hurried out. 그는 서둘러 나갔다.
- Bring him in. 그를 안으로 들여보내.

어법연구

동사 기능을 하는 부사

a. Help me up, will you?
나 좀 일으켜 줄래?

b. Help me on. ↔ Help me off.
옷 입는 것 좀 도와줘. ↔ 옷 벗는 것 좀 도와줘.

c. She has (got) a white dress on.
그녀는 흰 드레스를 입고 있다.
(= She's wearing a white dress / She's dressed in white.)

d. Please, bring it up. ↔ Please, bring it down.
가지고 올라오세요. ↔ 가지고 내려오세요.

e. Please, let me out. ↔ Please, let me in.
밖으로 나가게 해주세요. ↔ 안으로 들여보내 주세요.

f. I'm on my way out.
나는 지금 외출하는 길이야.

g. She's out to lunch.
점심 먹으러 나갔어요.

h. Mary's not in.
메리는 집에 없다.

i. I think he just walked in.
그가 지금 막 들어온 것 같아요.

out 집밖 또는 사무실 밖

in 집안 또는 사무실 안

cf. **Leave it as it is.** 있는 대로 그냥 내버려 둬.

j. Thank you for helping me move in.
이사를 도와주셔서 감사합니다.

k. Let me help you bring those bags in.
그 가방들을 안으로 들여놓는 것을 제가 도와 드리죠.

l. Leave me alone.
혼자 있게 내버려둬.

m. If this sweater doesn't fit, may I bring it back later?
이 스웨터가 안 맞으면 후에 도로 가져와도 됩니까?

n. He will be back on Saturday.
그는 토요일에 돌아올 것이다. (= He will return on Saturday.)

o. The game's over.
경기는 끝났다.

p. The new girlfriend isn't compared with the old girlfriend. I want her back.
새로 사귄 여자 친구는 옛 여자 친구와 비교가 안 돼. 그 여자 친구가 돌아왔으면 좋겠어.

cf. Let's drink off our worries. 술 마시고 걱정을 잊읍시다.

Sleep off your sorrow. 잠이나 자고 슬픔을 잊으세요.

Sleep off a headache. 자고 나면 머리 아픈 것이 없어질 거야.

LESSON 16

만찬초대 Invitation to Dinner

01	그녀에게 만찬을 함께 하자고 초대했다.	We invited her to have dinner with us.
02	반가워요. 어서 들어와요.	Nice to see you. Come on in.
03	편하게 하세요.	Make yourself at home, please.
04	마음에 드는 것 마음껏 드세요.	Help yourself to whatever you want.
05	이 음식 정말로 맛있습니다.	This is very delicious.
06	배가 불러요.	No thank you. I'm full.
07	조금 더 먹어도 괜찮겠어요?	Would it be all right if I had some more?
08	단지 작은 것으로 주세요.	Only a small piece.
09	소금 좀 건네주세요.	Would you please pass the salt?
10	커피를 어떻게 해 드릴까요?	How would you like your coffee?
11	훌륭한 식사였습니다.	That was a wonderful meal.
12	가봐야겠어요.	I must be going soon.
13	다시 감사 드립니다.	Thank you again.

L·E·S·S·O·N

16 만찬초대 Invitation to Dinner

01

그녀에게 만찬을 함께 하자고 초대했다. We invited her to have dinner with us.

invite sb to ~를 …로 초대하다

➔ '집으로 초대하다'는 'invite sb over'라고 하고, '~를 대접하기 위하여 밖으로 불러내다'는 'invite sb out'라고 한다.

- We **invited** all our relatives **to** the wedding.
  결혼식에 모든 친척을 초대했다.
- Max has **invited** me **over** for dinner.
  맥스는 저녁 먹으러 오라고 자기 집으로 나를 초대했다.
- He liked the girl and decided to **invite** her **out**.
  그녀를 좋아하기 때문에 대접하기 위해 밖으로 불러내기로 그는 맘먹었다.

02

반가워요. 어서 들어와요. Nice to see you. Come on in.

초대받은 손님이 도착했을 때 'Welcome to my house.(우리 집에 오신 것을 환영합니다.)' 또는 'Hello. Nice to see you.(안녕하세요. 반가워요.)' 등으로 인사를 하면 된다.

➔ 'You shouldn't have bothered (to bring me this.)'는 'bother to'가 '(부정문에서) 일부러 ~하다'의 뜻이므로 '이런 것을 일부러 가져 오시지 않았어도 되는데.'라는 말이다. 이와 같은 말은 한국식 영어 표현으로 영·미인들은 거의 사용하지 않는다.

A : **Hello. Nice to see you. Come on in.**
안녕하세요. 반가워요. 어서 들어와요.

B : Hello. How are you? I've brought you a small present.
안녕하세요. 조그만 선물을 가져왔어요.

A : That's very kind of you. (You shouldn't have bothered.)
고맙습니다. (이렇게 일부러 안 가져오셔도 되는데.)

➔ 'Welcome back/home'은 멀리 떠나 있던 사람이 집에 돌아왔을 때 쓰이는 인사말이다.

➔ 〈P. 183 10번 참조〉

- **Welcome back** – it's good to see you again.
  잘 다녀오셨습니까. 다시 만나게 되어 기뻐요.
- You're **welcome to stay for lunch**.
  계시다가 점심을 잡숫고 가셔도 좋습니다.

03

편하게 하세요. Make yourself at home, please.

at home 안락한, 편안한 (comfortable, relaxed), 걱정하지 않는

stretch [stretʃ] (팔 · 다리를 등을) 뻗다, 기지개를 켜다

온돌 생활을 하는 우리 가정에 외국 손님이 오면 불편해 하는 경우가 있다. 이 때 손님에게 자기 집에 있듯이(as if one were in one's own home) 몸과 마음을 편하게 하라고 말할 때 'Make yourself at home.' 또는 'Make yourself comfortable.'이라고 한다. 바닥에 앉는 것을 불편해 하면 '다리를 쭉 뻗으세요.'라고 말할 수 있다. 이 말을 영어로 'Stretch your legs.'라고 한다.

A : **Make yourself at home,** please. 편히 쉬세요.

B : Thanks. 고맙습니다.

comfortable [kʌ́mfərtəbl] 편한

- **Make yourself comfortable** while I get some coffee.
  커피를 가져올 동안 편하게 있어요.

- They always **make us feel** very much **at home**.
  그들은 우리를 항상 매우 편하게 해준다.

- Help yourself to whatever you need – **just make yourself at home!**
  필요한 것이 있으면 마음놓고 하세요. 그저 맘 편하게 하세요.

➔ 'help yourself to'는 '마음놓고 드세요'라는 뜻 외에 허락 받지 말고 할 것이 있으면 마음놓고 하라는 뜻이다.

04

마음에 드는 것 마음껏 드세요. Help yourself to whatever you want.

식사에 초대받은 손님에게 차려 놓은 음식을 '좋아하는 음식을 골라서 드세요.'라고 할 때 쓰이는 표현이 'Help yourself, please.' 또는 'Please take as much as you like.'이며, 이 때 'Thank you.'라고 응답하면 된다.

A : **Help yourself to a cigarette.** 마음놓고 담배를 가져다 피우세요.

B : Thank you. 고맙습니다.

S : **Please help yourself to more; there's plenty of everything.**
더 드세요. 모든 음식이 많이 있습니다.

M: Thank you. 고맙습니다.

plenty of 많은(lots of)

S : Shall I serve you? 제가 음식을 떠 드릴까요?

M: **No, that's all right. I can help myself.**
아니요, 괜찮습니다. 제가 먹을게요.

help oneself (필요한 일을) 자기 스스로 하다

- Dinner is ready. **Will you come to the table and help yourself?**
  저녁상을 차려 놨으니 식탁으로 와서 식사를 하세요.

- **Help yourself to some fruit.**
  과일 좀 드세요.

- **May I help you to some more meat?**
  고기 좀 더 드릴까요?

- I don't know your preferences, so **please help yourself.**
  당신이 좋아하는 것을 모르니 골라 드세요.

preference [préfərəns] 좋아하는 것

- **Help yourself to whatever you like.**
  좋아하시는 것을 마음껏 드세요.

05 이 음식 정말로 맛있습니다. This is very delicious.

식사를 하면서 설령 맛이 없다 하더라도 정성을 다해 차린 음식이기 때문에 'Nice!' 또는 'Delicious[dilíʃəs]!'와 같은 단어를 사용하여 칭찬을 하는 것이 예의이다.

A : **This is very delicious.** 이 음식 정말로 맛있습니다.

B : Thank you. I'm glad you like it. Would you like some more?
고맙습니다. 좋아하시니 기쁘군요. 조금 더 드시겠어요?

A : Oh thank you. Just a little then, please.
오, 고맙습니다. 그러면 조금만 더 주세요.

➔ 'I'm glad you like it.'는 '음식이 맛있다'는 상대방의 칭찬에 맞장구치는 표현

- What's in it? 그 안에 뭐가 들었어요?
- What is it made of? 무엇으로 만들었죠?
- What does it taste like? 그것은 맛이 어때?
- It tastes very fresh. 맛을 보니 매우 싱싱한데요.
- The fruit tastes sweet. 그 과일은 먹어 보면 달콤해.
- It looks so appetizing. 너무 맛있어 보이는군요.

taste[teist] 맛을 보니 ~하다

cf. **bitter**[bítər] 맛이 쓴
sour[sáuər] 맛이 신
appetizing[ǽpitàiziŋ] 식욕을 돋우는, 맛있어 보이는
an appetizing dish 먹음직한 요리

06 배가 불러요. No thank you. I'm full.

초대한 주인(host/hostess)이 음식을 더 먹으라는 권유를 정중히 사양할 때 'No thank you.'와 함께 거절하는 이유를 말하는 것이 좋다. 또한 권유받은 음식에 대해 'I don't like ~'라고 직선적으로 말하는 것은 상대방을 당황케 할 수가 있다. 또한 체면상 먹기 싫은 음식을 억지로 먹고서 소화제를 먹기보다는 차라리 솔직히 음식이 맞지 않는다고 고백하는 것이 현명한 길이다. 이처럼 음식이나 기후 등이 맞지 않는다고 표현할 때 영어로 'I'm afraid it doesn't agree with me.' 또는 'I'm afraid I'm not very keen on meat.'라고 한다. 'Thanks, but I'm a vegetarian.(고맙습니다만 전 채식주의자입니다.)'라고 말할 수도 있다.

agree with (기후 · 음식물 따위가) ~에게 맞다
be keen on ~을 매우 좋아하다
vegetarian[vèdʒətέəriən] 채식주의자. 미국에서는 보통 'veggie/veggy'라고 한다.

A : Help yourself to the fried chicken. 닭튀김 좀 드세요.

B : **No thank you. I'm afraid meat doesn't agree with me.**
됐습니다. 육류는 저에게 맞지 않는 것 같아요.

A : Would you like some more whisky? 위스키 좀 더 드시겠어요?

B : **No, thanks. No more for me. I'm driving.**
됐습니다. 저는 됐어요. 차를 운전하고 갈 거예요.

음식을 더 먹으라는 권유를 사양할 때

'No thank you.'와 함께 아래 있는 표현을 사용하면 OK.

- No thank you, I'm fine. 됐습니다. 많이 먹었습니다.
- No thank you. I'm full. 배가 불러요.
- I've had enough. 많이 먹었습니다.
- I'm O.K. for now. 지금은 됐습니다.
- No more for me. 저는 더 못 먹어요.
- No more. I'm stuffed. 더 못 먹겠어. 배가 꽉 찼어.
- Nothing for me, thanks. 아무 것도 못 먹겠어요. 됐습니다.
- I've no more room left. 더 들어갈 자리가 없어요.
- No thank you, I really can't manage any more.
  됐습니다. 더 이상 먹을 수가 없어요.
- No, it really is delicious, but I don't think I could manage any more, thank you.
  됐습니다. 정말 맛있지만 더 이상 먹을 수 없을 것 같아요. 고마워요.

➔ 'stuff[stʌf]'는 '음식을 뱃속에 채우다'라는 뜻으로 친구들 사이에 쓰임.

room 공간, 여지

➔ 'manage[mǽnidʒ]'는 'can, could, be able to'와 함께 쓰여 '더 먹거나 마실 수 있다'는 뜻.

07 조금 더 먹어도 괜찮겠어요? Would it be all right if I had some more?

'I wonder if ~'는 무엇을 요청할 때(asking for) 쓰이는 예의를 갖춘 정중한 표현이다. 그리고 상대방의 허가를 구할 때(asking permission[pəːrmíʃən]) 'Is it all right if I ~?'(~해도 괜찮아요?)와 같은 표현이 쓰인다. Would it be all right if I had ~'는 가정법 과거형을 이용한 좀더 예의바른 표현이며 'if' 다음에 '동사의 과거형'이 쓰인 것에 주의할 것.

- I wonder if I could have another piece of bread, please.
  빵 한 조각 더 먹을 수 있을까요?
- I wonder if I could have some more milk, please.
  우유 좀 더 먹을 수 있을까요?
- I'd like a second helping, if that's all right with you.
  괜찮다면 한 그릇 더 먹었으면 합니다.
- Would it be all right if I had some more?
  좀더 먹어도 괜찮겠어요?

helping 음식의 한 그릇(a portion of food at a meal)

08

단지 작은 것으로 주세요. Only a small piece.

초대한 주인(host/hostess)이 음식을 더 먹으라는 'Would you like some more cake?'와 같은 권유를 받아들일 때는 'Yes, please.' 또는 'Thank you/Thanks.'라고 하면 된다. 음식을 먹다가 남기는 것보다는 미리 자기 양에 맞춰 요구하는 것이 좋을 것이다. 주인이 음식을 더 주느냐고 물었을 때 응답하는 표현이다.

piece[piːs] 조각, 부분

- Well, yes please, **only a small piece.** 네, 주세요. 단지 작은 것으로 주세요.
- Well, yes please, **only a little.** 네, 주세요. 단지 조금만 주세요.

light (양 · 정도가) 적은, 소량의

- **Could I just have something light,** please?
  그저 조금만 먹을 수 있을까요?

09

소금 좀 건네주세요. Would you please pass the salt?

식탁에서 손이 닿지 않는 것을 필요로 할 때 다른 사람의 음식 위로 손이 왔다갔다하는 것은 실례가 되므로 상대방에게 건네 달라고 부탁하는 것이 좋다. 상대방이 부탁한 물건을 건네주며 '여기 있습니다.' 할 때 'Here you are.'라고 한다. 'salt[sɔːlt], sugar, cream(프림), mustard[mʌ́stərd](겨자), black pepper(후추)' 등이 식탁에서 볼 수 있는 것들이다.

A : **Would you please pass the salt?** 소금 좀 건네주세요.

B : Here you are. 여기 있습니다.

- **Could you pass the bread, please?**
  빵 좀 건네주시겠어요?
- **Could you pass the red pepper, please?**
  고춧가루 좀 건네주시겠어요?

10

커피를 어떻게 해 드릴까요? How would you like your coffee?

집에 찾아온 손님에게 커피를 대접할 때 손님의 커피 기호를 모르면 다음과 같이 물어 보면 된다.

- **How would you like your coffee?**
  커피를 어떻게 해 드릴까요? (= How do you like your coffee?)
- **How do you usually drink your coffee?**
  보통 커피를 어떻게 드세요?

위와 같은 물음에 대한 응답 표현

- White for me, please. 저는 크림만 넣어 주세요.
- (I'd like it) Black, please. 블랙으로 해 주세요.
- With sugar, please. 설탕만 넣어 주세요.
- With cream, please. 크림만 넣어 주세요.
- I'll take only a little sugar. 나는 설탕만 조금 넣지.
- With sugar and cream, please. 설탕과 크림을 넣어 주세요.
- A spoonful of cream and a lump of sugar, please.
  크림 한 스푼과 각설탕 하나 넣어 주세요.
- I'll take it as it comes. 주는 대로(어떻게 해주든) 먹겠어요.

cf. Come as you are. 지금 입고 있는 대로 와.

➔ 'black coffee'는 설탕의 유무에 관계없이 크림이 안 들어간 커피(coffee with no milk added)를 말하며, 'white coffee'는 크림이 들어간 커피(coffee with milk added)를 말한다. 'regular coffee'는 설탕과 크림이 모두 들어간 커피를 말한다. 'Wake up and smell the coffee.'는 '어떤 일의 진실이나 현실을 좀 깨달아라'고 말할 때 쓰인다.

a spoonful of 한 스푼의
a lump [lʌmp] **of** 한 덩어리

A : (Would you like a cup of) **Coffee?**
커피 한 잔 마시겠어요?

B : No sugar in my coffee, please: I'm dieting.
제 커피에 설탕을 넣지 말아요. 다이어트 중이거든요.

A : **Do you take cream in your coffee?**
커피에 프림을 넣으세요?

B : Yes, please.
네.

➔ '프림'은 잘못된 표현이고 올바른 영어 표현은 'cream'이다.

S : **Which do you like better, tea or coffee?**
홍차와 커피 어느 것을 더 좋아합니까?

M: I prefer tea (to coffee).
커피보다 홍차를 좋아합니다.

prefer A to B B보다 A를 더 좋아하다.

A : **Would you like another cup of coffee?**
커피 한 잔 더 하시겠어요?

B : No thank you.
아뇨. 됐습니다.

- Add milk and sugar to taste, please.
  기호에 맞춰 밀크와 설탕을 넣으세요.

add [æd] 더하다, 추가하다

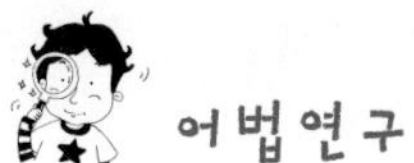

another의 용법

'another[ənʌ́ðər]'는 '또 하나의(one more), 또(additional[ədíʃənəl]), 다른(different[dífərənt])'이라는 뜻으로 회화에서 자주 쓰이는 단어이다.

a. Have another beer.
맥주 한잔 더 해.

b. Another of these cakes?
과자 하나 더 먹을래?

c. I'm going to have another coffee.
난 커피 한 잔 더 먹을래.

d. Let's talk about that another time.
그것에 관하여 다음 번에 이야기합시다.

e. In another two days it'll be finished.
이틀만 더 있으면 끝날 거야.

f. It'll most likely take me another ten minutes.
아마 10분 더 걸릴 겁니다.

g. I hear he's already begun looking for another job.
그는 이미 다른 일자리를 찾기 시작했다던데요.

h. She is going to have another baby.
그녀는 또 임신했어. (= She's expecting another baby.)

11 훌륭한 식사였습니다. That was a wonderful meal.

입맛에 안 맞거나 맛없는 음식을 먹은 후에라도 주인에게 감사의 표현을 하는 것이 예의이다.

- Thank you. That was very nice/delicious.
감사합니다. 매우 맛있었습니다.

- Thank you. That was really lovely. I really enjoyed it.
감사합니다. 정말로 맛있었습니다. 정말로 맛있게 먹었습니다.

12 가봐야겠어요 I must be going soon.

식후에 갑자기 간다고 하면 영 · 미인들은 뭐가 잘못되어 손님이 화가 나서 그러는 줄 오해할 수가 있기 때문에 보통 영국인들은 10분 정도의 간격을 두고 2번 정도 가야 한다는 사실을 얘기한다. 이때 진행형을 사용해서 먼저 가야 한다는 사실을 나타내고 그 다음에 말할 때는 진행형이 아닌 표현을 사용한다.

- Goodness, is that the time! **I'll have to be going.** I must be going soon.
  이런! 시간이 저렇게 됐나! 가봐야 할 것 같아요.
- **I really will have to go now.**
  정말 가야만 합니다. (= I really must go.)
- Would you excuse me, **I think I'd better go** and do my homework.
  죄송합니다. 가서 숙제를 해야 될 것 같습니다.

13 다시 감사 드립니다. Thank you again.

떠나올 때 주인에게 감사하다고 인사하는 것을 잊지 말아야 한다. 그리고 그 다음날 전화를 걸어 다시 한 번 고마웠다는 말을 하는 것이 예의이다.

- **Well, thank you again.** It's been a lovely evening. <at the door>
  다시 감사 드립니다. 멋진 저녁이었습니다. 〈현관에서〉
- **That was a very nice meal yesterday.** <a day later>
  어제 먹은 음식은 매우 맛있었습니다. 〈다음날에〉

meal[miːl] 식사
(breakfast[brékfəst] 아침,
lunch[lʌntʃ] 점심,
brunch[brʌntʃ] 아침겸 점심,
supper[sʌ́pər] 저녁식사,
dinner[dínər] 하루중 주된 식사)

LESSON 17

파티 Party

01	송년회를 할 거야.	We're throwing a party on New Year's eve.
02	즐거운 시간 되세요!	Have a good time!
03	뭐 좀 가져갈까요?	Shall I bring you something?
04	집사람도 함께 갈게요.	I will bring my wife.
05	어떤 일이 있어도 꼭 갈 겁니다.	I wouldn't miss it for anything.
06	입고 갈 만한 옷이 없어.	I don't have anything nice to wear.
07	같이 춤추지 않겠어요?	May I have the pleasure of dancing?
08	분위기가 어색했어.	I felt like a fish out of water.
09	식음료 담당이야.	I'm in charge of food and beverage.
10	눈총 받고 싶지 않아.	We don't want to wear out our welcome.
11	그는 파티의 스타야.	He's the life and soul of the party.

L·E·S·S·O·N

17

파티 Party

What kind of party do you want to go?

- Slumber party(英) / Pajama party(美)
  10대 아이들이 함께 이야기를 주고받고 놀이를 하다 자고 가는 모임

slumber[slʌ́mbər] 선잠, 겉잠

- Potluck supper
  손님 각자 자기가 만들어 가져온 음식으로 하는 흔히 있는 파티의 형태

- Dinner party
  남의 집에 저녁 식사에 초대되어 담소를 나누며 저녁을 보내는 사교적 모임

- Garden party
  오후에 큰집의 정원에서 초대한 손님을 위해 열리는 공식적인 파티

- Hen party
  여성들만의 모임

- Stag party(stag night)
  곧 결혼하게 될 남자를 위한 파티로 남자들만의 모임

➔ 〈P. 417 10번 참조〉

- Surprise party
  몰래 계획 · 준비하여 친구 · 애인 · 부인을 놀래키려고 갑자기 열어주는 깜짝파티

- Get-together
  가까운 친구 두세 명이 갖는 조촐한 모임으로 맥주를 마시면서 대화를 나누면 'a beer party(맥주 파티)' 차를 마시면서 대화를 나누면 'a tea party(다과회)' 라고 한다. 또한 가족끼리 모여 차와 과자를 먹으며 대화를 나누면 'a family get-together' 라고 한다.

01

송년회를 할 거야. We're throwing a party on New Year's eve.

연말 연시에 사람들은 'Happy New Year' 와 같은 글을 써서 'New Year's greetings(신년 연하장)' 를 보내거나 '담배를 끊는다든지 좋지 않은 습관을 버린다든지' 하는 며칠 갈지 모르는 'New Year's resolutions(신년의 결의)' 를 하게 된다. 그리고 'New Year's eve(섣달 그믐날)' 에 파티에 가거나 가족 · 친구 또는 이웃들과 새해를 맞이하기 위하여 자정까지 함께 모여 'Auld Lang Syne[óuld-lǽŋ-záin]' 을 부르고 술을 마시곤 한다. 우리 나라에서는 보신각종 주변에 사람들이 모여 새해맞이 타종식을 구경하듯 영국에서는 Trafalgar광장 또는 국회의사당의 큰 시계 'Big Ben' 의 소리를 듣기 위해 사람들이 몰려들어 종이 울릴 때 함성을 지르며 새해 인사를 한다.

resolution[rèzəlúːʃən] 결의, 각오

- I've made New Year's resolutions to give up smoking and lose weight.
  담배를 끊고 체중을 줄이기로 신년 각오를 했어.

throw[θrou] 던지다, 개최하다, 거행하다

- We're throwing a party on New Year's eve. Want to come?
  우리는 송년회를 할 건데 오겠어?

huge[hjuːdʒ] 거대한

- Mark is throwing a huge party to celebrate his promotion.
  마크는 자기 승진을 축하하는 거창한 파티를 열거래.

- I had a get-together with some old school friends last night.
  어젯밤에 몇몇 동창과 모임을 가졌다.

- A reception will be held after the wedding.
  결혼식 후에 축하연이 있을 겁니다.

reception[risépʃən] 응접, 접대, 환영회

02

즐거운 시간 되세요! Have a good time!

파티 · 여행 · 소풍 등을 가는 사람에게 '즐거운 시간을 가지세요' 또는 '재미있게 놀다 오세요' 라고 말할 때 'Enjoy yourself a lot.(즐겁게 노세요.)' 또는 'Have a good time!' 이라 한다. 이 때 말하는 사람의 기분에 따라 형용사를 'good' 또는 'wonderful' 을 사용하지만 강조하여 'very good' 의 뜻으로 'great' 를, 더 강조하여 우리말의 '끝내 주는' 의 뜻으로 'fantastic[fæntǽstik]' 또는 'terrific[tərífik]' 이 쓰인다.

A : Your vacation sounds fantastic.
휴가 갔다 온 얘기 들어보니 끝내 주는군.

B : **We had the time of our lives!**
오랫동안 추억에 남도록 즐겼어.

vacation[veikéiʃən] 휴가
have the time of one's life 오랫동안 기억에 남을 만한 일을 하며 즐기다

- I really enjoyed your party last night.
  어젯밤에 파티 정말로 즐거웠습니다.

- Did you have a great time on your honeymoon?
  신혼여행 매우 즐거웠어요?

- We had quite a blast last night! 매우 즐거운 시간을 보냈어!

- We had a whale of a time drinking and dancing!
  술 마시고 춤추며 굉장히 즐거웠어!

blast[blæst] 열광적인 파티 또는 아주 즐거운 한때(a wild party or good time)
a whale of a 굉장한, 대단한
whale[weil] 고래, 뛰어난 사람

- Oh, do we have to leave now? I was just beginning to enjoy myself. 오, 지금 떠나야만 해? 이제 막 흥이 나기 시작했는데.

- I had a lousy time. 아주 재미없는 시간을 보냈어요.

lousy[láuzi] 불결한, 더러운, 불쾌한(unpleasant[ʌ̀nplézənt])
➔ '즐겁게 시간을 보냈다(I had a good time)' 는 말과는 반대로 '참석했던 파티가 엉망이어서 기분도 좋지 않았다' 고 할 때 쓰이는 표현이다.

이 밖에 작별 인사로 쓰이는 표현

- Have a good day. (헤어지면서 사용하는 인사) 잘 가.
- Have a nice party. (파티에 가는 사람에게) 파티에서 즐겁게 놀아.
- Have a good sleep. 잘 자.
- Have a good rest. 푹 쉬세요.
- Have a good weekend! 즐거운 주말을 보내세요!

03

뭐 좀 가져갈까요? Shall I bring you something?

생일 파티와 같이 남을 축하해 주러 갈 때 조그만 마음의 선물을 가져가는 것이 예의이다. 상대방의 기호를 알아서 선물을 준비하는 경우에는 문제없지만 그렇지 않은 경우엔 'Shall I bring you something?'과 같이 물어 볼 수가 있다. 의문문에서 'something'이 쓰인 것은 선물을 가져가는 관례적이기 때문이다. 그러나 선물을 가져가야 되는지 몰라서 물어 볼 때는 'Should I bring anything?'과 같이 물어 보면 된다. 자기가 마실 술을 지참하는 파티를 'BYO' 또는 'BYOB'라고 한다.

BYOB = Bring your own bottle.

A : Tomorrow's your birthday. **Shall I bring you something?**
내일이 네 생일인데 뭘 좀 가져갈까?

B : Just bring yourself. Help my mom out in the kitchen.
그냥 몸만 와서 부엌에서 나의 엄마 좀 거들어 드려.

A : Okay. I can manage that.
알았어. 그건 내가 할 수 있어.

manage [mǽnidʒ] 잘 해내다, 처리하다

booze [bu:z] 술

- Bring your own bottle/booze.
  네가 마실 술을 가져와(= BYOB).

04

집사람도 함께 갈게요. I will bring my wife.

사람을 '데려오다'라고 할 때 동사 'bring'이 쓰인다. '그를 이리로 데려와.'라고 말하려 할 때 'Bring him here.'라고 하면 된다. 이와 반대로 '데리고 가다'라고 할 때는 'take'가 쓰인다. 파티에 오라는 제의를 받았을 때 순간적으로 결정(a sudden decision)을 하게 된다. 이와 같이 즉석 제의에 순간적인 응답을 할 때는 'be going to'가 아닌 'will'이 쓰인다. 'be going to'를 사용하면 초대받기 전에 나의 처를 데려오기로 결정했다는 의미가 되므로 옳지 않다.

A : Come to my birthday party. 내 생일 파티에 오세요.

B : All right. **I will bring my wife.** 좋아요. 집사람도 함께 갈게요.

- Bring her in. 그녀를 안으로 들여보내.
- Guards! Take him away. 경비! 그를 데리고 나가.

guard [gɑ:rd] 경비원, 보초

05

어떤 일이 있어도 꼭 갈 겁니다. I wouldn't miss it for anything.

동사 'miss'는 '못 맞히다, 놓치다, 차 등을 잡지 못하다, 보지 못하다, ~가 없어서 섭섭하게 생각하다' 등의 뜻으로 쓰인다. 이 동사가 의지를 나타내는 조동사 'would'의 부정과 함께 강한 긍정의 마음을 나타낸다. 예를 들어 어떤 모임 · 파티 등에 올 수 있는가 물음을 받았을 때 '모임에 갈 수 있는 기회를 놓치지 않고 꼭 가겠다'라는 말을 강조할 때 위 표현이 쓰인다. 'for anything'은 '(부정 · 의문문에서) 절대로, 결코'의 뜻이다.

A : Do you think you will be able to come to the party this Saturday?
이번 토요일 파티에 오실 수 있으세요?

B : **I wouldn't miss it for anything.**
어떤 일이 있어도 꼭 갈 겁니다.

S : Do you think you will be able to attend my wedding next week?
다음 주 내 결혼식에 참석할 수 있어요?

M: **I should be if nothing unexpected comes up.**
갑작스런 일이 없으면 꼭 참석할 겁니다.

unexpected[ʌ̀nikspéktid] 예상치 않은
come up 뭔일이 나타나다
➜ '미래에 ~을 할 수 있는가'를 물어 볼 때 'Do you think you will be able to ~?'라는 표현이 쓰이며, 'I should be'는 'I should be able to attend your wedding.'의 줄임말이다.

- I wouldn't do that for anything.
  어떤 일이 있어도 그건 결코 하지 않을 겁니다.
- I'm sorry, I missed the door.
  집을 잘못 찾았어요.
- I've missed you so much.
  당신이 무척 그리웠어요.
- I'm sorry I missed your birthday.
  생일을 챙기지 못해 죄송합니다.
- I missed lunch today.
  나 오늘 점심을 (바빠서) 못 먹었어요.

06 입고 갈 만한 옷이 없어. I don't have anything nice to wear.

'~해야 할/~할'이라는 우리말을 영어로 나타낼 때 'to부정사'가 쓰이며 명사 뒤에서 수식한다.

A : Are we going to the party?
파티에 가는 거야?

B : **But I don't have anything nice to wear.**
하지만 입고 갈 만한 옷이 하나도 없어.

A : Don't worry about it. Just let your hair down and have a good time.
걱정 마. 그저 편안하고 즐겁게 놀아.

wear[wɛər] 입고 있다
worry[wə́:ri] **about** ~을 걱정하다
let one's hair down 맘놓고 편안하게 행동하다

- All my suits are dirty. I don't have anything to wear.
  내 옷은 모두 더럽습니다. 입을 만한 것이 하나도 없습니다.
- If you were to attend the banquet, what would you wear?
  당신이 연회에 참석하게 된다면 어떤 옷을 입겠습니까?

suit[su:t] 양복
banquet[bǽŋkwit] 연회

• You ought to have that coat cleaned and pressed.
당신은 저 코트를 깨끗이 세탁해서 다려야겠어.

➔ 〈P. 253 참조〉

• I've got to get this shirt washed and ironed.
나는 이 셔츠를 빨아서 다려야만 해.

outgrow[àutgróu] 몸이 커져서 입지 못하게 되다, ~보다도 커지다
trousers[tráuzərz] 바지

• I guess I've outgrown this pair of trousers.
나는 이 바지가 작아서 안 맞는 것 같아요.

부정사의 형용사적 용법

'to부정사'는 이탤릭체의 명사를 수식하는 형용사 기능을 한다.

a. (It's a) *Pleasure* to meet you. 만나서 즐거워요.

b. I've *nothing* to lose. 밑져야 본전/손해 볼 것 없어.

c. Do you have *a lot* to do now? 지금 할 일이 많아?

d. Come on kids, *it's time* to go home. 얘들아, 집에 가야 할 시간이다.

e. When's *a good time* to go? 언제가 가기에 좋습니까?

f. He's looking for *somewhere* to park his car.
그는 자기 차를 주차할 곳을 찾고 있어.

tendency[téndənsi] 경향

g. George has *a tendency* to talk too much.
조지는 말을 너무 많이 하는 경향이 있어.

h. If you have *nothing* to do, how about going out for a coffee?
할 일이 없으면 커피나 한 잔 하러 가는 게 어때?

07 같이 춤추지 않겠어요? May I have the pleasure of dancing?

pleasure[pléʒər] 쾌락, 즐거움, 만족

'have the pleasure[pléʒər] of ~'는 '~을 함으로써 즐거움을 얻다'라는 뜻으로 남을 어떤 일에 정중하게 초대할 때 쓰인다. 무도회에서 아름다운 아가씨를 발견하고서 그녀에게 다가가 같이 춤추자고 청할 때, 또는 초대장 등에 쓰인다.

A : Susan, **may I have the pleasure of dancing?**
수잔, 같이 춤추지 않겠습니까?

B : Certainly, Sam. I never thought you'd ask.
물론이고 말고요, 샘. 전 당신이 청하지 않을 줄 알았어요.

company[kʌ́mpəni] 교제, 같이 있음

• May I have the pleasure of your company next Saturday?
다음 토요일에 자리를 함께 해 주시겠습니까?

- I had the pleasure of meeting your parents yesterday.
  어제 당신 부모님을 뵙게 되어 즐거웠습니다.

08

분위기가 어색했어. I felt like a fish out of water.

어느 때, 어느 장소에 가든지 마치 늘 그런 분위기에 어울렸던 사람인 듯 자연스럽게 행동하는 사람이 있다. 처음 만난 사람과도 마치 오랜 지기인 양 편안하게 어울릴 수 있는 사람이 있는가 하면 어떤 장소나 분위기가 익숙하지 않아서(unfamiliar[ʌ̀nfəmíljər]) 어울리지 못하고 불편해(uncomfortable[ʌ̀nkʌ́mfərtəbəl])하는 사람이 있다. 이런 사람을 가리켜서 'feel like a fish out of water(물을 떠난 물고기 같다)' 라는 표현이 쓰인다.

A : How was the party last night?
어젯밤 파티 어땠어?

B : It was all right. But **I felt like a fish out of water.**
괜찮았지만 나는 정말 어색했어.

09

식음료 담당이야. I'm in charge of food and beverage.

사람의 집단 또는 활동을 관리하거나 책임을 진다고 할 때 'be in charge[tʃɑːrdʒ] of '가 '~을 담당하다, 책임지다' 의 뜻으로 쓰인다.

A : What is your responsibility?
너는 할 일이 뭐야?

B : **I'm in charge of food and beverage.**
나는 음식과 음료수 담당이야.

responsibility[rispɑ̀nsəbíləti] 책임, 책임지고 돌봐야 할 일

beverage[bévəridʒ] 음료, (물 이외에) 마실 것

- Who's in charge around here?
  이곳의 담당자는 누구지요?

10

눈총 받고 싶지 않아. We don't want to wear out our welcome.

자기 집에 놀러 온 손님에게 '좀더 머물러 있다가 저녁 먹고 가세요' 라고 말할 때 'stay for' 동사가 쓰인다. 반면에 주인의 환대에 지나치게 오래 머물다 보면 눈총을 받을 때가 있다. '오래 머물러 눈총 받다' 라고 할 때는 'wear out one's welcome' 이라고 하면 된다.

A : Shall we stay for another drink?
한 잔 더 하고 갈까?

B : Perhaps not. **We don't want to wear out our welcome.**
아니야. 오래 머물러 눈총 받고 싶지 않아.

wear[wɛər] **out** 닳아서 떨어지다, 마멸되다

- Won't you **stay to/for some apple pie?**
  (지금 만들고 있으니) 애플 파이 좀 먹고 가지 않겠어요?

- So are you **staying for dinner?**
  그럼 더 놀다가 저녁 드시고 갈 거예요?

impression [impréʃən] 인상, 느낌
overstay/outstay one's welcome 눈치 없이 너무 오래 있어 미움을 사다

- I left after a couple of days – and even then I had the impression I might have **overstayed/outstayed my welcome.**
  2, 3일 후에 떠났는데 환대한다고 눈치 없이 오래 머물렀다는 느낌을 받았어.

11 그는 파티의 스타야. He's the life and soul of the party.

soul [soul] 중심 인물

농담 또는 재미있는 얘기를 많이 해서 파티 · 사교 모임 등에 함께 한 사람들을 즐겁게 해주는 사람을 가리켜 'the life (and soul) of the party'라고 한다.

A : I hope John gets here soon.
존이 여기에 빨리 오길 바래.

B : Yeah, **he's always the life and soul of the party.**
그래, 그는 항상 파티의 스타잖아.

housewarming [háuswɔ̀ːrmiŋ] 집들이

a wet blanket 다른 사람을 헐뜯거나 실망시키는 사람 또는 파티 등에서 다른 사람들과 어울리지 않아 흥을 깨는 사람
wet 젖은, 축축한, 덜 마른
blanket [blǽŋkit] 담요

S : Why wasn't Robert invited to a housewarming party?
집들이에 왜 로버트는 안 불렀어?

M: **Because he is such a wet blanket.**
흥을 깨는 사람이기 때문이야.

LESSON 18

선물 Present

01 마음에 들었으면 해. I hope you like it.

02 꼭 갖고 싶었던 거예요. It's just what I wanted.

L·E·S·S·O·N **18**

선물 Present

01

마음에 들었으면 해. I hope you like it.

'I hope you like it.'는 상대방에게 선물을 주면서 선물이 마음에 들기를 바라는 마음에서 하는 말이고, 'I'm glad you like it.'는 상대방에게 선물을 준 후에 상대방이 좋아하는 것을 보면서 '마음에 든다니 기뻐요.'라는 뜻으로 하는 말이다. 또한 이 말은 대접한 음식을 손님이 맛있다는 말에 맞장구칠 때도 쓰인다.

A : Here is a little present for your birthday.
여기 조그만 생일 선물이 있어요.

B : Thank you very much. May I open it?
고마워요. 열어 볼까요?

A : Sure. **I hope you like it.**
그럼요. 선물이 마음에 들기를 바래요.

B : What a beautiful sweater! It's just what I wanted.
아름다운 스웨터군요! 내가 꼭 갖고 싶어하던 거예요.

➜ 〈P. 324 참조〉

A : **I'm glad you like it.**
마음에 드신다니 기쁘군요.

S : This food is delicious.
이 음식이 맛있어요.

M: **I'm glad you like it.**
맛있다니 기뻐요.

02

꼭 갖고 싶었던 거예요. It's just what I wanted.

선물을 받았을 때 그 자리에서 포장을 뜯어본 후에 설령 선물이 마음에 들지 않는다 하더라도 즐거운 마음으로 'It's just what I wanted (to have).'와 같이 말한다면 선물을 준 사람도 즐거워할 것이고 이렇게 말하는 것이 예의이다.

A : That scarf that he got you for your birthday was really nice.
네 생일에 그가 너에게 선물한 그 스카프 참 멋지더라.

B : I suppose so, but **it was a far cry from what I wanted.**
그래 멋지긴 하지만 내가 원했던 거랑은 거리가 멀어.

A : What do you mean?
그게 무슨 말이니?

B : Well, I was expecting an engagement ring.
음, 난 약혼 반지를 기대하고 있었거든.

➜ 'a far/long cry'란 '대단한 차이, 현저한 간격'이란 뜻으로 'It's a far cry from what I wanted.'는 자신이 받거나 산 물건 혹은 사려고 하는 물건에 대한 불만 또는 실망을 표현할 때 쓰는 말이다.

engagement [engéidʒmənt]
약혼, 약속, 계약

- This is just what I needed.
  이것이 바로 내가 필요로 했던 거야
- This is just what I was looking for.
  이것이 바로 내가 찾던 거야.
- It's just what I had in mind.
  제가 마음속에 갖고 있던 겁니다.

어법연구

wish / want / hope가 '부정사' 또는 'that절'을 목적어로 가질 때 의미상 차이

1. 'wish, want, hope'가 부정사를 목적어로 가질 때 직설법으로 같은 뜻이다.
   - a. I want to see you soon.
     곧 뵙기를 바랍니다.
   - b. She hopes to get a job overseas.
     그녀는 해외에서 일자리를 갖고 싶어한다.
   - c. Many women wish to combine a career and family.
     많은 여성들이 직장과 가정을 하나로 결합하고 싶어한다.

hope to = would like to
overseas [òuvərsíːz] 해외에서
combine [kəmbáin] 결합하다
career [kəríər] 직업

2. 'hope' 동사와는 달리 'wish' 동사가 'that절'을 목적어로 할 때는 '실현될 수 없는 소망을 나타내는' 가정법의 뜻이 된다. 'want' 동사는 'that절'을 목적어로 할 수 없다.
   1) a. I *hope* (that) you will be happy.
      (너의 현재 기분을 알 수 없지만) 네가 행복하길 바래.
      b. I *wish* (that) you could be happy.
      (너의 현재 기분이 우울하거나 기쁘지 않은데) 네가 행복해졌으면 해.
   2) a. I *hope* you will help me.
      네가 나를 도와주길 바래.
      b. I *wish* you would help me.
      네가 나를 도와줬으면 좋겠어.

➜ a는 '네가 도와줄 수 있다고 생각하기에 도와주길 바란다'는 뜻이고, b는 '네가 도와주길 바라지만 지금까지의 네 행동으로 보건대 도와줄 것 같지는 않다'는 뜻.

   3) a. I *hope* you will come tomorrow.
      (내일 올 수 있는지 없는지는 모르지만) 네가 내일 오기를 바래.
      b. I *wish* you would come tomorrow.
      네가 내일 와 주었으면 좋겠어.

➜ 내일 네가 와 주기를 바라지만 사실은 올 수 없어서 서운하다는 뜻.

LESSON 19

외모 Appearance

01	그 사람 어떻게 생겼어요?	What does he look like?
02	약간 잘생겼어.	She's rather good-looking.
03	덩치가 나만해.	He's about my size.
04	체격이 좋아.	He's pretty heavy.
05	내 나이쯤.	He's around/about my age.
06	그는 대머리야.	He's a bald man.
07	양 볼에 보조개가 있어.	She has dimples on her cheeks.
08	그는 정말로 당신을 닮았어요.	He really looks like you.

L·E·S·S·O·N 19

외모 Appearance

01

그 사람 어떻게 생겼어요? What does he look like?

'어떻게 생겼어요?' 라고 다른 사람의 외모 즉 생김새(appearance[əpíərəns])를 물을 때 'look like(~를 닮다 = resemble[rizémbəl], ~인 것 같다)' 를 사용하여 다음과 같이 물어보면 된다.

- What does your boyfriend look like?
  네 남자 친구는 어떻게 생겼어?
- What does your new teacher look like?
  새로 오신 선생님은 인상이 어때?

02

약간 잘생겼어. She's rather good-looking.

'어떻게 생겼어요?' 라는 위와 같은 물음에 상황에 따라 다음과 같이 다양하게 응답할 수 있다.

- She's quite a beauty. 그녀는 대단한 미인이야.
- She's a knockout. 그녀는 정말로 아름다워.
- She's a fox. 섹시하고 매력적인 여자야.(= She's a foxy lady.)

cf. He's a crafty old fox. 그는 간교한 놈이야.

- She's not plain at all. 그녀는 못생긴 것이 전혀 아냐.

a beauty[bjú:ti] 미인
➔ a + 추상명사 = 보통명사
➔ 〈P. 19 참조〉
a knockout[nákàut] 매력적(attractive)이고 아름다운 사람 또는 대성공, 히트한 상품
fox 성(性)적으로 매력적(sexually attractive)인 사람
crafty[krǽfti] 교활한, 간사한
not ~ at all 전혀 ~이 아닌
plain[plein] 평평한, 명백한, 검소한, 수수한, 예쁘지 않은

관련 어휘

그 밖의 외모를 표현하는 형용사

- attractive[ətrǽktiv] 섹시한 몸매에 매력 있는(charming[tʃá:rmiŋ])
- beautiful[bjú:təfəl] 뛰어난 몸매를 지니고 매우 예쁜
- pretty[príti] 섹시한 매력을 지닌 여성과 여성다운 남자에게
- stunning[stʌ́niŋ] 매우 잘생기고 성적으로 매력적인
- elegant[éləgənt] 옷을 잘 입고(well-dressed) 우아한(graceful[gréisfəl])
- handsome[hǽnsəm] 외모가 수려한 남자에게
- rugged[rʌ́gid] 잘생기고 신체 건강하며 다소 우락부락하게 생긴
- homely[hóumli] 얼굴이 못생긴, 수수한
- plain[plein] 평범한, 수수한, 예쁘지 않은

➔ 여성에게 못생겼다고 할 때 'ugly[ʌ́gli]' 라는 단어는 보통 쓰지 않고 'homely / plain / not good-looking / unattractive' 등을 사용한다.

03

덩치가 나만해. He's about my size.

형태의 대(big) 소(small)를 나타내는 것을 'size'라고 한다. '그는 나의 아들만 한 작은 소년이야.'라고 하려면 'He's a small boy, about my son's size.'라고 하면 된다. 'a little bird(한 마리 작은 새)', 'a little boy(귀여운 꼬마 소년)', 'my little girl(나의 귀여운 딸)'등과 같이 '어리거나 작고 귀여운' 것을 나타낼 때 'little'이 쓰인다.

- He's a little taller than I am. 그는 나보다 조금 더 커.
- He's about this tall. 그는 거의 이 정도 키입니다.
- Dad, I'm not a little boy any longer. 아빠, 저는 더 이상 꼬마가 아니에요.

not ~ any longer 더 이상 ~이 아닌

04

체격이 좋아. He's pretty heavy.

'heavy'는 덩치가 좋고(large) 체격이 단단해(solid) 보이는 외모를 말할 때 쓰이며, 또한 담배를 많이 피우는 사람을 'a heavy smoker', 술을 많이 마시는 사람을 'a heavy drinker'라고 한다.

- He's pretty heavy with short black hair.
  그는 짧은 검은머리에 체격이 아주 좋아요.
- He's very thin. 그는 매우 말랐어.

➔ 〈P. 272 참조〉

05

내 나이쯤. He's around/about my age.

나이가 어느 정도 되느냐고 물을 때 비슷한 또래일 경우 'He's around/about my age'라고 말한다. 'around/about'가 부사로 쓰일 때는 '대략(approximately[əprάksəmitli]), 거의, 대체로, 약'이란 뜻이다.

- He is my age. 그는 나와 동갑이야. (= He's as old as I am.)
- He seems to be about forty. 그는 40살쯤 돼 보여요.
- He seems to be in his early forties. 40대 초반인 것 같아요.

관련 어휘

- a middle-aged woman 중년 부인
- early and late teenage boys 10대 초반과 후반의 소년들
- an elderly man 초로(初老)의 남자
- 20-something man 20대 남자

teenage[tíːnèidʒ] 10대의

06

그는 대머리야. He's a bald man.

curly[kə́:rli] 곱슬, 곱슬머리의

- He has got curly brown hair. 그는 갈색 곱슬머리야.
- She is a blond. 금발의 여자야. (= She has blonde hair.)

관련 어휘

- golden hair 금발 머리

thick[θik] 두꺼운, 빽빽한

- thick hair 숱이 많은 머리

thin[θin] 적어지다

- thinning hair 숱이 적은 머리

straight[streit] 곧은, 곱슬하지 않은

- straight hair 생머리

wavy[wéivi] 웨이브가 있는

- wavy hair 곱슬곱슬한 머리

dye[dai] 물들이다

- color/dye hair 머리를 염색하다
- lose hair 머리가 빠지다, 벗어지다
- bald[bɔ:ld] 대머리의

07

양 볼에 보조개가 있어. She has dimples on her cheeks.

'freckle[frékl](주근깨)', 'mole[moul](검은 점, 사마귀)', 'whisker[*h*wískə*r*](구레나룻)', 'beard[biə*r*d](턱수염)', 'mustache[mʌ́stæʃ](코 밑 수염)' 등과 같은 단어들이 얼굴의 특징을 나타낼 때 자주 쓰인다.

dimple 보조개
dimpled 보조개가 생긴
cheek[tʃi:k] 뺨

- She has dimpled cheeks.
그녀는 두 볼에 보조개가 있어.

pimple[pímpl] 뾰루지, 여드름

- She's a girl with pimples on her face.
얼굴에 여드름이 있는 소녀야.

complexion[kəmplékʃən] 안색
goatee[goutí:] 염소수염

- He has a pale complexion, and is growing goatee beard.
그는 안색이 창백하고 턱밑에 염소 수염을 기르고 있어.

slightly[sláitli] 약간
tanned[tænd] 햇볕에 탄

- He is slightly/deeply tanned.
그는 얼굴이 약간/심하게 그을렸어.

cheekbone[tʃí:kbòun] 광대뼈

- She has dark brown eyes and high cheekbones.
그녀는 짙은 갈색 눈에 광대뼈가 툭 튀어나왔어.

08 그는 정말로 당신을 닮았어요. He really looks like you.

'~를 닮다' 라고 할 때 'be like, be similar[símələr], be alike, resemble[rizémbəl]' 등이 쓰인다. 예를 들어 어떤 소년이 하는 짓이나 성격이 자기 아버지를 닮았을 경우에 'Like father, like son.(父傳子傳)' 이라고 하며, 이 말은 특히 소년이 하는 행동이 좋지 않을 때 자주 쓰인다. 이 때 'like' 는 전치사로 '외관 · 성격이 ~를 닮은(resembling, similar to)' 의 뜻이다.

A : Hmm. **He really looks like you.**
음… 그는 정말로 당신을 닮았어요.

B : Yes. **Everyone tells us we look alike.**
네. 우리가 닮았다고 모두가 그래요.

alike[əláik] 서로 같은, 비슷한

S : That daughter of yours has a great sense of humor.
당신 딸은 유머 감각이 상당하군.

M: Yes, **she's a chip off the old block** – just like her dad.
맞아. 저 아이는 자기 아버지를 꼭 닮았어.

a chip off the old block 부모 · 조부모의 성격이나 외모를 꼭 닮은 사람

- She is **just like her father.**
  그녀는 자기 아버지를 쏙 빼 닮았어요.
- He's **nothing like his father.**
  그는 외모나 성격이 전혀 아버지를 닮지 않았어.
- Jane is very stubborn. Her son **takes after** her mom in that respect.
  제인은 매우 고집이 세. 그 아들이 그 점에선 제 어미를 꼭 닮았어.

stubborn[stʌ́bərn] 고집센
respect[rispékt] 점, 내용
take after (부모 · 조부모의 성격이나 외모를) 닮다

- Your son is **your double.**
  당신 아들은 붕어빵이군/복사판이군.

double[dʌ́bəl] 꼭 닮은 사람

- She **resembled** her mother in every way.
  그녀는 어느 모로 보나 자기 엄마를 닮았어.

cf. Erin is resembling her mom more and more.
에린은 자기 엄마를 점점 닮아 가고 있다.

➔ 'resemble[rizémbəl]' 동사는 'more and more' 와 함께 쓰일 때만 진행형을 쓸 수 있다.

look like/sound like/feel like/taste like의 뜻

1. 외모가 닮았을 때는 'look like', 소리가 닮았거나 말하는 것을 들어보니 ~같다고 할 때는 'sound like', 만져 보니 질이나 촉감이 ~같다고 할 때는 'feel like', 먹어 보니 맛이 ~같다고 할 때는 'taste like'라고 한다.

   a. He looks like a playboy.
   겉으로 봐서 그는 플레이보이 같아.

   swindler[swíndlər] 사기꾼

   b. He sounds like a swindler.
   그의 말을 들어보면 야바위꾼 같아.

   material[mətíəriəl] 재료; 옷감

   c. This is such beautiful material, it feels like silk.
   이것은 아주 좋은 옷감이라 만져 보니 비단 같아.

   d. "What does it taste like?" "It tastes like pork."
   "무슨 맛이야?" "먹어 보니 돼지고기 맛이 나는군."

➔ 〈P. 333 참조〉

2. 어떤 성질이 같은 정도를 나타낼 때 'as~as'를 사용하며, 사람 또는 행동 따위가 비슷할 때 전치사 'like'를 사용한다. 우리는 술을 많이 마시는 사람(a heavy drinker)을 보고 '술고래'라고 하는데 영어에서는 'drink like a fish'라고 비유법을 사용한다.

   ➔ 말투는 변호사를 닮았지만 변호사가 아님.

   a. He spoke like a lawyer.
   그는 변호사처럼 말했다.

   as ~로서, ~처럼
   lawyer[lɔ́:jər] 변호사

   cf. He spoke as a lawyer.
   그는 변호사로서 말했다. (변호사의 자격으로)

   b. It's not like Steven to be late.
   지각하다니 스티브 답지 않은데.

LESSON 20

성격 Character

01	그 사람 성격이 어때?	What's he like?
02	그는 매우 까다로워.	He's very particular.
03	함께 지내기 편한 사람이야.	He's easy to get along with.
04	그녀는 매우 상냥해.	She's very soft-hearted.
05	그는 천성이 외향적이야.	He's naturally outgoing.
06	그는 매우 이기적이야.	He's very selfish.
07	그는 꽤 관대한 사람이야.	He's quite generous.
08	무정한 사람이야.	He has a heart of stone.
09	그녀는 매우 침착해.	She's very calm.
10	그는 매우 영리한 사내야.	He's a highly intelligent guy.
11	그는 성질이 급해.	He's quick-tempered.
12	그는 염치가 없는 사람 같아요.	He seems inconsiderate.
13	그녀는 거만해.	She's arrogant.
14	그는 정말로 고집이 세.	He's really stubborn.
15	야망에 찬 사람이야.	He's very ambitious.
16	짠돌이야.	He's a miser.
17	유머가 있어.	He's humorous.
18	교활해.	He's a sly old fox.
19	변덕스러워.	He's so capricious.
20	강인해.	She's tough.
21	예의가 밝아요.	She doesn't forget her manners.
22	수다쟁이야.	She's very talkative.

L·E·S·S·O·N 20

성격 Character

01

그 사람 성격이 어때? What's he like?

'그 사람 성격이 어때?' 라고 다른 사람의 성격(character[kǽriktər])을 물을 때 'be like'를 사용하여 'What's he/she like?' 와 같이 말하면 된다.

A : **What's your boss like?** 당신 사장의 성격은 어때?

B : He's a real live wire. 적극적이고 능동적인 사람이야.

관련 어휘

- a real live wire [ə ríəl laiv waiər]
  적극적이고 능동적인 사람 (an energetic and active person)
- level-headed [lévəlhédid]
  분별 있는 (sensible in making judgements, clear-thinking)
- self-made [sélfméid]
  자수성가한 (responsible for one's own success)

02

그는 매우 까다로워. He's very particular.

'picky[píki]/fussy[fʌ́si]'는 '특히 좋아하는 음식만을 소식하며 음식에 까다로운', 'difficult[dífikʌ̀lt]'는 '비위를 맞추기가 어렵고, 다른 사람과 협조를 잘 하지 않는'의 뜻으로 'a difficult customer[kʌ́stəmər]'는 '까다로운 고객'이란 뜻이다. 'particular[pərtíkjələr]'는 '좋아하는 것을 고르는 데 매우 신중하며 쉽사리 만족하지 않는'이라는 뜻이다.

A : Would you like tea or coffee? 홍차 드시겠어요, 커피 드시겠어요?

B : Either. **I'm not particular.** 아무 거나요. 저는 까다롭지 않아요.

- Joe is so picky/fussy/particular about food.
  조는 음식에 아주 까다로워.
- Don't be so picky! Eat what you are given.
  너무 까다롭게 굴지 마! 준 음식이나 먹어.
- Don't take any notice of her – she's just being difficult.
  그녀에게 신경 쓰지 마. 괜히 까다로움을 피우는 거야.
- I'm afraid you're being too particular about your food.
  나는 당신이 음식에 너무 까다로운 게 아닌가 싶소.

- Monica is very **particular about what she wears.**
  모니카는 옷 입는 것에 매우 까다롭다.

what she wears = her clothes

03 함께 지내기 편한 사람이야. He's easy to get along with.

'다정하고 편안하며 마음의 부담을 주지 않아서 까다롭지 않다(not difficult)'고 말할 때 'easy to get along with'라는 표현을 쓴다. 반대로 'easy' 대신 'hard'가 쓰이면 '함께 지내기 까다로운 사람'이라는 뜻이다. 'get along with sb'는 '사이 좋게 지내다(be on good terms)'라는 뜻이다.

A : What's the guy like? 그 남자 성격이 어때?

B : **He's easy to get along with.** 함께 지내기 편한 사람이야.

➔ 'get along with'의 목적어 'him'을 강조하기 위하여 주어 자리로 이동한 것이다.

- She is **hard to get along with.** = It's **hard to get along with** her.
  그녀는 함께 지내기 까다로운 사람이야.
- He is **hard to please.** = It's hard **to please** him.
  그는 비위 맞추기가 어려운 사람이야. (= He's difficult.)
- I find him most **agreeable.**
  그가 매우 상냥하다고 생각해.

agreeable [əgríːəbəl] 상냥한, 호감이 가는

04 그녀는 매우 상냥해. She's very soft-hearted.

'soft-hearted[sɔ́ft-hɑ́ːrtid]'는 '마음이 상냥한, 관대한(kind, thoughtful[θɔ́ːtfəl])'의 뜻이며, 명사를 사용하여 'She has a soft heart.'와 같이 말할 수도 있다.

관련 어휘

- friendly [fréndli] 친절한, 붙임성 있는
- pleasant [plézənt] / nice [nais] 친절하고 상냥한
- affable [əfɔ́ːrdəbl] (특히 예의바르고 명랑한 사람) 말을 걸기 편한, 붙임성 있는, 상냥한
- amiable [éimiəbəl] 붙임성 있는, 상냥한, 호감이 가는(likable), 쉽사리 화를 내지 않는
- genial [dʒíːnjəl] 정다운, 싹싹한, 함께 있으면 즐거운

05 그는 천성이 외향적이야. He's naturally outgoing.

'outgoing[áutgòuiŋ]'은 '사람들과 어울리기를 좋아하는(eager to mix socially with others), 사교적인, 외향적인'이란 뜻으로 'sociable[sóuʃəbəl](사교적인)'과 같은 의미이다. 'extroverted[ékstrouvə̀:rtid]'는 '활기차고 자신감 있으며 사람들과 어울리기를 좋아하는, 외향적인'의 뜻이고 'introverted[íntrəvə̀:rtid]'는 반대어로 '내성적인(reserved [rizə́:rvd])'의 뜻.

naturally[nǽtʃərəli] 천성적으로
be around ~와 있다, 찾아오다

- He's naturally very outgoing and he enjoys being around people.
  그는 천성적으로 매우 외향적이라 사람들과 어울리기를 좋아해.
- She certainly mixes well.
  그녀는 확실히 사교성이 뛰어나.
- He finds it hard to mix at parties.
  그는 파티에서 사람들과 잘 어울리지를 못해.

➧ 'mix with'는 '잘 모르는 사람들과 만나서 이야기도 하고 함께 어울려 지내다'라는 뜻이다. 남들과 잘 어울리고 붙임성이 있는 사람을 'a good mixer'라고 하고 그렇지 못한 사람을 'a bad mixer'라 한다. 그리고 '즐거운 분위기를 깨는 사람'을 'a wet blanket'라 한다.
wet blanket[wet blǽŋkit] (불을 끄기 위한) 젖은 담요, 희망이나 열의를 꺾는 것

06 그는 매우 이기적이야. He's very selfish.

'selfish[sélfiʃ]'는 '다른 사람들은 안중에도 없고 자신의 이익만을 생각하는, 또는 자기 것을 다른 사람과 함께 가지고 놀지 않거나 사용하지 못하게 하는, 이기적인'이라는 뜻이다.

cf. **unselfish** 이기적이 아닌, 욕심 없는

- How can you be so selfish?
  어떻게 그렇게 이기적일 수 있니?
- It is not her way to be selfish.
  이기적인 것은 원래 그녀의 태도가 아냐.

➧ '그녀는 천성적으로 이기적인 사람이 아니다. (= She's not selfish by nature.)'라는 뜻이다.

07 그는 꽤 관대한 사람이야. He's quite generous.

'generous[dʒénərəs]'는 '자신의 태도와 다른 사람을 대하는데 있어서 친절함을 보이는(showing kindness in one's attitude to and treatment of others), 관대한, 너그러운, 인정이 있는, 아낌없이 주는, 인심이 후한'의 뜻을 갖고 있다.

broad-minded 마음이 넓은(open-minded), 대범한
↔ **narrow-minded** 마음이 좁은, 편협한(prejudiced[prédʒədist])
a big heart 너그럽고 친절한 사람

- His mother is quite broad-minded.
  그의 엄마는 마음이 꽤 넓으신 분이다.
- He has a big heart = He is big-hearted.
  그는 친절하고 너그러워.
- Have a big heart!
  너그럽게 봐줘!

관련 어휘

- easygoing [í:zigóuiŋ] 쉽사리 화나 짜증을 잘 안 내는(soft), 도량이 넓은(tolerant)
- tolerant [tálərənt] 아량 있는, 관대한
- liberal [líbərəl] 남의 말을 들어주며 그들의 의견 · 생각을 기꺼이 받아들이는, 대범한
- big-hearted [big-há:rtid] 매우 친절하고 너그러운(very kind and generous)
- warm-hearted [wɔ:rm-há:rtid] 마음씨가 따뜻한, 친절한, 기꺼이 남을 돕는

08 **무정한 사람이야. He has a heart of stone.**

'a heart of stone'은 '잔인한(cruel [krú:əl]) 성격을 가졌거나 동정심이 없는 사람'을 의미하고, 반대로 'a heart of gold'는 '매우 친절한 사람'을 뜻한다.

관련 어휘

- unsympathetic [ʌ̀nsimpəθétik]
  다른 사람이 도움을 요청하거나 고민을 얘기해도 동정심을 보이지 않는, 무정한
- hard-hearted [ha:rd-há:rtid] 무정한(thoughtless [θɔ́:tlis])
- as hard as nail 매우 무정한(very hard)

nail [neil] 손톱, 못

09 **그녀는 매우 침착해. She's very calm.**

'calm [ka:m]'은 '어려운 상황에서도 화를 내거나 흥분하기보다는 이성적이고 차분한, 침착한', 'cool'은 '다른 사람들이 흥분하는 상황에서 자기 감정을 드러내지 않는, 냉정한(calm and not nervous [nə́:rvəs], upset [ʌpsét], embarrassed [imbǽrəst])', 'composed [kəmpóuzd]'는 '자기 감정을 자제하여 어렵고 당황스런 상황 속에서 침착한, 차분한(calm and not upset or angry)'의 뜻으로 쓰인다.

- They were calm in the face of disaster.
  그들은 재난에 부딪혔을 때 차분했다.
- Now just stay cool. Everything's O.K.
  이제 침착하기만 하면 돼. 모든 것이 잘 됐어.
- He appeared very composed despite the stress he was under.
  그는 스트레스를 받고 있음에도 불구하고 매우 침착해 보였다.

in the face of ~에도 불구하고
disaster [dizǽstər] 재해
stay + C (어떤 상태로) 있다
despite [dispáit] ~에도 불구하고
under the stress 스트레스를 받는

10

그는 매우 영리한 사내야. He's a highly intelligent guy.

'intelligent[intélədʒənt]'는 '사람 · 동물에게 쓰이며 선천적으로 영리하여 학습력과 이해력 · 판단력을 보여주는'의 뜻이고, 'intellectual[ìntəléktʃuəl]'은 '인간에 대해서만 쓰이며 지성과 지식이 있으며 정신력을 더욱 계발하는 활동을 좋아하는, 지적인'이라는 의미이다. '우리 강아지는 영리해.'라고 할 때 'My puppy is very intelligent.'는 옳지만 'My puppy is very intellectual.'이라고는 하지 않는 것에 주의해야 한다.

puppy[pʌ́pi] 강아지

brilliant[bríljənt] (지성 · 재능 면에서) 뛰어난

- He's a **brilliant and gifted** teacher. 그는 뛰어나고 재능 있는 선생님이셔.

관련 어휘

- smart[smɑːrt] 영리한, 이해력이 뛰어난
- quick-witted[kwik-wítid] 기지가 있는, 영리한
  ↔ slow/dull-witted 우둔한
- witty[wíti] 기지/재치 있는
- clever[klévər] 머리의 회전은 빠르지만 깊이가 결여된, 영리한, 교활한
- wise[waiz] 지식 · 경험이 풍부하여 사물을 바로 판단하고 대처할 능력이 있는, 슬기로운
- bright[brait] (아이 등이) 머리가 좋은
- gifted[gíftid] 천부의 재능이 있는
- precocious[prikóuʃəs] 어린이가 어른처럼 행동하고 어렵고 지적인 질문을 하는, 조숙한

11

그는 성질이 급해. He's quick-tempered.

'temper[témpər]'는 '성미, 기질'이라는 뜻이고, 'tempered'는 형용사로 'good-tempered(성품이 좋은)', 'mild-tempered(성격이 온화한)'처럼 다른 단어와 결합하여 사람의 성격을 나타낸다. 'sensitive[sénsətiv]'는 '다른 사람의 말에 쉽게 화를 내거나 기분이 상하는, 신경질적인, 신경이 과민한, 또는 다른 사람의 기분이나 고민 등을 이해할 수 있는' 등의 뜻을 갖고 있다.

offend[əfénd] 화나게 하다

- Be careful what you say to Jenny; she's so **easily offended**.
  제니에게 말조심해. 그녀는 화를 너무 잘 내거든.

figure[fígjər] 용모, 외관, 모양

- She's very **sensitive** about her figure.
  그녀는 자기 몸매에 매우 과민 반응을 보인다.

cf. He's really a *sensitive* guy.
그는 정말로 감수성이 예민한 사내이다.

관련 어휘

- quick-tempered [kwíktémpərd] 성질이 급한, 화를 잘 내는
- irritable [írətəbəl] 화를 잘 내는, 안달하는
- bad-tempered [bǽdtémpərd] 화를 잘 내는, 뚱한, 심술궂은
- ill-tempered [íltémpərd] 성미 까다로운
- ill-natured [ílnéitʃərd] 심술궂은, 마음보가 비뚤어진

➔ 'quick-tempered/irritable'은 상대방의 명예나 인격을 손상시키는 말은 아니지만 'bad-tempered/ill-tempered/ill-natured'는 손상시키는 정도가 강하므로 사용하는 데 주의해야 한다.

12 **그는 염치가 없는 사람 같아요. He seems inconsiderate.**

'inconsiderate[ìnkənsídərit]'는 '상대의 기분을 생각할 줄 모르는(not caring about the feeling of other people), 인정 없는'의 뜻으로 쓰이고, 반대인 경우에는 'considerate'가 쓰인다.

- It is inconsiderate of people to smoke in public.
  남을 생각할 줄 모르는 사람들은 대중 앞에서 담배를 피운다.

public [pʌ́blik] 공중, 세상, 국민

관련 어휘

- thoughtless [θɔ́ːtlis] ↔ thoughtful [θɔ́ːtfəl]
  자기가 원하는 것만을 생각하기 때문에 남을 생각하지 않는 (selfish), 상대방이 뭘 원하는지, 뭘 필요로 하는지를 잊거나 관심이 없는, 인정이 없는 ↔ 사려 깊은, 인정이 있는 (considerate [kənsídərit])

13 **그녀는 거만해. She's arrogant.**

'arrogant[ǽrəgənt]'는 '능력과 자질을 너무 뽐내 안하무인으로 거만한, 거드름 부리는, 오만한'의 뜻이고, 'snobby[snábi]/snobbish[snábiʃ]'는 '지위 · 재산만을 중시하고 윗사람이나 부자에게는 아첨하고 아랫사람에게는 교만하고 무시하는 태도를 보이는, 속물의, 신사인 체 하는'의 뜻이다.

cf. humble [hʌ́mbəl] 겸손한, 겸허한

- She threw him an arrogant look.
  그녀는 거만한 태도로 그를 힐끗 쳐다보았다.
- I found him arrogant and overbearing.
  난 그가 건방지고 고압적인 사람이라는 것을 알았어.

overbearing [òuvərbɛ́əriŋ] 고압적인

- He's too snobby.
  그는 너무 잘난 체해. (= He's too much of a snob.)

관련 어휘

- bigheaded [bíghèdid] 매우 영리하고 재능이 있다고 생각하는
- conceited [kənsí:tid] 자신의 능력 · 외모 · 업적 등을 뽐내는, 자부심이 강한
- domineering [dɑ̀məníəriŋ] 위압적인, 거만한
- haughty [hɔ́:ti] (사람 또는 태도가) 오만한, 거만한, 건방진

14 **그는 정말로 고집이 세. He's really stubborn.**

다른 사람들이 비이성적이라고 생각을 해도 마음을 바꾸지 않고 고집을 부릴 때 'stubborn [stʌ́bərn] (고집이 센)' 이 쓰인다.

관련 어휘

- pig-headed [pig hédid] 타인의 충고를 무시하고 어리석게 행동하는
- obstinate [ɑ́bstənit] 일부러 고집을 피우는
- willful [wílfəl] (어린아이가) 제 마음대로의, 일부러 심술부리는, 외고집의
- headstrong 다른 사람의 충고를 무시하고 제멋대로 하는, 억지쓰는

15 **야망에 찬 사람이야. He's very ambitious.**

'ambitious [æmbíʃəs]' 는 '대망을 품은, 포부가 원대한' 의 뜻이며 명사형은 'ambition' 이다.

관련 어휘

- go-getter [góugétər] 매우 야심에 차고 열심히 일하는 사람
- competitive [kəmpétətiv] 일 또는 운동에서 남보다 더 잘하려고 하는, 경쟁적인

16 **짠돌이야. He's a miser.**

'miser [máizər]' 는 '부(富)를 좋아하고 가능한 한 적은 돈을 쓰는 사람 즉, 구두쇠' 란 뜻이다.

관련 어휘

- tightwad [táitwɑ̀d] 돈을 쓰거나 남 주기를 싫어하는 구두쇠(skinflint)
- tight-fisted [táitfístid] (손을 꽉 쥐고 놓지 않는다는 뜻) 인색한
- stingy [stíndʒi] 인색한, 깍쟁이의

  ↔ generous [dʒénərəs] (물건 · 돈 등을) 아낌없이 주는, 후한

cf. thrifty [θrífti] 검소한
economical [ì:kənɑ́mikəl] 알뜰한

17
유머가 있어. He's humorous.

• He's sort of quiet, but he's got **a good sense of humor.**
그는 다소 조용하지만 상당한 유머 감각이 있어.

sort of 다소
quiet[kwáiət] 조용한

관련 어휘

• humorous[*h*jú:mərəs] 유머러스한, 재미있는
• funny[fʌ́ni] 재미있는, 우스운
• amusing[əmjú:ziŋ] 남을 재미있게 해주는
• witty[wíti] 재치 있는, 익살스러운
• light-hearted[láithά:*r*tid] 근심 걱정 없는, 명랑한

18
교활해. He's a sly old fox.

'sly[slai]'는 '교활한, 간사한(crafty[krǽfti], cunning[kʌ́niŋ])'이란 뜻이며, '비유적으로 영리하면서 남을 잘 속이는 사람'을 'fox'라고 말하기도 한다. 'a cunning baby'라고 말할 땐 '귀여운 아기'라는 뜻이다. 'cunning[kʌ́niŋ]'은 '(부정한 수단으로)교활한'의 뜻이고, 우리가 '컨닝'으로 잘못 알고 있는 시험의 '부정행위'는 'cheat[tʃi:t]'라고 한다.

• You can't trust him, **he's a sly old fox.**
그를 믿을 수가 없어. 간교한 놈이야.

cf. She's a fox. 섹시하고 매력적인 여자야. (= She's a foxy lady.)

➔ 여자에게 'fox'는 '성(性)적으로 매력적(sexually attractive[sékʃuəli ətrǽktiv])인 사람'이란 뜻이다.

19
변덕스러워. He's so capricious.

'capricious[kəpríʃəs]'는 '태도나 행위에 있어서 갑작스런 변화를 보이는'의 뜻이고 'fickle[fík*ə*l]'은 '특히 사랑 또는 우정에서 갑자기 마음을 바꾸는'이라는 뜻이다.

• She is a **changeable** sort of person.
그녀는 변덕스러운 류의 사람이야.

sort 종류, 부류

20
강인해. She's tough.

'tough[tʌf]'는 '고난을 헤쳐 나갈 수 있도록 육체적 · 정신적으로 강인한, 불굴의', 'hardy[hά:*r*di]'는 '고난에 견딜 수 있을 만큼 천성적으로 강인한(strong)'이란 뜻이다.

• I know she's only a kid, but she's **tough.**
그녀는 단지 어린애에 불과하지만 강인한 것으로 알고 있어.

21 예의가 밝아요. She doesn't forget her manners.

'예의바르다'고 할 때 'polite[pəláit], courteous,[kə́:rtiəs] well-mannered [wélmǽnərd], civil[sívəl]' 등의 형용사와 'have good manners' 또는 'not forget one's manners' 등이 쓰이며 'manner'는 '방법'이라는 뜻이지만 '예절, 예의'라고 할 때는 'manners'와 같이 항상 복수 형태.

courteous[kə́:rtiəs] 예의바른
↔ discourteous 무례한

forget one's manners 버릇없는

A : **She seems to be a courteous person,** doesn't she?
그녀는 예의바른 사람인 것 같습니다, 그렇죠?

B : Yes, **she doesn't forget her manners.**
예, 그녀는 예의가 밝아요.

neat[ni:t] 깔끔한, 말쑥한

- We need someone that looks neat and has **good manners**.
  우리는 용모가 단정하고 예의가 바른 사람이 필요해.

well-mannered 예의가 바른
↔ ill/bad-mannered 예의가 없는
sure of oneself 자신감에 넘친 (confident)
well-behaved[wélbihéivd] 품행이 단정한

- He is **well-mannered**, and very sure of himself.
  그는 예의가 바르고 자신감에 넘쳐 있다.
- What **polite** well-behaved children!
  참 예의 바르고 품행이 단정한 아이들이군!

관련 어휘

- polite[pəláit] (상대방의 기분을 헤아리며) 예의 바른
- civil[sívəl] (다정다감한 감정은 없이) 예의만 갖추는
- courteous[kə́:rtiəs] (타인의 감정을 손상시키지 않으면서 타인에게 존경심과 훌륭한 예절을 보이는) 예의바른, 정중한

22 수다쟁이야. She's very talkative.

그저 말을 많이 사람을 'talkative[tɔ́:kətiv]'하다고 하고, 소문이나 남의 이야기를 떠들고 다니는 사람을 'gossip[gɑ́sip]'이라고 한다. 또한 '남의 일을 꼬치꼬치 캐거나 동정을 살피다'라고 할 때는 'pry[prai] into'가 쓰인다.

- Are you feeling all right? You're not very **talkative** this evening.
  오늘 기분 괜찮아? 오늘 저녁은 별로 말이 없어.

nosy[nóuzi:] 남의 일에 호기심이 많은

- She's **a nosy gossip**.
  그녀는 참견 잘하는 수다쟁이야.
- She likes to **pry into** other people's business.
  그녀는 남의 일을 꼬치꼬치 캐는 것을 좋아해.

LESSON 21

사람과 사람들 People

01 취미가 비슷해요. We have similar tastes.
02 그와 얘기가 잘 통해. I've a lot in common with him.
03 부모님을 존경합니다. I look up to my parents.
04 대단한 사람이야. He's really something.
05 나를 보면 누가 생각나요? Do I remind you of anyone?
06 언제 이사왔어요? When did you move in?
07 이웃 좋다는 게 뭡니까? What are neighbors for?
08 나이에 비해 젊어 보입니다. You look young for your age.
09 사진을 잘 받네요. You're very photogenic.
10 정계의 거물이야. He's one of the heavy hitters in politics.
11 주위 사정에 밝다. He knows his way around.
12 항상 앞날을 대비하는 사람이야. He's always looking ahead.
13 세상 물정에 밝은 사람이야. He's a man of the world.
14 사람은 견문을 넓혀야 해. A man should broaden his horizons.
15 생각 좀 해요! Use your head!
16 이중 인격자야. She's two-faced.
17 나 좀 내버려둬! Leave me alone!
18 타고난 성격이죠. That's part of my nature.
19 혼동했어요. I got mixed up.
20 한국어를 참 잘하네요. You speak Korean like a native.
21 기회를 줘 봐. Give me a break.
22 아첨하지 마. Don't butter me up.
23 늘 그러잖아. Typical!
24 왕따를 당했다고 생각하고 있어. He's feeling very left out.

L·E·S·S·O·N

21

사람과 사람들 People

01

취미가 비슷해요. We have similar tastes.

'similar[símələr] to'는 '~과 유사한, 닮은'의 뜻이고 반대로 'different[dífərənt] from'은 '~과 다른(not the same, unlike)'의 뜻이다. 'different from'이 표준 어법이고 영국에서는 'different to', 미국에서는 'different than'도 쓰인다.

taste[teist] 취향, 취미, 기호

- I know how you feel, because I have a **similar** problem.
  네 기분이 어떤지 난 알아. 나도 너와 같은 고민을 하고 있기 때문이야.

- Our house is **similar to** yours. Perhaps yours is a bit larger.
  우리 집은 너의 집과 비슷하지만 너의 집이 조금 더 커.

- The film was **different from** what I'd expected.
  그 영화는 내가 기대했던 것과는 달라.

completely[kəmplí:tli] 완전히, 전혀

- She is completely **different from** her sister.
  그녀는 언니와 전혀 달라.

02

그와 얘기가 잘 통해. I've a lot in common with him.

서로의 '취향 · 관심 · 성격' 등이 같아서 닮았다고 말할 때 '우리는 통하는 게 많다.' 라고 말하며 영어로는 'We have much/a lot in common[kámən].'이라고 한다. 이와 반대로 공통점이 없어 '우린 통하지 않아.'라고 말할 땐 'We have nothing in common.'이라고 하면 된다.

get along (with sb) 사이좋게 지내다(be on good terms)

in common 다른 사람과 함께 하는, 공통으로

A : How are you getting along with your new roommate?
새로 온 룸메이트와 어떻게 지내요?

B : We get along with each other very well **because we have many things in common.**
공통점이 많기 때문에 서로 아주 사이 좋게 잘 지냅니다.

common[kámən] 공통의, 일반의, 흔히 있는

- Do you **have anything in common** with your girlfriend?
  여자 친구와 얘기는 잘 통하는 것 같니?

get along 사이좋게 지내다

- You two **have got a lot in common**. You'll get along well.
  너희 둘은 통하는 게 많아서 같이 잘 지낼 거야.

- Jane and I **have nothing in common.**
  제인과 나는 공통점이 전혀 없어. (= I have nothing in common with Jane.)

soul mate[soul meit] 얼굴만 바라봐도 상대방의 마음을 읽을 수 있는 마음에서 마음으로 통하는 친구

- We'd only known each other for a few hours, but I felt **we were soul mates.**
  우리는 서로 안 지가 몇 시간밖에 안 됐지만 뜻이 통하는 친구 같은 생각이 들었어.

03
부모님을 존경합니다. I look up to my parents.

'나이가 많거나 권위 · 권력의 위치에 있기 때문에 존경하다' 라고 할 때 'look up to' 라고 하며 'look down on(경멸하다(despise[dispáiz]))' 은 반대의 뜻이다.

A : How do you like your parents? 부모님을 어떻게 생각해요?

B : **I look up to them because they brought me up well.** 나를 잘 키워 주신 부모님을 존경합니다.

bring up 성장할 때까지 돌보며 교육시키다

- What I really admire about her is the way she always stays calm. 그녀에 대해 정말로 칭찬하는 것은 항상 차분한 그녀의 태도이다.
- He's not the most popular teacher, but all the students respect him. 가장 인기 있는 선생님은 아니지만 모든 학생들이 그를 존경한다.

calm[kɑːm] 고요한, 침착한

popular[pápjələr] 인기 있는

관련 어휘

- admire[ædmáiər] (훌륭한 업적 · 능력 · 개인의 자질 등 때문에) 칭찬/존경하다
- respect[rispékt] (정직함과 같은 훌륭한 개인적 자질 등으로 그들을 닮고 싶어) 존경하다

04
대단한 사람이야. He's really something.

'something' 이 (설명하기는 어렵지만) 대단한(exceptional[iksépʃənəl]), 특별한(really special[spéʃəl]) 사람 · 사물을 나타내어 '그는 컴퓨터 분야에서 정말로 대단한 사람이야.' 를 영어로 말하면 'He's really something in cpmputer.' 이다. 반대로 'nobody/nothing' 은 보통 명사로 쓰여 '보잘것없는 사람, 하찮은 사람' 이란 뜻으로 쓰인다.

A : What do you think of Jane? 제인을 어떻게 생각해?

B : **She's really something.** 그녀는 정말로 대단한 것 같아.

A : Hmm, sounds like you might be falling for her. 음, 그 여자한테 반한 것 같구나.

fall for 사랑하다, ~에게 반하다

- I've seen some fine players, but she's something else. 몇몇 훌륭한 선수들을 봐 왔지만 그녀는 특출난 선수야.
- He is a nobody here. 그는 이곳에서 별 볼일 없는 사람이야.
- She's nothing to me. 그 여자는 나에게 별 볼일 없는 사람이야.

something else 빼어난 사람/물건

05

나를 보면 누가 생각나요? Do I remind you of anyone?

'remind[rimáind] sb of '는 '(닮은 점 때문에) ~을 생각나게 하다, ~에게 …을 연상시키다' 라는 뜻이다.

A : **Do I remind you of anyone?**
나를 보면 누가 생각나니?

B : Well, let me see. Yes. **You remind me of my father.**
음, 가만있어 보자. 그래. 너를 보면 나의 아버지가 생각이 나.

A : Oh? In what way? 그래? 어떤 면에서?

B : He's very stubborn, too. 아버지도 매우 고집이 세시거든.

stubborn[stʌ́bərn] 완고한
➔〈P. 202 14번 참조〉

- That **reminds** me.
깜박 잊을 뻔했네/아, 생각났어. (= I've just remembered.)

remind sb to ~에게 …하도록 일러 주다

- Please **remind her to** call me.
내게 잊지 말고 전화하도록 그녀에게 일러주세요.

- **Julie reminds me of myself** when I was her age.
줄리를 보면 내가 그만할 때 내 모습이 생각나.

- This house **reminds me of the one** I lived in when I was a child.
이 집을 보면 내가 어렸을 때 살았던 집이 생각나.

remind sb about ~에게 …을 잊지 않게 해 주다

- I'm glad you **reminded me about** the meeting. I had completely forgotten it.
모임을 기억나게 해줘서 나는 기뻐. 모임을 깜빡 잊었었어.

06

언제 이사왔어요? When did you move in?

'다른 장소로 새 집 또는 새 사무실로 이사하다' 라고 할 때 'move' 동사가 쓰이며, '안으로' 의 뜻인 부사 'in' 과 결합하여 'move in' 이라고 하면 '이사해 들어오다' 라는 뜻이고, '밖으로' 의 뜻인 'out' 와 결합하면 '이사해 나가다' 라는 뜻이 된다.
'아파트 몇 층에 살아요?' 라고 할 때 'floor[flɔːr]' 는 평면적인 층을 뜻하므로 전치사 'on' 이 쓰이는 것에 주의해야 한다.

A : **When did you move in?** 언제 이사왔어요?

B : Yesterday. 어제 왔어요.

A : **What floor do you live on?** 몇 층에 살아요?

B : On the third. 3층에 살아요.

- We've bought the house, but we can't move in until next month.
  그 집을 샀지만 다음 달이나 돼야 입주할 수 있어.

not~until ~해야 비로소 …하다

- Sam does not live here any longer – he's moved away.
  샘은 더 이상 이곳에 안 살아. 그는 멀리 이사갔어.

07 이웃 좋다는 게 뭡니까? What are neighbors for?

'What are neighbors for?'는 원래 'Neighbors are for what?'의 문장에서 의문사가 앞으로 이동한 것이다. 전치사 'for'는 목적을 나타내는 것으로 '무엇 때문에 / 무슨 목적으로 이웃이 있는 겁니까?'라는 말로 다시 말해서 '이웃 좋다는 게 뭡니까?'로 해석할 수 있다. 또한 '친구 좋다는 게 뭐야?'라고 말하려면 'What are friends for? '라고 하면 OK.

neighbor[néibər] 이웃(사람)

A : Thank you for helping me with the work.
일을 도와주어서 고마워.

B : Don't mention it, Tim. **What are friends for?**
그런 말 하지 마라, 팀. 친구가 왜 있는 건데?

mention[ménʃən] 말하다, 언급하다

S : Thank you for helping me move in.
이사오는 데 도와줘서 고맙습니다.

M: You're welcome. **What are neighbors for?**
천만에요. 이웃 좋다는 게 뭡니까?

cf. A near neighbor is better than a distant cousin.
이웃사촌

➔ '가까운 이웃이 먼 일가친척보다 낫다(A near unrelated person is better than a distant relative)'는 말이다.

- He lives next door (to us).
  그는 바로 옆집에 살아요.

어법연구

Thank you for helping me move in.

'지각 동사(see, hear, watch, feel), 사역 동사(make, have, let)'와 마찬가지로 'help' 동사가 미국 영어에서는 'help + 목적어 + 동사 원형'의 형태를 갖지만 영국 영어에서는 'to 부정사'가 쓰인다. 그러나 전치사 'with' 다음엔 명사가 쓰인다.

a. I'*ll help you* fix your car.
   당신의 자동차 수리를 도와 드리겠습니다.

b. Can *I help* (*you*) *with* the washing?
   빨래 좀 도와 드릴까요?

08

나이에 비해 젊어 보입니다. You look young for your age.

'나이에 비해 젊어 보인다거나 예뻐 보인다'라는 말을 들으면 그 말을 한 사람에게 '뭐 먹고 싶어요?'라는 말이 저절로 나오며 발걸음이 가벼워지고 기분 좋지 않을 사람은 없을 것이다. 전치사 'for'는 같은 또래의 다른 사람과 비교해 볼 때 또는 예상될 수 있는 것과 비교해 볼 때 '~치고는, ~로서는'이라는 뜻이다.

➔ 'Do I?'는 'Do I look young for my age? (내 나이에 비해 젊어 보입니까?)'의 줄임말로 확인하기 위하여 되물어 보는 반복 의문문의 형태이다. 또한 'Do?'에 대한 응답을 하려면 'Yes, you do.'와 같이 응답하면 된다.

tell on 영향을 미치다, 절실히 느끼다

A : **You look young for your age.** 나이에 비해 젊어 보이십니다.

B : Do I? Thanks a lot. 그래요? 감사합니다.

- My age is telling on me. 나이는 어쩔 수 없어.
- She is beginning to show her age. 그녀는 그녀 나이만큼 들어 보이는군.
- The child is very tall for her age. 그 아이는 나이에 비해 매우 크군요.
- He's not bad for a beginner. 그는 초보자 치고는 꽤 괜찮아.

보어를 필요로 하는 불완전 자동사: S + V + C

완전 자동사와는 달리 주어의 어떤 성질 · 상태 및 동사의 결과를 완전하게 나타내기 위하여 꼭 필요한 요소(obligatory element[əblígətɔ̀:ri éləmənt])를 보어라고 하며, 이러한 보어를 필요로 하는 동사를 불완전 자동사(2형식 동사)라고 한다.

1. look (외견(外見)상) ~처럼 보인다
   a. Oh, this *looks* lovely/delicious. 오, 맛있어 보이는군요.
   b. You *look* pale. 안색이 안 좋아 보이는군요.

pale[peil] 창백한

2. seem 어떤 특징 · 느낌 · 태도를 지닌 것처럼 보이다
   a. She *seemed* a bit upset. 그녀는 좀 당황한 것 같았어.
   b. She *seems* to be angry. 그녀는 화가 난 것 같아.
3. smell 냄새를 맡아보니 ~한 것 같다
   a. Mmmm, coffee *smells* good. 음. 커피 냄새가 좋은데.
   b. This flower *smells* fragrant. 이 꽃은 향기로운 냄새가 나.

fragrant[fréigrənt] 향기로운

4. sound[saund] (들어보니) ~으로 생각되다
   a. That *sounds* familiar. 어디서 많이 들어본 것 같아요.
   b. You *sound* tired. (말하는 것을 들어보니) 피곤한 것 같군.

familiar[fəmíljər] 낯/귀익은

5. taste[teist] 맛을 보니 ~하다
   a. It *tastes* very fresh. 맛을 보니 매우 싱싱한데요.
   b. It *tastes* bitter. 맛이 쓰다.

09

사진을 잘 받네요. You're very photogenic.

'photogenic[fòutədʒénik]'은 '실물보다 사진이 훨씬 나아 보인다(always looking attractive in photographs)'는 뜻으로 '넌 사진을 참 잘 받는구나.'라고 말하려면 'You're very photogenic.'이라고 하면 된다. 그리고 사진발이 잘 받은 사진을 가리켜 'a flattering photograph[flǽtəriŋ fóutəgræ̀f]'라고 한다.

A : **He's really photogenic.**
그는 정말 사진을 잘 받아요.

B : Yes, I know. His photo looks better than the real man.
네, 저도 알아요. 그는 실물보다 사진이 훨씬 나아 보여요.

S : It's a nice photo. **You're very photogenic.**
이 사진 멋있는데. 넌 사진을 참 잘 받는구나.

M: Do you really think so? 정말 그렇게 생각해?

S : Of course. 물론이지.

M: Thank you. 고마워.

S : By the way, **who took this photo?** 그런데 이 사진 누가 찍었어?

M: My girlfriend. 여자 친구가.

- This picture certainly doesn't flatter you.
  이 사진은 실물보다 확실히 잘 안 나왔어.

flatter[flǽtər] 실물 이상으로 좋게 나타내다, 아첨하다, ~에게 입에 발린 말을 하다

10

정계의 거물이야. He's one of the heavy hitters in politics.

'heavy hitter'는 주로 3, 4번 타자와 같은 강타자를 말한다. 일상 대화에서도 비유적으로 특히 사업계 · 정치계에서 힘이 있는 사람 '중진, 거물, 유력자'라고 할 때 'heavy hitter'가 쓰인다. '그는 정치계의 거물이야.'라고 말하려면 'He is one of the heavy hitters in politics.'라고 하면 된다.

politics[pálitiks] 정치
cf. **politician**[pàlitíʃən] 정치가

- He is one of the heavy hitters among British detective novel writers.
  그는 영국의 탐정 소설가 중에 중요한 사람이다.

detective[ditéktiv] 탐정의

- Sony is the only heavy hitter we have to worry about in technology.
  소니가 기술 분야에서 우리가 염려해야 할 유일한 강적이다.

technology[teknálədʒi] 공업 기술

11 주위 사정에 밝다. **He knows his way around.**

'know one's way around'는 '어느 곳의 지리 또는 조직 · 주제 · 절차 등을 잘 알고 있다'는 말은 '많은 정보를 갖고 있다'는 뜻이다.

guide[gaid] 안내자; 길잡이, 입문서

- Tom will be a good guide to London as he really **knows his way around there.**
  탐은 런던의 지리를 잘 알기 때문에 런던 지역의 훌륭한 안내자가 될 거예요.
- Please give me your advice. You really **know the way around with women.**
  제발 조언 좀 해줘. 넌 여자에 대해서는 훤히 알고 있잖아.

12 항상 앞날을 대비하는 사람이야. **He's always looking ahead.**

큰 인물이 되려면 항상 세상을 넓게 바라보면서 앞날을 미리 설계하고 대비해야 함은 당연지사. 'look ahead[əhéd]'는 '(멀리 보며) 앞날을 대비하다(plan for the future or think about the future)'의 뜻이다. '그는 항상 앞날을 대비하고 있어.'라고 말하려면 'He is always looking ahead.'라고 하면 된다.

ambitious[æmbíʃəs] 대망을 품은, 야심있는
guy[gai] 사내, 녀석

A : Jim is a very ambitious guy.
짐은 매우 야심찬 사람이야.

B : Yeah, **he's always looking ahead to what can help him.**
그래, 그는 항상 무엇이 자신에게 도움이 될까를 미리 생각하고 있어.

13 세상 물정에 밝은 사람이야. **He's a man of the world.**

쉽사리 놀라거나 충격을 받지 않고 대부분의 상황을 처리할 수 있을 만큼 인생 경험이 많은 사람(a person with a lot of experience of life)을 가리켜 'He's a man of the world /She's a woman of the world.'라고 한다.

duty[djú:ti] 의무, 임무
overseas[óuvərsí:z] 해외에서

A : Steve's really grown since he returned from duty overseas, hasn't he?
스티브는 해외 근무를 하고 나더니 아주 성숙했지?

B : He certainly has. **He left a boy, and came back a man of the world.**
정말 그래. 스티브는 떠날 때 소년이었는데 이젠 달인이 돼서 돌아왔어.

14

사람은 견문을 넓혀야 해. A man should broaden his horizons.

'broaden one's horizons'는 '시야를 넓히다' 즉, '지식 · 경험 · 생각의 범위를 넓히다'는 뜻이다. 같은 의미로 'become a man of the world', 'expand one's point of view'가 있다.

A : Fantastic! I just received a scholarship offer to study at Oxford University in England next year.
신나는데! 나 방금 내년에 영국 옥스퍼드 대학에서 장학금을 받고 공부하라는 제안을 받았어.

B : That's great! **Studying over there should broaden your horizons.**
그거 잘됐구나! 거기서 공부하게 되면 넌 시야가 넓어질 거야.

fantastic [fæntǽstik] 환상적인
scholarship [skɑ́lərʃìp] 장학금
offer [ɔ́(:)fər] 제안/제공 (하다)

broaden [brɔ́:dn] (지식 · 경험 등을) 넓히다
horizon [həráizən] (pl) (사고 · 지식의) 범위, 한계

- She wanted to travel overseas to broaden her horizons.
  그녀는 시야를 넓히기 위해 해외 여행을 하고 싶었다.

15

생각 좀 해요! Use your head!

흔히 아무런 생각 없이 살아가는 사람에게 '머리는 어디에 쓰라고 있는 거야?'라는 말을 한다. 즉 이 세상을 살아가는 데 현명하고 분별 있게 살아가라(think about something sensibly)는 뜻으로 말할 때 영어로는 'Use your head.(생각 좀 해요 / 머리 좀 써 봐.)'라고 한다. 오해를 살 수 있기 때문에 가까운 사람에게만 사용해야 한다.

- Use your head! You can do it.
  머리 좀 써 봐! 너는 할 수 있어.

- Now you're using your head.
  생각 잘 하는 거야.

➔ 다른 사람의 행동이나 결정이 건전하고 분별 있어 찬성한다는 뜻을 표현할 때 이 말을 쓴다.

16

이중 인격자야. She's two-faced.

'face'는 사람의 기분을 보여주는 거울이다. 얼굴 표정만 보아도 그 사람의 기분이 어떤가를 알 수 있다. 표정에 따라 다른 기분을 나타내는 얼굴에 대한 다양한 표현을 알아보자.

- Don't make a face like that – it's a lovely soup.
  벌레 씹은 얼굴을 하지 마. 맛있는 수프야.

- Emma was making faces at me through the window.
  에마는 유리창을 통하여 나에게 여러 가지 묘한 표정을 지었다.

- He lost face.
  그는 체면을 잃었어요.

make/pull a face (싫거나(dislike) 혐오감(disgust[disgʌ́st]) 또는 실망했거나 남을 웃기기 위하여) 얼굴을 찌푸리다, 묘한 표정을 짓다
➔ '쪽 팔리다(suffer from loss of respect)'라는 뜻

save one's face 체면을 세우다

- You can save face.
  체면을 세울 길이 있어요.

cf. 'pull on/have/wear a long face'는 슬픈(sad), 걱정스런(worried), 탐탁지 않은(unhappy) 표정(expression)을 짓다

- Why such a long face?
  왜 그렇게 시무룩하죠?

17

나 좀 내버려 둬! Leave me alone!

드라마에서 남자가 여자 꽁무니를 따라가며 시간 좀 내자고 계속 치근덕거리자 여자가 돌아서서 하는 말 '나 좀 혼자 있게 내버려 둬.' 속상한 사람에게 말참견을 한다든지 바람맞고 돌아와 기분이 상한 사람에게 자꾸만 말을 시킬 때 나오는 말이 바로 'Leave me alone!'

A : Why such a long face? Something wrong with you?
왜 그렇게 시무룩하죠? 무슨 일이 있어요?

B : **Leave me alone!** I just want to be alone.
나 좀 내버려 둬! 그냥 혼자 있고 싶단 말이야.

보어와 함께 쓰이는 leave[liːv] 동사

leave[liːv]는 '(보어와 함께) ~한 상태로 놓아두다, (어떤 상태가) 되게 하다'라는 뜻으로 회화에서 자주 쓰인다. 이외에 다음과 같은 뜻이 있다.
동 떠나다(go away), (학교 · 직장 등을) 그만두다, 남기다(let sth remain)
명 허가(permission[pəːrmíʃən]), 휴가(holiday[hálədèi]), 작별(farewell[fὲərwél])

exhausted[igzɔ́ːstid] 몹시 지친

a. *Leave* me alone. I'm exhausted.
혼자 있게 내버려 둬요. 너무 피곤해.

b. *Leave* the window open, please.
창문을 열어 두세요.

c. *Leave* the television on, will you?
TV를 계속 켜 놓으시겠어요?

d. Don't *leave* her waiting outside in the rain.
그녀가 비를 맞으며 밖에서 기다리게 하지 마시오.

speechless[spìːtʃlis] 말이 안 나오는

e. Frankly, their rudeness *left* me speechless.
솔직히 그들의 무례함 때문에 나는 말문이 막혔다.

18

타고난 성격이죠. That's part of my nature.

'That's part of my nature.'라는 말은 듣는 사람 또는 상황에 따라 부정적인 반응을 얻을 수도, 긍정적인 반응을 얻을 수도 있다. 즉 '제 천성이 좀 그래요.' 또는 '제가 원래 좀 그렇습니다.' 등으로 이해되므로 이는 겸손의 의미도 되고 거만함의 뜻도 함께 내포하고 있는 말이다.

A : Why do you talk to her like that? She looks sort of embarrassed.
그녀에게 왜 그렇게 말을 해? 그녀가 다소 당황한 것 같아.

B : I'm reserved; **that's part of my nature.**
제가 내성적이에요. 타고난 성격이죠.

sort of (부사적으로) 다소, 어느 정도(to some extent)
embarrassed [imbǽrəst] 당황한
reserved [rizə́:rvd] 내성적인 ↔ **outgoing** [áutgòuiŋ] 외향적인
nature [néitʃər] 본바탕, 천성, 성질, 인간성

19

혼동했어요. I got mixed up.

'mix sb up with'는 '~와 너무 닮아서(rather similar[símələr]) 착각하다, 헷갈리다'라는 뜻이고 'mix sb up'은 '~를 헷갈리게 하다(make sb become confused[kənfjú:zd])'의 뜻이다.

- My sister and I look so alike people are always mixing us up.
  나와 누나가 너무 닮아서 사람들은 항상 우리를 착각한다.
- You are always mixing me up with my sister!
  너는 내 여동생과 나를 항상 혼동해!
- It's easy to mix him up with his brother; they are so alike.
  그 사람을 그의 동생과 착각하기 쉬어. 그들은 너무 닮았어.
- Now you've mixed me up completely!
  이제 나를 완전히 헷갈리게 만드는군!
- I think you have me confused with someone else.
  저를 다른 사람과 착각하신 것 같군요.
- She felt very mixed-up after the divorce.
  이혼한 후에 그녀는 정신적으로 혼란스러웠다.

alike [əláik] 닮은, 비슷한
mixed-up [míkstʌ́p] 혼란된; 정신 착란의
completely [kəmplí:tli] 완전히
confuse [kənfjú:z] **sb with** ~와 …를 착각하다

20

한국어를 참 잘하네요. You speak Korean like a native.

'소리를 들어보니 또는 읽어보니 ~한 인상을 받는다, ~으로 생각되다'라고 할 때 'sound' 동사가 쓰인다. 외국인에게 '한국어를 참 잘 하네요.' 또는 '우리말을 한국 사람처럼 잘하네요.'라고 말하려면 'You speak Korean so well.', 'You speak Korean like a native.' 또는 'You sound almost like a native.'라고 하면 된다.

➔〈P. 194 참조〉

like [laik] 마치 ~같이
native [néitiv] 원주민, 원어민

A : You speak Korean so well. **You sound almost like a native.**
한국말을 참 잘하시네요. 자기 나라말인 것처럼 말을 잘하시는군요.

B : Well, not quite. I still make a lot of mistakes.
잘 못해요. 아직도 실수 투성이에요.

- **That sounds great.** 좋은 생각 같아. (= That sounds a good idea.)
- **That sounds familiar.** 어디서 많이 들어본 것 같아요.
- **You sound tired.** 말하는 것을 들어보니 피곤한 것 같아.
- His explanation **sounds reasonable.** 그의 설명은 일리가 있는 것 같아.
- She **sounds just the person** we need for the job. 그녀의 말을 들어보니 그 일에 우리가 필요로 하는 딱 들어맞는 사람 같아.
- You **sound as if** you've got a cold. 네 목소리를 들으니 마치 감기든 것 같아.

familiar[fəmíljər] 귀에 익은, 친밀한

explanation[èksplənéiʃən] 설명

reasonable[ríːzənəbəl] 분별 있는, 이치에 맞는

sound as if 마치 ~처럼 들리다

'아직 영어를 잘 못합니다.'

외국인과 대화를 나눌 때 외국인이 영어를 잘한다고 칭찬을 하면 'Thank you.' 라고 응답을 해야 한다. 그래도 한국인들은 겸양의 미덕인지는 모르지만 '아직 영어를 잘 못합니다.' 라는 표현을 자주 쓴다. 이 때 할 수 있는 표현으로 다음과 같은 것이 있다.

a. I still make a lot of mistakes. 아직 실수를 많이 하죠.
b. My vocabulary is still limited. 어휘가 여전히 부족합니다.
c. I have trouble with the pronunciation. 발음에 어려움이 있어요.
d. I still have trouble expressing myself. 아직 제 생각을 말하는 데 어려움이 있어요.

vocabulary[voukǽbjəlèri] 어휘

limited 한정된, 얼마 안 되는

have trouble + with/-ing ~하는 데 어려움이 있다

pronunciation[prənʌ̀nsiéiʃən] 발음

express[iksprés] **oneself** 자기의 생각을 말하다

21 기회를 줘 봐. **Give me a break.**

골치 아픈 일이 산적해 있는 상황에서 좀 쉴 틈을 달라고 하거나, 자신의 재능을 보일 기회(a chance to show one's ability[əbíləti]) 또는 어떤 일을 더 잘할 수 있는 기회(a chance to make things better)를 주다라고 할 때 쓰이는 말이 'Give me a break[breik].' 이다. 또한 '좀 봐주세요(be merciful[mə́ːrsifəl] with me).' 라는 뜻으로도 쓰인다.

- Give him a break and he'll succeed.
  한 번만 기회를 줘 봐요. 그러면 그는 성공할 거예요.

break[breik] 행운, 좋은 기회

- I know what the rule is, but give me a break, will you?
  저도 규칙은 알고 있지만, 좀 봐 주세요, 네?

22
아첨하지 마. Don't butter me up.

'butter[bʌ́tər] sb up'은 '원하는 것을 얻어내려고 상대방에게 상냥하고 기분 좋게 말한다(flatter[flǽtər])'는 뜻이며 '아첨하지 마.'라고 말하려면 'Don't butter me up.'이라고 하면 된다.

- Oh, you flatter me.
  괜히 칭찬의 말씀을 하시는군요.

flatter[flǽtər] 아첨하다, 알랑거리다

- I've seen you buttering up the boss!
  네가 사장에게 아양떠는 것을 봤어!

- Don't think you can butter me up that easily.
  그렇게 쉽게 꼬드길 수 있다고 생각하지 마.

- Have you noticed how he always flatters the boss – it makes me sick!
  그가 항상 사장에게 아첨하는 것 봤니? 구역질이 나.

sick 역겨운, 신물이 나는

- It's no use trying to butter me up – I'm not changing my mind.
  나에게 아양떨어 봐야 소용이 없어. 난 일편단심 민들레야.

It's no use -ing ~해봐야 소용이 없다

- I'll choose the best person for the job, so flattery will get you nowhere.
  그 일에 최적자를 뽑을 거야. 그러니 아첨을 해봐야 네가 원하는 것을 얻을 수가 없어.

flattery[flǽtəri] 아첨, 알랑거리는 말

23
늘 그러잖아. Typical!

좋은 점보다는 나쁜 점과 짜증나게 하는 어떤 사람의 예상되는 특성이나 어떤 행위를 나타낼 때 '늘 그러잖아, 전형적인, ~의 표상(表象)인, ~의 특징인, 대표하는(representative [rèprizéntətiv] of)' 등과 같이 말할 때 'typical of'가 쓰인다.

typical[típikəl] 전형적인, 특유의

A : Robert's late again.
로버트가 또 늦어.

B : It's typical of him to keep everybody waiting.
모든 사람을 기다리게 하는 것이 그의 특징이야.

S : I'm afraid I forgot your book again.
네 책 (가지고 오는 걸) 또 잊어버렸어.

M: **Typical!**
너는 늘 그러잖아.

- It is **typical of him** to forget.
건망증은 그의 특징(characteristic[kæ̀riktərístik])이야.

generation[dʒènəréiʃən] 세대

- **I'm typical of** the so-called "New Generation".
나는 소위 말하는 전형적인 신세대입니다

24

왕따를 당했다고 생각하고 있어. **He's feeling very left out.**

'leave sb out'는 '(모임 · 명단 등에서) ~를 빠뜨리다, 제외하다(not include)'의 뜻이며 '(모임 등에서) 환영받지 못하고 소외당한(not accepted[ækséptid], rejected[ridʒéktid]) 것처럼 또는 왕따되는 생각이 들다'라고 할 땐 'be/feel left out'라고 한다.

feel as though 마치 ~처럼 느끼다/생각하다
➜ as if/though 다음에 가정법을 사용하는 것이 원칙이지만 회화체에서 자주 직설법이 쓰인다.

invitation[ìnvitéiʃən] 초대, 초대장, 안내장

- She feels as though **she is being left out of her class.**
그녀는 자기 학급에서 마치 왕따를 당한 것처럼 생각한다.

- He hadn't been asked to the party and **was feeling very left out.**
그는 파티에 초청을 받지 못해서 따돌림당한 생각이 들었다.

- Don't **leave me out** when you're sending out the invitations!
초대장을 보낼 때 나를 제외시키지는 말아!

- He was always **the odd man out** in his class at school.
그는 학교 다닐 때 자기 반에서 항상 왕따를 당했다.

관련 어휘

- outcast[áutkæ̀st]
(집 · 사회에서) 내쫓긴 사람, 버림받은 사람, 부랑자, 왕따(a person who is driven away from home, friends or society[səsáiəti])

- odd man out
동료들로부터 따돌림을 받은 사람(a person left out of a group)

LESSON 22

만남과 결혼 Meeting & Marriage

01	그녀에게 데이트 신청해 봐.	How about asking her out?
02	요즘 누구와 데이트하니?	Who are you seeing nowadays?
03	내가 좋아하는 타입이야.	She's my type.
04	내가 아는 사람이니?	Anyone I know?
05	생각 안 해봤어.	I haven't thought about it.
06	내 여동생을 소개시켜 주면 어때?	How about if I fix you up with my sister?
07	사실은 널 사랑해!	As a matter of fact, I love you!
08	예쁜 여자들은 다 임자가 있더라고.	All the pretty girls are taken.
09	천생연분 같아.	It seems we're a match made in heaven.
10	바람맞았어.	I was stood up.
11	마음 졸이게 하지 말아요.	Don't keep me in suspense.
12	친구가 결혼하거든.	A friend of mine is getting married.
13	언제 결혼하나요?	When are you going to get married?
14	우리는 끝이야!	We're past history!
15	여자 친구와 헤어졌어.	I broke up with my girlfriend.
16	지난 일을 잊어버려요.	Let bygones be bygones.
17	우리는 별거 중이야.	We have been separated.
18	혼자 살아요.	I live alone.
19	강요할 수 없지요.	You can't twist her arm.

L·E·S·S·O·N

22 만남과 결혼 Meeting & Marriage

01

그녀에게 데이트 신청해 봐. How about asking her out?

'ask out'은 '이성에게 데이트를 신청하다'의 뜻이고, 'go out with'는 '~와 데이트하다(have a romantic relationship)'라는 뜻이다. 'go steady[stédi]'는 미국의 남녀 중·고등학생들이 조그만 선물을 주고받으며 자주 데이트하는 관계를 나타낸다.

A : **How about asking her out yourself?**
당신이 직접 그녀에게 데이트를 청하는 것이 어때요?

B : That seems a good idea.
좋은 생각 같아요.

be dressed up 정장하다

S : You're all dressed up. **Are you going out with David?**
자네 오늘 쫙 빼 입었군. 데이비드와 데이트하러 가니?

be supposed to ~할 예정이다
pick up 차를 태워 주다

M: Yes, I am. He's supposed to pick me up at 7.
응, 7시에 나를 차로 데리러 오기로 했어.

courage[kə́:ridʒ] 용기

- I wanted **to ask her out**, but I didn't have the courage to do it.
  그녀에게 데이트 신청을 하고 싶었지만 그렇게 할 용기가 없었다.

➜ 'nothing to lose'는 '잃을 게 아무것도 없다' 즉 '밑져 봐야 본전이야'라는 뜻

- **Just go out with him.** You have nothing to lose.
  그와 데이트해 봐. 손해볼 것 없잖아.

indicate[índikèit] 가리키다, 표시하다, 암시하다
formally[fɔ́:rməli] 정식으로, 격식을 갖춰
cf. **formerly**[fɔ́:rmərli] 이전에
eg. **casual wear/clothes** 평상복

- The invitation to the dance indicates that everyone should be **dressed formally.**
  무도회에 초대를 받은 사람은 누구나 정장을 해야만 한다는 것을 암시하다.

cf. The *casually dressed* young man is my son.
저 평상복을 입은 젊은이가 내 아들이야.

➜ 똑같은 옷을 입어도 사람마다 분위기가 달라 보인다. 백화점에서 비싼 옷을 사 입고도 어울리지 않는 사람이 있는가 하면 시장에서 싸구려 옷을 사 입고도 멋지게 보이는 사람이 있다. 이렇듯 옷을 제대로 멋있게 입는 사람을 'good dresser'라고 한다.

- You are **a good dresser.**
  너는 옷을 잘 입는구나.

관련 어휘

- a **fashionable**[fǽʃənəbəl] dresser
  유행에 따라 옷을 입는 사람
- a **snappy**[snǽpi] dresser
  옷을 멋지고 스마트(smart)하게 입는 사람
- a **sloppy**[slɑ́pi]/**scruffy**[skrʌ́fi] dresser
  옷차림이 단정하지 못하고 지저분한 사람

02

요즘 누구와 데이트하니? Who are you seeing nowadays?

'see someone'은 '~와 데이트하다(date with), ~를 사귀다'의 뜻. 우리말의 '애인 있어요? 또는 사귀는 사람 있어요?'를 영어로 'Are you seeing anyone special?/Do you have a date?'하면 된다.

special[spéʃəl] 특별한, 독특한

A : So, Gail, **are you seeing anyone special these day?**
그래, 게일, 너 요즘 따로 만나는 사람 있어?

B : Well, I've been seeing several guys lately, but no one special.
글쎄, 요즘 들어 만나는 사람이 몇몇 있는데 특별히 이렇다 할 사람은 없어.

several[sévərəl] 몇몇의, 몇 명의
lately[léitli] 요즈음, 최근

S : **Don't you feel you're seeing too much of Scotty?**
너 너무 자주 스카티를 만나는 것 같지 않아?

M: Oh, Mom, can't you stay out of my private life?
참, 엄마는 내 사생활에 끼여들지 않을 수 없어요?

stay out of 끼여들지 않다(not get involved)
private life 사생활
private[práivit] 사적인, 비밀의

- Are you **seeing anybody else**? 다른 사람과 사귀고 있나요?
- Are you **seeing anybody from your office**? 회사에 사귀는 사람 있나요?
- I saw you shopping with a good-looking guy downtown yesterday. **Are you seeing him?**
어제 시내에서 멋진 남자와 쇼핑하는 거 봤어. 사귀는 남자야?
- I heard you were thrilled with **the man you met on your blind date.** 미팅에서 만난 남자에게 뿅갔다고 들었는데.

thrilled[θrild] 감동한, 흥분한
blind date (소개에 의한) 서로 모르는 남녀간의 데이트

03

내가 좋아하는 타입이야. She's my type.

'그녀는 내 마음에 꼭 들어, 내가 좋아하는 타입이야.'라고 말할 때 'She's my type.'라고 하면 된다.

A : What do you think of the girl?
그녀를 어떻게 생각하니?

B : **She's really my type.** I want to ask her out.
그녀는 내 마음에 꼭 들어서 데이트를 신청하고 싶어.

- **He's not really my type.** 그는 내가 좋아하는 타입이 정말 아니야.
- **That type of girl is not my cup of tea.** 난 저런 타입의 여자가 싫어.
- **I'm not the type** to work in an office all day.
난 하루 종일 사무실에서 일하는 그런 체질이 못돼.

one's cup of tea 좋아하는 것

04

내가 아는 사람이니? Anyone I know?

➔ 〈P. 138 어법연구 참조〉

'내가 아는 사람이야?' 라고 물어 볼 때 'Someone/Anyone (that) I know?' 라고 하면 된다. 아래 대화에서 극장에 갔다 온 친구가 내가 알 만한 사람이라는 확신이 있을 때는 의문문이라도 'someone'을 사용할 수 있다.

A : I went to the movies with a friend last night.
어젯밤에 친구와 영화 구경갔다 왔어.

B : Oh? **Anyone I know?**
그래? 내가 아는 사람이야?

관계대명사 that 용법

회화체에서 관계대명사 'who, which' 대신에 'that'를 쓸 수 있다. 그러나 다음과 같은 경우에 반드시 관계대명사 'that'를 써야 하는 것이 표준 어법이다.

1. 선행사가 최상급 형용사나 서수(the first, the second)의 수식을 받을 때

A : Let's talk about something else. 우리 딴 얘기해요.
B : What would you like to talk about? 무슨 얘길 하고 싶어요?
A : **The first thing** *that comes to your mind.* 제일 먼저 생각나는 걸 얘기해요.

come to mind 머리에 떠오르다

2. 선행사가 'the last, the next, the very, the only, the same, all, every, some, any, no, none, little, few'의 수식을 받거나 '–thing'으로 끝나는 명사일 때

a. Anyone *that I've seen*?
내가 만나본 적이 있는 사람이야?

b. Anyone *that I'm familiar with*?
내가 잘 아는 사람이야?

c. That's the very thing *that I want*.
그것이 바로 내가 원하는 것이다.

d. Is there anything (*that*) *I can do*?
내가 할 수 있는 일이 있어요?

e. There's something (*that*) *I want to tell you*.
말씀드리고 싶은 것이 있는데요.

f. He is not the same man *that he was two years ago*.
그는 2년 전의 그와는 다른 사람이 되어 있다.

g. I think anyone *that has a job* which he or she enjoys is very lucky.
누구든 자신이 즐기는 직업을 갖고 있는 사람은 아주 행운이라고 생각합니다.

05

생각 안 해봤어. I haven't thought about it.

A : Are you thinking of asking the girl out?
그녀에게 데이트 신청을 할 생각이야?

B : **I haven't thought about it.**
생각 안 해봤어.

ask sb out ~에게 데이트 신청을 하다

- I haven't really given it much thought.
  난 그 생각을 정말로 많이 안하고 있었어요.
- I've been giving your proposal a lot of thought.
  당신의 프로포즈를 신중히 생각하는 중입니다.
- Are you having second thoughts about emigrating?
  이민 가는 것을 다시 생각해 보는 거야?
- That hadn't occurred to me. 그 생각은 못했어요.
- That never entered my mind. 그 생각은 전혀 못했어요.

give much/a lot of thought [θɔːt] 많은 생각을 하다, 신중히 생각하다

proposal [prəpóuzəl] 결혼 신청, 제안

have a second thought 재고(再考) 하다

emigrate [émәgrèit] 이민 가다 ↔ immigrate [ímәgréit] 이주해 오다

occur [əkɔ́ːr] (어떤 일이) 생기다, (머리에) 떠오르다

06

내 여동생을 소개시켜 주면 어때? How about if I fix you up with my sister?

데이트 상대가 없는 친구가 쌍쌍 파티가 다가오자 하소연할 때 'How about if I fix you up with my sister?' 라고 말하면 어떨까? 'fix sb up with' 는 '~에게 …을 마련해 주다, 남녀 간의 교제를 주선해 주다, 수리/장식하다' 라는 뜻이다.

A : I need a date for the dance.
무도회에 함께 갈 데이트 상대가 필요해.

B : Let me see. **How about if I fix you up with my sister?**
글쎄. 내 동생을 소개시켜 주면 어때?

- Can you fix me up with a bed for the night?
  하룻밤 잠자리 좀 마련해 줄 수 있어요?
- Could you fix me up with a car? 차 좀 주선해 주시겠습니까?

07

사실은 널 사랑해! As a matter of fact, I love you!

'in fact' 는 사람들이 말하거나 생각하는 것과는 다른 진실을 말할 때 또는 추가적인 정보 (additional information [әdíʃәnәl ìnfәrméiʃәn])를 알려줄 때 쓰는 표현인 반면에, 'as a matter of fact' 는 놀라운 사실(surprising information [sәrpráiziŋ ìnfәrméiʃәn])을 말할 때 쓴다.

S : Do you like me? 날 좋아해?

M: **As a matter of fact, I love you!** 사실은 너를 사랑해.

A : Do you like me? 날 좋아해?

B : Yes. **I like you very much, in fact.** 그래. 실은 너를 매우 좋아해.

S : He's too old for the job.
그는 이 일을 하기에는 너무 나이가 들었어.

M: Well, **he's younger than you, as a matter of fact.**
그런데, 사실은 당신보다 더 젊어요.

08 예쁜 여자들은 다 임자가 있더라고. All the pretty girls are taken.

'아내나 애인을 얻다, 차지하다, 맞아들이다' 라고 할 때 'take' 동사를 사용하여 '예쁜 여자들은 다 임자가 있더라.' 고 말하려면 'All the pretty girls are taken.' 이라고 하면 된다.

A : Are you seeing anyone new these days?
요즘 새로 사귀는 사람 있나요?

B : No. I've been looking for a boyfriend, but you know, **all the good-looking guys are taken.**
아뇨. 남자 친구를 찾아보고 있지만 잘생긴 남자들은 다 임자가 있더라고.

guy [gai] 사내, 녀석, 놈
grant [grænt] 인정하다, 시인하다 (admit)
take it for granted ~을 당연한 일로 생각하다

- Most guys take it for granted that **beautiful girls already have boyfriends.**
  대부분의 사내들은 예쁜 여자들은 이미 남자 친구가 있을 것이라는 것을 당연한 일로 받아들이고 있다.

09 천생연분 같아. It seems we're a match made in heaven.

'어울리는 배우자/짝' 을 'a match[mætʃ]' 라고 하며 '하늘이 맺어 준 부부' 라고 말하려면 'a match made in heaven' 이라고 하면 된다. 'be made for each other' 는 '서로를 위하여 만들어지다' 라는 뜻으로 우리말의 '찰떡 궁합' 과 일맥상통한다.

get along (with sb) 사이좋게 지내다

heaven [hévən] 하늘, 천국

A : How did you get along with the guy?
그 사내와 어떻게 재미있었어?

B : **It seems we're a match made in heaven.**
우린 하늘이 맺어준 천생연분 같아.

- I'm sure we're right for each other.
  우리는 서로에게 꼭 필요한 사람이란 것을 난 확신해.
- I guess we're made for each other. 우리는 찰떡 궁합 같아.
- They are a well-matched pair. 그들은 잘 어울리는 한 쌍이야.
- I think they're a perfect match. 그들은 완벽한 부부라고 생각돼.
- My son would be a good match for your daughter.
  나의 아들은 당신 딸에게 훌륭한 배필이 될게요.
- There's no need to talk to know each other's feelings.
  서로의 생각을 알려고 말할 필요도 없어.
- Every Jack has his Gill.
  짚신도 짝이 있다./어떤 남자에게도 짝이 있는 법이다.〈속담〉

pair[pɛər] 한 벌, 한 쌍의 남녀, 부부
perfect[pə́:rfikt] 완벽한, 결점이 없는

10

바람맞았어. I was stood up.

초점을 어디에 두느냐에 따라 능동 · 수동을 사용한다. 누구에게 바람을 맞았느냐, 즉 행위자는 알리고 싶지 않고 바람맞은 사실만을 말하고자 할 때는 수동문 'I was stood up.(나 바람맞았어.)', 바람을 맞힌 사람이 누구냐, 즉 행위자에 관심이 있다면 능동문 'Jane stood me up.(제인이 바람맞혔어.)' 이 쓰인다.

➔ 〈P. 434 어법연구 참조〉

A : What makes you so angry?
왜 화가 났어?

B : You know I was on a blind date last night. Well, I waited half an hour, but she didn't show up. **She stood me up.** You can't imagine how humiliating it was!
어제 저녁에 미팅갔다온 거 알지. 글쎄 말이지, 30분이나 기다렸지만 그녀가 안 나타났어. 날 바람맞혔어. 얼마나 쪽팔렸는지 넌 모를 거야!

blind date (소개에 의한) 서로 모르는 남녀간의 데이트, 미팅
half an hour 30분
show up (어느 장소에) 나타나다 (appear, turn up)
stand sb up ~를 바람맞히다
humiliating[*h*ju:mílièitiŋ] 쪽팔리는, 굴욕적인

- Don't stand me up. 바람맞히지 마.
- Last night she stood me up without even calling me.
  어젯밤에 그녀는 전화 한 통화 없이 나를 바람맞혔어.

11

마음 졸이게 하지 말아요. Don't keep me in suspense.

'suspense[səspéns]'는 '지속적 긴장감, 손에 땀을 쥐는 조마조마한 상태'이다. 따라서 대화 중에 상대방의 얘기를 독촉할 때 또는 예의상 관심을 나타낼 때 'Don't keep us in suspense.'라고 한다.

A : Do you want to hear about my date last night?
어제 저녁 데이트에 관해서 듣고 싶니?

B : **Don't keep me in suspense.** I want to hear all about it.
마음 졸이게 하지 말고 어서 얘기해 봐. 모두 듣고 싶어.

- Don't keep us in suspense any longer – tell us what happened.
더 이상 마음 졸이게 하지 마. 무슨 일이 있었는지 말해 봐.
- Let's hear all about it. 좀 얘기해 봐. (= Tell us the story.)
- I can't wait for your story. 기다릴 수가 없어. 속히 좀 얘기해 봐.
- Tell us what happened. We're all ears!
무슨 일이 일어났는지 말해 봐. 열심히 들을 테니!

➔ 상대방이 말하는 것을 관심을 갖고 열심히 듣겠다는 의미로 'I'm all ears.(귀담아 듣고 있어.)'라는 표현을 쓴다.

12 친구가 결혼하거든. A friend of mine is getting married.

A : What are you going to do on Saturday? 토요일에 뭐할 거야?

B : I'm going to a wedding on Saturday. **A friend of mine is getting married.** 토요일에 결혼식에 갈 거야. 친구가 결혼하거든.

a friend of mine과 my friend는 어떻게 다를까?

'a friend of my friends'의 명사구에서 동일 명사의 반복을 피하기 위해 앞의 명사(a friend)를 대명사로 바꾸면 'one of my friends'가 되고, 뒤의 중복되는 명사(friends)를 생략하고 소유격(my)을 소유 대명사로 바꾸면 'a friend of mine'이 된다. 'a friend of mine'은 여러 친구 중의 하나를 의미한다.
'my friend'는 특정한 친구를 의미하며 다른 사람에게 소개할 때 'This is my friend, Mark.(이 사람은 내 친구 마크야.)'와 같이 쓰인다.

a. A friend of mine told me this joke yesterday.
나의 한 친구가 어제 이 농담을 얘기해 줬어.

b. Bruno is an old friend of mine. 브르노는 오래 사귄 친구야.

c. I'd like to introduce you to my friend Linda.
당신을 나의 친구 린다에게 소개하고 싶어요.

d. She was my best friend at school. 그녀는 학교에서 가장 친한 친구였어.

13 언제 결혼하나요? When are you going to get married?

'결혼했어요?' 와 같은 개인적인 질문은 아주 가까운 사이가 아니라면 피하는 것이 좋다. 그러나 영어를 공부하기 위한 목적이므로 알아두는 것이 좋다. 상대방에게 '결혼했나요?' 라고 물어 보려면 'Are you married?' 또는 'Did you get married?' 라고 물어 볼 수 있다. 그러나 전자는 그 사람의 결혼에 관한 배경을 전혀 모른 채 물어 보는 말이고, 후자는 결혼을 할 사람도 있고 결혼을 한다는 이야기도 있었는데 했는지 안 했는지 확인해 보는 것이다.
'be married' 는 결혼한 상태를 의미하고, 'get married' 는 결혼하는 동작을 나타내므로 'last month, last Sunday, yesterday, next week' 등과 같은 시간 부사와 함께 쓰인다. 'I'm married.' 는 현재 결혼해 있는 것을 의미하고, 'I was married.' 는 전에 결혼을 했지만 지금은 이혼 또는 별거 중임을 뜻한다. 'I got married last month.' 는 지난달에 결혼이 이루어진 동작을 뜻한다. 또한 '재혼하다' 는 'remarry' 또는 'marry again' 이라고 한다.

A : When are you going to get married? 언제 결혼할 거예요?
B : (I'm going to get married) Next month. 다음 달에 결혼할 거예요.

- She **is engaged to** a farmer. 그녀는 농부와 약혼했다.
- She **married young/old**. 그녀는 어린 나이에/나이가 들어 결혼했다.
- He recently **married again**.
  그는 얼마전에 재혼했다. (= He remarried recently.)
- Will you **marry me**? 저와 결혼하시겠어요?

be engaged [engéidʒd] **to** ~ 와 약혼하다

➔ 〈P. 157 어법연구 3번 참조〉
recently [rí:səntli] 요즈음; 얼마전에

직선적인 청혼보다 좀더 완곡한 다음의 표현으로 청혼하면 어떨까?

a. Would you like to grow old with me?
저와 함께 나이를 먹는 것이 좋지 않겠어요?

b. How about spending the rest of your life with me?
남은 인생을 저와 함께 보내는 것이 어때요?

rest [rest] 휴식, 나머지, 잔여

어법연구

어떤 일이 일어났거나 변화가 생겼을 때는 동사 be가 아니라 get가 쓰인다.

a. She **got divorced** last month. 그녀는 지난달에 이혼했다.
b. She has to **get dressed** in a red blouse before the party.
파티에 가기 전에 그녀는 붉은 블라우스로 갈아입어야 했다.
c. You should eat. Otherwise you'll **get sick**.
먹어야 해. 안 그러면 병날 거야.

➔ 〈P. 280 12번 참조〉
divorce [divɔ́:rs] 이혼하다
cf. She is dressed in a red blouse. 〈상태 수동〉 그녀는 붉은 블라우스를 입고 있다. (= She is wearing a red blouse.)
cf. **I am sick.** 지금 몸이 안 좋아.
otherwise [ʌ́ðərwàiz] (명령문 다음에) 그렇지 않으면

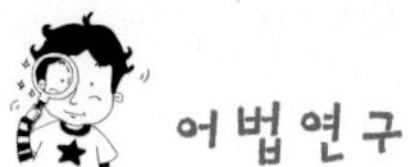

동사 marry

He married last month. (x) 그는 지난달에 결혼했다.

'marry'는 타동사이므로 목적어를 필요로 한다. 그러므로 'He married Susan last month.(그는 수잔과 지난달에 결혼했다.)'라고 하든지 누구와 결혼했는지 모른다든가 밝힐 필요가 없을 때 수동으로 해서 'He got married last month.'라고 해야 자연스런 영어 표현이 된다.

He married with a girl from New York. (x)

우리말로 '그는 뉴욕 출신 여자와 결혼했다.'를 'He married with a girl from New York.'라고 하면 잘못된 표현이다. 우리말에서 '~와 결혼하다'를 영어에서 'marry with'로 생각하기 쉽지만 'marry'는 전치사가 필요 없는 완전 타동사이므로 'He married a girl from New York.' 또는 수동으로 'He got married to a girl from New York.'라고 해야 한다.

eg. I wouldn't marry you if you were the last person on earth!
지구상에 당신밖에 없더라도 당신과는 결혼을 하지 않겠어요!

14 우리는 끝이야! We're past history!

ancient[éinʃənt] 옛날의

'to be past/ancient history'란, 말 그대로 '과거의 얘기'가 됐다는 뜻으로 곧, 어떤 관계가 끝났음을 선언할 때 쓰는 표현이다. 열렬히 사랑하던 남자에게 절교를 선언하는 어느 여자의 매몰찬 한 마디. 'We're past history! I don't love you anymore.(우리는 끝이야! 더 이상 너를 사랑하지 않아.)'

apologize[əpɑ́lədʒàiz] 사과하다
relationship[riléiʃənʃìp] 관계, 관련

A: I'm sorry I lied to you, darling. I still love you!
당신에게 거짓말을 해서 미안해. 여전히 당신을 사랑한다고!

B: It's too late to apologize. **Our relationship is history.**
사과하기엔 너무 늦었어. 우리 관계는 이제 과거의 얘기야.

- She loved me once, but that's all history now.
그녀는 한때 나를 사랑했지만 지금 그것은 모두 옛날 일이야.

15 여자 친구와 헤어졌어. I broke up with my girlfriend.

'break up with'는 '~와 헤어지다, 끝나다(end, come to an end)'의 뜻이다. 반대로 '화해하다'라고 할때는 'make up' 또는 'reconcile[rékənsàil]'이 쓰인다.

A : What's the worst thing that ever happened to you?
너에게 가장 나빴던 때는 언제야?

B : **The worst thing was when I broke up with my girlfriend.** It almost broke my heart. Luckily, we made up and got back together.
여자 친구와 헤어졌을 때가 그랬지. 거의 비탄에 젖었는데, 다행히 화해하고 다시 만나게 됐어.

break one's heart 상심하다
make up 화해하다
get back together 다시 만나다

- Their marriage has broken up.
그들의 결혼 생활은 끝장났다.

marriage[mǽridʒ] 결혼, 부부 관계

- She's just broken up with her boyfriend.
그녀는 남자 친구와 헤어졌다.

- Have they made it up yet?
그들이 벌써 화해했니?

- It's time you made it up with your sister.
네 누나와 화해할 때가 됐어.

- Why don't you two kiss and make up?
둘이 키스하고 화해하지 그래.

16

지난 일을 잊어버려요. Let bygones be bygones.

언쟁(a quarrel[kwɔ́:rəl] or dispute[dispjú:t])을 했든, 오해를 했든 간에 서먹서먹한 관계를 '화해하자'고 할 때 'make (it) up'을 사용한다. 그리고 '과거에 좋지 않았던 일(something bad)을 잊어버리자.'고 할 때 'Let bygones be bygones.'를 사용한다.

bygone[báigɔ̀:n] 과거(의 일)

A : **Let's make it up and let bygones be bygones.**
자 화해하고 지난 일은 잊어버립시다.

B : You really don't hold anything against me, do you?
정말 저에 대해 더 이상 나쁜 감정 없는 거죠?

hold/have something against someone ~에게 나쁜 감정을 갖고 있다

17

우리는 별거 중이야. We have been separated.

'이혼하다'라고 말할 때 'get divorced/get a divorce[divɔ́:rs]'라고 하며, '별거하다, 헤어지다, 분리하다'라고 말하려면 'separate[sépərèit]'라고 한다.

- Nearly 4 out of 10 marriages in the US end in divorce.
미국에서 10쌍 중 거의 넷은 이혼으로 끝난다.

➔ 〈P. 415 참조〉
end in divorce 이혼으로 끝나다

former husband = ex-husband

- She remarried her former husband ten years after their divorce.
  그녀는 이혼 10년만에 전 남편과 재혼했다.

legally [lí:gəli] 법적으로

- He and I have been separated for the last six months, but we're not legally divorced yet.
  그와 6개월 동안 별거 중이지만 법적으론 아직 이혼하지 않았다.

18

혼자 살아요. I live alone.

'alone'은 '동거하는 사람이 없고 단지 혼자'라는 뜻이지만, 'on one's own'은 '단독으로, 혼자서(alone)'의 뜻과 '스스로, 자력으로, 관리·감독 없이(without being helped or supervised)'란 뜻을 지닌 관용 어구이다. 자신에게 일어나는 모든 일에 대해 스스로 책임져야 한다는 말로 독립의 의미로 '네 일은 네가 책임을 져.'라고 할 때 'You're on your own.'이라고 한다.

A : Who do you live with? 누구하고 사세요?

B : **I live alone.** 혼자 살아요.

- I'm single. 미혼입니다.

remain [riméin] ~대로 있다

- I remain single. 독신으로 지내고 있습니다.
- I've been living on my own for five years.
  = I've been living by myself for five years.
  = I've been living alone for five years.
  5년 동안 나 혼자 살아오고 있어.
- I made this table all on my own. 이 식탁을 내 힘으로 만들었어.
- I'm all on my own today. 오늘은 완전히 나 혼자야.
- He can be left to work on his own.
  스스로 알아서 일할 수 있게 그는 내버려 둘 수 있다.

how do you like~? ~은 어때요/어떻게 할까요?

- How do you like living on your own? 혼자 사는 게 어때요?

19

강요할 수 없지요. You can't twist her arm.

'twist[twist] one's arm'은 '~의 팔을 비틀다'라는 말로 '~에게 강요하다'라는 뜻이 된다.

A : She doesn't want to marry.
그녀는 결혼을 안 한대요.

B : **You can't twist her arm.** It's her life.
그녀에게 강요할 수 없지요. 그건 그녀의 인생이니까.

LESSON 23

소문 Rumors

01	그냥 소문이야.	It's just a rumor.
02	엘리베이터에서 우연히 들었어.	I overheard in the elevator.
03	직접 본인한테서 들은 거야.	I heard it straight from the horse's mouth.
04	소문으로 들었어요.	I heard it by word of mouth.
05	그 성에서 귀신이 나온다고 하던데.	The castle is supposed to be haunted.
06	그들이 파혼했다던데.	I hear they called off their engagement.
07	그들은 사전에 귀띔을 받았어요.	They were tipped off in advance.
08	금시초문인데.	That's news to me.

L·E·S·S·O·N

23 소문 Rumors

01 그냥 소문이야. It's just a rumor.

사실인지 아닌지도 모르는 정보가 이 사람 저 사람으로 떠돌아다니는(going around/circulating[sə́ːrkjəlèitiŋ])것을 소문(rumor)이라고 하며 근거도 없이 발설자가 누구인지도 모른 채 퍼지기(spreading) 때문에 'rumor[ruːmər]' 동사는 항상 수동으로만 쓰인다. 사실인지 아닌지도 모른 채 남의 사생활에 관해 이야기하는 것을 'gossip[gɑ́sip]'이라고 한다.

A : Where did you hear they are getting a divorce?
그들이 이혼할 거라고 어디서 들었니?

B : I heard it from somebody at the laundromat.
세탁소에서 누군가에게 들었어.

A : Well, I can't believe it's true. **I'm sure it's just a rumor.**
글쎄, 난 사실이라고 믿을 수가 없어. 그저 소문이 확실해.

laundromat[lɔ́ːndrəmæ̀t] 동전 넣고 하는 셀프 세탁소

- I wish it were a rumor.
  소문이었으면 하고 바래.
- There's a rumor that Jane's getting married again.
  제인이 재혼할 것이라는 소문이 있어.
- There's a nasty rumor going around about your brother.
  네 동생에 관하여 떠도는 지저분한 소문이 있어.
- I've heard all sorts of rumors about him and his secretary.
  그와 그의 비서에 관한 온갖 소문을 들어왔어.

nasty[nǽsti] 불쾌한, 추잡한

secretary[sékrətèri] 비서

02 엘리베이터에서 우연히 들었어. I overheard in the elevator.

'overhear[òuvərhíər]'는 '다른 사람이 이야기하는 것을 우연히(by accident) 듣다'라는 뜻이다.

A : Where did you hear that?
어디서 들었니?

B : **I overheard in the elevator.**
엘리베이터 안에서 어쩌다가 엿들었어.

- I heard it by accident in the cafeteria. 우연히 식당에서 들었어.
- I overheard Mike talking with Ann.
  마이크가 앤과 이야기하는 것을 우연히 들었다.
- Someone mentioned it at the bus stop.
  누군가 버스 정류장에서 간단히 언급했어.

cafeteria[kæ̀fitíəriə] 셀프서비스 하는 간이 식당

mention[ménʃən] 언급하다

03

직접 본인한테서 들은 거야. I heard it straight from the horse's mouth.

'I heard it straight from the horse's mouth.'를 직역하면 '말의 입으로부터 직접 들었다.'가 되는데 그 비유적 의미가 선뜻 떠오르지 않는다. 이 표현은 경마(horse races)에서 유래된 것으로 '우승할 말이 자기가 우승할 것이라고 나에게 개인적으로 말해 줬다(the horse personally told me it would win)', 즉 '관련자에게 직접 들었다'는 뜻이다.

S : Has Nancy really broken off the engagement to Jim? I can't believe it. Are you sure?
냰시가 짐과 정말로 파혼했어? 믿을 수가 없어. 확실해?

M: Absolutely. **I heard it straight from the horse's mouth.**
그럼. 직접 본인한테서 들은 소식이야.

break off (관계를) 끊다, 절교하다, 헤어지다
engagement [engéidʒmənt] 약혼
➜ 〈P. 72/79 3번 참조〉
Absolutelyt [ǽbsəlù:tli] 절대적으로, 확실히 (응답으로) 그렇고 말고

- I want to hear it straight from your mouth.
  네게서 직접 듣고 싶어.
- I was told it directly by the actual person concerned.
  당사자에게 직접 들었어.
- I got it straight from the horse's mouth.
  직접 본인한테서 들은 소식이야.

person concerned [pə́:rsən kənsə́:rnd] 당사자

04

소문으로 들었어요. I heard it by word of mouth.

'word of mouth'는 소문(所聞)을 뜻한다. 이것은 전문가의 의견, 광고 등에 근거한 것이라기보다는 친구, 동료, 이웃 등의 입을 통해 전해진 말이란 의미를 내포하고 있다. 그래서 '소문으로 들었어요.'라고 말하려면 'I heard it by word of mouth.'라고 하면 된다.

A : This is a great beach! How did you find out about it?
여기는 굉장한 해변가네요! 어떻게 알아냈어요?

B : **By word of mouth.** A friend of mine told me about it.
소문으로 알았지요. 한 친구가 말해 줬어요.

➜ 〈P. 318 34번 참조〉

- I heard it through the grapevine.
  나는 그것을 소문으로 들었어.
- The word is out.
  그 말은 널리 퍼졌다.
- The word has spread.
  그 말은 널리 알려졌다.
- Everyone is talking about it.
  모든 사람이 그것에 대해 얘기하고 있어.

grapevine [greipvàin] 포도 덩굴 ; 주로 개인의 사생활 등에 대한 가십 등을 퍼뜨리는 비공식 경로

spread [spred] 퍼지다, 만연하다 (become widely known)

05

그 성에서 귀신이 나온다고 하던데. The castle is supposed to be haunted.

castle[kǽsl] 성, 성곽
haunt[hɔ:nt] 귀신 등이 출몰하다

'be supposed to be ~'는 '직접적인 경험은 없으나 들어서 알고 있는(be generally thought or be believed to be something by many people)'것을 말할 때 쓰는 표현으로 우리말로는 '~하다던데'가 된다. 예를 들어 소문(hearsay), 신문 등을 통해서 알게 된 것에 대해 말할 때 쓰인다.

- I haven't seen the movie myself, but **it's supposed to** be very exciting.
  직접 안 봤지만 좋은 영화일 거라고 생각해. (= it's considered to be very exciting.)

어법연구

be supposed to

'be supposed[səpóuzd] to'는 '소문 나다'라는 뜻 외에 '~하기로 되어 있다(be intended to), ~해야만 하다(should, have a duty[djú:ti])'라는 뜻이 있다.

a. He's **supposed to** arrive at one.
   그는 1시에 도착하기로 되어 있다. (= He's intended to arrive at one.)

b. You'**re not supposed to** smoke here.
   이곳은 금연입니다. (= You're not allowed to smoke here.)

cheat[tʃi:t] 속이다

c. You'**re not supposed to** cheat people.
   남을 속여서는 안 된다. (= You should not cheat people.)

06

그들이 파혼했다던데. I hear they called off their engagement.

소문을 들어 아는 경우에 'I hear ~'가 '모든 사람이 얘기하고 있어, 또는 소문에 ~한다고 하더군요'의 뜻으로 쓰인다.

call off 취소하다
engagement[engéidʒmənt] 약혼

A : **I hear they called off their engagement.**
그들이 파혼했다고 하던데. (= They broke off their engagement.)

B : Well, that's news to me.
그래? 금시초문인데. (= I didn't know about that.)

- **I hear** she is going to America next year.
  그녀가 내년에 미국에 간다고 하더군요.

worth ~의 가치가 있는, ~할 만한 가치가 있는

- **I hear** the movie is really worth seeing.
  그 영화는 볼만하다고들 하던데. (= It's really worth seeing the movie.)

07 **그들은 사전에 귀띔을 받았어요. They were tipped off in advance.**

'tip off'는 '어떤 일에 대하여 미리 정보를 비밀리에 주다'라는 뜻이다.

A : How did these investors make so much money?
어떻게 이들 투자가들은 거액의 돈을 벌었지?

B : Easy. **They were tipped off in advance.**
간단해. 이들은 사전에 정보를 얻었으니까.

invest 투자하다
investor[invéstər] 투자가
in advance[ədvǽns] 미리, 사전에

S : I just read that the police finally caught that murderer.
경찰이 마침내 살인범을 잡았다고 하던데.

M: Well, **that was only because they were tipped off by someone.**
아, 그건 누군가가 사전에 경찰에게 제보해 주었기 때문이야.

murder[mə́:rdər] 살인하다
murderer[mə́:rdərər] 살인자

- The police **were tipped** off that a bank robbery was being planned.
은행 강탈이 음모되고 있다는 제보를 경찰은 받았다.

robbery[rábəri] 강도질, 강탈
cf. robber[rábər] 강도

- Thanks for **tipping me off** about those shares; I made tidy profit out of them.
그 주식에 대한 정보 고마웠어. 그 정보로 상당한 이득을 보았어.

share[ʃɛər] 주식
make a profit out of ~ ~으로 벌다
tidy[táidi] 상당한, 말쑥한
profit[práfit] 이득, 벌이

08 **금시초문인데. That's news to me.**

상대방이 전해 주는 소식을 미리 알지 못해서 놀라움을 나타낼 때 'I haven't heard about it before.(그것에 관해 못 들어 봤어.)'의 뜻으로 'That's news to me.'가 쓰인다.

A : Have you heard the news? Julie's engaged.
소식 들었어? 줄리가 약혼했다는군.

B : Well, **that's news to me.**
그래? 금시초문인데. (= I didn't know about that.)

engaged[engéidʒd] 약혼한, 약속이 있는

- So, the meeting's been canceled? Well, **that's news to me.**
그래, 모임이 취소됐단 말야? 그래? 금시초문인데.

cancel[kǽnsəl] 취소하다(call off)

LESSON 24

생과 사 Birth & Death

01	임신 5개월 됐어요.	She's five months pregnant.
02	사내아이를 낳았어.	She gave birth to a boy.
03	돌아가셨어요.	She went away.
04	지난주 아버지를 여의었어.	She lost her father last week.
05	조의를 표합니다.	Please accept my condolences.
06	그들은 굶어 죽었다.	They were starved to death.
07	그는 자살했다.	He killed himself.

L·E·S·S·O·N 24

생과 사 Birth & Death

01 임신 5개월 됐어요. She's five months pregnant.

임신한 상태일 때는 'be pregnant[prégnənt]'라고 하고 '임신됐다'라고 할 때는 'get pregnant'라고 한다. 또한 'be expecting (a baby/child)'는 '임신했다'는 뜻이 된다. 이와 같이 임신했다라는 말을 들었을 때는 'Wonderful[wʌ́ndərfəl] / Congratulations[kəngrætʃəléiʃənz]!(축하합니다!) / Fantastic[fæntǽstik]!(멋지구나!/끝내 주는군!)' 같은 말을 써서 상대방이 임신했다는 것을 축하해 준다.

A : How long has she been pregnant?
그녀가 임신한 지 얼마나 됐어요?

B : **She's five months pregnant.**
5개월 됐어요.

- You're pregnant? That's fantastic!
  임신했다고? 잘했어!
- My daughter was pregnant with her second child at the time.
  나의 딸은 그 때에 둘째 아기를 임신 중이었어.
- She's expecting another baby.
  그녀는 또 임신했어. (= She's expecting again.)
- She is expecting a baby sometime in December.
  그녀는 12월경이 예정일이래.
- She is having a baby in March.
  그녀는 3월에 아이를 낳을 거야.
- Having a baby changes your life completely.
  아기를 갖게 되면 너의 생활이 완전히 바뀐다.
- She's taking maternity leave for two months.
  그녀는 2개월의 출산 휴가를 낼 것이다.
- Expectant mothers sometimes have cravings for unusual foods.
  산모들은 때때로 별난 음식을 먹고 싶어한다.

maternity[mətə́ːrnəti] 명 모성(애) 형 임산부의
leave[liːv] 휴가
expectant mother[ikspéktənt mʌ́ðər] 산모(産母)
have a craving[kréiviŋ] **for** ~을 열망하다
unusual[ʌnjúːʒuəl] 유별난

02 사내아이를 낳았어. She gave birth to a boy.

'아이를 낳다'라는 말을 'give birth to a baby/child'라고 하며 사내아이 또는 여자아이라고 말할 땐 'a baby' 대신에 'a boy / a girl'이라고 말하면 된다. 신생아를 'newborn baby/child 또는 infant[ínfənt]'라고 한다.

birth[bəːrθ] 탄생, 출생, 태생

A : Hi, Clinton. What's new?
클린턴 안녕? 뭐 새로운 일 없어?

B : **My wife gave birth to a healthy girl last month.**
집사람이 지난달에 건강한 딸아이를 낳았어.

A : Congratulations!
축하해!

congratulation [kəngræ̀tʃəléiʃən] 축하

S : **Did Julie say when her baby is due?**
아기가 언제 태어날 거라고 줄리가 말하던?

M: Yes, **she is expecting it sometime in September.**
응, 9월경이 예정일이래.

due [djuː] 아기 출산 예정인(will be born)

- My first baby **is due in January.** 우리 첫 아기는 1월에 출산 예정이야.
- **Boy or girl?** 아들이야 딸이야?
- **Both mother and baby are doing well.**
  산모와 아기가 잘 지내고 있어요.
- He is **a five day old baby.**
  그 아기는 생후 닷새 되었어. (= The baby boy is five days old.)
- The baby **was born two months early.** 그 아기는 2개월 조산했다.
- She was **English by birth** but later took Korean nationality.
  그녀는 영국 태생이지만 나중에 한국 국적을 취득했다.
- I **was born in America**, but I grew up in Seoul.
  미국에서 태어났지만 서울에서 성장했습니다.
- You can't fool me. **I wasn't born yesterday!**
  날 놀리지 마. 아무것도 모르는 바보가 아냐!

early [ə́ːrli] 일찍이

by birth 태생은
nationality [næ̀ʃənǽləti] 국적

grow up 성장하다, 성인이 되다 (become adult or mature)
grown-up [gróunʌ̀p] 형 성장한, 성숙한 명 성인
fool 바보 취급하다, 놀리다
➔ 'I wasn't born yesterday.'는 '누군가 자신을 놀리거나 또는 속이고 있다고 생각할 때 쉽게 속아넘어갈 정도로 어리석지는 않다'는 뜻으로 쓰이는 표현.

03 돌아가셨어요. She went away.

같은 말이라도 상황에 따라 뉘앙스를 달리하는 표현들이 많다. 동서양을 막론하고 사람이 '죽었다(die)'라는 말 대신에 'pass away, go away, go (up) to heaven'을 사용함으로써 좀 더 완곡한 표현을 쓰고 싶어하는 것 같다. 질병(illness)이나 고령(old age)으로 죽는 것을 'die'라고 하고, 사고 · 전쟁 · 지진 등으로 죽는 것을 'die, be killed, lose one's life'등으로 표현한다. '질병이나 고령으로 죽는 것을 'die a natural death[nǽtʃərəl deθ]', 사고로 죽는 것을 'die an accidental death[æ̀ksidéntl deθ]'라고 한다.

natural [nǽtʃərəl] 자연의, 타고난
accidental [æ̀ksidéntl] 불의의, 우연한

tough[tʌf] 곤란한, 힘든
➔ 'must + 완료'는 확실한 추측을 나타내어 '~였음에 틀림없다'라는 뜻
get through 어려운 상황을 극복하다

A **: It must have been tough for you since your wife went away.**
부인이 세상을 떠난 후 힘들었겠어요.

B : You're right, it has been. But my friends helped me get through it.
그래요. 힘들었어요. 하지만 친구들이 극복할 수 있도록 도와주었어요.

S **: I can't believe Uncle Mark passed away.**
엉클 마크가 삼촌이 돌아가셨다니 믿을 수가 없어.

M: Me too. Oh, poor Aunt Julie – they loved each other so much!
나도 그래. 가엾은 안트 줄리. 두 분이 그렇게 서로 사랑했는데!

- I'll love you **till the day I die.** 죽는 그 날까지 당신을 사랑할 거야.
- He **died happy/young.** 그는 행복하게/젊어서 죽었다.
- She **died a rich woman.** 그녀는 부자로 죽었다.

no longer 이젠 ~아니다

- He is **no longer with us.** 그는 이제 우리 곁에 없어요.
- She's **gone up to heaven.** 그녀는 천국에(하늘 나라로) 갔습니다.
- His mother **passed away** last night. She died in her sleep.
그의 어머니가 어제 저녁에 돌아가셨어요. 주무시다 돌아가셨어요.

drop dead 걸어가거나 앉아 있다가 또는 뭔 일을 하다가 갑자기 죽다

- One morning he **dropped dead** on the street on his way to work.
어느 날 아침에 출근하다가 거리에서 갑자기 쓰러져 죽었다.

choke[tʃouk] 숨이 막히다, 질식하다
die of 병 · 굶주림 · 노령 등으로 죽다

- He **choked to death.** 그는 질식사했다.
- He **died of** a heart attack at the age of 30.
그는 30세때 심장마비로 죽었다.

➔ 'kick the bucket[bʌ́kit]'는 유머스럽게 하는 말로 '죽다'라는 뜻이다. 우리말에 '밥숟갈 놓았어'라고 하면 '죽었다'라는 뜻이 되는 것과 일맥상통한다.
insurance[inʃúərəns] 보험

- When I **kick the bucket** you'll be able to live on my life insurance.
내가 죽으면 당신은 생명 보험금으로 살아갈 수 있을 거야.
- My love for you will **never die.**
당신을 사랑하는 마음은 결코 식지 않을 거야.

➔ 옆의 두 문장은 비유적으로 쓰인 표현이다.

- His secret **died with him.**
그의 비밀은 그의 죽음과 함께 묻혀졌다.

04

지난주 아버지를 여의었어. She lost her father last week.

동사 'lose[luːz]'는 사고로 '신체 일부분을 잃거나 목숨을 잃다(lose one's life)'라는 뜻으로 쓰인다. '아버지/어머니를 여의다'라고 말할 때 'lose one's father/mother'라고 한다.

A : Mary lost her father last week.
메리가 지난주 아버지를 여의었어.

B : What a shame! That must weigh heavily on her mind.
정말 안됐구나! 그로인해 그녀는 심한 부담을 가지게 됐을 거야.

What a shame! 안됐군요!
weigh on one's mind ~에게 부담을 주다
weigh[wei] 무거운 짐이 되다

- Many young people lost their lives in the war.
  많은 젊은이들이 전쟁에서 목숨을 잃었다.
- He lost both his sons in the war.
  그는 두 아들을 전쟁에서 잃었다.
- Paul's been very depressed since losing her wife.
  폴은 상처한 이래 매우 의기 소침해 있다.

depressed[diprést] 의기 소침한

05

조의를 표합니다. Please accept my condolences.

죽음의 소식을 들었을 때 상(喪)을 당한 사람을 위로하는 것을 'console[kənsóul]' 또는 'comfort[kʌ́mfərt]', 조문(弔問)을 'condolence[kəndóuləns]', 'sympathy[símpəθi]'라고 한다. '조의를 표합니다.'라고 할 때는 'express one's sympathy/condolence'라고 말한다. '애도의 뜻을 받아 주세요.'라고 할 때는 'accept one's sympathy/condolence'라고 하면 된다.

A : Please accept my condolences on your mother's death.
모친상에 애도의 뜻을 표합니다.

B : Thank you very much.
정말 감사합니다.

accept[æksépt] 받아들이다

- Your sympathy is a great consolation.
  애도해 주셔서 큰 위로가 됩니다.
- I'm so sorry to hear about your father's death.
  춘부장의 별세를 애도합니다.
- I'd like to offer my condolences to the victim's parents.
  희생자의 부모님께 조의를 표하고 싶습니다.

➜ 'I'm so sorry to'는 상대방에게 슬픈 일이나 유감스러운 일이 있을 때 쓰인다.

victim[víktim] (박해 · 불행 · 사고 등의) 희생자, 피해자 'express' 대신에 'show, offer'가 쓰이기도 한다.

관련 어휘

- funeral[fjú:nərəl] (ceremony[sérəmòuni]/service[sə́:rvis]) 장례식
- mourn[mɔ:rn] ~의 죽음에 대하여 슬퍼하다, 조의를 표하다
- grieve[gri:v] 몹시 슬퍼하다
  grief[gri:f] 큰 슬픔, 비통(sorrow[sárou])
- decease[disí:s] 명 사망(death) 동 사망하다

cf. **the deceased**[disí:st] 고인(故人)

- bury[béri] 묻다, 매장하다
  burial[bériəl] 매장
  burial place 장지(葬地)
- cremate[krí:meit] (시체를) 화장하다
  cremation[kriméiʃən] 화장
- casket[kǽskit] 관(coffin[kɔ́:fin])
- grave[greiv] 무덤(tomb[tu:m])
- vault[vɔ:lt] 납골당
- graveyard[gréivjà:rd] 묘지
- cemetery[sémətèri] 공동묘지
- donation[dounéiʃən] 증여, 기부(making a gift of money), 조의금
- obituary[oubítʃuèri] 부음, (약력을 붙여 신문에 싣는) 사망 기사

06 **그들은 굶어 죽었다.** **They were starved to death.**

'starved[sta:rvd](굶주린), burned[bə:rnd](불에 탄), beaten[bí:tn](얻어 맞은), frozen[fróuzən](얼어버린다), crushed[krʌʃt](압사된)' 등과 같은 과거분사 다음에 'to death'가 쓰이면 '~되어 죽어 버렸다'는 결과를 나타낸다.

- They were **burned to death.**
  그들은 불에 타 죽었다.

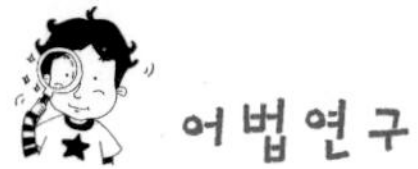

과거분사와 현재분사

'과거분사(starved) + to death'는 '굶어 죽은 상태'를, '현재분사(starving) + to death'는 '배고파 죽겠다'는 과장된 표현인 것이다.

➔ 〈P. 413 3번 참조〉

a. Lots of kids were starved to death. 많은 아이들이 굶어 죽었다.

b. I'm starving to death. 배고파 죽겠다.

07 그는 자살했다. He killed himself.

'suicide[sú:əsàid]'는 명사로 '자살'이라는 뜻이고, '(약을 먹거나 자해하여) 자살하다'라고 할 때는 'kill oneself'라고 하며 'commit suicide(자살하다)'와 같은 뜻으로 쓰인다.

- He hung himself (to death). 그는 목매 자살했다.
- He shot himself (to death). 그는 총으로 자살했다.
- He killed himself by setting fire to himself. 그는 분신 자살했다.
- There is grave concern about the number of teenage suicides recorded last year.
  지난해에 기록된 10대 자살 수에 관하여 심각한 우려가 된다.

hang oneself 목매어 죽다

grave[greiv] 중대한, 근엄한, 엄숙한

concern[kənsə́:rn] 관계, 근심, 걱정

LESSON 25

질병과 건강 Illness & Health

01	아파요?	Are you sick?
02	진찰을 받아 보세요.	You should see a doctor.
03	어디가 아파요?	Where's your pain?
04	괜찮아요?	Are you all right now?
05	차도가 거의 없어요.	About the same.
06	두통이 좀 있어요.	I have a slight headache.
07	열이 좀 있고 기침이 납니다.	I have a little fever and a cough.
08	감기가 오는 것 같아요.	I'm afraid I'm coming down with a cold.
09	코감기가 있어요.	I have a cold in the nose.
10	빨리 낫길 바래요.	I hope you get well soon.
11	뱃속이 안 좋아요.	I have an upset stomach.
12	토할 것 같아요.	I feel like throwing up.
13	현기증이 있어.	I feel dizzy.
14	온 몸이 쑤시고 아파요.	I have aches and pains all over.
15	통증이 심해요.	I have a severe pain.
16	목이 뻐근해요.	I have a stiff neck.
17	고혈압으로 시달려요.	I suffer from high blood pressure.
18	다리가 저려요.	My leg is asleep.
19	약에 알레르기가 있어요?	Are you allergic to any drugs?
20	피곤해.	I'm tired.
21	몸이 편치 않아 보이는군요.	You look a bit under the weather.
22	오늘 내 정신이 아니야.	I'm not (feeling) myself today.
23	푹 잤어요.	I slept like a baby.
24	한숨도 못 잤어요.	I couldn't get a wink of sleep.
25	토요일엔 늦잠 자고 싶어.	I like to sleep in on Saturdays.
26	오늘밤 술을 못 마시겠어.	I'm not up to drinking tonight.
27	좀 쉬면 나아질 거야.	Some rest should fix you up.
28	정말 잘 들어.	It really works.
29	그렇게 하면 좋은 효과를 볼 거야.	That'll do wonders for you.
30	교통사고로 부상당했어요.	I was injured in the traffic accident.
31	시력검사를 받았어요.	I had my eyes examined.
32	그의 발에서 냄새가 나.	His feet smell.
33	폐암인 것 같습니다.	I'm afraid it's a lung cancer.

L·E·S·S·O·N **25**

질병과 건강 Illness & Health

01

아파요? Are you sick?

'몸이 아프다'고 할 때 'be ill'과 'be sick'가 거의 같은 뜻으로 쓰인다. 그러나 'be/feel sick'는 영국 영어에서 '토할 것(vomiting[vάmitiŋ]) 같아요'라는 뜻으로 쓰이고, 미국 영어에서는 '건강이 안 좋은(being not well)' 또는 '목이 아픈(having a sore throat[sɔːr θrout])'의 뜻으로 쓰이므로 혼동할 수가 있다. 'seriously[síəriəsli] ill'은 '중병(very ill)', 'mentally[mentəli] ill'은 '정신 질환', 'lie ill'은 '몸져눕다(be ill in bed)'의 뜻이다. 보통 환자를 'patient[péiʃənt]'라고 하고, AIDS 또는 천식(asthma)과 같이 특별한 질병을 가진 사람을 'sufferer[sʌ́fərər]', 장애자 또는 만성적인(chronic[krάnik]) 질병을 가진 사람을 'invalid[ínvəlid]'라고 한다.

eg. sufferer from AIDS 에이즈 환자

pale[peil] 창백한

A : You look pale – are you sick?
안색이 안 좋아 보이는데 아파요?

B : Yes. I was suddenly taken ill.
네. 갑자기 병이 났어요.

claim[kleim] 주장하다

- She claims **she's never been ill** in her life.
  그녀는 평생 아파 본 적이 없다고 주장한다.
- He was out drinking while **his wife lay ill** in hospital.
  부인은 병원에 몸져누워 있는데 남편은 술 마시러 외출했다.

be off sick 직장 또는 학교를 아파서 가지 못하다

- Tom is not at work today – **he's off sick**.
  톰이 오늘 출근 안 했는데 아파서 쉬고 있어.

call in sick 병결 전화를 하다

- Did Mary **call in sick** today?
  메리가 오늘 아파서 못 나온다고 전화했어요?

report sick 학교 · 직장 등에 병이 났다고 보고하다

food poisoning[pɔ́izəniŋ] 식중독

➔ 'get sick'은 'feel as if one were ill'의 뜻.

gamble[gǽmbəl] 노름을 하다

- Many soldiers **reported sick** with food poisoning.
  많은 병사들이 식중독으로 병이 났다고 보고했다.
- **He gets sick** when he thinks of all the money he's lost by gambling.
  노름으로 잃은 돈이 생각날 때면 그는 몸살이 날 지경이다.

02

진찰을 받아 보세요. You should see a doctor.

consult[kənsʌ́lt] (의사에게) 보이다, 진찰을 받다

진찰을 받으라고 할 때 'see a doctor / go to the doctor / consult a doctor'와 같은 표현이 자주 쓰인다. 이때 '충고'를 나타내는 조동사 'should'가 쓰이곤 한다. 그런데 'should'는 '명령'의 뜻으로 들릴 수도 있기 때문에 분위기를 좀 완화하기 위해서 앞에 '아마도, 어쩌면'의 뜻인 'perhaps[pərhǽps], maybe[méibiː]'를 사용하는 것이 좋다.

cough[kɔ(ː)f] 기침하다

phlegm[flem] 가래, 담

A : I'm coughing up a lot of phlegm. 가래가 많이 나올 정도로 기침을 해.

B : Perhaps you should see a doctor. 병원에 가시는 게 좋겠어요.

- Maybe you'd better go to the doctor. 병원에 가시는 게 좋겠습니다.
- Why don't you see a doctor? 진찰을 받아 보세요.
- My cough is terrible and I am bringing up a lot of phlegm.
  기침이 심하고 가래가 나와요.

➔ 'Why don't you ~?'는 "왜 ~하지 않느냐?"라고 이유를 묻는 것이 아니라 "~하는 것이 어때요?" 하는 권유의 표현.

어떤 의사를 찾아야 하나?

'Doctor'는 박사(Doctor of Philosophy)와 의사의 뜻을 지니고 있다. 영국에서는 박사에 한정하지 않고 일반적으로 의사를 가리킨다. 영국에서는 "내 · 외과, 일반 개업 의사를 GP(a general practitioner[præktíʃənər])라고 한다. 그리고 미국에서는 학위가 없으면 의사가 될 수 없으므로 의사 곧 의학박사를 가리키며 내과 의사(a physician[fizíʃən])와 외과 의사(a surgeon[sə́ːrdʒən])로 구분한다. 'specialist[spéʃəlist](美), consultant[kənsʌ́ltənt](英)'는 전문 의사를 말하며 신체 부위에 따라 'heart specialist(심장 전문의),' 'cancer specialist(암 전문의)' 등으로 불린다.

관련 어휘

전문 의사의 영어 명칭은 다음과 같다.

- oculist[ɑ́kjəlist] 안과 의사
- E.N.T. doctor 이비인후과 의사
- dentist[déntist] 치과의사
- dermatologist[də̀ːrmətɑ́lədʒist] 피부과 의사
- orthopedist[ɔ̀ːrθəpíːdist] 정형외과 의사
- pediatrician[pìːdiətríʃən] 소아과 의사
- obstetrician[ɑ̀bstətríʃən] 산과 의사
- gynecologist[gàinikɑ́lədʒist] 부인과 의사
- psychiatrist[sàikiǽtrist] 정신과 의사

cf. quack[kwæk] 돌팔이 의사
veterinarian (= vet)
[vètərənέəriən] 수의사

03 어디가 아파요? Where's your pain?

병원에서 의사 선생님이 'Where does it hurt?' 또는 'Where are you hurting?' 하고 물으면 아픈 부위를 가리키며 'I have a pain here.' 또는 'Just here.' 라고 대답하면 된다.

A : Can you show me where the pain is? 통증 있는 곳을 보여주세요.

B : Just here. 바로 여깁니다.

- Can you tell me where the pain is? 통증 있는 곳을 말해 보세요.

complaint [kəmpléint] 병 (illness), 불평

trouble [trʌ́bəl] 병, 고생, 근심 걱정, 두통거리

- What's your complaint? 아픈 데가 어디죠?
- What's your trouble? 어디가 아파요?

04 **괜찮아요?** **Are you all right now?**

아파 보이는 친구 등에게 괜찮으냐고 물어 볼 때 'Are you OK/all right?' 또는 'Are you feeling all right/okay?' 라고 한다.

A : **Are you all right now?**
지금은 괜찮아?

B : Not exactly. I still have to see my doctor once a week.
완전히 나은 것은 아냐. 아직도 일주일에 한 번은 병원에 가야만 해.

- How do you feel now?
몸이 좀 어떠세요? (= How are you feeling now?)

- You look well today.
오늘은 건강해 보이는데요. (= You are looking well today.)

05 **차도가 거의 없어요.** **About the same.**

병이 호전되었느냐는 안부에 '전보다 더하지도 덜하지도 않아(no more or less ill than before), 이전과 같아, 변함없어' 라고 말할 때 'About the same.' 이라고 한다. '전보다 좋아요.' 라고 하려면 '(I'm feeling) Better than before.', '전보다 안 좋아요.' 라고 할 땐 'Worse than before.' 라고 하면 된다.

A : Is your wife any better? 부인이 호전되었어요?

B : **About the same.** 차도가 거의 없어요.

S : How are you feeling now?
지금 몸이 어때요?

M: **Much better than before.**
전보다 훨씬 좋아요. (= (I'm feeling) Much better than before.)

➔ 'much' 는 'even, still, far' 등과 함께 비교급을 강조함.

- Now that Sam's retired things just won't be the same.
샘이 퇴직했기 때문에 상황이 이전과 그저 똑같지는 않을 거야.

now that 때문에(because)

retire [ritáiər] 퇴직하다

06 두통이 좀 있어요. I have a slight headache.

통증(pain)을 느끼는 병은 신체 부위에 따라 접미어 '-ache[eik]' 만을 붙이면 된다.

- I have a slight headache.
  두통이 약간 있어요.
- I get a headache just thinking about that guy.
  그 녀석을 생각만 해도 머리가 아파요.

cf. Their son is *a constant headache* to them.
그들에게 아들은 늘 골칫거리이다.

eg. earache[íərèik] 귀앓이
backache[bǽkèik] 요통
toothache[tú:θèik] 치통
heartache[há:rtèik] 상심

➔ 통증이 대단치 않거나 경미할 때는 'slight[slait]', 심하게 아플 때는 'severe[sivíər]' 라고 한다. 과장해서 머리가 깨질 정도로 심하게 아프다고 할 때는 'a splitting headache' 라고 한다.

split[split] 찢다, 쪼개다
constant[kánstənt] 끊임없이 계속되는

07 열이 좀 있고 기침이 납니다. I have a little fever and a cough.

열이 좀 있다고 할 때 'have a slight[slait]/a little fever[fí:vər]', 고열은 'a high fever' 라고 한다. 'cough[kɔ(:)f]' 는 '기침하다' 의 뜻이고 'sneeze[sni:z]' 는 '재치기하다', 'hiccough/ hiccup[híkʌp]' 은 '딸꾹질하다' 라는 뜻이다.

- I have a little fever and a cough. 열이 좀 있고 기침이 납니다.
- I've got a slight fever. 열이 조금 있어요.
- The fever will soon go down. 곧 열이 내릴 겁니다.
- My fever came down. 열이 내렸어요.
- My cough is terrible. 기침이 심해요.

go down 내려가다(abate)

terrible[térəbəl] 심한, 대단한, 무서운, 소름 끼치는

08 감기가 오는 것 같아요. I'm afraid I'm coming down with a cold.

'come down with' 는 '병에 걸리다' 라는 뜻으로 '감기에 걸린 것 같아요' 라고 하려면 'I'm afraid I'm coming down with a cold.' 와 같이 말하고, '감기가 지독해.' 라고 말할 때 형용사 'bad, heavy[hévi], terrible[térəbəl]' 등이 쓰인다. 그리고 약간의 감기 기운이 있다고 할 때는 'a slight[slait] cold' 라고 한다.

A : **I'm afraid I'm coming down with a cold.**
감기가 오는 것 같아요.

B : Take care of yourself.
몸조심해.

➔ 〈P. 264 어법연구 참조〉

take care of 돌보다(look after, attend to)

- I feel like I'm getting a touch of flu. 독감 기운이 있는 것 같아요.
- Julie is in bed with the flu. 줄리가 독감으로 누워 있어.

touch[tʌtʃ] 가벼운 발병, (병의) 기미
flu[flu:] 독감, 유행성 감기

09

코감기가 있어요. I have a cold in the nose.

열(fever[fíːvər]) · 통증(ache[eik]) 등의 특징이 있는 코 · 목감기 등 감기의 종류도 다양하다.

- I have a cold in the nose. 코감기가 있어.

throat[θrout] 목(구멍)

- I have a cold in the throat. 목감기가 있어.
- I have a cold in the head. 감기에 걸려 두통이 있어.
- I have a runny nose. 콧물이 나요.

block (도로 · 관 등을) 막다

- My nose is blocked (up). 코가 막혔어.

stuffy[stʌ́fi] 코가 막힌

- I cannot smell because I'm stuffy. 코가 막혀서 냄새를 맡을 수가 없어.

10

빨리 낫길 바래요. I hope you get well soon.

감기 또는 다른 병으로 고생하는 사람에게 '빨리 낫길 바래요.' 라고 말하려면 'I hope you get well soon.' 이라고 하면 된다. 'get well' 은 '(병이) 회복되다(recover[rikʌ́vər])' 의 뜻이며, 'recover from' 은 '건강 · 정신 · 힘 등이 정상 상태로 돌아오는 것' 을 말한다.

get over (병 등에서) 회복하다

rest 휴식

A : Have you gotten over your cold?
감기가 나았어요?

B : Not yet.
아직이요.

A : Why don't you get some rest? **I hope you get well soon.**
좀 쉬세요. 빨리 낫길 바래요.

- I'm just getting over a cold.
  감기가 이제 겨우 나아가는 중이에요.
- He's now fully recovered from his illness.
  그는 병에서 완전히 회복되었다.
- She recovered from the shock.
  그녀는 충격에서 벗어났다.

cure cold 감기를 치료하다
cure[kjuər] (병이나 환자를) 치료하다

- The best way to cure cold is to drink lots of water and get some sleep.
  감기를 치료하는 가장 좋은 방법은 물을 많이 마시고 잠자는 것이다.

11 뱃속이 안 좋아요. I have an upset stomach.

복통을 'stomachache[stʌ́məkèik], bellyache[bélièik], tummyache[tʌ́mi(:)èik]'라고 한다. 'belly'는 배를 뜻하며 'potbelly'는 똥배를 말한다. 'tummy'는 'stomach'를 잘 발음하지 못하는 어린아이들이 쓰는 말이므로 어른들은 사용하지 않는다. 복통 · 멀미 · 소화불량 따위로 인해 뱃속이 몹시 불편할 때 다음과 같은 표현이 자주 쓰인다.

A : What's wrong? 어디 안 좋아요?

B : **I have an upset stomach.** 뱃속이 안 좋아요. (= My stomach is upset.)

upset[ʌpsét] (위장이) 불편한

- I've got a bellyache/stomachache. 복통이 있어.
- My stomach is tossing and turning. 뱃속이 뒤틀려/뱃속이 요동을 해.
- I've got this strange feeling in my stomach – I think I'm going to be sick.
  뱃속에 이상한 느낌이 드는데 토할 것 같아.

toss and turn 이리 뒹굴 저리 뒹굴 하다

cf. Don't go out to work *on an empty stomach.*
빈속으로 출근하지마라.

12 토할 것 같아요. I feel like throwing up.

과음 · 과식 또는 몸이 아파서 '토하다'라고 할 때 일반적으로 'throw up[θrouʌp]'이 쓰인다. 영국에서는 'be sick'가 더 자주 쓰인다. 격식을 갖춘 자리거나 의학적으로는 'vomit[vámit]'가 쓰이며 미국 속어로는 'barf[ba:rf]'가 쓰이기도 한다.

A : Are you all right? 괜찮아요?

B : **I feel like throwing up.** 토할 것 같아요.

- I feel sick (to my stomach).
  토할 것 같아요.
- I feel nauseous.
  속이 메스꺼워.
- I felt a little queasy on the ship.
  약간 뱃멀미를 했다.
- My stomach feels queasy.
  속이 느글거려.

stomach[stʌ́mək] 위, 배; 식욕; 욕망

nauseous[nɔ́:ʃəs] 토할 것 같은

queasy[kwí:zi] 메스꺼운, 느글거리는, 역겨운

13

현기증이 있어. I feel dizzy.

빙빙 돈 후에 갑자기 일어서거나 몸이 아플 때 어지럽거나 눈이 핑핑 도는 듯한 느낌을 말할 때 'dizzy[dízi]' 또는 'giddy[gídi]'가 쓰인다.

climb[klaim] 오르다
ladder[lǽdər] 사닥다리

- Climbing ladders makes me dizzy.
  사다리에 올라가면 어지러워.

short of breath 숨이 가쁜
immediately[imí:diitli] 즉시

- If you feel dizzy or short of breath, stop exercising immediately.
  현기증이 나거나 숨이 가쁘면 즉시 운동하는 것을 중지하시오.

pill 알약

- Take these little white pills whenever you feel dizzy.
  현기증을 느낄 때마다 이 작은 흰 알약을 복용하세요.

- Just watching those kids spinning makes me feel giddy.
  빙빙 도는 저 아이들을 그저 바라만 봐도 어지러운 것 같아.

faint[feint] 졸도하다, 실신하다
sensation[senséiʃən] 기분, 느낌, 마음

- Just before I fainted I had a giddy sensation and felt unable to stand.
  기절하기 바로 전에 눈이 핑핑 도는 느낌이 있어서 서 있을 수가 없을 정도였다.

14

온 몸이 쑤시고 아파요. I have aches and pains all over.

어떤 사고를 당해서 몸 전체(all over)에서 통증을 느낀다거나 감기 몸살 때문에 온몸이 아플 때 '온몸이 쑤시고 아파요.'라고 한다. 이것을 영어로 'I have aches and pains all over.'라고 하며 'ache[eik]'는 '심하지는 않지만 지속적인 통증'이란 뜻이다.

- I've got a bit of an ache in my back. 허리에 약간의 통증이 있어요.

- I'm aching all over. 전신이 아파요.

chilly[tʃíli] 추위를 느끼는, 썰렁한, 쌀쌀한

- I feel chilly. 춥고 몸이 떨리는 것 같아.

15

통증이 심해요. I have a severe pain.

'ache[eik]'는 몸의 일부에 느끼는 지속적이고 무지근한 통증을 뜻하지만 'pain[pein]'은 심한 통증의 고통(sharp feeling of suffering[sʌ́fəriŋ])이나 특정한 신체 부위의 불편함(discomfort[diskʌ́mfərt])을 나타낸다.

severe[sivíər] 통렬한, 엄격한

- I have a severe pain in my side. 옆구리 통증이 심해요.

knee[ni:] 무릎

- I have a pain in my knee. 무릎이 쑤셔요.

stabbing[stæbiŋ] 찌르는 듯한

- I have a stabbing pain in my chest.
  가슴에 찌르는 듯한 통증이 있어요.

- I have a pain in my back.
  허리에 통증이 있어요.

a pain in my back 요통 (backache)

- She complains of a pain in the hip.
  그녀는 엉덩이의 통증을 호소한다.

complain[kəmpléin] of (몸이 아프거나 신체 어딘가 통증이 있어) 호소하다
cf. complain to sb about ~에게 불평하다, 투덜거리다 (grumble[grʌ́mbəl])

16 목이 뻐근해요. I have a stiff neck.

관절(joints)이나 근육(muscle[mʌ́səl])이 잘 구부러지지 않거나 풀리지 않아 통증이 있어 움직이기 어려운 상태를 'stiff[stif]'라고 한다.

- I have stiff shoulders. 어깨가 뻐근해요.

shoulder[ʃóuldər] 어깨

- I have a stiff back. 허리가 뻐근해요.
- I felt really stiff after playing basketball last week.
  지난주에 농구를 한 후에 정말로 근육이 뭉쳐서 움직이기 힘든 것 같아.

관련 어휘

- sore[sɔːr] (염증 · 상처 등이 조금만 닿아도) 아픈, 쓰린, 쑤시는

a. My legs were really **sore** after aerobics last week.
지난주에 에어로빅을 한 후에 다리가 정말로 쑤셔.

b. I have a **sore** throat.
목이 따끔거리고 아파.

throat[θrout] 목(구멍)

cf. She's *sore* about not being invited to the party.
그녀는 파티에 초대받지 못한 것에 화가 났다.

sore 화내고 있는, 속상한

- tender[téndər] 만지면 아픈

My bruise is still **tender.** 타박상이 만지면 아직도 아파.

bruise[bruːz] 타박상

- sting[stiŋ] (눈 · 피부 · 상처 등이) 쓰라린

My eyes are **stinging** from the smoke.
담배 연기 때문에 눈이 쓰리려.

17 고혈압으로 시달려요. I suffer from high blood pressure.

육체적 · 정신적으로 또는 질병으로 습관적이거나 장기간에 걸쳐 만성적으로 '고통을 겪다, 괴로워하다'라고 할 때 'suffer[sʌ́fər]'가 쓰인다.

blood[blʌd] 피, 혈액
pressure[préʃər] 압력

- He suffers from diabetes.
  그는 당뇨병으로 시달려요.

diabetes[dàiəbíːtis] 당뇨병

migraine[máigrein] 편두통

• Simon suffers from migraines.
사이먼은 편두통으로 시달린다.

• She's suffering from loss of memory.
그녀는 기억 상실로 괴로워한다.

insomnia[insámniə] 불면증
insomniac[insɔ́mniæ̀k] 불면증 환자

• Jane is suffering from insomnia.
제인은 불면증에 시달리고 있다.

rash[ræʃ] 성급한

• He made a rash decision and now he's suffering for it.
그는 성급한 결정을 했고 그것 때문에 지금 괴로워한다.

18 다리가 저려요. My leg is asleep.

한 자세로 있은 탓에 다리에 감각이 없어지거나(become unable to feel) 저릿저릿해서 따금따금(feel pins and needles)할 때 '다리가 저려요.'라고 하는데 영어로는 'My leg is asleep.'이라고 말한다. 이 때 'asleep[əslíːp]'은 '잠이 든'의 뜻이 아니라 '(손 · 발 따위가) 저린, 감각이 없는(dumb[dʌm])'의 뜻이다. 다리가 저리면 문지르면(rubbing) 풀리게 된다.

• I can't feel my legs. 다리에 감각이 없어.

• My legs have gone to sleep. = My legs went to sleep.
다리가 저려요.

numb[nʌ́m] 감각을 잃은, (얼어서) 곱은
rub[rʌb] 비비다
eg. My fingers got numb with cold. 추위로 손가락이 곱았어.
cramp[kræmp] (근육의) 경련, 쥐

• If your legs are numb, stretch and rub them.
다리가 저리면 쭉 뻗고 문질러 줘요.

cf. I suddenly got a *cramp* while I was swimming.
수영하는데 갑자기 다리에 쥐가 났어.

19 약에 알레르기가 있어요? Are you allergic to any drugs?

어떤 것을 만졌거나, 먹은 음식 또는 호흡한 것 때문에 피부가 가렵거나 붉은 점이 생길 때 'be allergic[ələ́ːrdʒik] to(~에 알레르기가 있다)'라고 한다.

A : **Are you allergic to any drugs?**
어떤 약에 대한 알레르기가 있어요?

B : Yes, **I'm allergic to penicillin.**
네, 페니실린에 알레르기가 있어요.

dust[dʌst] 먼지, 가루, 꽃가루

• I'm allergic to dust.
나는 먼지에 대한 알레르기가 있어.

fur[fəːr] 모피

• She is allergic to the fur of coats.
그녀는 코트의 모피에 알레르기가 있다.

- I have an allergy to certain milk products.
  나는 우유 제품에 알레르기가 있어.

allergy[ǽlərdʒi] 알레르기

- My allergies are acting up.
  알레르기 반응이 나타나기 시작해요.

act up (증세 등이) 재발하다

cf. I think he *is allergic to* school work.
그는 학교 공부를 아주 싫어하는 것 같다.

He *has an allergy* to cats.
그는 고양이가 질색이다.

➔ allergy[ǽlərdʒi]는 비유적으로 '몹시 싫어함(strongly dislike)'이라는 뜻으로도 쓰인다.

20 피곤해. I'm tired.

'피곤하다'고 할 때 우리는 흔히 'I'm tired.'라고 한다. 그러나 미국 신세대들 사이에서는 피곤하다고 할 때 'beat[bi:t], baked[beikt], bushed[búʃt], fried[fraid], gagged out[gægd aut], worn out[wɔ:rn aut], exhausted[igzɔ́:stid]'와 같은 다양한 형용사가 쓰인다.

- Come and sit down, you must be dead beat.
  어서 앉아. 매우 피곤한 것 같아.

dead 완전히 (completely[kəmplí:tli], absolutely[ǽbsəlù:tli])

- I'm sorry I can't go any further, I'm beat.
  더 이상 갈 수가 없어 미안해. 난 지쳤어.

further[fɔ́:rðər] 더 이상
➔ 'beat'가 '피곤한'의 뜻일 때는 보어로만 쓰임.

- At the end of the race he felt all in.
  경기가 끝났을 때 그는 매우 피곤해 했다.

all in 육체적으로 피곤한

- I was exhausted every day when I first started teaching, but I'm used to it now.
  교사 초기에는 매일 녹초가 되었지만 지금은 가르치는 것에 익숙해졌어.

exhausted[igzɔ́:stid] (열심히 일을 했거나 운동 · 산책 · 달리기를 해서 에너지를 모두 소모해서) 매우 피곤한, 기진 맥진한
be used to ~에 익숙하다

- When he came out of the exam he felt shattered.
  시험을 끝내고 나왔을 때 그는 매우 피곤한 것 같았다.

shattered[ʃǽtərd] (정신적인 노력이나 근심 걱정으로) 매우 피곤한

- I'm tired out with travelling. I want to lie down for a while.
  여행으로 지쳐서 좀 눕고 싶어.

tired out/worn out (열심히 일을 했거나 육체적인 운동 또는 여행으로) 지친
lie down 눕다
for a while 잠깐동안

cf. You're late every morning. I'*m tired* of it.
자넨 매일 아침마다 지각이야. 난 지쳤어.

tired of (더 이상 관심이 없어) 싫증이 난(bored with), 정나미가 떨어진

21 몸이 편치 않아 보이는군요. You look a bit under the weather.

'under the weather[wéðər]'하면 '컨디션이 좋지 않거나 기분이 우울한 것(feeling slightly ill or depressed[diprést])'을 의미한다. '얼굴이 별로 안 좋아 보이는데.'라고 말하려면 'You look a bit under the weather.'라고 하면 된다.

a bit 조금, 약간(a little)

> **A** : How are you today?
> 오늘 기분 어때요?
>
> **B** : **I'm a bit under the weather.** I have an upset stomach.
> 컨디션이 별로 안 좋아요. 배탈이 났어요.

upset stomach [ʌpsét stʌ́mək] 배탈

pale [peil] (건강이 좋지 않거나, 쇼크 등으로 얼굴이) 창백해진

- You **look pale.** 안색이 안 좋아 보이는군.
- You **don't look well.** 건강이 안 좋아 보이는군요.

cf. You're looking good. 건강해 보이는군요.

➔ 상대방을 기분 좋게 해줄 수 있는 말이 '건강해 보인다'라는 말이다. '건강해 보인다, 또는 안색이 좋다'라고 할 때 'You look in the pink.'라고 말하든지 'in the pink(건강한)' 대신에 'good, great, fantastic[fæntǽstik], marvelous[mɑ́:rvələs]'와 같은 형용사를 사용할 수 있다.

22 오늘 내 정신이 아니야. I'm not (feeling) myself today.

평소와 같이 기분이 좋지 않거나, 당황하거나(upset[ʌpsét]), 몸의 컨디션이 좋지 않을 때 정신이 깜빡하는 경우가 있다. 이런 경우에 우리말로 '내 정신이 아니야 또는 몸이 예전 같지 않아(not feel as healthy or happy as usual)'라고 말할 때 'I'm not (feeling) myself today.'라고 한다.

> **A** : Don't you remember today is my birthday?
> 오늘 내 생일을 잊었어요?
>
> **B** : I'm sorry, honey. **I'm not myself today.** I've been so busy all day.
> 여보, 미안해요. 오늘 정신이 없어. 하루 종일 너무 바빴어요.

forgive [fərgív] 용서하다

- Of course I'll forgive you; I know **you weren't yourself yesterday.**
  물론 너를 용서해 주지. 어제는 네 정신이 아니었던 것 같아.
- Are you all right? **You don't seem yourself this morning.**
  괜찮아? 오늘 아침은 네 정신이 아닌 것 같아.
- **I don't feel like myself** today.
  찌뿌드드하고 몸이 안 좋은데. 몸이 예전 같지 않아.
- **One isn't quite oneself** in the early morning.
  아침 일찍 일어나면 누구나 몸이 찌뿌드드하다.

quite [kwait] 정말, 확실히

23 푹 잤어요. I slept like a baby.

잠을 푹 자는 것을 'sleep like a baby'라고 아기에 비유해서 표현하는 것은, 아기는 아무런 근심 · 걱정 없이 천진난만하게 곤히 자기 때문이다. 이와 유사한 표현으로 다음과 같은 것이 있다.

A : Did you have a good sleep? 잘 잤어요?

B : Yes, **I slept like a baby.** 푹 잤어요.

- I slept like a log. (통나무처럼 꼼짝 않고) 정신없이 푹 잠을 잤다.
- I had a very sound/deep sleep.
  매우 곤하게/ 깊은 잠을 잤다. (= I was in a deep sleep.)
- I slept soundly. 숙면을 했다.
- I've never slept better.
  '더 잘 잠을 자본 적이 결코 없었다'는 말은 '어젯밤에 숙면을 했다'는 뜻
- As soon as his head touched the pillow, he went out like a light.
  베개에 머리를 대자마자 그는 깊은 잠에 빠졌다.

soundly[sáundli] 푹, 건전하게

pillow[pílou] 베개
out like a light 깊은 잠에 빠진

24 한숨도 못 잤어요. I couldn't get a wink of sleep.

베개에 머리를 대자마자(as soon as my head hit the pillow) 잠이 드는 사람이 있는가 하면 정반대로 밤새 이리 뒹굴 저리 뒹굴(toss and turn) 하느라고 한숨도 못 자는 사람이 있다.

- I couldn't get a wink of sleep last night.
  어제 한숨도 못 잤어요. (=I didn't sleep a wink last night.)
- I was up all night because of the heat.
  더위 때문에 어젯밤 꼬박 새웠다.
- I tossed and turned all night. 밤새 엎치락뒤치락하다 잠을 못 잤어요.

be/stay up all night 꼬박 밤을 새우다

25 토요일엔 늦잠 자고 싶어. I like to sleep in on Saturdays.

시험 준비에 바쁜 수험생 또는 직장인들이라면 모두가 늦잠을 자고 싶을 것이다. '여느 때보다 늦잠을 자다(sleep later than usual)'라는 표현이 'sleep in'이다. 같은 뜻으로 'sleep late' 또는 'oversleep' 등과 같은 표현이 쓰인다.

- We usually sleep late on Sundays. 보통 일요일엔 늦잠을 잔다.
- We partied until after midnight. And I slept in.
  자정 너머까지 파티를 했어요. 그래서 늦잠을 잤어요.
- I overslept this morning and was late for work.
  오늘 아침 늦잠을 자서 직장에 지각했다.

party[pá:rti] (파티에서) 진탕 놀다

26 오늘밤 술을 못 마시겠어. I'm not up to drinking tonight.

➔ 〈P. 264/127 참조〉

'be up to + (동)명사'는 '육체적으로 ~할 능력이 있다(be physically[fízikəli] capable [kéipəbəl] of), ~할 능력이 있다(be equal to~), ~에 알맞다(be fit for)'의 뜻으로, 피곤한 하루를 보낸 다음 친구로부터 술을 마시자는 제의를 받고 '난 오늘밤 술을 못 마시겠어.'라고 거절한다면, "I'm not up to drinking tonight."로 말하면 된다. 새로 온 신입 사원이 업무를 제대로 소화하지 못하는 것을 보고 상사가 "I'm afraid he isn't up to the job."이라고 한다면 '그는 그 일에 적임이 아닌 것 같아.'란 뜻이 되겠다.

summit[sʌ́mit] 정상

exhausted[igzɔ́:stid] 지친, 피곤한

farther[fɑ́:rðər] 더 이상

without rest 휴식 없이

A : Let's get to the summit and have lunch.
정상에 가서 점심을 먹어요.

B : Gee, I'm exhausted. **I don't think I'm up to going on much farther without rest.**
아휴, 난 지쳤어. 쉬지 않고는 더 이상 계속 갈 수 없을 것 같아.

in front of ~앞에

stage fright[steidʒ frait] 무대 공포증

S : Are you going to enter the speech contest?
너 웅변대회에 참가할 거니?

M: **No, I'm not up to speaking in front of a lot of people.** It gives me stage fright.
아니, 난 여러 사람 앞에서 말하는 건 못하겠어. 난 무대에 서면 앞이 캄캄해지거든.

- This is not so easy. **Are you really up to this?**
  그리 쉽지 않아. 이것을 정말로 할 수 있겠어?

27 좀 쉬면 나아질 거야. Some rest should fix you up.

'fix sb up'은 '원기를 회복하다(make someone feel better, restore someone's health)'의 뜻을 갖는다. 우리말로 '좀 쉬면 나아질 거야.'를 영어로 하면 'Some rest should fix you up.'이 된다. 이밖에 '제공해 주다(provide[prəváid] sb with sth), 데이트할 사람을 주선해 주다(make the arrangements for sb to go on a date with sb)'라는 뜻도 알아두는 게 좋다.

have trouble with ~으로 고생하다

acupuncturist[ǽkjupʌ̀ŋktʃərist] 침술사

A : I've been having trouble with lower back pains lately.
요즘 난 아래 허리가 아파 고생하고 있어.

B : **Some rest and a few visits to the acupuncturist should fix you up.**
좀 쉬고 침을 몇 번 맞으면 좋아질 겁니다.

- **We fixed Ron up with Carol.**
  우리는 론에게 캐롤과 데이트하도록 주선해 주었다.

- **I'll fix you up with a place to stay.** 머물 곳을 마련해 줄게.

• We'll have to **fix up a time to meet.** 만날 시간을 정해야만 할 거야.

28

정말 잘 들어. It really works.

'약을 복용하거나 어떤 치료를 받아서 약효가 있다 또는 계획 등이 잘되어 가다'라고 말할 때 'work'가 쓰인다. 'work instantly[ínstəntli]'는 '약효가 금방 나타나요'라는 뜻이고, 'work like magic[mǽdʒik]'은 '약효가 신기할 정도로 잘 들어요'라는 뜻이 된다.

A : I've got a terrible headache. 두통이 심해.

B : **Take an aspirin for your headache. It really works.**
두통에 아스피린 한 알 먹어 봐. 정말 잘 들어.

S : Why don't you stop smoking? 금연을 하지 그래요?

M: I **tried stopping it a few times, but it didn't work.**
몇 번 끊으려고 노력했지만 잘 안 되더라고.

• The medicine **worked instantly.** 그 약을 먹었더니 금방 들었어요.

• The drug **works like magic.** 그 약은 신기하게 잘 들어.

medicine[médəsən] 약, 내복약
instantly[ínstəntli] 즉시로, 즉석에서
drug[drʌg] 처방약, 마약
magic[mǽdʒik] 마법, 요술

29

그렇게 하면 좋은 효과를 볼 거야. That'll do wonders for you.

'do / work wonders'는 '커다란 효과를 보다, 좋은 결과를 가져오다(bring good results)'라는 뜻으로 어떤 방법을 알려준 다음에 '그렇게 하면 좋은 효과를 볼 거야.'라고 말하려면 'That'll do wonders for you.'라고 하면 된다. 'wonders' 대신에 'miracles'를 써도 같은 의미가 된다.

wonder[wʌ́ndər] 경이, 놀라움
miracle[mírəkəl] 기적

A : Hey, I thought your back was hurt and you couldn't walk.
야, 난 너 허리를 다쳐서 걸을 수 없을 줄 알았는데.

B : **I couldn't but I had acupuncture done on it and it did wonders for my back.**
그랬었지. 하지만 침을 맞고 아주 좋은 효과를 얻었어.

acupuncture[ǽkjupʌ̀ŋktʃər] 침술, 침 요법

S : Boy, I'm really exhausted. The work is being piled on lately.
이야 정말 피곤해. 요즘 일이 너무 쌓이고 있어.

M: **What you need is a little vacation somewhere. It'll work wonders for you.**
네가 필요한 건 어디 가서 좀 쉬는 거야. 아주 좋은 효과를 볼 거야.

exhausted[igzɔ́:stid] 매우 피곤한, 기진 맥진한
pile[pail] 쌓아 올리다

• The medicine **works wonders/miracles.** 그 약은 효과가 놀라워요.

30 교통사고로 부상당했어요. I was injured in the traffic accident.

'injured[índʒərd]'는 사고나 싸움을 하다가 다쳤을 때 쓰이며, 'wounded[wú:ndid]'는 전쟁 중에 총, 칼에 의한 상처, 부상을 입은 경우에 쓰인다.

bullet[búlit] 소총탄
shoulder[ʃóuldər] 어깨

- The bullet **wounded** him in the shoulder.
  그는 어깨에 총알 부상을 입었다.

overturn[òuvərtə́:rn] 뒤집히다, 전복되다
passenger[pǽsəndʒər] 승객

- Last night a bus that was carrying more than 75 passengers overturned, killing three passengers and **injuring twenty**.
  지난 밤, 75명 이상의 승객을 태운 버스가 전복되어 3명이 숨지고 20명이 부상을 입었다.

관련 어휘

부상당했을 때 쓰이는 단어

- hurt[hə:rt] 신체의 일부를 심하지 않게(not seriously[síəriəsli]) 다치다

> ***A*** : **Did you hurt yourself?** 다쳤니?
>
> ***B*** : Yes, **my arm hurts.** 그래, 팔이 아파/팔에 통증이 있어.

cf. I'm really sorry, I didn't mean to *hurt* your feeling.
정말로 죄송합니다. 기분을 상하게 하려고 했던 게 아니었어요.

reject[ridʒékt] (구혼자의) 제의를 거절하다

My feelings were *hurt* when she rejected me.
그녀에게 채여서 기분이 상했어.

She was very *hurt* not to have been invited.
초대를 받지 못해서 그녀는 기분이 매우 상했다(offended).

- damage[dǽmidʒ] 신체의 일부를 심하게 다치다

Lewis **damaged** his knee in training and will not appear in the game.
루이스는 훈련하다가 무릎을 심하게 다쳐서 경기에는 출전하지 않을 것이다.

- bruise[bru:z] 넘어지거나 맞아서 타박상을 입다

knee[ni:] 무릎
cf. **lap**[læp] 허리에서 무릎마디까지
thigh[θai] 허벅다리
shin[ʃin] 정강이
calf[kæf] 종아리

She **bruised** her knee when she fell over.
그녀는 넘어져서 무릎에 타박상을 입었다.

- dislocate[dísloukèit] 탈구(脫臼)하다

I **dislocated** my shoulder playing football.
축구를 하다가 어깨가 골절되었다.

- sprain[sprein] 발목(ankle[ǽŋkl]) · 관절(joint)을 삐다
  '돌다가 또는 갑자기 잡아당기다가 발목 · 관절을 삐다, 걷는 중에 갑자기 접질리다'라고 할 때 'sprain[sprein]' 또는 'twist[twist]'가 쓰인다.

My friend **sprained** his ankle running down the stairs.
내 친구는 계단을 뛰어 내려오다가 발목을 삐었다.

- swell [swel] (swelled - swollen) 부풀다, (손 · 발 · 얼굴 등이) 부어오르다

She twisted her ankle and it was already starting to **swell**.
그녀는 발목을 삐었는데 이미 붓기 시작했다.

31 **시력검사를 받았어요. I had my eyes examined.**

A : Why did you go to the doctor? 왜 병원에 갔어요?

B : **I had my eyes examined.** 시력검사를 받았어요.

have + 목적어 + 과거분사

'have' 동사는 '~가 …을 하게 하다(cause somebody to do something)' 또는 '~이 이루어지게 하다(cause something to be done)'와 같은 사역의 뜻이 있으므로 'I had someone clean my car.'의 뜻은 'I employed someone to clean my car for me.(어떤 사람을 시켜 내 차를 나 대신 세차하도록 했다.)'가 된다. 그러나 문장의 형태를 좀더 간결하고 깔끔하게 표현할 수 있도록 하기 위해 수동으로 하여 'I had my car cleaned.'와 같이 사용할 수 있다.

a. I had my blood pressure *taken*. 혈압을 쟀다.

b. Did you have your temperature *taken*? 체온을 쟀어요?

c. Can I have this film *developed*? 이 필름 현상할 수 있나요?

d. She had some money *stolen*. 그녀는 돈을 도난 당했어.

e. I must have my watch *repaired*. 시계를 수리해야만 하는데.

f. I lost my key. I'll have to have another key *made*.
열쇠를 잃어버렸어. 새로 하나 만들어야겠어.

g. You look different. Did you have your hair *cut*?
딴 사람 같은데요. 이발했어요?

h. This coat is dirty. I must have it *cleaned*.
이 코트가 더러워서 세탁을 해야겠어.

i. Where can I get a passport photo *taken*?
어디에서 여권 사진을 찍을 수 있나요?

'have' 동사 외에 알아두면 좋을 구문들

- want + 목적어 + 과거분사 (~을 해주기 바란다)
- get + 목적어 + 과거분사 (~을 하여 받다, ~을 하도록 시키다, ~해치우다)
- would like + 목적어 + 과거분사 (~을 해주기 바란다)
- order + 목적어 + 과거분사 (~을 하도록 명령하다, ~을 하도록 주문하다)
- need + 목적어 + 과거분사 (~을 하여 받을(시킬) 필요가 있다)

a. I **want my eggs fried.**
계란을 후라이로 해 주세요.

thesis [θíːsis] 논문
approve [əprúːv] 승인하다

b. Did you **get your thesis approved**?
자네의 논문은 승인을 받았나?

c. He **ordered his suit remade.**
그는 양복을 개조하도록 주문했다.

keep one's fingers crossed 행운을 빌다

d. I'll **keep my fingers crossed for you.**
행운을 빌게요.

cf. I bought the blouse already made.
기성복 블라우스를 샀다.

32 그의 발에서 냄새가 나. His feet smell.

냄새를 나타내는 가장 일반적인 말이 'smell'이고, 'odor[óudər]'는 쉽게 알아차릴 수 있는 냄새로 불쾌한 냄새에 쓰이는 경우가 많고, 'fragrance[fréigrəns]'는 꽃 · 향수 등의 기분 좋은 냄새이고, 'aroma[əróumə]'는 커피 · 음식에서 나는 기분 좋은 냄새, 'scent[sent]'는 희미한/약한 냄새를 의미한다.

관련 어휘

동사 smell의 뜻을 알아보자.

❶ (기분 좋지 않은) 나쁜 냄새가 나다, 매우 구리다

a. Don't let him come near me. His feet **smell.**
그 사람 내 가까이 오게 하지 마. 그의 발에서 냄새가 나.

breath [breθ] 숨, 호흡

b. Your breath **smells.** 너는 입 냄새가 나.

c. This milk **smells.** I am afraid it's gone bad.
이 우유에서 냄새가 나. 상한 것 같아.

d. The fish has begun to **smell!** 그 생선은 상하기 시작했어!

❷ 냄새가 풍기다, (좋은 또는 나쁜) 냄새가 나다

a. Coffee **smells good**! 커피 향이 너무 좋아!

b. This room **smells damp**. 이 방에서 눅눅한 냄새가 나.

c. I can **smell burning**. Are you sure you turned the oven off?
타는 냄새가 나는데. 오븐을 끈 것이 확실해?

❸ 냄새 맡다, 냄새를 맡아보다, 냄새를 알다, 후각이 있다

I've got a cold and I can't **smell**.
감기가 들어서 냄새를 맡을 수가 없어.

❹ 독특한/구체적인 냄새가 난다, ~의 기미가 있다

a. That soup **smells of** garlic. 그 수프는 마늘 냄새가 난다.

b. Her house **smells of** dogs. 그녀의 집은 개 냄새가 나.

c. He **smells of** the rustic. 그는 촌놈 티가 난다.

rustic [rʌ́stik] 명 시골뜨기 형 시골의

❺ 냄새로 ~을 알아내다

a. I don't believe you haven't been drinking. Let me **smell your breath**.
네가 술을 마시지 않았다는 말을 안 믿어. 냄새를 맡아볼게.

b. I could **smell** that he had been smoking.
그가 담배를 피웠다는 것을 냄새로 알 수 있었다.

33 폐암인 것 같습니다. I'm afraid it's a lung cancer.

자신의 병이 '폐암(lung cancer[lʌŋ kǽnsər])'이라고 생각하며 초조하게 진찰 결과를 기다리던 환자가 의사에게 'It's a lung cancer, isn't it?'이라고 묻자 의사가 'I'm afraid so.'라고 대답했다면 'I'm afraid it's a lung cancer.'의 뜻으로 암이라는 사실을 인정한다는 얘기가 된다. 이처럼 유감스러운 상황을 인정하거나 반갑지 않은 소식을 전할 때 'I'm afraid that ~'이 쓰인다.

A : Is she really very ill?
그녀가 정말로 매우 아파요?

B : **I'm afraid so.**
그런 것 같아요.

I'm afraid (that) ~를 사용하는 경우

short-change 잔돈을 모자라게 주다

1. 상대방에게 반갑지 않은 소식을 전할 때

a I'm afraid I have some rather bad news for you.
당신에게 다소 좋지 않은 소식이 있는 것 같아요.

b. I'm afraid I've caught a cold. 감기가 든 것 같아.

c. I'm afraid you short-changed me. 거스름돈이 모자란 것 같아요.

d. "Do you have any milk?" "I'm afraid not."
"우유 좀 있어요?" "없는 것 같아요."

e. "Did you pass your exam?" "I'm afraid not."
"시험 합격했어요?" "합격하지 못한 것 같아요."

f. "Do I have to pay the full price?" "I'm afraid so."
"값을 다 지불해야 합니까?" "그래야 할 것 같아요."

g. "Have we missed the train?" "I'm afraid so."
"기차를 놓쳤습니까?" "그런 것 같아요."

2. 전화를 잘못 걸었거나 집을 잘못 찾았을 때

a. I'm afraid you've got the wrong number. 전화를 잘못 거신 것 같습니다.

b. I'm afraid you have the wrong room. 방을 잘못 찾으신 것 같습니다.

c. I'm afraid you have the wrong house. 집을 잘못 찾으신 것 같습니다.

3. 제안을 정중히 거절할 때(refusing)

A : Let's go to the movies. 영화 구경갑시다.
B : **I'm afraid** I can't. I have to prepare for the exams.
유감스럽게도 갈 수가 없어요. 시험 준비를 해야만 합니다.

S : Please have a piece of cake. 과자 하나 드세요.
M: **I'm afraid** I don't like cake.
모처럼 주시는데 저는 과자를 좋아하지 않습니다.

a. Excuse me, but I'm afraid this is a no-smoking area.
죄송하지만 여기는 금연 구역인 것 같습니다.

b. I'm afraid I can't explain very well.
설명을 잘 할 수 없을 것 같아요. (= I doubt that (if) I can explain very well.)

➔ '~일 것 같지 않다(be unlikely)'는 뜻으로 어떤 사실에 의구심을 나타내거나 '불확실한(uncertain) 느낌'을 나타낼 때 쓰이는 표현으로 'doubt if, doubt that, doubt whether'가 있으며 회화(conversation)에서는 'doubt if'가 가장 빈번히 쓰인다.

4. 다른 사람과 동의하지 않을 때(disagreeing)

a. I'm afraid I really can't agree with you there.
그 점에 있어선 당신과 정말로 동의할 수 없는 것 같군요.

b. I'm afraid you haven't quite understood my point.
당신이 내 요지를 정확히 이해하지 못한 것 같습니다.

I'm afraid of와 I'm afraid to의 차이

'be afraid of'는 '~에 대한 생각으로 근심 · 걱정하다 또는 두려워/무서워하다'의 뜻이고 'be afraid to'는 '~하는 것이 두렵다/무섭다'의 뜻이다.

a. I'm afraid of going out alone at night.
나는 밤에 혼자 외출한다는 것을 두려워한다.

b. I'm afraid to go out alone at night.
나는 밤에 혼자 외출하는 것을 무서워한다.

c. Don't be afraid to ask for help.
도움을 청하는 것을 두려워하지 마라.

➔ a는 '밤에 혼자 외출하는 것'이 두렵거나 무섭다는 생각을 하는 것이고, b는 '밤에 혼자 외출하는 것'이 두렵거나 무서워 나갈까 말까 망설이고 있다는 뜻이다.

LESSON 26

몸매 가꾸기 Keeping in Shape

01	다이어트 중입니다.	I'm on a diet.
02	샘은 배불뚝이가 되고 있어.	Sam is starting to get a potbelly.
03	2kg 정도 체중이 불었어요.	I've put on about two kilograms.
04	체중을 좀 줄여야겠어요.	I've got to lose some weight.
05	살이 많이 빠졌군요.	You've lost a lot of weight.
06	운동을 해서 몸을 가꿔!	Get yourself in shape!
07	몸매가 균형 잡혀 있는데!	You're in great shape!
08	어떻게 그렇게 날씬하세요?	How do you keep in shape?

L·E·S·S·O·N 26

몸매 가꾸기 Keeping in Shape

01 다이어트 중입니다. I'm on a diet.

'다이어트(diet[dáiət])'란 무엇인가? '다이어트(diet)'란 지방(fat[fæt]), 소금(salt[sɔːlt]), 설탕(sugar[ʃúgər])은 줄이고 식물성 섬유질(fiber[fáibər])을 더 많이 먹는 것을 의미한다. 'I'm on a diet.'는 현재 다이어트를 하고 있는 중이고, 'go on a diet'는 다이어트를 시작한다는 뜻이다. 또는 'I'm watching my weight.(체중에 신경 쓰고 있어요.)'라고 말할 수도 있다.

A : Would you like some cake?
케이크 좀 드시겠어요?

B : **No, thanks. I'm on a diet.**
됐습니다. 식이 요법 중입니다.

- No sugar in my coffee, please; **I'm dieting.**
  제 커피에는 설탕을 넣지 마세요. 지금 다이어트하고 있어요.

lasting[lǽstiŋ] 지속적인

- Everyone **on a diet** hopes for lasting results.
  다이어트를 하는 모든 사람들은 지속적인 결과를 바란다.

lose weight 체중을 줄이다
slim[slim] 몸매가 늘씬한
therefore[ðέərfɔ̀ːr] 그래서(so)
attractive[ətrǽktiv] 애교 있는, 섹시한 매력을 지닌 남자 · 여자에게 쓰임

- Young women **go on diets** to lose weight and make themselves slim and therefore, they think, more attractive.
  젊은 여자들은 체중을 줄이고 자신을 호리호리하게 하여 그래서 자신이 생각하기에 좀더 매력적으로 보이려고 다이어트를 한다.

02 샘은 배불뚝이가 되고 있어. Sam is starting to get a potbelly.

'potbelly[pátbèli]'는 불룩 튀어나온 배(protruding stomach[proutrúːdiŋ stʌ́mək]), 즉 올챙이 배를 뜻한다. 이것은 튀어나온 배가 단지(pot)와 같이 생긴 데서 유래한 표현. 특히 '그 사람 똥배가 나왔어요?'라고 하려면 'Does he have a potbelly?/Is he potbellied?'라고 한다. 맥주를 많이 마셔서 배가 나온 사람을 가리켜 'beerbelly'라고도 한다.

A : **Sam is starting to get a potbelly.**
샘이 배불뚝이가 되고 있어.

B : Yeah, he'd better start to exercise a little.
맞아 그는 운동을 좀 하는 것이 좋겠어.

➔ 'had better'는 강한 충고이므로 윗사람에게 쓰지 말아야 한다.

naked[néikid] 벌거벗은

- Did you see a naked **potbellied child** begging for food?
  배는 불쑥 나온 녀석이 벌거벗고 구걸하는 것을 보았어?

- Do you think your **potbellied husband** is handsome?
  똥배 나온 네 남편이 미남이라고 생각하니?

03 2kg 정도 체중이 불었어요. I've put on about two kilograms.

미국인들은 나이 · 키 · 몸무게 등 개인적인(private[práivit]) 문제에 대해서는 질문을 하지도 않고 질문을 받으려 하지도 않는다. 특히 몸무게에 대해 민감해서 뚱뚱한 사람에게 몸무게가 얼마냐는 등의 질문을 던지면 'It's none of your business[bíznis](네가 알 바가 아냐!)!' 라는 퉁명스런 응답을 받기가 십상이다. '체중이 좀 늘다' 할 때에 '입다' 라는 동사 'put on'을 써서 'put on some weight' 또는 '얻다' 라는 동사 'gain[gein]'을 써서 'gain a little weight' 라고 한다.

A : I've put on about two kilograms in the last six months.
지난 6개월 동안 약 2킬로그램의 체중이 불었어요.

B : Really? Well, if you take up jogging, you should be able to lose that.
정말이야? 조깅하게 되면 체중을 줄일 수 있을 거야.

take up ~을 시작하다(start)

S : You're putting on weight these days.
너는 요새 체중이 느는구나.

M: Yes, I need more exercise.
맞아 운동을 해야겠어.

- Many people soon gain back much of the weight they have lost.
  많은 사람들이 감량한 만큼의 살이 다시 곧바로 찐다.

담배를 끊으면 체중이 불어날까?

담배를 끊으면 체중이 불어날까? 일부 여성들은 체중이 불지 않도록 담배를 피운다고 한다. 일종의 변명일 것이다. 체중을 줄이려면 운동을 하든지 다이어트를 해야지 체중을 줄이기 위해 건강에 해로운 담배를 피운다면 그들의 건강은 어떻게 될까? 건강에 해로운 담배를 끊지 못한다면 양이라도 줄이는 것이 어떨까?

a. She **cut down on her smoking.**
그녀는 담배를 줄였어.

cut down 양을 줄이다

b. **Since Lucy has stopped smoking, she has increased in weight.**
루시는 담배를 끊은 이래 체중이 불었다.

increase[inkríːs] 증가하다

04 체중을 좀 줄여야겠어요. I've got to lose some weight.

체중이 너무 많이 나갈 경우 적당한 몸매를 유지하기 위해서는 체중 감량이 필요하다. '체중을 줄이다'는 'lose weight' 라 하고 '약간 줄이다'는 'some, a little'을 사용하여 'lose some/a little weight' 라고 하면 된다. 또한 '많이 줄이다' 라고 할 때는 'lose a lot of weight' 라고 한다.

fit into 꼭 맞다
suit [su:t] 신사복 한 벌

used to ~하곤 했다〈과거의 상태〉

➔ 관련 어휘
potbelly [pátbèli] 불쑥 나온 배 (a stomach that sticks out)
thin [θin] 야윈, 홀쭉한
↔ fat [fæt] 살이 많이 찐, 뚱뚱한
lean [li:n] 홀쭉하면서도 근육질의
slim [slim] 늘씬한(well-shaped)
slender [sléndər] 호리호리한
skinny [skíni] 피골이 상접한
obese [oubí:s] 지나치게 살찐
stout [staut] 뚱뚱하고 덩치 큰
overweight [óuvərwèit] 지나치게 뚱뚱한
↔ underweight [ʌ́ndərwèit] 체중이 너무 적은
chubby [tʃʌ́bi] 포동포동한
plump [plʌmp] 통통한
tubby [tʌ́bi] 땅딸막한

A : I can't seem to fit into this suit.
이 양복은 잘 안 맞는 것 같아.

B : Well, it used to fit.
그런데 그거 잘 맞았었잖아요.

A : **I've got to lose some weight.**
체중을 좀 줄여야겠는걸.

B : Maybe it's time for that diet and exercise program.
다이어트와 계획적인 운동을 해야 할 때가 된 것 같아요.

S : No cream or sugar in your coffee?
커피에 설탕을 안 넣겠다고요?

M: No. **I'm trying to lose some weight.**
안 넣어요. 체중을 좀 줄이려고 하거든요.

05 살이 많이 빠졌군요. You've lost a lot of weight.

'체중을 줄이다' 할 때 'lose'라는 동사를 사용하지만 재미있는 표현이 '입고 있던(put on) 살을 벗어버린다' 하여 'take off(벗다)'를 쓰고, 살도 짐이라고 생각하는지 'drop(짐을 내려놓다)' 동사가 쓰인다. 그리고 'shed(가죽 · 껍질 등을 벗다)' 동사까지도 쓰인다. 그리고 체중을 줄이는 것이 얼마나 고통스럽고 힘이 들면 '똥배와의 전쟁을 선포하다(fight the battle of the bulge[bʌldʒ])'라는 표현을 쓰겠는가?

A : **You've lost a lot of weight.**
살이 많이 빠졌군요.

B : Have I? I've worked out since last Spring.
그래요? 몸매를 가꾸려고 지난 봄부터 운동을 해 왔어요.

work out 몸매를 다듬기 위해 운동하다(exercise to improve physical fitness)

'체중을 좀 줄여야겠어요.'라고 할 때 다음과 같은 표현을 사용한다.

a. I've got to **take off a few pounds.**
체중을 몇 파운드 줄여야겠어.

b. I want to **drop some weight.**
몸무게 좀 줄이고 싶어.

c. It's time to **reduce some weight.**
몸무게 좀 줄여야 할 때야.

reduce [ridjú:s] 줄이다

d. I've got to **fight the battle of the bulge.**
똥배와의 전쟁을 해야만 해.

e. I really want to **burn off some fat** and get back into shape!
군살을 빼서 꼭 예전 몸매를 되찾고 싶어.

f. Wow, you've **shed a lot of excess weight**, haven't you?
와, 네가 과대한 체중을 줄였다고?

battle[bǽtl] 전투, 전쟁
bulge[bʌldʒ] 부푼 것

get into shape (운동을 해서) 날씬해지다
➜ 'burn off some fat'는 몸 속의 'fat(지방)'을 '태워 없애 버린다'는 뜻으로 '체중을 줄인다'는 말이다.
excess[ékses] 과다한

06
운동을 해서 몸을 가꿔! Get yourself in shape!

'jogging, mountain-climbing(등산), calisthenics[kæ̀ləsθéniks](미용체조), 또는 fitness center/club(헬스 클럽)' 등을 통해 몸매를 다듬는 것을 'get into shape'라 하고, 이미 운동을 통해서 몸매의 균형이 잡혀 있는 상태를 말할 때는 'be in great shape'라고 한다.

shape[ʃeip] 모양, 외양
fitness[fítnis] 적합, 건강함

A : I've put on a lot of weight lately.
요즘 체중이 많이 불었어.

B : You should try aerobic dancing; It's **great for getting yourself in shape.**
에어로빅을 해 봐. 날씬한 몸매를 가꾸는 데는 그만이라고.

➜ 'should'는 '~하는 것이 옳다, 최선책이다'라는 뜻으로 충고의 뜻

S : **What do you do to get into shape?**
멋진 몸매를 만들기 위해 무엇을 하지요?

M: I work out for two hours every day.
매일 2시간씩 운동을 해요.

A : I'm planning to take off 10 kilograms in one month!
한 달 내에 10kg을 빼기로 맘먹었어.

B : Come on, Julie. **Crash diets don't do you any good! Working out regularly is a healthier way to lose weight.**
어휴, 줄리야. 무리한 다이어트는 몸에 전혀 도움이 안 돼! 규칙적으로 운동하는 것이 살을 빼는 데 훨씬 좋은 방법이라고.

crash diet 단기간에 많은 체중을 줄이려는 다이어트
do sb good ~에게 효과가 있다 (have any effect)
regularly[régjələrli] 규칙적으로

07
몸매가 균형 잡혀 있는데! You're in great shape!

'규칙적으로 운동을 하여 몸매가 균형 잡혀 있다'는 표현이 'look very fit' 또는 'to be in great shape[ʃeip]'이다. 여기서 'shape'는 신체의 외형(physical appearance[fízikəl əpíərəns])을 말한다. 'figure[fígjər]'는 여성들에게만 쓰이는데 특히 남자가 여자를 가리켜 'She has a great figure.'라고 하면 '성(性)적 매력이 있다'는 뜻으로 쓰인다.

in shape 운동을 해서 건강하고 체격이 좋은
↔ **out of shape** 건강이 좋지 않은
do good 좋아지다(improve), 효과가 있다(have any effect)
↔ **do harm** 해가 되다

A : **You're in great shape.** Do you get any exercise?
몸매가 대단히 균형 잡혀 있는데요. 운동을 해요?

B : Of course, I get a lot of exercise. A little exercise will do you good.
물론이죠, 운동을 많이 해요. 운동을 조금만 하면 몸에 좋을 거예요.

fit (규칙적인 운동으로) 건강한

- He **keeps (himself) fit** by running several miles every day.
  그는 매일 10여 리를 달리기하여 몸매를 유지한다.

tip-top 최고의, 일류의, 우수한, 뛰어난(excellent)

- He's **in tip-top condition.**
  그는 지금 컨디션이 최상이야.

cf. My car is *in great shape/in tip-top condition.*
내 차는 상태가 매우 좋아.

keep one's figure 항상 몸이 날씬하다

- She's past fifty now, but she's **kept her figure.**
  그녀는 50이 넘었지만 여전히 몸매가 좋다.

08 어떻게 그렇게 날씬하세요? How do you keep in shape?

'in shape'는 '몸매가 균형 잡혀 있는 상태'라는 뜻이므로 'keep/stay in shape'는 '균형 잡힌 좋은 몸매를 유지하다'라는 말이 된다.

stick to ~에 충실하다
exercise [éksərsàiz] 운동하다(do/take exercise)
secret [sí:krit] 비결

A : **How do you keep in shape?**
어떻게 그렇게 날씬하세요?

B : I stick to my diet and exercise a lot.
다이어트에 충실하고 운동을 많이 하죠.

A : Ah, so that's your secret.
아, 그게 바로 비결이었군요.

- I must **keep in shape** before bikini season!
  나는 비키니를 입는 시즌이 오기 전에 몸매를 가꿔야만 해!

reduce [ridjú:s] 줄이다
fat [fæt] 지방

- **Doing sit-ups is a good exercise** for reducing the fat in the stomach.
  윗몸 일으키기는 뱃살을 빼는 데 좋은 운동이다.

LESSON 27

식당에서 At the Restaurant

01	도와 드릴까요?	Are you being waited on?
02	메뉴 좀 보여주세요.	Can I see the menu, please?
03	주문하시겠습니까?	Are you ready to order now?
04	음식 나왔습니다.	There you are.
05	내가 주문한 것이 아닌데요.	This is not what I asked for.
06	오늘의 특별 요리는 뭐죠?	What's today's special?
07	더 필요한 것 없습니까?	(Do you need) Anything else?
08	어떤 수프를 드시겠어요?	Which soup would you like (to have)?
09	불고기로 할래요.	I'll go for Pulgogi.
10	고기를 어떻게 해 드릴까요?	How would you like your beef?
11	한 쪽만 익혀 주세요.	Sunny-side up, please.
12	매운 음식에 익숙해졌어요?	Are you accustomed to our spicy food?
13	식성에 맞지 않아요.	It doesn't agree with me.
14	천천히 먹어라!	Eat more slowly!
15	점심 식사하러 가시겠어요?	Would you be interested in joining us for lunch?
16	매일 점심을 가져와요.	I bring a bag lunch every day.
17	간이 음식을 먹읍시다.	Let's get some fast food.
18	점심을 거를 거야.	I'm going to skip lunch.
19	단골 식당이 있어요?	Do you have your favorite restaurant?
20	특별히 마음에 두신 곳이 있어요?	Did you have anything special in mind?
21	자리를 예약하고 싶습니다.	I'd like to make a table reservation.
22	여섯 명이 앉을 자리가 있어요?	Do you have a table for six?
23	이번엔 내가 낼게.	This is on me.
24	각자 냅시다.	Let's go Dutch.
25	군침이 도는데요.	My mouth is watering.
26	정말로 음식 맛이 끝내 줬어요!	The food was out of the world!
27	음식 맛이 엉망이었어.	The food was awful.
28	맛있게 먹었어요?	Did you enjoy the meal?
29	배불리 먹었어요.	It sure hits the spot.
30	후식으로 커피 하겠어요?	Would you like some coffee for dessert?
31	여기서 먹을 겁니다.	Here, please.
32	먹어 볼 만합니까?	Is it worth eating?
33	김치를 먹어 본 적이 있어요?	Have you ever tried Kimchi?
34	음식 좀 데워야겠어.	The food needs heating.
35	조리법 좀 알려 주겠어요?	Could you give me your recipe?
36	중국 음식을 사다 먹읍시다.	Let's get a Chinese takeout.
37	얼마나 자주 외식을 합니까?	How often do you eat out?

L·E·S·S·O·N

27 식당에서 At the Restaurant

01

도와 드릴까요? Are you being waited on?

'Are you being waited on?'은 '지금 웨이터의 시중을 받고 있나요?'의 뜻이므로 진행 수동형으로 쓰인 것이다. 같은 의미로 'Are you being helped?' 또는 'Are you being served?'가 쓰인다. 'wait on'은 '식당에서 시중들다(serve in a restaurant[réstərənt])'라는 뜻이다.

A : **Are you being waited on,** ma'am?
시중드는 사람이 있나요, 부인?

B : No. Can I see the menu, please?
아뇨. 메뉴 좀 보여주세요?

02

메뉴 좀 보여주세요. Can I see the menu, please?

- I'd like to look at the menu. 메뉴 좀 보여주세요.
- Could we have the menu, please? 메뉴 좀 보여주시겠어요?
- Ask for the menu. 메뉴 좀 달라고 해.

03

주문하시겠습니까? Are you ready to order now?

'order'는 '주문하다' 또는 명사로 '주문'이라는 뜻이며 '주문을 받다'라고 할 때 'take/have one's order'라고 한다. 'Are you ready to order now?'는 '주문하시겠어요?'라는 말이고, 'May I take your order?'는 '주문 좀 받을까요?'라는 뜻이 된다.

make up one's mind 결정하다 (**decide**[disáid])
➔ 'what to order(무엇을 주문해야 할지)'는 'make up my mind'의 목적어

A : **I can't make up my mind what to order for dinner.** How about you?
저녁으로 무엇을 주문할지 결정을 못했어. 너는 어때?

B : I haven't decided yet too. 나도 아직 결정하지 못했어.

S : **What would you like to order?** 무엇을 주문하시겠습니까?

M: I'll have the roast beef, please. 로스트 비프 먹겠습니다.

'무엇을 드시겠어요?'란 표현

'What would you like to have?'는 상대방에게 또는 종업원이 손님에게 '무엇을 드시겠어요?' 하고 물어 볼 때 쓰이는 표현이다. 아래 있는 표현도 같은 의미이다.

a. What are you having?

b. What are you going to have?

c. What would you like to order?

d. What do you feel like eating for lunch?

➔ 'feel like + (동)명사'는 일시적인 현재의 기호를 나타낸다.

04 음식 나왔습니다. There you are.

식당에서 웨이터가 주문 받은 음식을 손님 앞에 내려놓으며, 상점에서 손님이 원하는 물건을 건네주며, 또는 상대방이 원하거나 부탁한 것을 건네주며 하는 말은 대개 'There you are!'라고 하지만 이와 비슷한 말이 또 하나 있다. 우리말로는 '음식이 여기 갑니다'라는 식의 표현으로 'There you go!'를 미국인들은 많이 쓰고 있다.

A : **There you go.** 음식 나왔습니다.

B : Thank you. 감사합니다.

A : Enjoy it, please! 맛있게 드십시오.

S : Can I have two bottles of beer please?
맥주 2병만 주세요.

M: **There you are, that'll be 3 dollars please.**
여기 있습니다. 3달러 되겠습니다.

- There you are! A nice cup of tea. 자! 맛있는 차가 나왔습니다.
- There you are, John, have some cake. 자, 케이크 좀 먹어, 존.

어법연구

Here it is.와 Here you are.

'Here it is.'는 상대방이 찾는 물건을 찾았다고 말하든지 또는 찾는 물건이 있는 곳을 말해 주며 우리말로 '여기 찾았어(I've found it), 여기 있네'의 뜻으로 쓰이는 표현이다. 상대방이 부탁한 물건을 건네주면서 또는 식탁에서 상대방이 요구하는 것을 건네주며 '여기 있습니다.'라고 할 때 'Here you are.'가 쓰인다.

A : Where is my dictionary? 내 사전 어디 있어?

B : **Here it is.** 자, 여기 있어.

S : Please pass (me) the black pepper. 후추 좀 건네주세요.

M: **Here you are.** 여기 있습니다.

05

내가 주문한 것이 아닌데요. This is not what I asked for.

➔ 〈P. 324 참조〉

식당에서 자기가 주문한 것이 아닌 다른 음식이 나왔을 경우에 당황하지 말고 'This is not what I asked for.' 또는 'This is not what I ordered.' 라고 하면 된다.

A : Oh, excuse me, waiter. 저, 실례합니다만 웨이터.

B : Yes, sir. 네, 손님.

A : **This is not what I asked for.** 이 음식은 내가 주문한 것이 아닌데요.

B : Oh, I'm sorry. I'll bring this back and get you what you ordered.
죄송합니다. 다시 가져가서 손님께서 주문한 걸로 갖다 드리겠습니다.

- You **brought me the wrong food.** 음식을 잘못 가져왔군요.
- I **didn't order this.** 이 음식을 주문하지 않았어요.

06

오늘의 특별 요리는 뭐죠? What's today's special?

식당에서 손님이 종업원에게 '먹을 만한(권할 만한) 음식이 뭐죠?(What do you recommend[rèkəménd]?)', 또는 'What's today's special?' 이라고 물어 볼 수 있다.

special [spéʃəl] 명 특별 메뉴, 특매품, 봉사품 형 특별한

speciality [spèʃiǽləti] 특별히 잘하는 것, 전문, 특산품

A : **What's today's special?**
오늘의 특별 요리는 뭐죠?

B : Try the chicken soup – it's our speciality.
닭죽을 잡숴 보세요. 이것이 우리 식당의 별미죠.

- **What do you have on special** today? 오늘의 특가 상품은 뭡니까?
- **Coffee is on special** this week. 이번 주는 커피가 특별 할인됩니다.
- The supermarket has **a special on chicken.**
저 슈퍼마켓에서는 닭을 특별가로 판매하고 있다.

special (짧은 시간에 평상시보다 저렴한 가격으로 판매하는) 특별 할인품

07

더 필요하신 것 없습니까? (Do you need) Anything else?

식당에서 웨이터가 손님에게 서비스하면서 '더 필요하신 것이 있습니까?' 라는 뜻으로 쓰이는 표현이 'Do you need anything else?' 이다.

A : **Do you need anything else?** 다른 것 또 필요하신 것 있습니까?

B : That's (about) it. (대충) 됐습니다.

other/else의 용법

'else'는 '그 외에, 그 밖에'의 뜻으로 '말하는 상대방 또는 앞서 언급된 것을 제외한다'는 뜻으로 '-body, -thing, -one, -where'로 끝나는 명사를 뒤에서 수식한다. 후위 수식하는 'else'와 같은 뜻인 'other'는 전위 수식을 한다. 상대방에게 지금까지 무엇인가 도와준 후에 '도와 드릴 것 또 없어요?'라고 말하려면 'Is there anything else I can do for you? = Is there any other thing I can do for you?'라고 말하면 된다. 이런 경우에 간단히 '(Is there) Anything else?'라고만 해도 된다.

eg. **You'll have to borrow someone else's car.**
➔ 소유격에 주의

A : Please show me something **else.** I want to try on something larger.
다른 것을 보여 주세요. 좀더 큰 것을 입어 보고 싶어요.

B : Here it is. 여기 있습니다.

try on 입어 보다
➔ 부정대명사는 'other'의 수식을 받지 못하고 'else'로 수식을 받는다.

S : Let's meet on Tuesday. 화요일에 만납시다.

M: No. Let's meet some **other** time. 그날 말고 다른 날 만납시다.

cf. **I can't meet you any other time.** 다른 때는 당신을 만날 수가 없습니다.

A : Let's meet downtown. 시내에서 만납시다.

B : No. Let's meet somewhere **else.** 시내 말고 다른 곳에서 만납시다.

somewhere else = some other place

S : Did you see Tom? 톰을 만났니?

M: No. I saw someone **else.**
아니. 다른 사람을 만났어. (= I saw another man./I saw a different man.)

A : Shall we go to another restaurant?
다른 식당으로 갈까요? (= Shall we go to a different restaurant?)

B : No. I don't want to go anywhere **else.**
싫어. 다른 곳에는 가고 싶지 않아.

S : Is there anything **else** I can help you with?
제가 도와 드릴 수 있는 다른 일이 있습니까?

M: I guess not, thanks anyway. 없을 것 같은데요. 여하튼 감사합니다.

A : Anything **else**? 더 필요한 것이 없어요?

B : No. That's all. 아뇨. 됐습니다.

a. Are you seeing anybody else?
다른 사람과 사귀고 있나요? (= Are you seeing anyone new?)

b. It's too crowded here. Let's go somewhere else.
이곳은 너무 만원이니 다른 곳으로 갑시다.

c. Would you like anything else to drink? 다른 것을 마시겠어요?

d. Well, it's about time you got up. Everyone else has already eaten.
자, 일어날 시간이야. 다른 사람은 다들 먹었다고.

08

어떤 수프를 드시겠어요? Which soup would you like (to have)?

식욕을 돋우는 음식(appetizer[ǽpitàizər])으로 'cream soup(크림 수프), vegetable soup[védʒətəbəl su:p](야채 수프)'를 먹고 식사(main course)를 마친 다음 후식(dessert[dizə́:rt])을 주문한다. 보통 후식으로는 'ice cream, apple pie, chocolate [tʃɔ́:kəlit] cake' 등이 있다.

A : Which soup would you like? 어떤 수프를 드시겠어요?

B : (I'd like a bowl of) Vegetable soup, please. 야채 수프를 주세요.

a bowl[bóul] **of** 한 그릇의
vegetable[védʒətəbəl] 야채

soup의 종류

- tomato soup[təméitou su:p] 토마토 수프
- onion soup[ʌ́njən su:p] 양파 수프
- chicken soup[tʃíkin su:p] 닭고기 수프
- meat soup[mi:t su:p] 고기 수프

09

불고기로 할래요. I'll go for Pulgogi.

식당에서 '뭘 주문하시겠어요?(What would you like to order?)' 또는 '뭐 드시겠어요?(What would you like to have?)'라는 물음에 'I'll go for Pulgogi.(불고기로 할래요.)'라고 응답하면 된다. 여기에서 'go for'는 '고르다, 선택하다(choose)'의 뜻이다. '고기가 연하고 부드럽다'고 할 땐 'tender[téndər]', '질기다'고 할 땐 'tough[tʌf]'라고 한다.

A : What would you like to have? 무엇을 드시겠어요?

B : I'll go for Pulgogi. 불고기로 할래요.

- I'll go for the house special. 이 집 전문 요리로 하지요.
- I'll have the roast beef, please. 로스트 비프 먹겠습니다.
- I'll pick the fish. 저는 생선으로 하겠어요.
- I'll take the fruit salad. 과일 샐러드로 하지요.
- Make mine the "Kalbi". 제 것은 갈비로 하지요.
- The veal sounds good. I'll have that.
  송아지 고기 좋은 것 같은데. 그걸로 하지요.

pick 고르다(choose)

veal[vi:l] 송아지 고기
cf. **calf**[kæf] 송아지

10 고기를 어떻게 해 드릴까요? How would you like your beef?

서양요리에서는 고기나 계란을 주문하면 웨이터가 어느 정도 익힐 것인가 'How do you like your beef?', 'How would you like your steak done?', 'How long would you like it cooked for?' 등과 같은 웨이터의 물음에 아래와 같이 응답하면 된다.

- (I'd like it) Well-done, please. 잘 구운 것을 먹겠어요.
- Very rare. 고기 양면을 frying pan에 살짝 댔다가 내놓는 정도
- Rare[rɛ̀ər]. 핏기가 있을 정도로 살짝 구운
- Medium-rare[mí:diəm-rɛ̀ər]. 겉만 익을 정도로 구운
- Medium[mí:diəm]. 중간 정도로 구워진
- Well-done[wél-dʌ́n]. 완전히 잘 구운

rare[rɛər] 덜 구어진, 드문, 진귀한

medium[mí:diəm] 중간의, 보통의

A : What would you like to have, ma'am? 뭘 드시겠습니까?

B : I'll have the beefsteak, please. 비프스테이크를 먹겠습니다.

A : **How do you want your meat?** 어느 정도 구워 드릴까요?

B : Medium rare, please. 중간보다 약간 덜 익혀서요.

11 한 쪽만 익혀 주세요. Sunny-side up, please.

계란은 대체로 삶은 것(boiled eggs)과 후라이(fried eggs)한 것이 있다. 'How would you like your eggs?(계란을 어떻게 해 드릴까요?)' 라는 웨이터의 물음에 아래와 같이 응답하면 된다.

- Soft/Half-boiled eggs, please. 반숙 주세요.
- Hard-boiled eggs, please. 완숙 주세요.
- Over easy, please. 한쪽을 익힌 후 다른 쪽을 살짝 익힌 것
- Scrambled eggs, please.
  노른자(yolk[jou*l*k])와 흰자(white)를 우유 · 버터와 섞어(mixed together) 익힌 것

scramble[skrǽmbəl] 뒤섞다, 다투다, 서로 빼앗다

A : What would you like, ma'am? 무엇을 드시겠어요, 손님?

B : I'd like ham and eggs. 햄과 계란을 주세요.

A : How would you like your eggs? 계란을 어떻게 할까요?

B : **Sunny-side up,** please. 한 쪽만 익혀 주세요.

➔ sunny-side up 태양이 솟아 있는 모양의 달걀 프라이

12

매운 음식에 익숙해졌어요? Are you accustomed to our spicy food?

➔ 〈P. 227 어법연구 참조〉

'get accustomed[əkʌ́stəmd] to + (동)명사'는 낯설거나 불편했던 것에 익숙해져 가는 과정을 'be accustomed to'는 완전히 익숙해진 상태를 나타낸다.

spicy[spáisi] (마늘 · 고추 등의) 향료를 넣은, 매운

A : **Are you accustomed to our spicy food?**
매운 음식에 익숙해졌어요?

B : No, I'm not. **But I'm getting accustomed to it.**
아직은 잘 못 먹어요. 하지만 익숙해져 가고 있어요.

chopstick[tʃɑ́pstìk] 젓가락

S : **Are you getting accustomed to eating with chopsticks?**
젓가락으로 식사하는 데 익숙해졌습니까?

M: Yes, I'm used to it now.
네, 지금은 잘합니다.

13

식성에 맞지 않아요. It doesn't agree with me.

음식이나 기후 등이 사람의 성미에 맞지 않는다고 표현할 때 'agree with'를 사용하여 'I'm afraid it doesn't agree with me.'라고 하며, 권유받은 음식을 거절할 때 쓰인다.

A : Would you like some Indian food? 인도 음식을 좀 먹을래요?

B : **I'm afraid it doesn't agree with me.** 내게 맞지 않는 것 같아요.

be keen on ~을 매우 좋아하다

- I'm afraid **I'm not very keen on meat.**
  저는 고기를 별로 좋아하지 않아요.

관련 어휘

'agree[əgríː]'는 '동의하다(consent), 의견이 일치하다, (부정 · 의문문에서) 음식 · 기후 등이 성미에 맞다' 등 다양한 의미로 쓰인다.

a. Milk doesn't **agree with** me. 우유는 내 체질에 맞지 않아.

climate[kláimit] 기후

b. The English climate doesn't **agree with** me. 영국 기후는 내게 맞지 않아.

➔ agree with + 의견 · 생각 · 설명

c. I **agree with** your views on it. 나는 그것에 대한 너의 견해에 동의해.

suggestion[səgdʒéstʃən] 제안
➔ agree to + 제안

d. He's **agreed to** our suggestion about the pay.
그는 봉급에 대한 우리의 제안을 받아들였다.

➔ agree on + 결정할 문제

e. They **agreed on** a date for the wedding. 그들은 결혼 날짜를 잡았다.

14 천천히 먹어라! Eat more slowly!

A : Eat more slowly! Don't be in such a hurry.
천천히 먹어라. 그렇게 서두르지 마라.

B : I always eat quickly. I have a good digestion.
난 항상 빨리 먹어요. 위가 튼튼하거든.

have a good digestion [daidʒéstʃən] 소화를 잘하다

- This food **digests ill.** 이 음식은 소화가 잘 안 돼.
- Cheese doesn't **digest easily.** 치즈는 소화가 잘 안 돼.
- I've always **had a poor digestion.** 언제나 소화가 잘 안 돼. 위가 약해.

digest [daidʒést] ill/well 소화가 잘 안 되다/되다

15 점심 식사하러 가시겠어요? Would you be interested in joining us for lunch?

격식을 갖추고 정중하게 상대방의 의사를 물어 볼 때 "Would you be interested in ~"이라고 말하면 된다.

S : Well, it's almost lunchtime.
자, 점심시간이 다 되었군요

M: So it is. **Would you be interested in joining us for lunch?**
그렇군요. 저희들과 점심 식사하러 가시겠습니까?

- **Would you be interested in** seeing a movie with me?
저와 함께 영화 구경 가시겠습니까?
- Could I **interest you in a drink?**
술 한 잔하시겠어요?

➔ 처음 소개받은 여자가 매력을 느껴 영화를 보러 가자고 공손히 제의할 때 'Are you interested in~(~에 관심이 있어요)?' 보다 더욱 정중한 표현으로 "Would you be interested in seeing a movie with me?"라고 말하면 된다.

16 매일 점심을 가져와요. I bring a bag lunch every day.

직장인들의 고민 거리 중의 하나가 '오늘 점심은 뭘 먹을까?' 일 것이다. 식당 음식에 싫증이 난 미국의 샐러리맨들은 샌드위치와 사과 하나 정도의 도시락을 싸 가는데(bringing one's lunch to work) 이것을 'brown-bag[bráunbæ̀g]' 이라고 한다. 이것은 도시락을 보통 누런 봉투에(in a brown paper bag) 싸 간 데서 유래된 것이다.

A : **Do you bring your lunch to work?**
직장에 점심을 싸 가지고 다녀요?

B : Yes, **I take a bag lunch every day.**
네. 매일 점심을 가져가지요.

➔ 'bag lunch'는 샌드위치와 같은 간단한 먹을거리를 봉투에 싸 가는 점심 (= a packed lunch(英)) 미국에서는 점심을 'sandwiches'라고도 한다.

be tired of ~에 싫증이 나다

S : Let's go out for lunch.
점심 먹으러 나갑시다.

M: Well, I'm tired of going out for lunch every day. So **I'm brown-bagging it this week.**
저, 매일 점심 사 먹는 게 지겨워. 그래서 이번 주는 도시락을 싸올 거야.

17 간이 음식을 먹읍시다. Let's get some fast food.

집에서 만든 음식이 최고라고 하지만, 바쁘게 일하다 보면 어쩔 수 없이 빨리 나오는 음식을 먹어야 되는 경우가 많다. 맥도널드(MacDonalds)나 켄터키후라이드(KFC)와 같은 즉석요리(fast food) 식당에서 '감자 칩 · 도너츠 · 햄버거 · 튀김 · fried chicken' 등을 먹을 수 있다.

A : **Let's get some fast food.**
패스트 푸드나 먹자.

B : No. Let's have something else. I don't like fast food because it contains lots of cholesterol.
아냐. 다른 것을 먹자. 콜레스테롤이 많이 들어 있어서 간이 음식을 안 좋아해.

contain [kəntéin] 담고 있다, 포함하다

- Foods which are deep fried in oil, such as fried chicken or donuts, contain lots of cholesterol.
프라이드 치킨 또는 도너츠와 같은 기름에 푹 담가서 튀긴 음식에는 콜레스테롤이 많다.

관련 어휘

- fast food 빨리 요리해서 금방 먹을 수 있는 간이 음식, 즉석요리 음식
- junk food 지방 · 설탕이 많이 들어간 감자 칩 · 도너츠 · 닭 튀김 같은 칼로리는 높고 영양가가 낮은 스낵
- low-fat food 저지방 음식

18 점심을 거를 거야. I'm going to skip lunch.

➔ ⟨P. 407 5번 참조⟩

'skip'는 '(다이어트 중이라, 또는 속이 안 좋아서 식사를) 거르다, 수업을 빼먹다'라는 뜻이고, 바빠서 식사를 하지 못한 경우엔 'miss'가 쓰인다.

A : Let's go out to have lunch.
점심을 먹으러 갑시다.

B : No, **I'm going to skip lunch today. I'm on a diet.**
아냐, 난 오늘 점심은 안 먹을 거야. 다이어트 중이거든.

- I'm really hungry. I missed lunch.
  정말로 배가 고프다. 점심을 (바빠서) 못 먹었어.

- I often skip breakfast.
  난 종종 아침을 걸러.

- He often skips class.
  그는 가끔 수업을 빼먹는다.

- She skipped off without paying her bill.
  그녀는 식사비도 안 내고 줄행랑쳤어.

skip off/out of the restaurant [réstərənt] 식당에서 돈 내지 않고 도망치다

19 단골 식당이 있어요? Do you have your favorite restaurant?

A : What's your favorite Korean food? 좋아하는 한국 음식이 뭡니까?

B : Well, 'Kalbi' is my favorite. 저, 제가 좋아하는 것은 갈비입니다.

A : **Do you have your favorite restaurant?** 단골 식당이 있어요?

B : Sure. **This is my favorite place.** 그럼요. 이곳이 제 단골집입니다.

favorite [féivərit] 형 마음에 드는, 좋아하는 명 마음에 드는 것/사람

- I'm a regular here.
  난 여기가 단골이야.

regular [régjələr] 단골 손님

상대방에게 식당을 추천할 때 다음과 같이 말하면 된다.

a. They **serve generous portions** at that restaurant.
   저 식당에서는 음식을 아주 듬뿍 줘요.

b. They **serve excellent meals** in this restaurant.
   이 식당 음식맛 끝내줘요.

c. The food is not great, but **it's fast and cheap.**
   음식은 좋지 않지만 빨리 나오고 값이 싸지요.

d. This must be **a great place to eat.**
   이곳은 음식 맛이 일미인 게로군.

generous [dʒénərəs] 푸짐한, 관대한
portion [pɔ́ːrʃən] 몫
excellent [éksələnt] 우수한, 뛰어난
meal [miːl] 식사
must be ~임에 틀림없어

20 특별히 마음에 두신 곳이 있어요? Did you have anything special in mind?

'have sth in mind'는 '어떤 목적에 사람 · 물건 · 장소 등을 생각하고 있다, 마음속에 간직하다, ~을 염두에 두다, 기억하고 있다'라는 뜻이다.

look for 찾다

A : Excuse me, sir... we're looking for a place to have lunch. Do you know any restaurants around here?
실례합니다, 점심 먹을 만한 곳을 찾고 있는데 이 근처에 식당 좀 아세요?

B : Well, there're quite a few. **Did you have anything special in mind?**
글쎄요, 상당히 여러 군데가 있어요. 뭐 특별히 마음에 두신 곳이라도 있어요?

reasonable [ríːzənəbəl] 적당한, 분별이 있는

A : Oh, just someplace reasonable with good food.
아, 그저 음식 맛있고, 값이 적당한 곳이면 됩니다.

think of 생각하다
offhand [ɔ́(ː)fhǽnd] 즉석에서

B : Let me see... The closest place that I can think of offhand is Sam's. 가만있어 보자… 가장 가까운 곳으로 당장 생각나는 곳은 샘식당이군요.

• Who do you have in mind for the job?
그 일에 적합한 사람으로 누구를 생각하고 있나요?

• You have something on your mind. 뭔가를 생각하고 있군요.

21 자리를 예약하고 싶습니다. I'd like to make a table reservation.

make a reservation [rèzərvéiʃən] 예약하다 (reserve [rizə́ːrv])

book 예약하다(英)

A : **I'd like to make a table reservation for two people for 7 o'clock.** 7시에 2명 자리를 예약하고 싶어요.

B : Sorry, sir, we've fully booked tonight.
죄송합니다, 손님. 오늘 저녁은 예약으로 만원입니다.

22 여섯 명이 앉을 자리가 있어요? Do you have a table for six?

'여섯 명이 앉을 자리'를 영어로 'a table for six' 또는 'a table for a party of six'라고 하며, '흡연석'은 'smoking (section)', '금연석'은 'nonsmoking (section)'이라고 한다.

A : Can I help you? 도와 드릴까요?

B : Yes. **Do you have a table for six?** 네. 여섯 명이 앉을 자리가 있어요?

A : This way please. We have a table by the window.
이쪽으로 오세요. 창가 쪽에 자리가 있습니다.

- I would like a nonsmoking table for a party of four.
  금연석으로 네 명이 앉을 자리를 주세요.

- Do you have 25 seats together?
  25명이 함께 앉을 자리가 있어요?

seat [siːt] 좌석

23

이번엔 내가 낼게. This is on me.

식당에서 식사를 한 후 지갑이 두둑하니까 '내가 계산할게.'라고 할 때 'It's on me.' 또는 'This meal is on me.'라고 말하면 된다. '지갑이 두둑하다.'를 'I have a fat purse [pəːrs].'라고 하며, 'fat(뚱뚱한, 불룩한)' 대신에 'heavy'도 쓰인다. 돈이 없다는 뜻으로 '지갑이 가벼워.'라고 말하려면 'I have a light purse.'라고 하면 된다.

A : Waiter! Check, please. 웨이터! 계산서 주세요.

B : Hold on, Mark! 잠깐만, 마크!

A : What are you talking about? 무슨 얘기하는 거야.

B : **I have a fat purse. This is on me.**
주머니가 두둑하니까 이번엔 내가 낼게.

check [tʃek] 식당에서 먹은 음식과 금액이 적혀 있는 계산서(bill)
hold on 잠깐만 기다려

S : **Lunch is on me today.**
오늘 내가 점심을 사지.

M: If you would be so kind. Then I'll treat next time.
그러시다면 다음엔 제가 대접하지요.

treat [triːt] 대접하다, 한턱내다
➔ 상대방의 호의를 강하게 거절하는 것도 예의가 아니므로 마지못해 양보를 할 때 'If you would be so kind (as to pay for me)(저 대신 고맙게 지불해 주신다면)' 또는 'if you insist(정 그러시다면)'라는 표현이 쓰인다.
insist [insíst] 고집하다, 끝까지 우기다

A : **I'm flat broke! Could you pick up the bill?**
완전히 빈털터리예요! 계산 좀 해 주시겠어요?

B : No problem. Today is my payday.
걱정 말아요. 오늘이 내 월급날이야.

➔ 'flat/dead/stone' 등의 부사가 'completely [kəmplíːtli]' 대신에 흔히 쓰인다.
broke [brouk] 형 무일푼인, 땡전 한잎 없는
pick up the bill 계산하다 〈shopping 19번 참조〉

- This/It is my treat. 이번엔 내가 한턱 낼 차례야.

bill [bil] 계산서
treat [triːt] 한턱 낼 차례, 대접

- Everything is on me this time. 이번에는 제가 다 내겠습니다.

- Don't expect me always to pick up the tab.
  내가 항상 계산하리라고 기대하지마.

tab [tæb] (식사비 또는 술값) 계산서

- I'm footing the bill tonight. 오늘 저녁은 내가 계산할게.

foot (계산을) 치르다

- Your money's no good here.
  네 돈은 여기서 아무런 소용이 없어. 즉, 내가 낼게.

good 소용, 가치

24

각자 냅시다. Let's go Dutch.

식당에서 음식을 먹은 후에 또는 술집에서 술을 마신 후에 서로에게 부담을 주지 말고 '각자 자기 몫을 냅시다.'는 의미로 'Let's go Dutch[dʌtʃ].'가 쓰인다.

stop in 잠깐 들르다
bite 가벼운 식사, 한 입
for 지지하여 ↔ against 반대하여
starve [stɑːrv] 굶어죽다

A : Shall we stop in here for a bite to eat? 여기 들러 뭐 좀 먹을까?

B : I'm all for that. I'm starving. 대 찬성이야. 배고파 죽겠어.

A : **But let's go Dutch.** 하지만 각자 부담하는 거야.

B : All right with me. 난 좋아.

go half and half (비용 · 수입 등을) 반씩 나누다, 반씩 부담하다(go halves)

S : Did he pay for you? 그가 네 몫을 냈어?

M: No, **we went half and half** (with each other). 아냐. 각자 냈어.

split 분배하다, 쪼개다, 찢다 'it'는 'the bill/check(계산서)'를 의미함
divide [diváid] 나누다

pay one's own way 남에게 기대지 않고 자기 것은 자기가 지불하다
fair [fɛər] 적정한, 공정한
share [ʃɛər] 몫
➔ 한일전 축구 시합에서 한국이 역전승을 했을 때 술집 주인이 위와 같이 외치면 술값을 안 받겠다는 말이 된다.

- Let's **split it.** 같이 냅시다.
- Let's **divide it up.** 나누어 냅시다.
- We **went fifty-fifty** on the meal. 우리는 식사비를 반반씩 냈어.
- Everyone will **pay his/her own way.** 모든 사람이 각자 내는 겁니다.
- Each will **pay his fair share.** 각자 자기가 먹은 몫을 내는 겁니다.
- All the drinks are **on the house.** 모든 술값은 주인이 내는 겁니다.

25

군침이 도는데요. My mouth is watering.

너무 맛있어 보이거나(looking very good) 냄새가 너무 좋아서(smelling very good) 먹고 싶어 입에서 군침이 돌 때가 있다. 이럴 때 쓰이는 표현이 'mouth-watering[mauθwɔ́ːtəriŋ]'이다.

A : Please help yourself.
많이 드세요.

B : Thank you. **It looks mouth-watering.**
고맙습니다. 맛있어 보이는데요.

- Look at those **mouth-watering** cake.
  저 맛있어 보이는 과자 좀 봐.

appetizing [ǽpitàiziŋ] 식욕을 돋우는, 맛있어 보이는

- It looks so **appetizing.**
  매우 맛있어 보이는군요.

26

정말로 음식 맛이 끝내 줬어요! The food was out of the world!

'out of the world'는 '비길 데 없는, 매우 훌륭한(wonderful, extremely[ikstríːmli] good)'의 뜻으로 '음식 맛이 환상적으로 좋을 때' 'Out of this world!'라며 감탄사를 연발한다.

A : The food was out of the world! 정말 음식이 끝내 줬어요!

B : I'm glad you enjoyed it. 맛있게 드셨다니 제가 기쁜데요.

- This is **absolutely delicious.** 이 음식 정말로 맛있습니다.
- The food is **fantastic.** 음식 맛은 끝내 줘!

absolutely[ǽbsəlùːtli] 참말로

fantastic[fæntǽstik] 굉장히 좋은, 아주 멋진

27

음식 맛이 엉망이었어. The food was awful.

음식 맛이 엉망이라고 말할 때 'awful[ɔ́ːfəl], terrible[térəbəl], horrible[hɔ́ːrəbəl]'이 쓰인다. 또한 '끔찍한 사건(accident[ǽksidənt]), 경험(experience[ikspíəriəns]) 또는 심한 충격(shock[ʃɑk])' 등을 말할 때와 날씨가 나쁘거나, 영화 또는 책이 매우 재미없을 때도 쓰인다.

A : The food at that restaurant was awful.
저 식당의 음식은 한 마디로 엉망이었어.

B : I'll never go back there. 다시는 절대 안 갈 거야.

S : What was the food like? 음식 어땠어요?

M: Nothing special. 별로였어요.

➔음식 맛이 유별나게(unusually[ʌnjúːʒuəli]) 맛있다고 할 때 'special[spéʃəl]'이 쓰인다. 식사를 한 후에 '음식 맛이 어땠어요?'라는 물음에 'Nothing special.'이라고 하면 '음식 맛이 유별나게 좋지 않았다, 즉 별로였다'는 뜻이며 '그저 그래요.'라고 하려면 'So-so.'라고 하면 된다.

- What a **terrible food!** 음식 맛이 너무 형편없어.
- It **tastes horrible.** 음식 맛이 끔찍해.
- She's a **terrible cook.** 그녀의 요리 솜씨는 완전히 엉망이야.
- The film **was awful.** 그 영화는 정말 재미없어.
- The weather **is awful.** 날씨가 엉망이야.
- I'm **terrible at** tennis. 테니스 실력이 형편없어.
- The hotel **is terrible.** 저 호텔은 서비스가 엉망이야.
- I've had an **absolutely terrible** day. 완전히 기분 잡친 하루였다.

- It's such an awful program! How can you watch it?
  이렇게 엉망인 프로그램을 어떻게 볼 수 있니?

28

맛있게 먹었어요? Did you enjoy the meal?

식사를 한 후에 '맛있게 먹었어요?' 하고 물어 보면 입맛에 안 맞거나 맛없는 음식을 먹은 후에라도 주인에게 감사의 표현을 하는 것이 예의이다. 이 때 쓰이는 단어가 '~로부터 즐거움을 얻다(get pleasure[pléʒər] from)' 라는 뜻의 'enjoy[endʒɔ́i]' 이다.

A : **Did you enjoy the meal?**
맛있게 먹었어요?

B : **Yes, I enjoyed it very much.**
네, 매우 맛있게 먹었어요.

S : **Did the boys enjoy the pancakes?**
그 애들이 팬케이크를 맛있게 먹었어?

M: Yes, they devoured them with great joy.
그래, 그들은 아주 즐겁게 빨리 먹어 치웠어.

devour[diváuər] (배가 고파) 게걸스럽게 먹다
with joy 즐겁게(joyfully)

- I really enjoyed the meal. 정말로 맛있게 먹었습니다.
- Did you enjoy the movie? 영화 즐거웠습니까?
- I enjoyed your party. 파티 즐거웠습니다.

29

배불리 먹었어요. It sure hits the spot.

'맛있는 음식으로 배고픔을 채우다(satisfy[sǽtisfài] one's hunger[hʌ́ŋgər]), 말할 나위 없다, 만족스럽다' 라고 할 때 'hit the spot' 라고 말한다.

A : How was your meal? 식사 어땠어요?

B : Great! **It sure hits the spot.** 좋았어요! 아주 배불리 먹었어요.

- This cold water really hits the spot.
  이 찬물을 마시니 정말로 속이 시원하군.
- That pie really hits the spot.
  정말로 그 파이는 끝내 줘어.

30 후식으로 커피 하겠어요? Would you like some coffee for dessert?

A : Would you like some coffee for dessert?
후식으로 커피 하겠어요?

B : No, thank you. I prefer juice (to coffee).
아니요, 주스를 먹었으면 해요.

S : What would you like for dessert? 후식으로 뭘 드시겠어요?

M: Just coffee, please. 그냥 커피 주세요.

for dessert[dizə́:rt] 후식으로

prefer A to B B보다 A를 더 좋아하다
➔ 'prefer[prifə́:r]' 동사는 선택적인 것을 나타낼 때 쓰인다.
I prefer tea (to coffee). 커피보다 홍차를 좋아합니다.
= I'd rather have tea (than coffee).

어법연구

some과 any의 용법

1. 'Do you like coffee?'와 'Do you want any coffee?'

부분(部分)을 나타내는 'some, any'의 용법은 다음과 같다. 'some'은 긍정문과 권유에, 'any'는 부정 · 의문 · 조건문에 사용되고, 긍정의 응답을 가정하는(on the assumption of a positive reply) 의문문에서는 'some'이 사용된다.
'Do you like coffee?'는 상대방의 기호를 묻는 표현이다. 이 때 동사의 목적어 'coffee'는 일부가 아닌 전체를 대상으로 하므로 'coffee'앞에 'any'를 사용하지 않는다. 이 문장에서 커피는 '브라질 커피, 콜롬비아 커피' 등 모든 커피를 통틀어서 말하는 것이다. 그러면 'Do you want any coffee?'는 어느 경우에 쓰이는가? 이 표현은 상대방 이 커피를 원하는지 그렇지 않은지를 모른 채 '커피를 마시겠어?'의 뜻으로 물어 보는 말이다. 따라서 'Yes'와 'No' 중 어느 응답이 나올지는 알 수 없다.

cf. **Do you want some coffee? = Would you like some coffee?**
➔ 상대방의 권유를 기꺼이 받아 주길 바라는 마음(I expect you would.) 때문에 의문문의 형태라도 'some'을 붙인다.

2. 'Is there something to eat?'와 'Is there anything to eat?'

TV CF에서 전화를 하면서 '뭔가 맛있는 냄새가 나는데?' 하고 물어 보는 말이 있다. 이와 같이 먹을 것이 있다고 확신하는 경우에 전자가 쓰이고, 후자는 배가 고프기 때문에 먹을 것이 있는가 하고 그저 물어 볼 때 쓰이는 표현이다.

31

여기서 먹을 겁니다. Here, please.

식당에서 '여기서 먹을 겁니까 아니면 싸가지고 갈 겁니까?(Here or to go?)' 라는 물음에 'Here, please.(여기서 먹을 겁니다)' 또는 'To go.(가져 갈 겁니다)' 라고 대답하면 된다. '햄버거 하나 싸가지고 갈 겁니다.' 할 때는 'One hamburger to go.' 라고 하면 된다.

A : Here or to go? 여기서 먹을 겁니까 아니면 싸가지고 갈 겁니까?

B : To go. 싸가지고 갈 겁니다.

32

먹어 볼 만합니까? Is it worth eating?

'먹어 볼 만합니까?' 하고 물어 볼 때 'worth[wəːrθ](~의 가치가 있는, ~할 만한 가치가 있는)' 를 사용하여 'Is it worth eating?' 또는 'Is it worth trying?' 과 같이 하면 된다. 형용사 'worth' 는 예외적으로 '명사 또는 동명사' 를 목적어로 하는 것에 주의해야 한다. 이 때 'try' 는 '맛이 어떤가 또는 입맛에 맞는가를 알아보기 위해 먹어 보다' 라는 뜻이다.

A : Is the food worth eating? 그 음식 먹어 볼 만합니까?

B : Yes, it's worth trying. 네. 먹어 볼 만합니다.

- The film is **worth seeing.** 그 영화는 볼 만합니다.
- The novel is **worth reading.** 그 소설은 읽어 볼 만합니다
- Don't get angry. It's not **worth it.** 화내지 마. 화낼만한 일이 아냐.
  (➔ **worth it** = worth getting angry)
- It's not **worth the effort.** 그렇게 노력할 가치가 없어.
- It is not **worth what we paid.** 돈 낸 것만큼의 가치가 없어요.
- It's **worth the money.** 돈에 상응하는 가치가 있어요.
- It's **worth the time.** 시간을 투자할 가치가 있어요.
- We may not succeed, but it's **worth a try.**
  성공을 못 할지도 모르지만 시도해 볼 만한 가치가 있다.
  (**try** 시도, 해보기)

33

김치를 먹어 본 적이 있어요? Have you ever tried Kimchi?

➔ 〈P. 154/P. 326 참조〉

'try' 는 '음식을 먹어 보다, 시식하다(to taste food or drink to find out if you like it)' 의 뜻으로 '~을 먹어 본 적이 있어요?' 라고 물어 볼 때 'Have you ever tried ~?' 와 같이 하면 된다.

A : What's in that dish over there?
저기 접시 안에 있는 것이 무엇이죠?

B : We call it Kimchi. Most foreigners find it a bit hot, but it's really delicious. For us, it's a must. We Koreans can't live without rice and Kimchi. **Have you ever tried it?**
김치라고 합니다. 대부분의 외국인들은 약간 맵다고 하지만 정말 맛있습니다. 김치는 우리 한국 사람에게 없어서는 안 되는 것이지요. 우리 한국 사람들은 밥과 김치 없이는 살 수 없어요. 김치를 먹어 본 적이 있어요?

A : No, I haven't. What's Kimchi made of?
아뇨. 못 먹어 봤어요. 김치는 무엇으로 만들지요?

B : Mainly of Chinese cabbage, radish, garlic, salt, ginger, scallion, red pepper, and other vegetables.
주로 호배추와 무, 마늘, 소금, 생강, 골파, 고춧가루 그리고 그 밖의 야채들로 만들어 집니다.

dish (접시에 담은) 요리, 음식

foreigner [fɔ́(:)rinər] 외국인
hot 매운
must [mʌst] 필수품

mainly [méinli] 주로, 대개
Chinese cabbage 호배추
cabbage [kǽbidʒ] 양배추
radish [rǽdiʃ] 무
garlic [gɑ́:rlik] 마늘
salt [sɔ:lt] 소금
ginger [dʒíndʒər] 생강
scallion [skǽljən] 골파
red pepper 고춧가루
vegetable [védʒətəbəl] 야채

관련 어휘

여러 가지 채소 이름을 알아보자.

- carrot [kǽrət] 당근
- eggplant [egplæ̀nt] 가지
- green pepper [gri:npépər] 피망
- mushroom [mʌ́ʃru(:)m] 버섯
- pea [pi:] 완두콩
- potato [pətéitou] 감자
- sweetpotato [swi:tpətéitou] 고구마
- spinach [spínitʃ] 시금치
- onion [ʌ́njən] 양파
- lettuce [létis] 상추
- cucumber [kjú:kəmbər] 오이
- pumpkin [pʌ́mpkin] 호박

a. **Try more.** 좀더 드세요.

b. I'd like to **try different kinds of food.** 여러 가지 음식을 먹어보고 싶어요.

c. Would you like to **try some raw fish?** 생선회 좀 먹어 보겠어요?

raw [rɔ:] 날것의, 가공되지 않은, 천연 그대로의

34

음식 좀 데워야겠어. The food needs heating.

'need' 동사가 동명사를 목적어로 취하면 수동의 뜻이 된다. 영국 영어에서는 'want' 동사도 같은 용법으로 쓰인다. '음식이 매우 식었어. 좀 데워야겠어.'라고 말하려면 'The food is very cold; it **needs heating.**'이라고 하며 'it needs **to be heated.**'와 같이 수동의 뜻이다.

- Your pants **need washing.**
  네 바지 좀 세탁해야겠어. (= Your pants need to be washed.)

- The garden doesn't **need watering** – it rained last night.
  어젯밤에 비가 왔으니까 정원에 물 주지 마.

- The house **needs painting.** It's in bad condition.
  그 집은 페인트칠을 해야 합니다. 그 집은 상태가 아주 형편없습니다.

tidy [táidi] 깨끗이 치우다, 정돈하다

- This room **needs tidying.**
  이 방은 정돈을 해야겠어.

ashtray [æʃtrèi] 재떨이
empty [émpti] 비우다

- The ashtray is full. It **needs emptying.**
  재떨이에 꽁초가 가득하니 비워야겠어.

repair [ripέər] 수리하다

- Before I forget, I wanted to tell you the kitchen sink **needs to be repaired.**
  잊기 전에 부엌 싱크대를 고쳐야 할 것 같다고 말씀드리고 싶군요.

35

조리법 좀 알려 주겠어요? Could you give me your recipe?

'recipe [résəpì:]'는 '조리법, (약제 등의) 처방'이란 뜻으로 '이 케이크 만드는 법을 가르쳐 주세요.'라고 말하려면 'Give me the recipe for this cake, please.'라고 하면 된다.

give sb one's recipe 요리하는 법을 알려주다

follow [fálou] 따르다, 따라가다

A : That soup was delicious – **Could you give me your recipe?**
이 수프 맛있는데 조리법 좀 알려 주시겠어요?

B : Just follow these recipes.
그저 이 요리법대로 하세요.

come out ~이 되다

- He didn't **follow the recipe** and the cake came out all wrong.
  그는 조리법대로 하지 않아서 케이크가 완전 엉망이 되었다.

관련 어휘

요리할 때 자주 쓰이는 동사를 알아보자.

- broil [brɔil] (불 또는 석쇠에) 굽다

- roast[roust] (오븐이나 불에 고기를) 굽다
- stew[stjuː] (고기 · 야채를 넣고 국물이 있는) 찌개
- simmer[símər] (약한 불에서) 천천히 끓이다
- carve[kɑːrv] 칼로 저미다
- chop[tʃáp] (up) (고기 · 양파 등을) 잘게 썰다
- crush[krʌʃ] (마늘 등을) 다지다, 으깨다
- grate[greit] 강판으로 갈다
- mash[mæʃ] (감자 등을) 짓이기다
- peel[piːl] (감자 · 과일 등의) 껍질을 벗기다
- sift/sieve[sift/siv] 체로 치다
- slice[slais] (얇게 편으로) 썰다
- spread[spred] (빵에 버터를) 바르다

36 중국 음식을 사다 먹읍시다. Let's get a Chinese takeout.

식당에서 음식을 먹는 것이 아니라 집 또는 다른 곳으로 가져가서 먹을 수 있도록 하는 '포장 음식, 또는 음식을 포장해 주는 식당'을 미국에서는 'takeout[téikàut]' 영국에서는 'takeaway[téikəwèi]'라고 한다. 출입구에 'Takeout' 또는 'Takeout Order'라고 붙여 놓은 식당은 단지 주문 받은 음식을 싸갈 수만 있고 식당 안에서 식사를 할 수 없다. 이렇게 싸갈 수 있는 음식은 샌드위치류와 중국 음식 등이 가능하며 고급 레스토랑에서는 'takeout'을 할 수 없다.

A : **Let's get a Chinese takeout** – I can't be bothered to cook.
중국 음식을 사다 먹읍시다. 요리하고 싶지 않아.

B : All right. **There's a generous Chinese takeout in the town center.**
나는 좋아요. 음식을 후하게 주는 중국 식당이 시내 중심가에 있어요.

can't be bothered[báðərd] **to** ~하고 싶지 않다

generous[dʒénərəs] 후한, 관대한, 인정이 많은

- I feel like an Indian takeout tonight.
  오늘 저녁은 인도 음식을 사다 먹고 싶어.

feel like = want

- I'm too busy to cook dinner. How about having some Chinese takeout tonight?
  너무 바빠서 저녁을 할 수가 없어요. 오늘 저녁엔 중국 음식을 사다가 먹는 것이 어때요?

too … to 너무 ~하여 ~할 수 없다

37 얼마나 자주 외식을 합니까? How often do you eat out?

'얼마나 자주 ~을 합니까?' 라는 표현은 회화에서 많이 쓰이는 것으로 다양한 표현을 익히는 것이 좋다. 횟수를 나타내는 'always, sometimes, often' 등과 같은 빈도 부사는 'How often'으로 묻는 말에 응답으로 쓰인다. 빈도 부사의 위치는 일반 동사 앞에, be동사, 조동사 다음에 온다.

eat out 외식하다(dine out) ↔ **eat in** 집에서 식사하다

A : **How often do you eat out?** 얼마나 자주 외식을 하나요?

B : Once or twice a week. / At least once a week.
1주에 한두 번 합니다. / 적어도 일주일에 한 번.

gym[dʒim] 체육관
➔ 'gymnasium[dʒimnéiziəm]'의 단축형

go out with ~와 데이트 하다

S : **How often do you exercise?** 얼마나 자주 운동을 하죠?

M: I go to the gym twice a week. 일주일에 두 번 체육관에 가요.

- How often do you go out with your girlfriend?
여자 친구와 얼마나 자주 데이트를 하세요?
- How often do you go shopping? 얼마나 자주 쇼핑을 갑니까?
- How often do the buses run? 얼마나 자주 버스가 다닙니까?
- We usually eat in, but once in a while we like to eat out.
보통 집에서 식사를 하지만 때로는 외식하고 싶다

관련 어휘

'How often~?'에 대한 응답으로 쓰이는 빈도 부사

- Once in a while[*h*wail] 때때로(occasionally[əkéiʒənəli], sometimes)
- Once or twice a month 1달에 한두 번
- Three or four times a year 1년에 서너 번
- Quite often[kwait ɔ́(:)ftən] 꽤 자주
- Not often 별로
- Never 전혀
- Rarely[rέə*r*li] 거의 하지 않다
- Every day 매일
- Every week 매주(Once a week, weekly)
- Every other day 하루 걸러
- Every three days 3일마다

LESSON 28

음주 Drinking

01	건배!	Cheers!
02	됐으면 그만이라고 말하세요.	Say when.
03	딱 한 잔 더 하겠어요?	How about one more for the road?
04	남은 술 들고 일어섭시다!	Bottoms up!
05	술고래군요.	You drink like a fish.
06	매우 취하셨군요.	You are intoxicated.
07	아직 술이 덜 깼어.	I have a hangover.
08	오늘 저녁에 내가 한 잔 사지.	Let me buy a drink tonight.
09	왜 잔을 주고받습니까?	Why do you exchange the cups of wine?

L·E·S·S·O·N 28

음주 Drinking

01

건배! Cheers!

'Cheers[tʃiərs]!'는 술을 마실 때 술잔을 높이 들고 상대방의 소망이 이루어지거나 건강하라는 뜻으로 우리말로 '건배!'라고 외치는 것과 같은 말이다. 영국에서 'Thank you.' 또는 'Goodbye.'의 뜻으로 종종 쓰인다. 경의를 표하거나 소원을 빌기 위하여 건배하자고 제안할 때 'propose a toast'라고 한다. 'Here's to ~' 역시 소원·행운을 빌거나 경의를 표할 때 쓰인다.

success[səksés]

- **Let's drink to your success!**
  성공을 위하여 건배합시다!
- **Here's to you!**
  당신을 위하여 건배!
- **Here's to the happy couple!**
  행복한 커플을 위하여 건배!

marriage[mǽridʒ] 결혼

- **Here's to our happy marriage and our friendship!**
  우리의 행복한 결혼과 친구의 우정을 위하여 건배!

toast[toust] 축배
bride[braid] 신부
groom[gru(:)m] 신랑

- **I'd like to propose a toast to the bride and groom!**
  신랑 신부를 위해 건배를 제의합니다!

02

됐으면 그만이라고 말하세요. Say when.

초대를 받아 갔을 때 주인이 술을 따라 주며 '양에 맞으면 말하세요.'의 뜻으로 'Say when.'이라고 말한 다음 술을 따라 준다. 그러면 손님은 자기가 마시고 싶은 만큼 되었을 때 'When!(그만 됐어요!)', 'Stop.(그만.)', 혹은 '(That's) Enough[inʌ́f], thank you.(이만하면 충분합니다. 감사합니다.)' 등으로 대답하면 된다. '한 잔 또는 한 그릇 더 주세요.'라고 말하려면 'Same again, please.'라고 하면 OK.

A : Would you like a little of Soju? 소주 좀 마시겠어요?

B : All right. I'll try a bit. 좋아요. 조금만 마셔 보지요.

A : **Say when to stop.** 됐으면 그만이라고 말하세요.

B : OK. Wh-e-n! 됐어요. 그 – 만!

'Say when.'과 같은 뜻으로 쓰이는 다른 표현

a. Tell me when you want me to stop.

b. Let me know how much.

c. Let me know when to stop.

03

딱 한 잔 더 하겠어요? How about one more for the road?

적당히 술을 마시면(moderate[mádərət] in drinking) 건강에도 좋다며 애주가들이 즐겨 쓰는 말이 '딱 한 잔 더 하시겠어요?' 이다. '술집 또는 파티를 떠나기 전 마지막 술 한 잔'을 영어로 'one for the road'라고 한다.

A : **How about one more for the road?**
딱 한 잔 더 마시고 나가는 게 어때?

B : No, thanks. It's my limit.
아뇨. 더 못 마시겠어요.

limit[límit] (참을 수 있는) 한계, 극한

- I can't drink any more. I know my limits.
  더 이상 못 마시겠어. 내 주량을 알거든.
- Shall we stay for another drink?
  한 잔 더 하고 갈까?
- Can I offer you another drink?
  술 한 잔 더 드릴까요?
- Let me take you to just one more place for another drink.
  2차로 딱 한 잔만 더 모시죠.
- Let's go for another round somewhere else.
  딴데 가서 한 잔 더 합시다.
- Have another slug of whisky.
  위스키 한 잔 더 하게.

stay for 남아 있다가 ~을 먹고 가다

offer[ɔ́(:)fər] 제공하다, 권하다

round[raund] 한 차례, 한 경기
➔ 〈P. 277 어법연구 참조〉

➔ 'slug[slʌ́g]/nip'는 'a slug of whisky'와같이 양주 같은 독한 술 한 잔을 말할 때 쓰인다.

관련 어휘

'drink / gulp[gʌlp] / sip'는 각각 어느 경우에 쓰일까?
'(물 · 맥주 그 밖의 음료수를) 마시다'라고 할 때 'drink'가 쓰이며 같은 뜻으로 'have'동사가 자주 쓰인다. '벌컥벌컥 마시다, 꿀꺽 삼키다(swallow[swálou] sth quickly)'라고 할 때는 'gulp[gʌlp]', '홀짝홀짝 마시다(drink sth slowly, taking very small mouthfuls)'라고 할 때는 'sip[sip]'라고 한다.
'drink'는 명사로 '마실 것 또는 술'을 뜻하고, 'beverage[bévəridʒ]'는 '(물을 제외한 뜨겁거나 차가운) 음료수(any type of drink except water, eg. milk, tea, wine, beer)', 'liquor[líkər]'는 보통 '독주(strong alcoholic[ǽlkəhɔ́(:)lik] drink)', 'soft drink'는 '청량 음료'를 의미한다.

04

남은 술 들고 일어섭시다! Bottoms up!

bottom[bátəm] 밑바닥, (Pl.) 궁둥이

'bottoms[bátəmz]'는 궁둥이라는 뜻으로 'Bottoms up!'라고 하면 우스갯소리로 술자리에서 '잔에 남은 술을 들고 술자리를 끝내자'는 말로 '궁둥이를 일으켜 세우자.', 즉 '자, 일어섭시다!'라는 뜻이 된다.

A : Would you like another beer?
맥주 한 잔 더 하겠어?

B : No, I've got to get home.
안 돼. 집에 가야 돼.

A : O.K. **Bottoms up then!**
좋아. 그러면 남은 술이나 쭉 마시고 일어서지!

- Come on, drink up. It's time to go home.
  자, 어서 쭉 마시자고. 집에 갈 시간이야.
- Empty your glass!
  잔을 비웁시다. (= Finish your drinks!)
- Beer goes through very fast.
  맥주를 마시면 곧 화장실에 가고 싶어진단 말이야.

05

술고래군요. You drink like a fish.

술을 많이 마시는(drink a lot of alcohol[ǽlkəhɔ̀:l]) 사람을 '술고래'라고 한다. 이 말을 영어에서도 마찬가지로 비유법을 사용하여 'drink like a fish'라고 한다. 사람 또는 행동 따위가 비슷할 때 '~와 같이, ~처럼, ~을 닮은(similar[símələr] to)'의 뜻을 가진 전치사 'like'가 쓰인다.

A : **You drink like a fish.**
술고래시군요.

B : Yeah. I love drinking.
맞아요. 술 마시는 것을 좋아하죠.

- He swam like a fish.
  그는 물고기처럼 헤엄을 쳤다.
- He spoke like a lawyer.
  그는 변호사처럼 말했다.

➔ 말투는 변호사를 닮았지만 변호사가 아님.

cf. He spoke as a *lawyer.*
그는 변호사로서 말했다.

➔ 변호사의 자격으로
as ~로서, 처럼
lawyer[lɔ́:jər] 변호사

06

매우 취하셨군요. You are intoxicated.

'술에 취한 상태'를 'drunk'라고 하며 '곤드레만드레 취하여'라고 할 땐 'dead/blind drunk'라고 한다. 'drunk[drʌŋk]' 외에 'very drunk(매우 취한)'의 뜻으로 'intoxicated[intɑ́ksikèitid] / stoned[stound] / smashed[smæʃt]' 등의 단어가 쓰이며 '술고래, 술주정뱅이'는 'drunkard[drʌ́ŋkərd]'라고 한다.

➔ 'drunken'은 보어로 쓰이지 않고 'a drunken driver'와 같이 명사를 꾸며 주는 역할만 한다.

- The driver was clearly intoxicated.
  그 운전기사는 분명히 술에 취해 있었다.
- Don't force yourself.
  억지로 마시진 말아.
- He drinks in moderation.
  그는 대단한 절주가이다.
- I was stoned yesterday.
  어제는 매우 취했어.
- She's smashed out of her mind.
  그녀는 술에 취해서 정신을 잃었다.
- I'm getting/feeling high.
  기분 끝내 줘.
- How many drinks did you have last night?
  어젯밤에 몇 잔이나 마셨어?

force oneself 억지로 ~하다

moderation[mɑ̀dəréiʃən] 절제

stoned 술취한(=smashed)

07

아직 술이 덜 깼어. I have a hangover.

과음(drinking too much)한 후 다음날까지 머리가 아프고 술이 덜 깬 숙취(宿醉)상태를 'hangover[hǽŋòuvər]'라고 한다. '술이 덜 깼어.'라고 말하려면 'I have a hangover.'라고 말하면 된다.

A : Do you know any good hangover cures?
좋은 숙취 치료법을 알고 있어요?

B : Well, honey water might be good for it.
글쎄요. 꿀물이 숙취에는 좋을 거예요.

cure[kjuər] 치료(법)

- I have a hangover. My head feels like it's going to split.
  숙취가 있어서 머리가 깨질 것만 같아.
- That was a fantastic party last night, but I'm really hungover right now.
  어젯밤 파티는 끝내 줬지만 지금 숙취가 너무 심해.

split 쪼개지다, 찢어지다

fantastic[fæntǽstik] 환상적인

sleep off (두통 · 숙취를) 잠으로 없애다

• He's sleeping off a bad hangover.
그는 심한 숙취에서 깨어나려고 잠을 자고 있다.

08 **오늘 저녁에 내가 한 잔 사지. Let me buy a drink tonight.**

'a drink'는 술(alcohol[ǽlkəhɔ̀(:)l])을 의미하며 청량 음료수라고 할 땐 'soft drink'라고 한다. '술 한잔하러 갑시다.'는 'Let's go out for a drink.'라고 하며, 영국에서는 'Let's go to the pub[pʌb].'이라고 한다.

A : **Let me buy a drink tonight.** 오늘 저녁에 내가 술 한 잔 사지.

B : Thanks a lot. 고마워.

treat[triːt] 명 한턱 내기, 대접 동 대접하다, ~에게 한턱을 내다

• It's my treat tonight. 오늘 저녁엔 내가 사는 거야. (= I'll treat you tonight.)

• Just one drink. 딱 한 잔만 하게.

• Have another drink. 한 잔 더 하게.

strong (술 · 커피 등이) 독한, 진한

• After that news I need a strong drink!
그 뉴스를 듣고나면 후엔 독주가 필요해!

Let me ~의 유용한 표현

일상 회화에서 상대방에게 자청해서 어떤 일을 하겠다고 할 경우에 요긴하게 쓸 수 있는 것이 'Let me ~'이다. 이 표현은 기본적으로 상대의 허락을 구한다는 뜻이 내포돼 있으므로 간단하면서도 공손한 어감을 준다.

a. Let me introduce myself. 제 소개를 해 드리죠.
b. Let me tell you about the rumor. 그 소문에 관한 얘기를 해줄게.
c. Let me pick up the tab. 제가 살게요.
d. Let me help you with your bags. 제가 가방을 좀 들어 드리죠.
e. Let me feel/take your pulse. 당신의 맥박을 재어 볼까요.
f. Let me show you around. 제가 안내해 드리죠.
g. Let me give you a hand with that. 제가 그걸 좀 도와 드릴게요.
h. Let me thank Mr. Kim for inviting me to this beautiful town.
저를 이처럼 아름다운 마을에 초대해 주신 김선생께 감사를 드리겠습니다.
i. Let me apologize to you for having broken my promise.
제가 약속을 어긴 데 대해 사과 드립니다.

tab[tæb] (식사비 또는 술값) 계산서

pulse[pʌls] 맥박

show sb around 두루 안내하다

give sb a hand ~를 도와주다

apologize[əpɑ́lədʒàiz] 사과하다

break one's promise [prɑ́mis] 약속을 어기다

09

왜 잔을 주고받습니까? Why do you exchange the cups of wine?

A : **Why do you exchange the cups of wine each other when you drink?**
술을 마실 때 왜 서로 잔을 주고받습니까?

B : Well, I think that in Korea, it's our philosophy that when we drink together, your pleasure is my pleasure and at the same time, your unhappiness is my unhappiness.
내가 생각하기에 우리 나라에서는 술을 마실 때 하나의 철학이 있는데, 술을 마실 때 당신의 기쁨이 내 기쁨이고 동시에 당신의 불행이 내 불행이라는 것이지요.

exchange [ikstʃéindʒ] 교환하다
philosophy [filɑ́səfi] 철학
at the same time 동시에

S : **As a Korean custom, we touch the left hand to the right elbow when we pour wine for the older people.**
우리 나라의 관습으로 윗사람에게 술을 따를 때 왼손을 오른쪽 팔꿈치에 갖다 댑니다.

M: I see. 알겠습니다.

custom [kʌ́stəm] 관습
elbow [élbou] 팔꿈치
pour [pɔːr] (술 등을) 따르다, 붓다

LESSON 29

전화 Telephone

01	전화번호 읽는 방법	
02	올리버 좀 바꿔 주세요.	May I speak to Oliver?
03	누구를 바꿔 드릴까요?	Who would you like to speak to?
04	누구시죠?	May I ask who's calling, please?
05	통화 중입니다.	The line is busy.
06	다시 걸어 봐.	Could you try again later?
07	전화 연결 상태가 안 좋은데요.	This is a terrible connection.
08	이상한 소리가 나요.	It's making a funny noise.
09	혼선입니다.	The line is crossed.
10	신호가 안 떨어져요.	I can't get a dial tone.
11	먹통입니다.	The telephone suddenly went dead.
12	전화가 고장난 게 틀림없어.	The phone must be out of order.
13	전하실 말씀 있으세요?	Can I take a message?
14	잠깐만 기다리세요.	Hold the line please.
15	기다릴까요 끊을까요?	Shall I hold on or hang up?
16	잠깐 나가셨어요.	He just stepped out.
17	다른 전화를 받고 있어요.	He is on another line right now.
18	전화가 갑자기 끊겼어요.	I got cut off in the middle ...
19	전화 잘못 걸었습니다.	You've got the wrong number.
20	그런 이름 가진 사람이 없어요.	There's no one by that name.
21	전화 왔어요!	You're wanted on the phone.
22	외출한 사이에 전화온 데 있어요?	Did anybody call while I was out?
23	전화 드리겠습니다.	I'll give you a call.
24	응답 전화를 해야 합니까?	Am I supposed to call her back?
25	저 대신 전화 좀 해주세요.	Would you call her for me?
26	어디로 연락 드리면 되죠?	Where can I reach you?
27	전화로 알려 드리죠.	I'll let you know the result by phone.
28	전화 좀 받으시겠어요?	Would you answer the phone?
29	수신인 부담으로 전화해.	Call me collect.
30	전화를 해서 깨워 주겠어요?	Give me a wake-up call, please?
31	아프다고 전화하는 게 좋겠군.	I'd better call in sick.
32	연결해 드리겠습니다.	I'll connect you.
33	전화를 걸어서 알아볼게요.	I'll phone up and find out.
34	전화번호부에서 찾아봐요.	Look it up in the phone book.
35	바로 저기 있잖아요.	It's right there.
36	삐 소리가 난 후 메모를 남겨 주세요.	Please leave a message after the beep.

L·E·S·S·O·N

29 전화 Telephone

01

전화번호 읽는 방법

전화번호를 알려줄 때는 번호 하나씩 말한다. 같은 숫자를 말할 때 'five, five, eight, eight' 라고 말하기보다는 'double five, double eight' 라고 말하는 것이 편리하다.

22-5588 : double two, double five, double eight.

276-0505 : two, seven, six, oh, five, oh, five.

➔ 특히 주의해야 할 것은 '276-0505' 를 받아 적을 때 영어의 'oh' 를 우리말 '오(5)' 로 착각해서 '276-5555' 로 착각하는 일이 없어야겠다.

02

올리버 좀 바꿔 주세요. May I speak to Oliver?

'~ 좀 바꿔 주세요' 라고 할 때 'speak to' 와 'speak with' 가 흔히 쓰이지만 'speak to' 가 일반적으로 더 많이 쓰인다. 전화에서 'May I speak to Oliver?' 이라는 말이 들려 왔을 때 마침 'Oliver' 가 전화를 받았다면 간단하게 'Speaking.' 이라고 하면 된다. 전화에서 찾고 있는 사람이 남자이면 'This is he speaking.', 여자이면 'This is she speaking.' 이라고 말할 수 있다. 주의할 것은 전화에서 '저는 올리버입니다.' 라고 할 때 'I'm Oliver.' 라고 하지 않는다.

A : Hello. May I speak to Oliver?
여보세요. 올리버 좀 바꿔 주세요.

B : Speaking.
접니다.

➔ 'may' 대신에 'can' 또는 'could' 를 사용할 수 있다

hang up 전화를 끊다

- May I speak to Paul?
  폴 좀 바꿔 주세요.
- Let me speak to Jane before you hang up.
  끊기 전에 제인 좀 바꿔 주세요.

03

누구를 바꿔 드릴까요? Who would you like to speak to?

수화기를 들었을 때 영어가 들려 온다면 대부분의 사람들은 당황할 것이다. 상대방이 찾는 사람이 자기라면 다행이지만 그렇지 않을 때 뭐라고 응답할까 당황하지 말고 '누굴 찾으세요?' 또는 '누구를 바꿔 드릴까요?' 하고 말하면 된다. 이 때 '찾다', '바꾸다' 를 뜻하는 'look for' 나 'change' 라는 단어가 머리에 떠오를지 모르지만 '누구와 이야기하고 싶으세요?"라고 생각하여 'speak to' 가 얼른 머리에 떠오르면 OK.

A : Who would you like to speak to?
누구를 바꿔 드릴까요? (= Who do you want to speak to?)

B : (I'd like to speak to) Vicky, please.
비키 좀 바꿔 주세요.

04

누구시죠? May I ask who's calling, please?

전화를 건 사람이 누구인지 확인하려고 할 때 'Who's calling please?' 라고 하면 된다. 그러나 '누구시죠?' 와 같이 직선적인 물음보다는 좀더 예의를 갖추어 '누구신지 여쭤 봐도 됩니까?' 와 같이 공손하게 물어 보려면 'May I ask who's calling, please?' 라고 말하면 된다. 주의할 것은 전화상에서 '누구세요?' 라고 물어 볼 때 'Who are you?' 라고 하지 않고 'Who is this, please?' 가 쓰이며 영국에서는 'this' 대신에 'that' 가 쓰인다.

A : **Who am I speaking to?**
누구시죠? (= Who am I speaking with?)

B : This is Mary (speaking).
저는 메리예요.

05

통화 중입니다. The line is busy.

전화를 지금 사용 중에(is being used) 있을 때 통화 중이라고 하며 미국에서는 'busy[bízi]', 영국에서는 'engaged[engéidʒd]' 라고 한다. '통화 중입니다.' 라고 말할 땐 'The line/ number is busy.' 라고 한다.

A : I kept on calling Jane, but I couldn't get through.
제인에게 전화를 계속해 봤지만 통화를 못했어요.

B : That's true. **Her line is always busy.**
맞아요. 그녀의 전화는 항상 통화 중이지요.

keep on -ing 계속 ~하다 (continue to do something)
get through (전화로) 연결되다(be connected)

06

다시 걸어 봐. Could you try again later?

여러 가지 뜻으로 쓰이는 단어 중의 하나가 'try' 이다. 전화를 걸으니 통화 중일 때 '다시 걸어 봐.' 라고 말하려면 'Try again.' 이라고 하면 된다. 또한 시음 · 시식해 보라고 할 때 간단하게 'Try some.' 이라고 한다.

A : **Why don't you call him again?**
그에게 다시 전화를 걸어 봐요.

B : I'll try later.
나중에 해볼게요.

- I'm sorry, but he's out of the office. Could you try again later?
  죄송하지만 그가 사무실에 없어요. 나중에 다시 한번 전화를 하시겠어요?
- I've already phoned him twice, but I suppose I'd better try again.
  그에게 이미 2번이나 전화를 해봤지만 다시 한 번 해보는 게 좋겠어.

- Can you try the station again? It was busy when I called.
  정거장에 다시 전화해 볼래? 내가 걸었을 땐 통화 중이었어.

at the moment [móumənt] 지금(now)

- I'm sorry, the line's busy at the moment, can you try later?
  죄송합니다만 그 전화는 지금 통화 중이니 조금 후에 걸어 보시겠어요?

07 전화 연결 상태가 안 좋은데요. This is a terrible connection.

terrible [térəbəl] 무서운; 서투른

잡음(noise)이 많아서 전화 연결 상태가 좋지 않을 때 상대방이 하는 말이 잘 들리지 않을 때 '전화 상태가 안 좋은데요.'라고 한다. 이것을 영어로 'This is a bad line.' 또는 'This is a terrible connection[kənékʃən].'이라고 하면 된다.

speak up 좀더 크게 말하다 (speak louder)

give one's regards to ~에게 안부를 전하다

S : Sam, I can hardly hear what you're saying. Could you speak up?
뭐라고 말하는지 잘 안 들려, 샘. 조금 크게 말해 주겠어?

M: I said that's too bad. **This is a terrible connection.** Give my regards to your parents and I'll see you on Saturday.
참 안됐다고 말했어. 전화 상태가 매우 안 좋아. 부모님께 안부 전하고 토요일에 만나.

- I can't hear you. Could you speak a little louder?
  안 들려요. 좀더 크게 말씀해 주시겠어요?

clearly [klíərli] 똑똑히

- I'm afraid this is rather a bad line – could you speak a bit more clearly?
  전화 상태가 안 좋은데요. 좀더 명확히 말씀해 주시겠어요?

08 이상한 소리가 나요. It's making a funny noise.

라디오 · 전화 · 기계 등에서 불필요하거나, 불쾌하고, 비음악적인 '소음 또는 지직거리는 잡음'을 'noise[nɔiz]'라고 한다.

funny [fʌ́ni] 괴상한, 익살맞은, 우스운

- What's wrong with this phone? It's making a funny noise.
  전화가 고장인가요? 이상한 소리가 나요.

09 혼선입니다. The line is crossed.

'cross[krɔːs]'는 '교차하다, 엇갈리다'의 뜻으로 통화 중에 다른 전화의 내용이 들릴 때 쓰이는 말이다.

- The line is crossed.
  혼선입니다.

10 **신호가 안 떨어져요. I can't get a dial tone.**

- I can't get a dial tone. 신호가 안 떨어져요.
- I can't get a dialing tone. 신호가 안 떨어져요.(英)

11 **먹통입니다. The telephone suddenly went dead.**

'전기가 나가거나 건전지가 다 닳아서 작동이 되지 않을 때 'be/go dead'라고 하며 'a dead battery[bǽtəri]'는 '다 된 전지'라는 뜻.

- The battery is dead.
  전지가 다 되었다/(전화나 자동차의) 배터리가 나가다.
- I got cut off in the middle of the conversation: the telephone suddenly went dead.
  대화 중에 갑자기 전화가 끊겼어요. 전화가 갑자기 불통이에요.

get cut off 통화가 갑자기 끊기다 (suddenly stop working)
conversation[kɑ̀nvərséiʃən] 회화, 대화

12 **전화가 고장난 게 틀림없어. The phone must be out of order.**

기계 등이 제대로 작동하지 않을 때 'out of order(고장난)', 'not working', 'something wrong with' 등이 쓰인다.

A : I called you earlier today.
오늘 일찍이 전화를 했었는데요.

B : Really? **The telephone must be out of order.** I'll have to get it fixed.
정말요? 전화가 고장난 게 틀림없어요. 고쳐야겠어요.

must be ~임에 틀림없다
get it fixed (다른 사람을 시켜서) 고치다

- The phone doesn't work. 전화가 고장이야.
  = There's something wrong with the phone.
  = The phone broke down.

break down (기계 · 엔진 · 자동차 등이) 고장나다, 망가지다

13 전하실 말씀 있으세요? Can I take a message?

전화를 걸었을 때 당사자가 없는 경우가 있다. 이 때 우리는 흔히 '메모를 남기시겠어요?' 라고 한다. 그러나 'message[mésidʒ](전언)' 가 올바른 영어 표현이다. 전언을 남기는 경우에는 'leave a message' 라고 하고 전언을 받는 경우에는 'take a message' 라고 한다.

A : **He's out right now, can I take a message?**
그는 지금 외출 중인데 전하실 말씀 있으세요?

B : Yes, please.
네.

A : This is Kale. The meeting is on Friday at 2:30.
저는 케일인데, 모임이 금요일 2시 30분에 있다고 전해 주세요.

S : **Would you like to leave a message?**
전하실 말씀 있으세요?

M: No, thanks. I'll call again.
됐습니다. 다시 전화할게요.

- Did you get my message?
  내가 남긴 메모를 받았어요?
- Would you take a message?
  메모 좀 받아 적으시겠어요?
- May I leave a message?
  메모를 남길까요?

14 잠깐만 기다리세요. Hold the line please.

상대가 찾는 사람이 자기가 아니거나 전화를 받을 사람이 지금 바빠서 전화를 받을 수 없을 때, 바쁘다는 말은 전했는데 그 다음엔, 뭐라고 해야 하나? 어쩔 줄 몰라 당황하지 말고 그럴 땐 '전화를 끊지 말고 붙잡고 있어라.' 는 뜻으로 'Hold the line / Hold on.' 또는 'Just a moment, please.' 라고 말하면 OK. 영국 영어에서 'Hang on.' 도 함께 쓰인다.

A : May I speak with Julie?
줄리 좀 바꿔 주세요.

B : **Hold the line please.** I'll see if she's in.
잠깐만 기다리세요. 그녀가 있는지 알아볼게요.

A : Thanks.
고마워요.

- Just a minute, I'll get him/her. 잠깐만 기다리세요. 불러오겠어요.
- Please, hold (the line) on a second/a moment. 잠깐만 기다리세요.
- Would you call back in a minute or hold on?
  잠시 후에 다시 전화를 하시겠어요 아니면 기다리시겠어요?
- Please hold on a moment. I'll see if she can come to the phone.
  잠깐 기다리세요. 전화를 받을 수 있는지 알아보겠습니다.

minute [mínit] (시간의) 분, 잠시
get 데려오다
second [sékənd] (시간의) 초
moment [móumənt] 순간; 중요성

•see if ~인가를 알아보다
➔ 'if/whether'가 이끄는 명사절은 동사 'ask, know, remember, see' 등의 목적어로 쓰이며, 간접 화법에서 의문사 없는 의문문을 유도한다.

15

기다릴까요 끊을까요? Shall I hold on or hang up?

전화를 걸었을 때 전화를 받을 상대자가 부재중이거나 통화 중이니 잠시 기다리라고 했는데 통화가 길어지면 마냥 기다릴 수도 없고 '기다릴까요? 끊을까요?' 하고 물어 볼 수가 있다. '전화를 끊다'는 'hang up[hæŋ ʌp]'이라고 하고 '상대방이 이야기 중인데 전화를 끊다'라고 할 때는 'hang up on sb'라고 한다.

A : **Shall I hold on or hang up?**
기다릴까요? 끊을까요?

B : Just a moment, please. I think he just walked in.
잠깐만 기다리세요. 그가 지금 막 들어온 것 같아요.

hold on 잠깐 기다리다
↔ hang up 전화를 끊다

- Please don't hang up on me. I must talk to you.
  내 얘기가 안 끝났으니 제발 전화 끊지 마. 할 말이 있어.
- After arguing for 10 minutes she hung up.
  10분간 말다툼을 한 후에 그녀는 전화를 탁 끊어 버렸다.
- I'm afraid I have to get off the phone now.
  지금 전화를 끊어야만 할 것 같아요.

argue [ɑ́:rgju:] 주장/언쟁하다

get off 전화를 끊다

16

잠깐 나가셨어요. He just stepped out.

전화에서 찾는 사람이 근처에 있으면 위에서 배운 대로 'Just a moment[móumənt], please.', 'Hold the line.' 또는 'Hold on.'이라고 말한 후 전화를 받을 사람에게 그냥 수화기만 건네주면 되니 얼마나 다행인가! 하지만 조금 전까지 자리에 있던 사람이 자리를 비우자마자 그를 찾는 전화가 오면 뭐라고 할까? '주로 직장에서 잠깐 자리를 비우다/외출하다'라는 뜻의 단어가 'step out'이므로 'He just stepped out.'이라고 말하면 OK.

A : Is Mr. Park there?
박선생님 계세요?

B : I'm sorry, he **stepped out but he'll be back soon.**
죄송합니다. 잠깐 나가셨는데 곧 돌아오실 겁니다.

step out 잠깐 외출하다
↔ step in 들어오다
be back 돌아오다(return)

in 집 안 또는 사무실 안을 뜻하는 부사

at the moment [móumənt] 지금(now)

out 집 밖 또는 사무실 밖을 뜻하는 부사

- I'm sorry. He's not in. 죄송합니다. 안 계신데요.
- She is not in at the moment. 지금 안 계신데요.
- I'm sorry, but she's not here now. 죄송하지만 지금 안 계신데요.
- Sorry, but he's out. 죄송하지만 외출했어요.
- I'm afraid she's out to lunch. 점심 식사하러 가신 것 같아요.
- I'm afraid he went home. 퇴근하신 것 같아요.
- I'm sorry, but he can't come to the phone right now.
  죄송하지만 그는 지금 전화를 받을 수 없어요.

17 다른 전화를 받고 있어요. He is on another line right now.

'그는 지금 통화 중인데요.' 라고 말할 때 'He's on the line.' 또는 'He's on the phone.' 이라고 한다. 그리고 '다른 전화를 받고 있어요.' 라고 하려면 '다른(different)' 이라는 뜻을 가진 'another[ənʌ́ðər]' 를 사용해서 'He's on another line / phone.' 이라고 하면 된다.

right now 바로 지금

A : Can I speak with Darin.
대린 좀 바꿔 주세요.

B : **Sorry, but he is on another line right now.**
죄송하지만 지금 다른 전화를 받고 있어요.

- Just a moment – I'm on the phone to my mother.
  잠깐만. 지금 엄마와 통화 중이야.
- Don's still on the phone. I think we'd better start dinner without him.
  돈은 아직까지 통화 중이야. 우리끼리 먼저 저녁을 먹는 게 좋을 것 같아.

18 전화가 갑자기 끊겼어요. I got cut off in the middle ....

통화 중에 갑자기 전화가 작동이 안 되는(suddenly stop working) 경우에 'get cut off', 또는 'be disconnected[dìskənéktid]' 라고 한다.

get cut off 통화가 갑자기 끊기다
in the middle of ~하는 중에

A : What's wrong with the telephone?
전화가 잘못됐나요?

B : **I got cut off in the middle of the conversation.**
대화 중에 전화가 갑자기 끊겼어요.

• Operator! We've been disconnected.
교환! 전화가 끊어졌어요.

operator[ápərèitər] 교환, 기사
disconnected[dìskənéktid] 연락이 끊긴

19

전화 잘못 걸었습니다. You've got the wrong number.

상대방이 전화를 잘못 걸었을 때 그냥 뚝 끊지 말고 'get the wrong number' 또는 'dial the wrong number'라는 표현을 써서 'I'm afraid you've got the wrong number.(전화를 잘못하신 것 같군요.)'라고 말하면 OK.

A : **I'm sorry, I've got the wrong number.**
죄송합니다. 전화를 잘못 걸었어요.

B : That's OK. Don't worry.
괜찮습니다. 염려 마세요.

➔ 'That's OK.'는 'I'm sorry.'에 대한 응답.

• I'm afraid you have the wrong number. You've reached 231-5941.
잘못 거신 것 같아요. 여기는 231-5941인데요.

➔ 〈P. 315 26번 참조〉

• You must have dialed somebody else's number.
다른 사람의 번호를 돌리신 것 같아요.

➔ 'must have + 과거분사'는 과거에 대한 추측으로 '~했음이 틀림없다'의 뜻

cf. Sam *must* be nearly 80 years old now.
샘은 지금 거의 80살쯤 됐을 거야.

➔ 〈현재의 추측〉

20

그런 이름 가진 사람이 없어요. There's no one by that name.

'그런 이름 가진 사람이 없어요.'라고 할 때 'There's no one by that name.'이라고 한다. 'by the name of'는 '~라고 불리는(called)'의 뜻으로, '다이아나라는 이름의 아가씨'는 'a lady of the name of Diana'라고 하면 된다.

A : Hello, could I speak to Mark, please?
마크 좀 바꿔 주세요.

B : **Sorry, there's no one here by that name** (of Mark).
죄송하지만 여기엔 그런 분 안 계신데요.

• Is there anyone here by the name of Clinton?
클린턴이라고 불리는 사람이 여기 있어요?

• Do you know a boy by the name of David?
데이비드라는 이름의 소년을 알아요?

21

전화 왔어요! You're wanted on the phone.

상대방에게 '전화 왔어요.' 라고 말할 때 '찾다(look for/search[səːrtʃ] for)' 의 뜻을 가진 'want' 동사를 써서 'Someone wants you on the phone.(누가 전화로 당신을 찾아요.)' 또는 이 문장을 수동으로 하여 'You're wanted on the phone.' 이라고 한다.

cf. He's wanted by the police. 그는 경찰의 수배를 받고 있다.

S **: John.** (There's a) **Telephone** (for you)!
존! 전화 왔어요!

M**:** I'm sorry I can't come to the phone right now.
지금 전화를 받을 수 없어 죄송합니다.

A **: Ann! Call for you on line two.**
앤, 2번 전화 받아요.

B **:** Thank you. I'll take it in my room.
고마워. 내 방에서 받을게.

➔ 〈P. 100 어법 연구 참조〉

S **: Paul, you have a phone call!**
폴, 전화 왔어요!

M**:** Coming!
지금 곧 갑니다!

생략

'Coming!' 은 'I'm coming!' 의 줄임말로, 진행형을 사용하여 '지금 곧 동작이 이루어지고 있음' 을 나타낸다. 또한 'Okay. I'll be right there.(알았어요. 곧 갈게요)' 도 같은 뜻으로 쓰인다.

➔ 전화뿐만이 아니라 '나에게 온 편지야?' 또는 '나에게 주는 선물이야?' 라고 말할 때도 쓰인다.

a. (Is it) For me?
나에게 온 전화니?

b. (Would you) Care for a coffee?
커피 한 잔 할까요?

c. (Have you) Got it?
알겠어?

22

외출한 사이에 전화온 데 있어요? Did anybody call while I was out?

A : Did anybody call while I was out?
외출 중에 전화 온 데 있어요?

B : Your friend, Clinton called up an hour ago.
당신 친구 클린턴이 한 시간 전에 전화했어요.

A : Did he want me to call him back?
전화를 걸어 달라고 하던가요?

B : Yes, he wanted to speak to you.
네, 통화하고 싶어했어요.

call (up) ~에게 전화를 걸다

call back 회답 전화를 걸다

- Were there **any calls** while I was out?
  외출 중에 전화 온 데 있어요?
- **Did anybody call me?**
  전화한 사람 없어요?
- **Did I miss a phone call?**
  내가 받지 못한 전화 없어요?

23

전화 드리겠습니다. I'll give you a call.

'~에게 전화를 걸다'라고 할 때 'give sb a call'이라고 한다. 영국에서는 'give sb a ring'도 쓰인다. 'call'이 동사로 쓰여 'call sb (up)'이 미국에서, 영국에선 'ring sb (up)'이 쓰인다.

A : I'll phone you if there's any news.
무슨 별다른 일이라도 있으면 전화할게.

B : All right. I hope you'll have good news.
알았어. 좋은 소식이 있길 바래.

- Why don't you **ring up** Jackie and apologize?
  재키에게 전화해서 사과하지 그래.
- Just **give me a call** if you need anything.
  필요한 게 있으면 그냥 전화해.
- I'll **give you a call** tonight. = I'll call you (up) tonight. (美)
  = I'll give you a ring tonight. = I'll ring you (up) tonight. (英)
  오늘 저녁에 전화할게요.

apologize [əpɑ́lədʒàiz] 사과하다

24

응답 전화를 해야 합니까? Am I supposed to call her back?

받지 못한 전화에 '응답 전화 또는 답례 전화를 하다'라고 할 때 'call sb back'이라고 하며 영국에서는 'ring back'도 쓰인다. 또한 같은 뜻으로 'return one's call' 이 쓰인다.

A : **Does Jane want me to call her back?**
제인이 전화 걸어 달라고 해?

B : No, she left a message asking you to meet her at seven o'clock.
아니. 7시에 자기를 만나 달라고 요청하는 전갈을 남겼어.

be supposed[səpóuzd] **to (do)** ~해야 한다, ~할 예정이다

S : **Am I supposed to call her back?**
그녀에게 제가 전화를 해야 합니까?

M: No, she'll call you back later.
아뇨, 나중에 그녀가 다시 전화할 겁니다.

- I'm afraid Mark is busy right now, but **I'll ask him to return your call** when he's free.
마크가 지금 바쁜 것 같아. 하지만 시간날 때 전화해 달라고 그에게 부탁할 거야.
- Can you ask John to **call me back** when he gets in?
존이 들어오면 나에게 전화 좀 해 달라고 전해 주시겠어요?
- I wish you had **called me back** the next day, as I had asked you to.
내가 부탁한 대로 다음날 나에게 전화를 다시 해 주었어야 했는데.

25

저 대신 전화 좀 해주세요. Would you call her for me?

바쁘거나 직접 할 수 없는 상황에서 타인에게 부탁을 할 때가 있다. 이 때 '저를 위하여 또는 저 대신에(instead[instéd] of)'라고 할 때 'for me'라고 한다.

appointment[əpɔ́intmənt] 약속
be on my way 가는 중에 있다

A : I have an appointment at 10 with Betty. **Would you call her for me and tell him I'm on my way?**
베티와 10시에 약속이 있는데, 저 대신 전화해서 지금 가고 있는 중이라고 말해 주겠어요?

B : Sure.
물론 해 드리죠.

look after 돌보다(take care of)

- I looked after the kids **for her.** 그녀 대신 아이들을 돌보았다.
- Say hello to your sister **for me.** 네 누나에게 나 대신 안부 전해.

26 어디로 연락 드리면 되죠? Where can I reach you?

'뭔가를 알려주기 위해 편지나 전화로 연락하다/접촉하다' 라고 할 때 'reach[riːtʃ]' 또는 'get in touch with/get in contact with'가 쓰인다. '어디로 연락하면 될까요?' 라고 말하려면 'Where can I reach you?' 또는 'How can I get in touch with you?' 라고 하면 된다.

A : **Where can I reach you?**
어디로 연락 드리면 되죠?

B : At my office. Here's my name card.
제 사무실로 하세요. 제 명함이 여기 있어요.

S : **How can I get in touch with you?**
어디로 연락하면 될까요?

M: If you can't reach me at home, try my work number. I'm on extension 433.
집으로 연락이 안 되면 직장으로 전화를 해요. 내 구내 번호는 433번입니다.

on extension [iksténʃən] (전화의) 내선, 구내 번호

- If anything happens, you can reach me by phone.
  무슨 일이 있으면 전화로 연락해.
- You can usually reach him on this phone number.
  이 전화번호로 전화하면 보통 그와 연락될 수 있어요.
- You can reach her at home on 231-5941.
  231-5941로 전화하면 집에 있는 그녀와 통화할 수 있어.
- I can't reach him by phone/on the phone.
  전화로 그와 연락할 수가 없어.
- You can get in touch with me at the office if necessary.
  필요하면 사무실로 연락할 수 있어요.

necessary [nésəsèri] 필요한

27 전화로 알려 드리죠. I'll let you know the result by phone.

통신 수단을 나타낼 때 'by'가 쓰인다. '전화상으로' 라고 말하려면 'by phone'이라고 한다. 그러나 'phone[foun]' 앞에 정관사가 붙으면 'on the phone/over the phone'과 같이 전치사가 달라지는 것에 유의해야 한다.

A : **I'll let you know the result by phone.**
결과를 전화로 알려 드리겠습니다.

B : Thanks a lot.
고맙습니다.

result [rizʌ́lt] 결과, 성과, 성적

- I'd rather not talk about it over the phone.
  전화로 그것에 관하여 얘기를 안 했으면 합니다.

be allowed[əláud] to ~이 허락되다
give details[dí:teilz] of ~을 상세히 설명하다
customer[kʌ́stəmər] 고객
account[əkáunt] (예금) 계좌
by e-mail 전자 우편으로
by radio 무선으로 (= on the radio)

- I'm sorry – we're not allowed to give details of customers' accounts on the phone.
  죄송하지만 고객의 계좌를 전화로 상세히 설명하는 것이 허락되지 않습니다.

cf. The book came *in yesterday mail.*
그 책은 어제 우편으로 왔다.

28 전화 좀 받으시겠어요? Would you answer the phone?

전화 벨이 울릴 때 '전화 좀 받아요.'라고 하려면 'Answer[ǽnsər] the phone, please.'라고 하고, 누군가 초인종을 누를 때(when someone is at the door) '누구 왔나 알아봐요.'라고 말하려면 'Answer the door, please.'라고 한다.

➔ 'Would you answer it?' 대신에 'Would you get it?'이라고도 한다.

A : **The phone is ringing. Would you answer it?**
전화 벨이 울리는데, 좀 받으시겠어요?

B : Sure.
네.

➔ shall I answer it?' 대신에 'shall I pick it up?'이라고도 한다.

- The phone is ringing – shall I answer it?
  전화 벨이 울리는데 내가 받을까요?
- I phoned last night but nobody answered.
  어제 밤에 전화를 했지만 아무도 전화를 안 받았어.
- I knocked at the door but no one answered.
  문을 두드렸지만 아무런 응답이 없었어.
- I rang the doorbell but there was no answer.
  초인종을 눌렀지만 아무런 응답이 없었다.

29 수신인 부담으로 전화해. Call me collect.

전화를 받는 수신자가 요금을 부담하는(paid for by the receiver) 전화를 'a collect call'이라고 하며 '수신자 부담으로 전화를 걸다'를 'call collect', 또는 'make a collect call'이라고 한다.

run out of ~을 다 쓰다, 동나다
collect[kəlékt] (형용사/부사로) 수신인 부담의

A : **If you run out of money, call me collect and I'll send you some.**
돈이 떨어지면 수신인 부담으로 전화하거라. 그러면 돈 좀 보내줄 테니.

B : Thank you.
고마워요.

30
전화를 해서 깨워 주겠어요? Give me a wake-up call, please?

호텔 등에서 손님을 아침에 깨워 주기 위해 하는 전화를 'a wake-up[wéikʌ̀p] call'이라고 한다.

A : **Could you give me a wake-up call at seven?**
아침 7시에 전화를 해서 깨워 주겠어요?

B : No problem. 걱정 마세요.

31
아프다고 전화하는 게 좋겠군. I'd better call in sick.

직장에 아파서 출근하지 못하는 경우가 있다. 이 때 상사에게 이런 사실을 알려야 되는데 '직장에 전화로 병결(病缺)을 알리다'라고 할 때 'call in sick'이라고 한다. '메리가 오늘 아파서 못 나온다고 전화했어요?'라고 물어 보려면 'Did Mary call in sick today?'라고 하면 된다.

A : Oh boy, my backache has gone from bad to worse.
이런, 요통이 더 심해졌는 걸.

B : Why don't you stay home from the office today.
그럼 오늘은 출근하지 말고 집에서 쉬지 그래요.

A : **I guess I'd better call in sick.**
그럼 아프다고 전화하는 게 좋겠군.

B : Now, that's being sensible.
네, 생각 잘 하셨어요.

- It makes sense for you to call in sick.
  아파서 출근 못 한다고 전화하는 것은 잘하는 일이야.

go from bad to worse (점점 더) 악화되다

stay home from the office 결근하다

sensible[sénsəbəl] 분별 있는, 사리에 맞는

make sense 도리에 맞다; 이해되다

32
연결해 드리겠습니다. I'll connect you.

'상대방과 전화를 연결해 주다'라고 할 때 동사 'put through' 또는 'connect[kənékt]'를 사용하여 'I'll put you through.' 또는 'I'll connect you.'라고 한다.

A : I'd like to speak to Julie, please. 줄리 좀 바꿔 주세요.

B : Which department is she in? 어느 부서에 근무하지요?

A : Marketing. 마케팅부입니다.

B : Just a moment. She's on another phone. Please hold the line. **I'll connect you as soon as she's off the line.**
잠깐만 기다리세요. 지금 다른 전화를 받고 있어요. 통화가 끝나는 대로 연결해 드리겠습니다.

department[dipɑ́ːrtmənt] (회사 등의) 부

as soon as ~하자마자

off the line 통화가 끝난

33 **전화를 걸어서 알아볼게요.** **I'll phone up and find out.**

A : Do you know what time the last train is?
마지막 기차가 몇 시인지 알아요?

B : No, I don't. **I'll phone up and find out.**
몰라요. 전화를 걸어서 알아볼게요.

phone sb (up) ~에게 전화를 걸다
find out 알아보다(try to discover)

- Phone (them) up and find out what time the play starts, will you?
전화해서 연극이 몇 시에 시작하는지 알아볼래요?

34 **전화번호부에서 찾아봐요.** **Look it up in the phone book.**

'찾다' 라는 우리말의 영어 단어가 여러 개 있지만 각기 다른 뜻을 갖고 있으므로 정확한 의미를 알고 쓰는 것이 영어 학습에 중요하다.

A : Would you tell me Tim's phone number?
팀의 전화번호 좀 알려주겠어요?

B : Sorry. It doesn't come to mind right now. **Please look it up in the telephone book.** I think it's listed.
죄송합니다. 지금 당장 생각이 안 나네요. 전화번호부에서 찾아봐요. 등록돼 있을 겁니다.

come to mind 머리에 떠오르다(be remembered)
list 목록에 싣다, 명부에 올리다

관련 어휘

'look for / look sth up / find / find out / locate' 의 뜻

- look for (잃어버린 것을) 찾다, (필요하거나 원하는 것을) 구하다(try to find)

eg. Jane is *looking for* a new job. 제인이 새 일자리를 구하는 중이다.

- look sth up (필요한 정보를 얻기 위해 정보를 책 · 사전 등에서) 찾다
- find (숨겨진 것, 잃어버린 것, 알려지지 않은 것 등을) 찾아내다, (실험 · 연구 · 경험을 통해서 또는 우연히) 찾아내다, 발견하다

eg. We could not *find* the keys anywhere. 어디에서도 열쇠를 찾을 수 없었다.

- find out 어떤 정보(이름, 주소, 전화번호 등), 또는 몰랐던 사실(fact) 등을 알아낼 때 '알다(learn), 찾아내다(discover)' 의 뜻으로 쓰인다.

eg. How did you *find out* my phone number? 내 전화번호를 어떻게 알았니?

- locate [loukéit] (정확한 위치를) 찾아내다, (사람이 있는 곳을) 알아내다(discover)

eg. I had some difficulty *locating* her new house.
나는 그녀의 이사간 집을 찾느라고 애를 먹었다.

have difficulty -ing ~하는 데 애를 먹다

35 바로 저기 있잖아요. It's right there.

'right'는 'right now(지금 곧), right here(바로 여기에), right there(바로 저기에), right on time(꼭 제시간에), right in the middle(꼭 한가운데에)' 처럼 강조하기 위해 '바로, 꼭, 당장'의 뜻으로 쓰인다.

A : Where's the phone book? 전화번호부 어디에 있어요?

B : **It's right (over) there.** 바로 저기 있잖아요.

- I'll be **right back**. 곧 돌아올게.
- I'll be **right there**. 곧 그곳으로 갈게.
- I'll be **right down**. 곧 내려갈게.
- **Go right** home at once; don't stop off anywhere on the way.
  지금 곧장 집으로 가. 도중에 어디에도 들르지 말고.

stop off (여행 중에) 잠시 들르다
at once [wʌns] 즉시
on the way 도중에

36 삐 소리가 난 후 메모를 남겨 주세요. Please leave a message after the beep.

집에서 전화만을 기다릴 수 없는 바쁜 현대 생활 속에 등장한 것이 자동응답기(answering machine/outgoing message)이다. 자동응답기에서는 다음과 같은 음성이 들려 온다.

- Sorry I'm not at home at the moment. Please leave a message after the beep.
  죄송합니다. 지금 외출 중이오니 삐 소리가 난 후에 메모를 남겨 주세요.

at the moment [móumənt] 지금
beep [bi:p] 삐하는 소리

- I can't answer the phone right now.
  지금은 전화를 받을 수 없습니다.
- I'll get back to you.
  연락 드리겠습니다.

get back to (전화상에서) 다시 연락/ 통화하다

- I'm not available right now.
  지금은 전화를 받을 수 없습니다.
- I'm available after 3.
  3시 이후에 통화가 가능합니다.

available [əvéiləbəl] 만나거나 ~와 이야기할 시간이 있는; 이용할 수 있는, 입수 가능한

LESSON 30

쇼핑 Shopping

01	뭘 도와 드릴까요?	What can I do for you?
02	그저 둘러보는 거예요.	I'm just looking around.
03	찾으시는 물건이 있습니까?	Is there anything I can help you find?
04	원하는 것을 고르도록 도와주었어.	She helped me pick out what I wanted.
05	그녀는 옷을 고르는 안목이 있어요.	She has a good sense of clothing.
06	한 번 입어 봐도 됩니까?	May I try this on?
07	어떤 치수를 원하세요?	What size do you want?
08	파란색 옷이 잘 어울리는군요.	You look good in blue.
09	어때요? 잘 맞아요?	How does it fit?
10	내겐 너무 커요.	It's too large for me.
11	그 품목이 품절되고 없습니다.	We're out of stock in that item.
12	반환됩니까?	May I bring it back later?
13	환불해 줍니까?	Can I get a refund?
14	교환할 수 있어요?	Can I exchange this shirt, please?
15	세일 중에 이것을 구했어요.	I got this on sale.
16	품질이 매우 좋아.	It's of very good quality.
17	한국산입니다.	It was made in Korea.
18	가능한 한 많이.	As many as possible.
19	날개 돋친 듯 팔리고 있어요.	It's selling like hotcakes.
20	헐값에 샀어요.	I got it for a steal.
21	터무니없이 비싸군요.	That price is out of line.
22	다소 비싼 편이군요.	It's a bit on the high side.
23	바가지 쓴 것 같아요.	I seem to be overcharged.
24	담뱃값이 또 오르고 있어요.	Cigarettes are going up again.
25	좀더 깎아 주실 수 있어요?	Can you come down a little more?
26	어디서든 그 값에 팔고 있어요.	That's what they charge everywhere.
27	현금으로 하시겠어요, 외상으로 하시겠어요?	Cash or charge?
28	좋은 물건을 싸게 사려는 사람입니다!	I'm a bargain hunter myself!
29	거스름돈이 모자란 것 같아요.	I'm afraid you short-changed me.

L·E·S·S·O·N 30

쇼핑 Shopping

01 뭘 도와 드릴까요? What can I do for you?

상점에 찾아온 손님(customer[kʌ́stəmər] 〈P.341 28번 참조〉)에게 대뜸 'Do you have anything to buy?(사실 물건이 있나요?)' 라고 묻기보다는 'Are you looking for something?(무엇을 찾고 계세요?)' 또는 'What can I do for you?(뭘 도와 드릴까요?)' 라고 말하는 것이 찾아온 손님의 기분을 상하지 않게 할 것이다.

A : **What can I do for you?**
뭘 도와 드릴까요?

B : I want 5 dollars' worth of pork.
5달러어치의 돼지고기 주세요.

worth of ~의 값만큼의 분량
pork 돼지고기
cf. **beef** 소고기

- Would you like some help? 도움을 필요로 하세요?
- Can/May I help you? 도와 드릴까요?
- Are you being helped? 도와 드릴까요?
- May I be of any assistance? 제가 좀 도움이 되겠습니까?

assistance[əsístəns] 원조, 도움
of assistance 도움이 되는

02 그저 둘러보는 거예요. I'm just looking around.

'뭔가 좋은 것을 찾으려고 둘러보다'는 'look around', '물건을 사려는 것이 아니라 그저 상품을 이것저것 둘러보다, 또는 편안한 마음으로 심심풀이로 책이나 잡지의 그림 등을 보다' 라고 할 때는 'browse[brauz]', '필요하거나 원하는 것을 찾다(try to find)'는 'look for' 이다. 'Browsers Welcome.'은 '구경만 해도 좋음'이라는 뜻이다. '가게 밖에서 유리창을 통해 진열된 상품을 구경하는 것'을 'window shopping'이라고 하며 우리가 흔히 사용하는 'eye shopping'은 콩글리시이다.

A : **Can I help you, ma'am, or are you just browsing?**
부인, 도와 드릴까요, 아니면 그저 둘러보는 건가요 ?

B : Not right now, thanks. I'm just looking around.
아뇨, 지금은 됐어요. 그저 둘러보는 거예요.

S : **May I help you find something, or are you just looking?**
뭘 찾고 계신지 도와 드릴까요? 아니면 그저 구경하는 건가요?

M: I'm just trying to find something for my daughter.
딸에게 갖다 줄 뭔가를 알아보려는 중입니다.

- I'll **look around** and come back. 다른 데 둘러보고 오겠어요.
- Please **feel free to look around**. 마음 놓고 둘러보세요.

feel free to 마음대로 ~하다

- I was browsing through a newspaper one day when I spotted your name.
  어느 날 신문을 훑어보다가 네 이름을 보았어.

spot 발견하다, 알아채다

03 찾으시는 물건이 있습니까? Is there anything I can help you find?

'손님이 찾을 수 있도록 제가 도와 드릴 물건이 있습니까?' 라고 할 때 'Is there anything (that) I can help you find?' 와 같이 관계대명사와, 'help + O + 원형동사(find)' 의 구문에 주의해야 한다.

A : **Is there anything in particular I can help you find?**
특별히 찾으시는 게 있어요?

B : Well, I'm looking for an AM/FM radio.
저, AM/FM 라디오를 찾고 있어요.

in particular[pərtíkjələr] 특히, 각별히

관계대명사는 왜 쓰이는가?

'I like people.' 이라고 하면 '좋아하는 사람의 범위' 가 너무 막연하다. 그러나 'I like people who are reliable.' 이라고 하면 '신뢰할 수 있는 사람만을 좋아한다' 는 뜻이 되므로 좋아하는 사람의 범위가 한정된다. 이와 같이 선행사의 범위를 한정해 주거나 새로운 정보를 제공해 주는 것을 관계대명사라고 한다.
다시 말해서, 관계대명사는 어떤 낱말에 구체적인 또는 새로운 정보를 제공하고자 할 때 쓰인다. 예를 들어 'a customer[kʌ́stəmər]' 의 뜻을 모를 때 'a person who buys something from a store' 라는 설명이 있으면 'a customer[kʌ́stəmər]' 의 뜻을 쉽게 이해할 것이다.

reliable[riláiəbəl] 믿음직한, 확실한

A : What would you like to talk about?
무슨 얘길 하고 싶어요?

B : The first thing **that comes to your mind.**
제일 먼저 생각나는 걸 얘기해요.

come to mind 머리에 떠오르다

a. Is there anything (that) I can do?
내가 할 수 있는 일이 있어요?

b. That's the very thing that I want.
그것이야말로 바로 내가 원하는 것이다.

c. There's something (that) I want to tell you.
말씀드리고 싶은 것이 있는데요.

d. The last thing (that) we need is divorce.
이혼만은 우리가 절대로 원치 않아.

04 **원하는 것을 고르도록 도와주었어. She helped me pick out what I wanted.**

clerk [kləːrk] 점원

pick out 고르다(choose)
➔ 'what I wanted'는 명사절로 'pick out'의 목적어

A : Is the salesclerk kind? 점원이 친절해?

B : **Yes, she helped me pick out what I wanted.**
그래, 그녀는 내가 원하는 것을 고르도록 도와주었어.

어법연구

지각 · 사역동사 + O + 원형 부정사

'지각 동사(see, hear, feel), 사역 동사(make, have, let, help) + 목적어 + 원형 부정사'의 구문이 쓰인다. 주의할 것은 'help' 동사인 경우에 미국 영어에서는 원형 부정사가 쓰이지만 영국 영어에서는 'to부정사'가 쓰인다.

a. She helps me (to) do my work. 그녀는 내가 일하는 것을 도와준다.

b. I've never seen the guy smile. 그 사내가 웃는 것을 본 적이 없다.

c. I heard her say so. 그녀가 그렇게 말하는 것을 난 들었다.

d. He lets us do anything we like. 그는 우리가 좋아하는 것을 하게 한다.

선행사를 포함한 관계대명사 what

선행사를 포함하고 있는 관계대명사 'what'은 'the thing(s) that, all that'의 뜻을 지니고, '~하는 것'으로 해석된다. 'what'이 명사절을 이끌기 때문에 주어 · (타동사, 전치사의) · 목적어 · 보어로 쓰이며, 관용적인 용법이 있다.

1. 주어

a. What I want most is this true love of ours.
내가 가장 원하는 것은 우리들의 이런 진실한 사랑입니다.

b. What I like most is swimming. How about you?
내가 가장 좋아하는 것은 수영이야. 너는?

2. 보어

a. This is just what I needed. 이것이 바로 내가 필요로 했던 거야

b. That's what I'm here for. 여기에 내가 온 이유가 바로 그거야.

c. That's what we're talking about here.
그게 지금 우리가 이야기하고 있는 겁니다.

3. 목적어

tell = understand

a. I can't tell what you said. 네가 말한 것을 알아들을 수가 없어.

b. Give him what you bought at the department store.
네가 백화점에서 산 걸 그에게 줘.

cf. Ask him what he bought at the department store.
그가 백화점에서 무엇을 샀는지 그에게 물어 봐라.

➔ 'ask, inquire [inkwáiər]' 등의 동사 다음에 'what'는 '무엇'으로 번역되는 의문대명사.

05

그녀는 옷을 고르는 안목이 있어요. She has a good sense of clothing.

'sense'의 뜻은 '타고난 판단력; 분별력'이란 뜻으로 'have a good sense of'는 '~할 수 있는 상당한 감각을 지니다'라는 뜻이 된다. '그녀는 옷을 고르는 안목이 있어요.'라고 하려면 'She has a good sense of clothing.' 또는 'She has a clothes sense.'라고 하면 된다.

A : Do you have any T-shirts in my size.
나에게 맞는 T셔츠가 있습니까?

B : I'm afraid all the T-shirts in your size are sold out, sir.
손님에게 맞는 T셔츠는 모두 팔린 것 같습니다.

A : How does this one look, Sam? Does it look all right?
이것은 어때, 샘? 괜찮아 보여?

C : It's a little too big. You should have at least one size smaller.
약간 커. 적어도 한 사이즈 작은 것을 입어야겠는데.

A : I hate to shop alone. I like to have my wife with me. **She has a good sense of clothing.**
난 혼자 물건 사는 것이 싫어. 집사람과 같이 사야겠어. 그녀는 옷을 고르는 상당한 안목이 있거든.

be sold out 품절되다

at least 적어도

- I have no dress sense at all. 나는 옷을 고르는 안목이 전혀 없어.
- Jane has really bad taste in clothes. 제인은 정말로 옷을 고를 줄 몰라.
- He has excellent taste in music. 그는 음악에 상당한 센스를 가지고 있다.
- Mark has a good eye for color. 마크는 색깔을 볼 줄 아는 눈이 있어요.
- She has an ear for music. 그녀는 음악에 일가견이 있어요.

not ~at all 전혀 ~하지 않다

excellent[éksələnt] 우수한, 뛰어난

taste[teist] 미(美), 스타일, 패션, 음악 등을 판단할 수 있는 상당한 능력

06

한 번 입어 봐도 됩니까? May I try this on?

'try on'은 '크기가 맞는지 또는 어울리는가를 알아보려고 입어 본다(check clothes by wearing)'는 뜻이다.

A : **May I try this on?**
이 옷 좀 입어 볼까요?

B : Sure. Go ahead. I think it'll look good on you.
네. 어서 입어 보세요. 어울릴 것 같군요.

look good on ~에게 어울리다

go with 어울리다(match, suit)

S : What do you think of this sweater?
이 스웨터 어때요?

M: **Then, please try it on.** Hmm. This sweater goes with the slacks.
그러면 스웨터를 한 번 입어 봐요. 음… 이 스웨터는 바지와 어울려요.

fitting room 옷이 잘 맞는지 입어 보는 방, 착의실(着依室)

A : **May I try on this jacket (for size)?**
(크기가 맞는지) 이 재킷을 입어 봐도 됩니까?

B : Sure. The fitting room's over there.
물론이죠. 착의실은 저쪽에 있어요.

관련 어휘

try는 '맛이 어떤가 시식하다, 시도하다, 시험하다' 등 다양한 의미로 쓰이고 있다.

try out (가전 제품 같은 기계 장치의 기능이 제대로 작동되는지) 시험해 보다

try 명 시도, 해보기

a. I like to **try different kinds of food.** 여러 가지 음식을 먹어보고 싶어.

b. Can I **try it out?** 한 번 소리를 들어봐도 될까요?

c. I'm sorry, but Jane is out of the office. Could you **try again later?**
죄송하지만 제인은 사무실에 없어요. 나중에 다시 전화를 하시겠어요?

d. "Where's the glue?" "**Try Charles;** maybe he knows."
"접착제가 어디 있죠?" "찰스에게 한 번 물어 봐. 그는 알지도 몰라."

e. Have you ever **tried this new soap?** 새로 나온 이 비누를 써본 적이 있습니까?

f. Have you ever **tried mountain-climbing?** 등산을 해본 적이 있어요?

g. Oh, come on. **Just give it a try.** 그러지 말고. 한 번만 해봐요.

07 어떤 치수를 원하세요? What size do you want?

'What size are you?(치수가 뭐죠?)' 라는 물음에 'Small(小), Medium[míːdiəm](中), Large(大), Extra large[ékstrə lɑːrdʒ](특大)' 중의 하나로 응답하면 된다.

A : **What size do you want – large, medium, or small?**
대(大), 중(中), 소(小) 중에 어떤 치수를 원하세요?

B : Let me try a Large.
대(大)자로 한번 입어 볼게요.

- The T-shirt comes in Small, Medium and Large.
그 T-셔츠는 대(大), 중(中), 소(小)로 나옵니다.

- Could you show me one size up/down?
  한 치수 큰 것/작은 것을 보여주시겠어요?
- I'd like to see something in a larger size.
  치수가 좀 큰 것으로 보고 싶군요.
- That one's the right size, I think.
  그것이 맞는 것 같아요.
- It's the wrong size for me.
  나에게 크기가 안 맞아요.
- The garden is a pretty good size.
  정원이 상당히 크군요.
- Cut the bread into equal-sized pieces.
  빵을 똑같은 크기로 잘라.
- Cut the meat into bite-sized chunks.
  고기를 먹기 알맞게 잘라.

equal[íːkwəl] 동등한
cf. **a medium-sized car** 중형차

bite-sized 먹기 알맞은 크기의
chunk[tʃʌŋk] (치즈 · 빵 · 고기 등의) 덩어리

08

파란색 옷이 잘 어울리는군요. You look good in blue.

'옷 · 색깔 · 스타일 등이 어울린다'라고 말할 때 'suit[suːt]/look good on/go with' 등이 쓰인다.

A : **That's a nice suit. You look good in blue.**
그 양복 멋있는데. 너는 푸른색 옷이 어울려.

B : Thank you. It's one of my favorites.
고마워. 내가 좋아하는 색깔 중의 하나야.

A : It goes well with your hair color.
네 머리 색깔과 잘 어울려.

➔ a business suit[bíznis suːt] 양복
a gym suit[dʒim suːt] 체육복
a dress suit 야회복
favorite[féivərit] 형 좋아하는 명 좋아하는 사람/물건

- You look really cool in that new dress.
  그 새 옷을 입으니까 정말로 멋져 보여.
- You look so different in that dress.
  그 옷을 입으니까 아주 딴 사람처럼 보이네.
- She looks beautiful in everything.
  그녀는 아무 것이나 입어도 아름다워.
- Any dress really looks good on you.
  정말로 너에겐 어떤 옷도 어울려.

➔ 'cool'은 'very good, excellent[éksələnt]'의 뜻

- Why don't you wear that black dress? **It looks really good on you.**
  저 검정색 드레스를 입지 그래요? 정말로 당신에게 잘 어울려요.

- That jacket will **go really well with** your blue skirt.
  그 재킷은 당신의 파란 스커트와 정말 잘 어울려.

09 어때요? 잘 맞아요? How does it fit?

'fit'는 '(치수 · 모양이) ~에게 꼭 맞다(be the right size and shape for sb)'라는 뜻으로 옷을 사러 가서 옷을 입어 본 후 '어때요? 잘 맞아요?'라고 물어 볼 때는 'How does it fit?' 또는 'How does this one look?'라고 물어 보면 된다.

S : **How does it fit?** 어때요? 잘 맞아요?

M: That dress looks just right on you. 꼭 맞는 것 같아요.

see if ~인가를 알아보다

A : **Try this blouse on to see if it fits you.**
몸에 맞는지 이 블라우스를 입어 보세요.

B : It's just right.
딱 맞아요.

- **Try this one for size.** 크기가 맞는지 이것을 입어 봐.
- This dress **doesn't fit me anymore.** 이 드레스는 이젠 내게 맞지 않습니다.
- The jacket **fits me very well.** 그 재킷은 나에게 아주 잘 맞아.
- **It looks all right?** 괜찮게 보여요?

➔ 서술문의 형태지만 올림조 억양(↗)을 사용하여 의문문임을 나타내며 회화에서 많이 쓰인다.
eg. You're going? 가는 거야?

10 내겐 너무 커요. It's too large for me.

'too + 형용사 + for + 사람'은 '~에게 너무 …한'의 뜻이고, 'too + 형용사 + to do'는 '너무나 ~해서 …할 수 없다'라는 뜻으로 부정적인 뜻으로 쓰인다.

A : Is it the right size?
크기가 맞아요?

a bit 조금

B : No, it isn't. **It's too large for me.** Can you show me a bit smaller one?
안 맞아요. 내겐 너무 커요. 좀 작은 것을 보여주겠어요?

sell out 다 팔아 버리다

A : I'm sorry, we've sold out of that size already.
죄송합니다. 그 크기는 이미 모두 팔렸어요.

- It's too small for me. Let me try a medium.
  나에게 너무 작아요. 중간 크기로 한번 입어 볼게요.

- This skirt is too tight around the waist.
  이 치마는 허리 부분이 너무 꽉 끼는군요.

tight[tait] 꽉 끼는
↔ loose[lu:s] 헐렁한

11 **그 품목이 품절되고 없습니다.** **We're out of stock in that item.**

'stock[stɑk]'는 '재고, 사들인 물건'의 뜻이고 'out of stock'는 '품절된, 물건이 다 떨어진(not available[əvéiləbəl])'의 의미로 '그 품목이 품절되고 없습니다.'라고 할 때는 'We're out of stock in that item.'이라고 하면 된다.

A : Have you any of the blue shirts in stock?
청색 셔츠가 있습니까?

B : **Sorry, we're out of stock in that item, but it's on order.**
죄송합니다. 그 물건은 다 나가고 없습니다만, 지금 주문해 놓았습니다.

in stock 팔려고 사들여 놓은(a supply of goods for sale)
item[áitəm] 품목, 항목
on order 주문해 놓은(asked for from the supplier or the maker)

- Is this the last one in stock?
  이것이 마지막 남은 것인가요?

관련 어휘

'out of'의 중요한 표현

- out of the world 비길 데 없는, 매우 훌륭한(extremely[ikstrí:mli] good)
- nine out of ten 십중팔구
- two out of every five days 닷새에 이틀꼴로
- out of breath 숨이 차는(breathless[bréθlis])
- out of danger 위험에서 벗어난
- out of line 받아들이기 어려운(unacceptable[ʌ̀nəkséptəbəl]), 용납하기 어려운
- out of one's mind 제정신이 아닌, 미친
- out-of-date 구식의(old-fashioned or outmoded)
  ↔ up-to-date 현대의 (modern), 유행하고 있는(fashionable)
- out of work 실직한(unemployed[ʌ̀nimplɔ́id])
- out of the question 불가능한(impossible), 생각할 수 없는(unthinkable)
- out of place (어떤 자리에서) 어색한(awkward[ɔ́:kwərd]), 불편한

➔ 'out of place'는 어떤 특별한 자리에서 언행이 부자연스럽거나 어울리지 못할 때 사용하는 표현으로 '제자리에 있지 않은, 어울리지 않는'의 뜻이다.

12

반환됩니까? May I bring it back later?

물건을 구입한 후 맞지 않거나 불량품일 때 '반환됩니까?(May I bring it back later?), 환불해 줍니까?(Can I get a refund?), 교환됩니까?(Can I exchange this?)' 등과 같이 물어볼 수 있다.

bring back 도로 가져오다(return)

A : **If this sweater doesn't fit, may I bring it back later?**
이 스웨터가 안 맞으면 나중에 도로 가져와도 됩니까?

B : Certainly.
물론이죠.

trouble [trʌ́bəl] 고장

guarantee [gæ̀rəntíː] 보증하다, 약속하다

free service 무료 수리

S : What should I do if I have any trouble with the new TV?
새로 산 TV가 고장나면 어떻게 하죠?

M: **Well, if you have any trouble during the first three months, just bring it back** and we'll guarantee free service.
구입후 3개월 내에 문제가 있으면 가져오세요. 무료 서비스를 보장합니다.

- If there's something wrong with this, **may I return it?**
  이상이 있으면 반환됩니까?

repair [ripέər] 수리(하다)

- We provide **a twenty-four-hour repair service.**
  우리는 24시간 수리 서비스를 제공합니다.

13

환불해 줍니까? Can I get a refund?

물건을 구입한 후 맞지 않거나 불량품일 때 '지불한 돈을 되돌려 주다'라는 뜻으로 'give sb one's money back / refund[ríːfʌnd]'가 쓰인다.

refund [ríːfʌnd] 명 환불 (repayment[ripéimənt]) 통 환불하다(pay back)

A : **Can I get a refund?**
환불해 줍니까?

B : No problem.
걱정 마세요. 물론이죠.

- If there's wrong with the washing machine, **we'll give you your money back.**
  세탁기에 이상이 있으면 지불하신 돈을 되돌려 드립니다.

demand [dimǽnd] 요구하다

- He decided to take the shirt back to the store and **demand a refund.**
  그는 셔츠를 상점으로 가져가서 환불을 요구하기로 결정했다.

• If you're not satisfied, return the goods within 14 days **for replacement or refund!**
마음에 안 드시면 교환 또는 환불을 받기 위해 14일 내에 상품을 갖고 오세요!

satisfied [sǽtisfàid] 만족한
goods [gudz] 상품
replacement [ripléismənt] 교체, 교환

14 교환할 수 있어요? Can I exchange this shirt, please?

A : **Can I exchange this shirt, please?** 이 셔츠를 바꿀 수 있어요?
B : Why? What's wrong with it? 왜요? 뭐가 잘못된 게 있어요?
A : Well, it's the wrong size. 저, 몸에 안 맞아요.

exchange [ikstʃéindʒ] 교환하다, 환전하다

15 세일 중에 이것을 구했어요. I got this on sale.

'on sale'은 '상점에서 구입할 수 있는(available to be bought in a shop), 염가 판매 중인'이라는 뜻이다. '세일 중에 이것을 구했어요.'라고 할 때는 'I got this on sale.'이라고 하면 된다. '지금 세일 중이에요.'라고 할 때는 'It is on sale.'이라고 한다.

A : Was it expensive?
값이 비싸요?
B : No. **I got this on sale**; it was very cheap.
아니요. 세일 중에 이것을 구했는데 매우 싸요.

expensive [ikspénsiv] 비싼
➔ 〈P. 335 어법연구 참조〉

• Did you see **anything special on sale** downtown today?
시내에서 특별히 세일하는 것 본 거 있니?

cf. **for sale** (개인 소유의 물건이나 부동산 또는 상점의 물건을) 팔려고 내놓은

16 품질이 매우 좋아. It's of very good quality.

'품질'이란 뜻의 'quality[kwɑ́ləti]'가 전치사와 결합하여 'of good quality'는 '품질이 좋은'이란 뜻으로 형용사처럼 쓰인다.

A : How is the leather wallet you bought?
네가 산 가죽 지갑 어때?
B : It's beautiful, but **it's not of very good quality**. It's cheaply made.
예쁘긴 하지만 품질이 매우 좋은 것은 아니야. 싸구려 제품이야.

leather wallet [léðər wɑ́lit] 가죽 지갑
of very good quality [kwɑ́ləti] 품질이 매우 좋은
➔ 'of + 추상명사'는 형용사의 뜻
cheaply [tʃí:pli] 값싸게

• **Good for the price.**
가격에 비해서 품질이 좋다.

17 한국산입니다. It was made in Korea.

'make'와 'brand[brænd]'는 '특정 회사가 만든 제품의 형태 또는 상표'라는 말로 거의 비슷한 뜻으로 쓰이지만 'make'는 명사로 보통 '기계 · 장비 · 자동차' 등 고가품을 말하고, 'brand'는 작고 비싸지 않은 치약, 비누 등과 같은 제품에 쓰인다.

leather[léðər] 가죽

A : Excuse me, but **can you tell me what this is made of?**
죄송하지만 이것이 무엇으로 만들어졌는지 말해 줄 수 있어요?

B : Of course. **It's made of leather.** 물론이죠. 가죽으로 만들어졌습니다.

A : Oh, I see. **And do you know where it was made.**
아, 그래요. 그런데 어디 제품인지 아세요?

B : **It was made in Korea.** 한국산입니다.

S : **What make is your car?** 당신 자동차는 어느 회사 제품이야?

M: **It's an American make.** 미국산이야.

- This watch keeps going wrong. **I wish I'd bought a better make.** 이 시계는 계속 안 맞아. 더 좋은 제품을 샀어야 하는 건데.
- Come and look at our video. **It's brand-new.**
한 번 와서 우리 비디오 좀 구경해. 신상품이야.

수동태

1. 'be + p.p.'의 형태를 수동태라고 하며 'by + 행위자' 또는 'in + 장소'를 나타내는 부사구를 동반한다. 종종 'by + 행위자'는 생략된다.
   a. Cheese *is made in* Italy. = Cheese *is made by* Italians.
   b. Wine *is produced/made in* France.
   포도주는 프랑스에서 생산된다/만들어진다.

2. 재료를 나타내는 전치사: of/from/with

   ① 'of'는 물리적 변화, 즉 형태 변화만을 나타낸다.
   This blouse *is made of* silk. 이 블라우스는 비단 제품이야.

   ② 'from'은 화학적 변화, 즉 재료의 성질 변화를 나타낸다.
   Beer *is made from* hops. 맥주는 호프로 만들어진다.

   ③ 'with'는 재료가 주요 성분임을 나타낸다.
   This cake *is made with* lots of eggs. 이 과자는 계란을 많이 넣고 만든 거야.

18 가능한 한 많이. As many as possible.

'가능한 한 많이'라고 할 때 'as many as possible[pásəbəl]'이라고 하며, '~할 수 있는 한, 또는 가능한 한'이라고 할 때 'as ~ as possible / as ~ as one can'이 쓰이며 최상급의 의미를 지닌다.

A : How many TVs can you sell by next week?
다음 주까지 몇 대의 TV를 팔 수 있습니까?

B : **As many as possible.** 가능한 한 많이(팔겠습니다). (= As many as I can.)

- Do it as soon as possible.
  할 수 있는 한 빨리 그것을 해라. (= Do it as soon as you can.)
- Come here as quickly as possible. 가능한 한 빨리 이곳에 오너라.
- I need as much money as possible. 가능한 한 많은 돈이 나는 필요해.

어법연구

동등 비교

동등한(equal[íːkwəl]) 정도를 나타낼 때 'as + 형용사/부사 + as' 구문이 쓰인다.

① 비교하는 두 대상의 동등한 정도를 나타낼 때 'as ~ as'가 쓰인다.

She's *as* tall *as* her mom. 그녀는 엄마와 키가 같다.

② 'as ~ as'를 부정하여 '~만큼 …하지 않다'의 뜻으로 'not so/as ~ as'가 쓰임

a. He's *not so* tall *as* his sister. 그는 자기 누나만큼 크지 않다.

b. He *doesn't* smoke (*as*) much *as* he used to.
그는 옛날만큼 담배를 많이 피우지는 않아.

③ 'as good as'는 부사적으로 쓰여 '~이나 마찬가지, 거의(nearly, almost)'라는 뜻

She's *as good as* a beggar. 그녀는 거지나 다름없어.

④ 배수 비교는 'twice, three times~ + as ~ as'와 같이 한다.

a. This dress is *twice as* expensive *as* the blue one.
이 옷값은 저 파란색 옷의 두 배이다.

b. I wish I could speak English *half as* good *as* you.
너의 절반 정도라도 영어를 할 수 있다면 좋겠어.

⑤ 동등 비교를 통한 비유법

a. He is *as* strong *as an ox*. 그는 힘이 황소 같아.

b. He is *as* busy *as a bee*. 그는 매우 분주하다.

c. He is *as* wise *as Solomon*. 그는 매우 현명해.

19 날개 돋친 듯 팔리고 있어요. It's selling like hotcakes.

밀가루 · 우유 · 계란 등을 반죽해서 만든 'hotcake(=pancake)'은 팬에서 구워내자마자 뜨거울 때 금방 먹는 케이크이므로 비유해서 불티나게 팔리는 인기 있는 상품에 대해 말할 때 'It's selling like hotcakes.(날개 돋친 듯/불티나게 팔리고 있어요.)'라고 한다.

pick up 사다(buy)

run out 다 써 버리다(be completely used up), 동이 나다(have no more)

in stock 재고로, 팔려고 사들여 놓은(goods for sale)
➔ 같은 책이나 잡지의 '권, 부수'를 나타낼 때 'a copy of ~'가 쓰인다.
cf. **a copy of Life magazine** 라이프 잡지 한 권

A : Have you picked up a copy of Open Sesame?
오픈 세서미 한 권 샀니?

B : No, the store had run all out.
아니, 가게에서 다 팔리고 없대.

A : Yeah, **it's selling like hot cakes.**
그래, 날개 돋친 듯 팔리고 있으니까.

B : I know. The bookstore just can't keep them in stock.
글쎄 말이야. 그 책은 서점들이 비치해 놓을 사이가 없대.

관련 어휘

동사 'pick up'은 '(차로) 마중 나가다, 사다(buy), 배우다, 줍다, 손에 넣다, 끌어 모으다, 방송을 수신하다' 등의 다양한 뜻으로 쓰인다.

a. I'll **pick** you **up** at 8:00. 8시에 차로 데리러 갈게.

b. Where can I **pick up** a cheap video camera?
싼 비디오 카메라를 어디에서 살 수 있지?

period [píəriəd] 기간; 시대; 수업 시간
bargain [bá:rgən] 매매; 싸게 산 물건

c. People see this period as a good time to **pick up** bargains.
사람들은 이 시기를 물건을 싸게 살 수 있는 호기로 생각한다.

d. Where did you **pick up** your English? 어디에서 영어를 배웠니?

bill 계산서

e. Today is my payday, so let me **pick up** the bill.
오늘이 내 월급날이야. 그러니 계산은 내가 하지.

vacuum cleaner [vǽkjuəm klí:nər] 진공 청소기
stuff [stʌf] 쓰레기, 폐물, 재료

f. The vacuum cleaner won't **pick up** this stuff.
진공청소기가 이런 쓰레기는 못 빨아들여.

g. My TV **picks up** channel 7 really good but I can't **pick up** AFKN.
우리 TV는 7번 채널은 아주 잘 나오지만 미군 방송은 볼 수가 없어.

20 헐값에 샀어요. I got it for a steal.

'의외로 싸게 산 물건'을 보통 'a (good) bargain[bá:rgən]'이라 하고, '비싸게 산 물건'을 'a bad bargain'이라고 한다. '품질이 좋으며 비싸지 않게 물건을 샀을 때'는 'a good buy'라고 한다. 또한 마치 물건을 훔쳤다는 생각이 들 정도로 싸게 샀을 때 미국인들은 종종 'I stole it!', 'It was a steal!' 또는 'What a steal!(그것 참 싸구나!/참 싸게 사셨군요!)'이라고 말한다.

A : Your new stereo looks so expensive.
새로 산 전축 굉장히 비싸 보이는데.

B : Not really. **I got it for a steal.**
사실은 그렇지 않아. 아주 싼값에 샀어.

S : How much did you pay for this camcorder?
이 캠코더 얼마 줬니?

M: **I picked it up at the sale–it was a steal.**
염가 판매할 때 구입했는데 하도 싸서 거저야.

- I got it for a real bargain.
  나는 그것을 정말 싸게 샀다.
- That's a good buy.
  그것은 잘 산 겁니다.

cf. **It's a bad buy.** 비싸게 샀어요.

- I nearly stole this blouse.
  이 블라우스를 거저 사다시피 했어.
- That's a steal.
  참 싸게 사셨군요, 거저예요.
- At 20 bucks the camera was a steal.
  20달러에 그 사진기는 거저야.

buck[bʌk] 달러의 속어

어법연구

high와 expensive

'price'를 주어로 해서 '비싸다 또는 싸다'라고 할 때 보어는 'high / low'가 쓰이고, 물건을 주어로 해서 '비싸다 또는 싸다'라고 할 때는 'expensive[ikspénsiv] / cheap[tʃiːp]'가 쓰인다. 'cheap'는 물건값이 싼 반면에 품질(quality[kwáləti])이 좋지 않은 것을 말하고, 'low-priced, inexpensive(값이 저렴한)'는 'cheap'와 같은 뉘앙스를 풍기지는 않지만 일상 회화에서는 'It doesn't cost much. (비싸지 않아요.)' 만큼 자주 쓰이지 않는다. cf. It costs too much. 너무 비싸요.

a. The car is *expensive*.
   자동차는 비싸다.

b. The price is reasonable.
   값이 적당해.

c. The price of this suit is so *high* that I can't buy it.
   이 옷값이 너무 비싸서 살 수가 없다.

reasonable[ríːzənəbəl] 값이 적당한, 품질이 좋고 값도 생각만큼 비싸지 않은

21

터무니없이 비싸군요. That price is out of line.

'out of line' 하면 '받아들이기 어려운(unacceptable[ʌ̀nəkséptəbəl]), 용납하기 어려운' 이라는 뜻이다. 따라서 'The price is out of line.' 은 '물건에 비해 가격이 터무니없다.' 는 뜻이 된다.

A : How much would this be?
이거 얼마입니까?

B : One hundred and fifty dollars, sir.
150달러입니다, 선생님.

A : What? **That price is out of line.**
뭐라고요? 값이 터무니없이 비싸군요.

B : But look at all of the features that it has.
하지만 그 물건이 가지고 있는 장점들을 생각해 봐요.

feature[fíːtʃər] (두드러진) 특징, 특색

관련 어휘

- price[prais] (집 · 땅 · 담배 등 어떤 물건의) 값
- fare[fɛər] (비행기 · 기차 · 버스 · 택시 등의) 요금
- fee[fiː] 병원비(a medical fee) · 수업료(a school/tuition fee)
- rent[rent] 방 또는 집을 빌리는 비용: 방세 · 집세 · 임대료
- rental[réntl] 자동차를 빌리는 비용

eg. cut-price 할인가의
cost price 원가
market price 시세
set price 정가(定價)

eg. The entrance fees have gone up by 50%. 입장료가 50% 정도 올랐다.

22

다소 비싼 편이군요. It's a bit on the high side.

'on the ~ side' 의 뜻은 '다소 ~한 편인' 이라는 뜻이다. 그래서 '가격이 다소 비싼 편이군요.' 라고 말하려면 'The price is a bit on the high side.' 라고 한다. '그녀는 다소 뚱뚱한 편이다.' 라고 말하려면 'She's on the fat side.', '이 신발은 좀 큰 편이군요.' 라고 말할 땐 'These shoes are a little on the larger side.' 라고 말하면 된다.

A : How much does this red T-shirt cost?
이 빨간 T-shirt 얼마입니까?

B : One hundred dollars. Would you like to try it on?
100달러입니다. 한번 입어 보시겠어요?

A : No, thanks. **It's a bit on the high side.**
됐습니다. 다소 비싼 편이군요.

- He is on the small side, isn't he?
  그는 좀 작은 편이지 않아요?

- That's a bit steep for me.
  그건 저에게 좀 비싸요.

steep[sti:p] (값 등이) 터무니없는 (unreasonable), 가파른

- How much does this cost?
  이것 얼마죠? (= What's the price of this?)

- I'd like to know how much this necklace costs.
  이 목걸이 가격이 얼마인지 알고 싶어요.

necklace[néklis] 목걸이

23

바가지 쓴 것 같아요. I seem to be overcharged.

'overcharge[òuvərtʃá:rdʒ]'란 '정가보다 훨씬 많은 돈을 내도록 손님을 속이는 것(cheat sb by making them too much money for sth)'을 말하며 'rip off[ripɔ̀f]'도 같은 뜻으로 쓰인다. 'fleece[fli:s]'는 '어수룩한 사람에게 바가지를 씌우다'라는 뜻이다.
'관광객들을 유인하여 바가지를 씌우는 점포나 업소'를 'tourist trap', '바가지를 씌우는 저급한 술집'을 'clip joint' 또는 'rip-off joint'라고 하며, '바가지 씌우는 상인'을 'rip-off artist'라고 한다.

trap[træp] 덫
joint[dʒɔint] 무허가 술집/음식점

A : Do you think that's a good buy?
값싸게 잘 산 것 같아요?

B : No. **I seem to be overcharged.**
아뇨. 바가지 쓴 것 같아요.

a good buy 품질에 비해 값이 싼 물건

overcharge 바가지 씌우다

- It seems that the taxi drivers here always overcharge.
  이곳에 택시 기사들은 항상 바가지를 씌우는 것 같아.

- Five dollars for a glass of beer – what a rip-off!
  맥주 한 잔에 5달러라니 얼마나 바가지를 씌우는 거야!

- You really got ripped-off!
  너 된통 바가지 썼구나!

- People are always complaining about being overcharged in that bar.
  사람들은 저 술집에서 바가지 쓴 것에 항상 투덜거린다.

complain[kəmpléin] 불평하다

- Some airport shops are accused of fleecing their customers.
  일부 공항 상점들이 고객에게 바가지를 씌워 비난을 받는다.

accuse[əkjú:z] 비난하다

- I was clipped in that nightclub.
  저 나이트 클럽에서 엄청 바가지를 썼어.

clip[klip] 엉뚱한 값을 불러 사람으로부터 돈을 우려내다, 바가지 씌우다

24

담뱃값이 또 오르고 있어요. Cigarettes are going up again.

'값(price[prais])이 오른다'고 할 때 'rise[raiz]' 또는 'go up' 등의 자동사가 쓰이고 반대로 '값이 떨어진다, 내려간다'고 할 때는 'fall' 또는 'go down'이 쓰인다. '가격 인상'은 'price hike' 또는 'price increase[inkríːs]'라고 하고, '치솟는 물가'는 'skyrocketing price[skáiràkitiŋ prais]'라고 한다.

A : **I see cigarettes are going up again.**
담뱃값이 또 오르고 있어요.

B : Yes. When new products come out they certainly go up!
맞아요. 새로운 제품이 나오면 틀림없이 값이 오르죠!

product[prάdəkt] 제품
come out 생산되다, 출판되다

- The cost of living goes up.
  생계비가 오르다.

times 시대, 세상 형편
keep -ing 계속 ~하다

- These are hard times. Prices keep going up.
  물가가 계속 오르니 참으로 살기가 어려운 세상이야.

25

좀더 깎아 주실 수 있어요? Can you come down a little more?

해외 여행할 때 꼭 알아두어야 할 표현. 'come down (from the price)'은 '(값을) 내리다(reduce[ridjúːs])'라는 뜻으로, 물건값이 좀 비싸다고 생각될 때 조금 깎으려는 의도로 쓰는 말이다. 같은 뜻으로 'take ~ off the price(값에서 ~을 깎아 주다)'는 자주 쓰이는 표현이다.

A : **Can you come down a little more (from the price)?**
좀더 깎아 주실 수 있어요?

B : I'm sorry, but that's as low as I can go.
죄송하지만 해줄 수 있는 최대한 저렴한 겁니다.

as ~ as I can go 할 수 있는 만큼
➔ 〈P. 333 참조〉

- How about making it a little cheaper?
  조금 더 싸게 해주시면 어때요?

negotiable[nigóuʃiəbəl] 협상/흥정할 수 있는

- Is that price negotiable?
  그 값은 흥정할 수 있나요?

firm[fəːrm] 고정된, 흔들리지 않는

- Is that price firm?
  정찰제인가요?

- Can't you take a little something off the price?
  그 값에서 조금 깎아 줄 수 없어요?

26 어디서든 그 값에 팔고 있어요. That's what they charge everywhere.

손님이 물건값을 계속해서 깎아 달라고 할 때 써먹을 수 있는 표현이 '어디 가나 그 값입니다.' 이다. 이것을 영어로 할 때 '손님에게 물건값을 청구하다.'라는 단어를 'charge[tʃɑːrdʒ]'를 사용하여 'That's what they charge everywhere.'라고 말하면 된다.

A : Isn't this price a bit high?
이거 좀 비싼 거 아녜요?

B : No, **that's what they charge everywhere.**
아니요, 어디서든 그 값에 팔고 있는걸요.

A : Can't you take a dollar off the price?
그 값에서 1달러를 깎아 줄 수 없어요?

B : Sorry, either take it or leave it.
죄송하지만 그 값에 사시든지 말든지 마음대로 하세요.

charge[tʃɑːrdʒ] (값을) 청구하다

take off (값 등을) 깎다
either ... or ~거나 또는 ~든가
leave[liːv] 남기고/두고 가다; 떠나다

관련 어휘

회화에 자주 쓰이는 'charge[tʃɑːrdʒ]'의 다양한 뜻을 알아두자.

a. They **charged** a dollar for the service.
그들은 서비스의 대가로 1달러를 청구했다.

b. I'm not going there again – they **charged** (me) $5 for a cup of coffee!
그곳에 다시 안 갈 거야. 커피 한 잔에 5달러나 받더라고!

c. **Charge** the purchases to my account.
구입한 물건값을 내 앞으로 달아 놓으시오.

d. They **charge** a heavy tax on imported whisky.
그들은 수입 위스키에 세를 무겁게 부과한다. (= impose[impóuz])

e. He **was charged with** stealing the jewels.
그는 보석을 훔친 죄로 고발당했다. (= be accused[əkjúːzd] of)

f. Suddenly the wild dog **charged** at us.
갑자기 사나운 개가 우리에게 달려들었다. (= attack[ətǽk])

g. If the light comes on, the battery **isn't charging**.
불이 들어오면 배터리는 충전이 되지 않는다.

purchases[pə́ːrtʃəs] 구입(하다); 구매품
account[əkáunt] 계산, 계좌
to one's account ~의 셈으로

jewel[dʒúːəl] 보석

27

현금으로 하시겠어요, 외상으로 하시겠어요? Cash or charge?

미국인들은 현금 대신 신용카드나 수표(check)를 많이 사용하기 때문에, 물건값을 지불하기 전에 상점 주인이 'Cash[kæʃ](현금) or charge[tʃɑːrdʒ](외상)?' 또는 'Cash or check(수표)?' 라고 묻는다. 그러나 상점들이 모든 종류의 카드를 취급하는 것은 아니므로 물건을 카드로 구입하고자 할 때는 자신이 사용할 카드의 가맹점인지 아닌지를 확인해야 한다. 그때 이 'Do you take Visa Cards?(비자 카드도 돼요?)' 라고 물어 보면 될 것이다. 'charge'는 '(상품 등을) 외상으로 사다'라는 뜻으로 '우리는 이 상점에서 물건을 외상으로 살 수 있어.' 라고 말하려면 'We can charge goods at this shop.' 라고 하면 된다.

M: (Will this be) **Cash or charge?**
현금으로 하시겠어요, 아니면 카드로 하시겠어요?

S : Charge. Do you take Visa Cards?
카드요. 비자 카드도 되죠?

➔ 〈P. 72 참조〉

M: Certainly. Visa'll be fine.
그럼요. 비자 카드 괜찮아요.

pay for ~의 값을 치르다

cash 수표(check) · 신용카드보다는 현금 즉, 동전 (coin)이나 지폐(note)

A : **Can I pay by credit card?**
신용카드로 지불할 수 있습니까?

B : I'm sorry, we only take cash.
죄송하지만 현금만 받습니다.

외상이 되는가를 물어 볼 때 쓰는 표현

a. Do you accept Visa Cards?

b. Would I be able to charge it on a Visa Card?

c. Are Visa Cards good here?

d. Do you honor American Express Cards?

honor[ɑ́nər] 받아들이다

관련 어휘

미국의 동전(coin) 단위

➔ 'buck'는 1달러짜리의 속칭이고, 'greenback'는 1달러짜리 지폐를 말한다.

- penny[péni] 1센트(구리색, 링컨 대통령)
- nickel[níkəl] 5센트(은색, 제퍼슨 대통령)
- dime[daim] 10센트(은색, 루즈 벨트 대통령)
- quarter[kwɔ́ːrtər] 25센트(은색, 워싱턴 대통령)
- half[hæf] 50센트(은색, 케네디 대통령)
- dollar[dɑ́lər] 100센트(은색, 수잔 엔소니 초상)

28
좋은 물건을 싸게 사려는 사람입니다! I'm a bargain hunter myself!

인간은 경제적 동물이기 때문에 비용은 적게 들이고 좋은 물건을 싸게 사려고 하는 심리는 누구나 마찬가지이다. 이렇게 '좋은 물건을 싸게 사려고 하는 사람'을 'bargain hunter[bɑ́:rgən hʌ́ntər]'라고 한다. 반면에 상점에서 물건을 사는 고객을 'customer[kʌ́stəmər]'라 하고 단골로 오는 고객을 'regular customer[régjələr kʌ́stəmər]'라고 한다. 그리고 특정한 상점 · 호텔 · 식당을 이용하는 단골 고객을 'patron[péitrən]'이라고 한다.

A : Do the customers upset you?
고객 때문에 짜증이 나지요?

B : No! On the whole, I'd rather see consumers get the most for their money. I'm a bargain hunter myself!
안 그래요! 고객들이 돈을 낸 만큼의 최대한 대가를 가져갔으면 하는 것이 내 바람이요. 나 자신도 좋은 물건을 싸게 사려는 사람입니다!

upset[ʌpsét] 짜증나게 하다 (annoy)
on the whole[houl] 대체로 (generally[dʒénərəli], in general[dʒénərəl])
get the most for ~에 대해서 최대한 얻다

29
거스름돈이 모자란 것 같아요. I'm afraid you short-changed me.

'short-change[ʃɔ́:rttʃéindʒ]'는 '(남에게) 잔돈(small coins)을 모자라게 주다'라는 뜻이다. 이 말은 상대방의 잘못된 계산을 다시 확인해 보도록 전하는 말이기 때문에 자칫하면 비난조로 들릴 수 있으므로 사용에 주의해야 한다. 그러므로 'I'm afraid you short-changed me.' 또는 'I'm sorry, but this change is wrong.'과 같이 'I'm sorry' 나 'I'm afraid[əfréid]'를 같이 사용하면 공손한 어조로 들리게 된다.

A : And here's your change, Ma'am.
자, 여기 거스름돈이 있습니다, 부인.

B : Wait a minute.
잠깐만요.

A : Is something the matter?
뭐 잘못된 거라도 있으세요?

B : Yes, **I'm afraid you short-changed me.**
네, 거스름돈이 모자란 것 같아요.

- **I keep all my small change** for the coffee machine.
  자판기에서 커피를 사 먹을 잔돈을 항상 가지고 있어.
- **Keep the change.**
  거스름 돈은 그냥 두세요.

LESSON 31

약속 Appointment

01	오늘 저녁에 약속 있어요?	Do you have an appointment tonight?
02	언제로 할까요?	When shall we make it?
03	다음 주 오늘.	A week from today.
04	취소되었어.	It's called off.
05	서울 호텔 정문 근처에서 만나죠.	By the main entrance to Seoul Hotel.
06	일정이 이미 정해졌어.	My schedule is already set.
07	일정이 아주 빡빡하거든.	I've got a very full schedule.
08	좀더 구체적으로 말해 주겠어요?	Could you be a bit more specific?
09	생일 선물을 약속했어.	He promised a birthday present to me.
10	마크를 만날 일정을 잡았어?	Have you arranged to meet Mark?
11	약속할게.	I'll give you my word.
12	맹세코!	Cross my heart!
13	그는 항상 약속을 어겨.	He always breaks his word.
14	언행이 일치하는 사람이야.	He's as good as his word.
15	다음 기회로 하지요.	I'll take a rain check.
16	내일로 연기합시다.	Let's put it off until tomorrow.
17	유혹에 굴복하고 말았어.	I gave in to temptation.
18	결심했어.	I've made up my mind.
19	설마 마음이 바뀐 것은 아니겠지.	Don't tell me you've changed your mind.
20	새해에 무슨 각오라도 했어?	Made any New Year's resolutions?

L·E·S·S·O·N **31**

약속 Appointment

01

오늘 저녁에 약속 있어요? Do you have an appointment tonight?

'만날 시간 · 장소 등을 정하는 것'을 'make an appointment[əpɔ́intmənt](약속을 하다)' 라고 하며, '약속을 지키다'는 'keep an appointment', '약속을 어기다'는 'break an appointment' '약속을 취소하다'는 'cancel an appointment'라고 한다. '그와 정오에 만날 약속이 있어.'라고 말하려면 'I have an appointment with him at noon.'이라고 하면 훌륭한 영어가 된다.

➔ 〈P. 350 9번 promise[prάmis] 참조〉

A : **Do you have an appointment tonight?** 오늘 저녁에 약속 있어요?

B : No, why? 없는데, 왜요?

A : How about a cup of coffee? 커피 한 잔 어때요?

B : Great! Let's call it a day. 좋아요! 그만 끝냅시다/퇴근합시다.

➔ 〈P. 373 25번 참조〉
call it a day (그 날 하루 일을) 끝내다, 마감하다, 일시 중단하다

S : **I'd like to make an appointment at 10:30 with the doctor.**
의사 선생님과 10시 30분 진찰 약속을 하고 싶습니다.

M: I'm sorry, the doctor is all booked up for today. If there is a cancelation, I will be able to fit you in. Can I get your name and number please?
미안합니다만, 의사 선생님이 오늘 내내 예약이 되어 있습니다. 취소되는 것이 있을 경우 당신께 연락할 수 있을 겁니다. 이름과 전화번호를 가르쳐 주시겠습니까?

S : Yes, my name is Mamong and my number is 276-7766.
예, 제 이름은 마몽이고 전화번호는 276-7766입니다.

be booked up 선약으로 꽉 차다, 예약이 매진되다
cancelation[kæ̀nsəléiʃən] 취소
cancel[kǽnsəl] 취소하다(call off)
fit in 형편에 맞게 시간 · 날짜 등을 정하다

➔ 〈P. 247 참조〉

- **I've made an appointment** to see my dentist next Tuesday.
  다음주 화요일에 치과에 가기로 약속을 했다.
- The director won't see you **unless you have an appointment.**
  약속이 있어야만 감독이 당신을 만날 수 있을 겁니다.
- **Can I make an appointment** to see the manager?
  지배인을 만날 약속을 할 수 있을까요?
- The doctor said **he can fit me in at 4:30.**
  의사 선생님이 4시 30분에 진찰을 해주실 수 있다고 하셨어.

02

언제로 할까요? When shall we make it?

'몇 시로 할까?' 또는 '언제로 할까요?'와 같이 약속 시간을 정할 때 'make it'가 쓰인다. 'make it'는 '만날 시간/날짜를 정하다(arrange[əréindʒ] a time), 시간에 맞춰 도착하다(arrive in time), 성공하다(succeed[səksíːd])' 등 다양한 뜻으로 쓰인다.

S : **When shall we make it?** 언제로 할까요?

M: Let's make it Saturday. 토요일로 합시다.

S : No, I'd rather make it Sunday. 아뇨, 일요일로 했으면 좋겠습니다.

rather [rǽðər] 오히려

A : Let's get together this Sunday for a drink, Jane.
제인, 이번주 일요일에 만나 술 한 잔 합시다.

get together 모이다, 모으다

B : **What time shall we make it?**
몇 시로 할까요?

A : How does 7:00 sound?
7시가 어때요? (= How about 7:00?)

sound [saund] (들어보니) ~으로 생각되다

B : 7:00? That's fine.
7시요? 좋습니다.

- Let's **make it** at seven.
7시로 정합시다.

- Why don't you **make it** a little bit later?
조금 늦게 하는 게 어때요?

a little bit 약간

- We'll **make it** with a minute or two to spare.
우리는 1, 2분 여유 있게 도착할 수 있어요.

spare [spɛər] (시간 따위를) 할애하다

- If we run, we should **make it**.
뛰어가면 시간에 맞춰 도착할 거야.

- I'm sorry, but I won't be able to **make it** on Saturday after all.
미안하지만 토요일 약속한 모임에 아무래도 갈 수 없을 거야.

after all 어쨌든

- You **made it**! Congratulations!
해냈군요! 축하합니다!

- I never thought Clare would **make it** as an actress.
클레어가 배우로 성공하리라고 생각을 결코 못했어.

actress [ǽktris] 여배우

- He failed to **make it** as a pop singer.
그는 대중 가수로서 성공하지 못했다.

fail to ~하지 않다

03

다음 주 오늘. A week from today.

hold (회의를) 개최하다

S : When the meeting will be held?
회의는 언제 열리지요?

M: **A week from today.**
다음 주 오늘요.

get together 모이다, 만나다

- Let's get together **today next week.**
  다음주 오늘 만납시다.
- I arrived here **today last week.**
  지난주 오늘 여기에 도착했어.

관련 어휘

- today next week / a week from today 다음 주 오늘
- the weekend before last 지지난 주말
- the day after tomorrow 모레
- the day before yesterday 그저께
- at this time of last year 작년 이맘때에
- at this time of next year 내년 이맘때에
- the weekend after next 다다음 주말

04

취소되었어. It's called off.

일상생활 속에서 여러 가지 약속(appointment[əpɔ́intmənt])이 이루어진다. 그런데 피치 못한 일로 이미 계획되었던 일을 취소해야만 하는 경우가 있게 된다. 이 때 쓰이는 동사가 'call off(= cancel[kǽnsəl])' 이다.

A : Hurry up, there's no time to lose!
서둘러요, 꾸물거릴 시간이 없어요!

rush[rʌʃ] 분주, 혼잡, 분주한 활동

B : There's no rush now – **the game's been called off.**
지금 서두를 필요가 없어. 게임이 취소되었어.

gotta = got to

- You gotta **call it off** now.
  당장 취소해야 해.
- The match **was called off** because of bad weather.
  그 경기는 악천후로 취소되었다.

- They have **called off their engagement.**
  그들은 파혼했다.

engagement [engéidʒmənt] 약혼

- She called the restaurant and **cancelled** the reservation.
  그녀는 식당에 전화를 해서 예약을 취소했다.

reservation [rèzərvéiʃən] 예약, 보류

- Hardly anyone can come to the meeting, so we'll have **to call it off.**
  모임에 거의 아무도 올 수 없어서 취소해야만 할 거야.

hardly와 hard

'거의 ~아니다/~하지 않다(almost not)'의 뜻인 'hardly'는 'hard(단단한; 곤란한; 힘든)'와 혼동하지 말아야 한다. 'hardly'는 일반적으로 수식하는 말 앞에 온다.

a. "Did many people come?" "No, **hardly** anybody."
   "많은 사람들이 왔었어?" "아니, 거의 아무도 오지 않았어."
b. I gained **hardly** anything. 거의 아무것도 얻지 못했다.
c. We could **hardly** believe our eyes. 우리 눈을 거의 믿을 수가 없었다.
d. **Hardly** anybody noticed it. 거의 아무도 그것을 알아차리지 못했다.

05 서울 호텔 정문 근처에서 만나죠. By the main entrance to Seoul Hotel.

'우연이든 약속에서든 사람을 만나다'라고 할 때 'meet' 동사가 쓰이며, 회화에서는 'see'가 흔히 쓰인다. '~을 상의하기 위해 만나다'라고 할 땐 'see', '의도적으로 관심을 가지고 ~을 본다'고 할 때 'look at', '움직이는 것을 얼마 동안 보다'라고 할 때는 'watch' 동사가 쓰인다. '어디서 만날까요?'라는 물음에 금방 응답을 하기가 쉽지만은 않다. '앞에서, 옆에서, 맞은편' 등의 '전치사 + 명사'가 나타내는 다양한 표현을 알아보자.

A : Where shall we meet?
어디서 만날까요?

B : **By the main entrance to Seoul Hotel.**
서울 호텔 정문에서 만나죠.

entrance [éntrəns] 입구
↔ exit [égzit] 출구

- Is she **seeing anyone** at the moment?
  그녀는 지금 만나는 사람 있나요? (연애 관계를 물어 보는 말이다.)

- We're going to **see Lucy after work.**
  퇴근 후에 루시를 만날 거야.

➔ 'ought to'는 충고를 나타내는 조동사

- You ought to see a doctor.
  의사와 상의해 보는 게 좋겠어.

lawyer [lɔ́:jər] 법률가, 변호사

- See a lawyer.
  변호사와 상의해 봐.

- I'll have to change my clothes before we go out – I don't want to be seen like this.
  외출하기 전에 옷을 갈아입어야 겠어. 이런 꼴로 남의 눈에 띄는 게 싫어.

관련 어휘

장소 및 위치를 나타내는 전치사구

opposite [ɑ́pəzit] 맞은편의

- on the other side of Seoul Hotel 서울 호텔 반대쪽에
- opposite the street 길 맞은편에
- near the station 정거장 근처에서
- by/beside the main gate of the department 백화점 정문 옆에서
- in front of the building facing the bank 은행 맞은편 건물 앞에서
- at the back of the post office 우체국 뒤쪽에
- in the shopping center 쇼핑센터에(서)
- at the bus stop / at my house / at Jack's (house)
  버스 정류장에서 / 내 집에서 / 잭의 집에서

06

일정이 이미 정해졌어. My schedule is already set.

'장소 · 시일 등을 정하다'라고 할 때 'set'동사가 쓰인다. '결혼 날짜를 잡았어?'라고 하려면 'Have you set a date for the wedding?'이라고 말하면 된다.

hairdressing [hέərdrèsiŋ] 이발, 머리 손질
appointment [əpɔ́intmənt] 약속
schedule [skédʒu(:)l] 시간표, 예정, 일정

A : Do you mind changing a hairdressing appointment?
머리 손질 약속 시간을 바꿔도 괜찮겠어요?

B : Yes, I do. **My schedule is already set.**
안 되겠는데. 이미 내 일정이 정해졌거든.

- We set a date for picnic.
  우리는 소풍 갈 날짜를 잡았다.

set/fix a date for ~할 날짜를 잡다/정하다

- They haven't set a date for the meeting yet.
  그들은 아직까지 모임의 날짜를 잡지 못했다.

07

일정이 아주 빡빡하거든. I've got a very full schedule.

부지런한 대학생 중에는 공부 · 아르바이트 · 서클 활동 · 미팅 등 해야 할 일이 너무 많은 학생이 있다. 이런 사람이 쓸 수 있는 표현이 바로 'I've got a tight schedule[skédʒu(:)l].(일정이 아주 빡빡해.)'이다. 이 때 'tight[tait]' 대신에 'full' 또는 'busy'를 쓸 수 있으며 일정이 바쁘지 않고 한가하다고 할 때는 'light[lait]'를 사용하여 'I've got a light schedule.' 이라고 하면 된다.

A : Are you free on Friday?
금요일에 시간 좀 있어요?

B : No, **I've got a very full schedule.**
아뇨, 스케줄이 빡빡합니다.

schedule[skédʒu(:)l] 시간표, 예정, 일정

S : Can we stop here and take a few pictures?
여기서 잠깐 멈춰서 사진이라도 몇 장 찍을까?

M: I'm afraid not. **We're on a very tight schedule.**
안 되겠어. 일정이 아주 빡빡하거든.

A : With work, family and school how do you get everything done?
일하랴, 가족 돌보랴, 학교 다니랴, 어떻게 그 모든 일을 해내니?

B : **I just make sure that I keep on a tight schedule.**
스케줄에 빈틈이 없도록 조정하고 있단다.

- My schedule's pretty light next week – why don't we meet sometime?
  다음주는 매우 한가한데 언제 한 번 만나지요.
- That building should be completed on schedule.
  그 건물은 예정대로 완성되어야만 한다.

complete[kəmplí:t] 완성하다

- We finished the project ahead of schedule.
  우리는 일정보다 먼저 그 계획을 마쳤다.

cf. behind schedule 예정보다 늦게

- Everything is running (according) to a very tight schedule.
  모든 것이 꽉 짜인 일정에 따라 진행되고 있다.
- You should stick to/keep your schedule.
  일정을 지켜야만 합니다.

stick to (약속 등에) 충실하다

- The sale is scheduled for tomorrow.
  세일은 내일로 예정되어 있다.
- She is scheduled to give a speech in London tonight.
  그녀는 런던에서 오늘 저녁에 연설하기로 예정되어 있다.

08

좀더 구체적으로 말해 주겠어요? Could you be a bit more specific?

'specific[spisífik]'은 '명확한, 구체적인(detailed[dí:teild] and exact[igzǽkt])'의 뜻으로 너무 막연하게 말하는 사람에게 '구체적으로 또는 꼭 집어서 말해 주세요'라고 할 때 쓰인다.

make it 만날 시간/날짜를 정하다 (arrange[əréindʒ] a time)

A : What time shall we make it?
몇 시로 할까요?

B : Between 10 AM and 3 PM.
오전 10시에서 오후 3시 사이에요.

A : **Be more specific, please.** I can't wait all day.
좀더 구체적으로 말해 주겠어요. 하루 종일 기다릴 수 없잖아요.

- You said you live in Seoul, **could you be a bit more specific**?
서울에 산다고 말했는데 좀더 구체적으로 말씀해 주시겠어요?

fix a date for ~할 날짜를 정하다

- They haven't **fixed a specific date** for their wedding yet but it will be this spring.
그들은 아직 구체적으로 결혼 날짜를 잡지는 않았지만 금년 봄이 될 것이다.

09

생일 선물을 약속했어. He promised a birthday present to me.

➡ 〈P. 344 참조〉

'구두 · 서면으로 ~할 것을/~하지 말 것을 약속하다, ~에게 …을 줄 것을 약속하다'라고 할 때 'promise[prámis]'가 쓰인다. '남편이 내게 생일 선물을 사주겠다고 약속했어요.'라고 말하려면 'My husband promised a birthday present to me.'라고 하면 되고, '남편한테 생일 선물을 약속 받았어요.'라고 말하려면 수동으로 하여 'I was promised a birthday present by my husband.'라고 하면 훌륭한 영어가 된다.

- **Promise?** 약속하는 거지?
- I **promise to work** harder. 더 열심히 공부할 것을 약속합니다.
- I **promise not to be late** again. 다시는 지각을 안 하겠다고 약속합니다.
- **Promise** you won't forget! 잊지 않겠다고 약속해!

do one's best 최선을 다하다

- I **can't promise**, but I'll do my best.
약속을 할 수는 없지만 최선을 다할 거야.
- His dad has **promised him a new bike** if he passes the exam.
그의 아빠는 그가 시험에 합격하면 새 자전거를 사주겠다고 약속했다.
- I can't lend you my camera. I've **promised it to Mark**.
사진기를 빌려줄 수가 없어. 마크에게 빌려주기로 약속했어.

- Her husband **promised her a new dress** if she'd lose weight.
  그녀의 남편은 그녀가 살을 빼면 새 옷을 사주기로 약속했다.
- Jane **promised** that she'd come as soon as she could.
  제인은 가능한 한 빨리 오겠다고 약속했다.
- He **broke his promise to give** the book back to me within a week.
  그는 일주일 안에 그 책을 돌려주겠다는 약속을 어겼다.

10 마크를 만날 일정을 잡았어? Have you arranged to meet Mark?

'arrange[əréindʒ]'는 '~을 준비하다, 모임 · 여행 등을 계획하다, 앞으로 할 일을 미리 자세히 정하다'의 뜻.

eg. arrange a time and place for ~에 대한 시간과 장소를 정하다

A : **Have you arranged to meet Mark this weekend?**
이번 주말에 마크를 만날 일정을 잡았어?

B : Not yet.
아직 못 잡았어.

- Let's **arrange a meeting** for next Friday.
  모임을 다음주 금요일로 정합시다.
- He called me at 9, **as arranged**.
  그는 예정대로 9시에 전화했다.
- We have to **arrange where to meet**.
  어디서 만날까 정해야만 해.
- He and I **arranged to meet** in a bar on 14th Street.
  그와 나는 14번 가에 있는 술집에서 만나기로 했다.
- She **is arranging a surprise party** for Helen's birthday.
  그녀는 헬렌의 생일 깜짝파티를 준비하고 있다.

11 약속할게. I'll give you my word.

'give sb one's word'는 상대방에게 틀림없이 해주겠다고 진지하게(sincerely[sinsíərli]) 약속 할 때 쓰이며 '약속하다(promise[prámis]), 보장하다(guarantee[gæ̀rəntíː])'의 뜻이다. '가기로 약속하지.'라고 말하려면 'I give you my word I'll go.'라고 하면 된다.

A : Will you meet me there? 거기에서 만날 거지?

B : **I give you my word.** 약속해.

mention[ménʃən] 언급하다

- **I give you my word** that I'll never mention the matter again.
  그 문제를 다시는 언급하지 않기로 약속해.

raise[reiz] 올리다

- **My boss gave me his word** that he would raise my salary.
  사장은 나의 월급을 올려 주겠다고 약속했다.
- **She kept her word** about coming to the meeting.
  그녀는 모임에 오기로 한 약속을 지켰다.
- **Take my word for it!** 내 말을 믿어 봐!

12 맹세코! **Cross my heart!**

cross[krɔːs] 명십자가 동교차시키다

'Cross my heart!'는 여자 친구나 남자 친구와 같이 잘 아는 사람에게 자신의 진실함을 내보이고 싶을 때 쓰는 말이다. 누구에게나 자신의 진실함을 내보이고 싶을 때는 하느님 또는 기도 따위를 언급하는 게 최고?

S : Do you promise?
약속하는 거지?

M: **Cross my heart.**
맹세코 약속해.

- I didn't do it, **cross my heart!** 맹세코, 난 그것을 하지 않았어!
- I promise that I'll never leave you darling. **Cross my heart!**
  여보 난 당신 곁을 결코 떠나지 않을 것을 약속합니다. 맹세코!

13 그는 항상 약속을 어겨. **He always breaks his word.**

신용 사회에서 약속을 잘 지키는 것만이 성공의 지름길이다. 'keep one's word'는 '약속을 지키다'라는 뜻이고, 'break[breik] one's word'는 '약속을 어기다'라는 뜻이다.

trustworthy[trʌ́stwə̀ːrði] 신뢰할 수 있는

A : Is that man trustworthy?
그 사람 믿을 만해?

B : No. **He always breaks his word.**
아냐. 그는 언제나 약속을 안 지켜.

expect[ikspékt] 기대/ 예상하다

- As I expected, **they broke their word.**
  예상대로 그들은 약속을 지키지 않았다.

rely (up)on 신뢰하다(trust)
go back on 약속을 이행하지 않다

- You can rely on her to do it. **She won't go back on her word.**
  그녀가 그것을 하겠다는 말을 믿어도 돼. 그녀는 약속을 어기지 않을 거야.

14

언행이 일치하는 사람이야. He's as good as his word.

약속을 잘 지키는 것이 신용 사회에서 성공할 수 있는 비결이다. 약속을 잘 지키는 사람을 가리켜 'He's as good as his word.' 라고 하며 'as good as' 는 'almost, nearly(거의)' 의 뜻으로 '그가 곧바로 약속(He=his word)' 이라는 말로 '약속한 것을 행동으로 옮기는 사람(He does what he has promised to do.)' 이라는 뜻이다.

A : Do you put your trust in your boss?
너는 네 사장을 신임하니?

B : Of course. **He's as good as his word.**
물론이지. 그는 언행이 일치하는 사람이야.

put one's trust [trʌst] in ~를 신용하다

- She's a woman of her word.
  그녀는 약속을 지키는 사람이야.
- You can trust him because he's a man of his word.
  약속을 반드시 지키는 사람이기 때문에 그를 믿을 수 있어.
- Despite my mom's opposition, I stood by my promise to marry her.
  엄마의 반대에도 불구하고 나는 그녀와 결혼하겠다는 약속을 충실히 이행했다.

trust [trʌst] 신뢰하다

despite [dispáit] ~에도 불구하고

opposition [àpəzíʃən] 반대

stand by/stick to 약속을 충실히 이행하다

15

다음 기회로 하지요. I'll take a rain check.

초대를 받았을 때 선약이 있다거나 바빠서 상대방의 초대에 응할 수 없어 다음 기회로 미룰 경우에 쓰이는 표현이 'No, thanks, but I'll take a rain check.(고맙지만 다음에 하죠.)' 이다. 그리고 초대를 한 사람이 '다음에 초대할게요.' 라고 말할 때는 'We'll give you a rain check.' 라고 하면 된다. 'rain check' 는 '초대 등의 연기, (비로 중지된 운동 경기의) 재시합 입장권' 이라는 뜻이다.

A : (Would you) Care for a drink?
술 한잔할까?

B : I'm tied up tonight. **I'll take a rain check.**
오늘 저녁은 매우 바빠요. 다음에 할게.

care for ~을 좋아하다, ~에 관심을 갖다

be tied up 매우 바쁜(very busy)

- Thanks for the invitation, but I'll have to take a rain check on it.
  초대는 고맙지만 다음 기회로 해야만 하겠어요.
- How about a rain check?
  다음 기회로 하는 것이 어때요?
- Can't you make it some other time?
  다음 기회로 할 수 없습니까?

invitation [ìnvətéiʃən] 초대(장)

16

내일로 연기합시다. Let's put it off until tomorrow.

결혼 · 게임 등과 같은 행사를 어떤 문제가 발생하거나 어려움 때문에 나중에 하는 것으로 날짜를 조정할 때 '미루다, 연기하다'의 뜻으로 'put off' 또는 'postpone[poustpóun]'이 쓰인다.

severe[sivíər] 엄한; 심한

A : Sorry. I can't go out with you tonight. I have a severe headache.
오늘 저녁은 같이 외출못해서 미안해. 두통이 심해.

B : **Then, let's put it off until tomorrow.** Take care of yourself.
그러면 내일로 미루지. 몸조심해.

- We decided to postpone the wedding until Jane's mother's recovered from her illness.
제인의 엄마가 병에서 회복할 때까지 결혼을 연기하기로 결정했다.

put sth on hold ~을 연기하다
indefinite[indéfənit] 불명확한, 일정하지 않은

- The meeting has been put on indefinite hold.
모임은 무기한 연기됐다.

17

유혹에 굴복하고 말았어. I gave in to temptation.

'give in to'는 '(분노 · 유혹 등과 같은 감정을) 더 이상 이겨내지 못하다'라는 뜻이다.

up to ~까지

A : No cigarette up to now?
지금까지 담배 한 대도 안 피웠어?

temptation[temptéiʃən] 유혹

B : It's really harder than I thought. **I gave in to temptation and had a cigarette after lunch.**
생각보다 정말 어려워. 피우고 싶은 유혹 때문에 점심 먹고 한 대 피웠지.

urge[əːrdʒ] 충동

- If you feel the urge for a cigarette, try not to give in to it.
담배를 피우고 싶은 충동을 느끼더라도 굴복하지 않도록 해라.

eventually[ivéntʃuəli] 결국, 마침내

- He eventually gave in to his anger and shot his wife's lover.
마침내 분을 삭이지 못하고 그는 자기 부인의 정부를 총으로 쐈다.

18 결심했어. **I've made up my mind.**

'~을 결심하다, 결정하다(make a decision[disíʒən]), 생각 후 결론을 내리다(consider sth and come to a conclusion[kənklú:ʒən])' 라고 할 때 'decide[disáid]' 또는 관용어구로 'make up one's mind' 라고 한다.

A : How long will you be there?
그곳에 얼마나 계실 겁니까?

B : **I haven't made up my mind yet.**
아직 마음의 결정을 못했어요.

S : Where do you think you'll go for the next vacation?
다음 휴가 때 어디로 가려고 생각합니까?

M: **We've decided on Paris.**
파리에 가기로 결정했어요. (= We've decided that we'll go to Paris.)

vacation[veikéiʃən] 휴가

- I've **made up my mind** to stop smoking.
  나는 금연을 하기로 결정했어.

- Why do you always **change your mind** at the last minute?
  왜 항상 마지막 순간에 마음을 바꾸니?

change one's mind 마음/생각을 바꾸다

19 설마 마음이 바뀐 것은 아니겠지. **Don't tell me you've changed your mind.**

상대방이 무슨 말을 하려는가를 알거나 생각이 들기 때문에 그의 말을 가로채어 그의 행동에 실망스럽거나 짜증이 난다는 것을 말할 때 'Don't tell me ~ (설마 ~란 말은 아니겠지.)' 라고 한다. 계속해서 약속 날짜를 바꾸는 사람에게 '설마 마음을 또 바꾼 것은 아니겠지.' 라고 말하려면 'Don't tell me you've changed your mind again.' 이라고 하면 된다.

A : I'm sorry I'm late but ...
늦어서 죄송합니다만…

B : **Don't tell me the car broke down again.**
설마 자동차가 또 고장 났다는 말은 아니겠지.

break down 고장나다

- **Don't tell me** you've begun to smoke again!
  설마 또 담배를 피우기 시작했다는 말은 아니겠지!

- **Don't tell me** you've forgotten your keys again!
  설마 열쇠를 또 잊어버렸다는 말은 아니겠지!

20 **새해에 무슨 각오라도 했어? Made any New Year's resolutions?**

'resolution[rèzəlú:ʃən]'은 '결심, 각오'라는 뜻으로 'make a resolution' 하면 '각오/결심하다'라는 뜻이다. 'Made any New Year's resolutions?'는 'Have you made any New Year's resolutions?'에서 'Have you'를 생략 한 것으로 회화에서 자주 쓰인다.

A : **Made any New Year's resolutions?**
새해에 무슨 각오라도 했어?

B : Yes, I decided to stop drinking.
그럼. 술을 끊기로 결심했어.

firm[fə:rm] 단호한
decision[disíʒən] 결심

- I made a firm decision not to smoke in the new year.
새해엔 담배를 피우지 않는다는 굳은 결심을 했어.

- She made her resolution never to marry.
그녀는 결혼을 결코 하지 않을 각오를 했다.

work out 몸매를 가꾸기 위해 운동하다

- I made my resolution to work out for two hours every day.
하루에 2시간 운동을 하기로 결심했다.

어떤 종류의 시계가 집안에 있습니까?

alarm clocks[əlá:rm klaks] 자명종 시계
Carriage clock[kǽridʒ klak] 여행용 휴대시계
digital clock[dídʒitl klak] 디지털 시계
travelling alarm clock[trǽvliŋ əlá:rm klak] 여행용 자명종 시계
cuckoo clock[kú(:)ku: klak] 뻐꾸기 시계
grandfather clock[grǽndfà:ðər klak] 대형 괘종 시계

LESSON 32

시간 Time

01	지금 몇 시죠?	What time is it now?
02	3시쯤 됐어요.	About three o'clock.
03	5분이 빨라요.	My watch is 5 minutes fast.
04	시계가 자.	My watch has stopped.
05	그가 몇 시에 돌아올 것 같아요?	What time do you expect him back?
06	얼마나 빨리 올 수 있죠?	How soon will you be here?
07	시간이 얼마나 걸리죠?	How long does it take to get home?
08	내 평생 동안!	(For) My whole life!
09	재학 중에.	During the school years.
10	하루 종일 일하고 있어요.	We are working around the clock.
11	편리한 시간이 언제죠?	What's the convenient time for you?
12	빠르면 빠를수록 좋아요.	The sooner, the better.
13	일요일을 제외하고 언제고 좋습니다.	Anytime will be fine except Sunday.
14	7시가 괜찮아요?	Would 7:00 be all right?
15	아는 대로 알려 줄게요.	I'll let you know as soon as I find out.
16	3시나 돼야 시간이 나겠어요.	I'll not be free until 3.
17	꾸물거릴 시간이 없어요!	We have no time to lose!
18	지금 좀 바빠요.	I'm in rather a hurry now.
19	천천히 여유 있게 하세요.	Take your time.
20	그냥 시간을 때우고 있는 중이야.	I'm just killing time.
21	잠깐 휴식하는 게 어때요?	How about taking a break for a while?
22	이번 토요일 근무 안 해?	Are you off duty this Saturday?
23	며칠간 휴가를 낼 수 있어요?	Can you take a few days off?
24	결혼할 때가 됐지.	It's about time you were married.
25	오늘은 이만 끝냅시다.	Let's call it a day.
26	잠깐 얘기 좀 할까요?	Have you got a minute?
27	시간을 낼 수가 없어.	I can never seem to find the time.
28	직장에서 눈코 뜰 새 없이 바빠요.	I'm tied up at work.
29	시간 좀 지켜요.	Please be on time.
30	시간 가는 줄도 몰랐네.	I lost track of the time.
31	8월말입니다.	At the end of August.
32	제철이 아닙니다.	It's out of time.
33	지금 별로 할 일이 없으면, …	If you're not doing anything, ...
34	시간이 말해 주지.	Only time will tell.

L·E·S·S·O·N

32 시간 Time

01 지금 몇 시죠? What time is it now?

'지금 몇 시죠?' 와 같이 현재의 시각을 물을 때 'What time is it now?' 가 가장 흔히 쓰이며 'Do you have the time?' 도 같은 의미이다. 'Have you got the time?' 은 영국에서만 쓰인다. 'Do you have time?' 은 상대방에게 '~할 시간이 있는가' 를 물어 볼 때 쓰이므로 'Do you have the time?' 과 혼동하지 말아야 한다.

→ 어순에 주의

- Would you tell me what time it is now?
  몇 시인지 말씀해 주시겠어요?
- The clock up there isn't working. Do you know the time?
  저 위에 있는 시계는 안 가네. 몇 시인 줄 알아?
- What time do you have? I've got to be home by eight.
  지금 몇 시죠? 8시까지 집에 가야 합니다.

→ 시간을 맞출 때

- Would you tell me the correct time? My watch has stopped.
  정확한 시간 좀 말씀해 주시겠어요? 내 시계가 자요.

02 3시쯤 됐어요. About three o'clock.

시간 등이 접근해 있음을 나타내어 '조금 있으면, 거의 ~에 가까운, ~와 비슷한' 의 뜻으로 'almost[ɔ́:lmoust], nearly[níərli], close to' 가 쓰인다. 'to' 는 '특정한 일이나 시간의 전(前)' 을, 'after, past' 는 '~ 이후' 를 뜻한다. 일반적으로 '6시' 라고 정각을 말할 때만 '6 o'clock' 과 같이 'o'clock' 이 쓰이지만, '6시 5분.' 이라고 할 때는 'Five after six.' 와 같이 'o'clock' 이 쓰이지 않으며 'o'clock' 은 'of a clock' 의 줄임 말이다.

→ 3시 전후를 말함.

- Around/About 3:00. 3시쯤 됐어요.
- It's close to 3:00. 3시가 거의 됐어.
- (It's) Almost one o'clock. 한 시가 다 됐어요.
- It's almost time to have lunch. 거의 점심 먹을 시간이다.
- (It's) Five to six/Five fifty five. 5시 55분입니다.
- It's a quarter of/to 12. 15분전 12시입니다. (美)

cf. It's a quarter **to** 12. (英)

- It's a quarter after/past 12. 12시 15분입니다. (美)

cf. It's a quarter **past** 12. (英)

quarter[kwɔ́:rtər] 4분의 1; 15분; 25센트

03

5분이 빨라요. My watch is 5 minutes fast.

시간이 빠르다고 할 때 형용사 'fast'와 동사 'gain[gein](얻다; (시간이) 더 가다)'이 쓰이고, 느리다고 할 때는 형용사 'slow'와 동사 'lose[luːz](잃다; (시간이) 느리다)'가 쓰인다.

- My watch is slow.
  내 시계는 느려.
- My watch is gaining 3 minutes a week.
  내 시계는 일주일에 3분이 빨리 가.
- I set my watch by the radio.
  라디오 시보에 시계를 맞췄다.

04

시계가 자. My watch has stopped.

시계가 잔다고 할 때 'stop' 또는 'be not working'이라고 한다. 시계가 잘 때 태엽을 감는 시계는 태엽을 감아 주면 다시 작동을 하지만 전자 시계는 건전지를 갈아 끼우면 된다. '전기가 나가거나 건전지가 다 닳아서 작동이 되지 않을 때 'be/go dead'라고 하며 영국 영어에서는 'dead'의 뜻으로 'flat'라고 한다.

- The clock has stopped. You'd better wind it (up).
  시계가 자니까 태엽 좀 감아 줘.
- What time is it? I forgot to wind my watch.
  몇 시야? 시계 밥 주는 것을 잊었어.
- The clock isn't working because the battery is flat. The battery needs changing.
  건전지가 다 되어서 시계는 안 가. 건전지를 갈아야겠어.

wind[waind] (시계 태엽 등을) 감다

battery[bǽtəri] 전지
➜ 〈P. 292 참조〉

05

그가 몇 시에 돌아올 것 같아요? What time do you expect him back?

'expect[ikspékt]'는 '~할 것이라고 믿는다/생각하다(think or believe somebody will come)'의 뜻으로 'We expected him yesterday.'는 '그가 어제 도착하리라고 생각했어.(=We expected him to arrive yesterday.)'라는 말이다.

A : What time do you expect him back?
그가 몇 시에 돌아올 것 같아요?

B : He should be back no later than 3.
3시보다 늦지는 않을 거예요.

➜ 'no later than 3'는 '3시보다는 절대로 늦지 않게'라는 말로 '늦어도 3시까지' 뜻으로 'by(~까지)'보다 강조할 때 쓰인다.

S : **What time did you get home?**
몇 시에 집에 도착했어요? (= When did you get home?)

M: (I got home) 5 minutes ago.
5분 전에 (집에 도착했어).

A : **When is he expected to be back?**
언제 돌아올 것 같아요?

shortly[ʃɔ́:rtli] 곧

B : Very shortly.
곧 올 겁니다.

S : **When will you be back?**
언제 돌아옵니까?

➔ 'Any day now / Any moment now / Any minute now / Any time now / From now on'은 '어떤 일이 곧 시작됨'을 의미한다.

M: Any moment now.
곧 돌아옵니다.

06

얼마나 빨리 올 수 있죠? How soon will you be here?

'얼마나 빨리/얼마 있어야'라고 할 때 '정도'를 나타내는 부사 'how'와 'soon'이 결합하여 'How soon ~?'이 쓰인다.

A : **How soon will you be here?** 얼마나 빨리 올 수 있죠?

B : In a few minutes. 조금 후에.

S : **How soon will you be ready?**
얼마나 있어야 다 되니?

second[sékənd] 초, 매우 짧은 시간
➔ 전치사 'in'은 '~후에, ~지나서'

M: In a second.
곧 (= In a minute[mínit] / In a moment[móumənt]).

A : **How soon is she expected back?**
얼마 있으면 돌아오죠?

B : I'm not sure but she's expected in 5 minutes.
확실히 모르지만 5분 있으면 돌아올 겁니다.

- What time can I expect you? 몇 시에 올 수 있어요?
- How soon can I expect you? 얼마 있으면 올 수 있어요?
- How late do you think you'll be? 얼마나 늦을 것 같아요?

07 시간이 얼마나 걸리죠? How long does it take to get home?

긴 시간의 길이를 물을 때 'how long'이 쓰인다. 그리고 '시간이 얼마가 걸린다'라고 할 때 'it'를 주어로 하여 'It takes ~' 또는 'It takes me one hour'와 같이 'take' 동사가 쓰인다. '버스로 30분 걸립니다.'라고 할 때 'It takes half an hour by bus.'라고 하면 된다. '대략 10분, 10분 가량'이라고 할 때 'about 10 minutes'라고 하면 된다. 이 때 'about'는 부사로 '대략(approximately[əprɑ́ksəmitli], roughly[rʌ́fli])'의 뜻이다.

A : **How long does it take to get home?**
집에 가는 데 얼마나 걸리세요?

B : (It takes me to get home) About 20 minutes on foot.
걸어서 20분 걸려요.

S : **How many more minutes do you need to finish the work?**
일을 끝마치는 데 시간이 얼마나 더 필요해?

M: It'll most likely take me another ten minutes.
아마 10분 더 걸릴 거야.

most likely 아마 (probably[prɑ́bəbli]), 십중팔구

A : **How long will the meeting take?**
회의는 얼마나 걸릴까요?

B : It shouldn't take longer than an hour.
한 시간 이상은 안 걸릴 겁니다.

➔ 'should'는 추측을 나타냄.

S : **How long do you plan to be here?**
이곳에 얼마나 계실 계획입니까?

M: For about two weeks.
약 2주 동안 있을 계획입니다.

- "How long will it take to finish the work?" "It won't take long."
  "그 일을 끝마치는 데 얼마나 걸리죠?" "얼마 안 걸려요."
- "How long does it take you to get to work?" "Half an hour."
  "출근하는 데 시간이 얼마나 걸리죠?" "30분 걸립니다."
- How long does it take her to get ready?
  그녀가 준비하는 데 시간이 얼마나 걸리죠?
- How long did they take to repair it?
  그들은 그것을 수리하는 데 시간이 얼마나 걸렸대?
- "Did it take you long to get it done?" "No. It took me only one hour."
  "그걸 끝마치는 데 오래 걸렸어요?" "아뇨. 한 시간밖에 안 걸렸어."

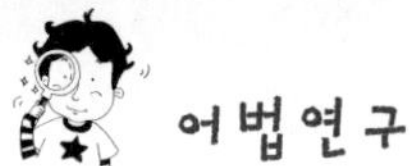

의문사 how

'정도, 거리, 나이' 등을 물을 때 의문사 'how'가 쓰인다.

a. How old are you? 몇 살이죠?
b. How far is it? 거리가 얼마나 멀죠?
c. How long is it? 길이가 얼마죠?
d. How long did you wait? 얼마나 기다렸어요?
e. How many people will be there? 몇 사람이 올 겁니까?
f. How much does it cost? 값이 얼마죠?

08 내 평생 동안! (For) My whole life!

기간을 나타내는 'How long'으로 질문 받았을 때 기간을 나타내는 전치사구로 응답을 한다. 'since'는 '계속을 나타내는 완료형의 동사'와 함께 쓰이며 '~이래, ~부터 (내내)'라는 뜻이며, 'for'는 기간(a period[píəriəd] of time)을 나타낸다.

A : How long have you lived in California?
캘리포니아에 사신 지는 얼마나 되었습니까?

B : Me? (For) **My whole life!**
나 말입니까? 내 평생 동안 살았어요!

- **For a while.** 잠시 동안.
- **For the past ten years.** 지난 10년 동안.
- (For) **More than four years.** 4년 이상.

S : How long have you loved each other?
서로 사랑한 지 얼마나 되었나요?

M: **Since last year. / For a long time.**
지난해부터. / 오래됐어요.

A : How long have you known each other?
서로 알게 된 지가 얼마나 되었습니까?

B : (For) **A couple of years.**
2년 되었습니다.

couple[kʌ́pəl] 한 쌍, 둘
➔ 'for'는 종종 회화체에서 생략된다.

- Since the beginning of the year.
  금년 초부터.

- I've been here since ten o'clock this morning.
  아침 10시부터 계속해서 이곳에 있었다.

- I've lived here since I was born.
  내가 태어난 이래 이곳에 살고 있다.

- From 1990 until the present she's had no regular job.
  1990년부터 현재까지 그녀는 일정한 직업이 없다.

regular[régjələr] 규칙적인, 일상의, 정규의

09

재학 중에. During the school years.

'at what time'의 뜻을 가진 'When'으로 질문 받았을 때 기간이 아닌 시점(時點)을 나타내는 전치사구로 응답해야만 한다.

S: When did you get to know your wife?
부인을 언제 알게 되었어요?

M: **During the school years.**
재학 중에 (알게 되었어요).

get/come to + V ~하게 되다

A: And when did jazz first become popular?
그런데 재즈는 언제 처음으로 대중화되었죠?

B: **In the early part of the twentieth century.**
20세기초에.

popular[pάpjələr] 대중적인; 인기있는

century[séntʃuri] 세기

S: When is your lunch hour?
점심시간이 언제죠?

M: **Usually between 1:00 and 2:00.**
보통 1시에서 2시 사이입니다.

- In a week.
  일주일 후에

- In the 1960s.
  1960년대에

- Seven days from now.
  지금부터 7일 후에

- From 1990 to 1994.
  1990년부터 1994년까지

during the vacation과 for the vacation

'how long'에 대한 응답은 그 기간 전체를 나타내는 전치사 'for/through + 명사'를 사용한다. 'when'에 대한 응답은 그 기간 일부를 나타내는 전치사 'during/in + 명사'를 사용한다. 즉 'for the vacation'은 방학 전체(all through the vacation[veikéiʃən])를, 'during the vacation'은 방학 기간의 일부(at some during the vacation)를 나타낸다.

a. I fell asleep **during the film.** 영화를 보다가 잠이 들었다.

b. I was asleep **for half an hour.** 30분 동안 잠을 잤다.

c. I've studied **for the night.** 밤새워 공부했다.

d. It rained hard **during the night.** 밤중에 폭우가 왔어.

e. I don't like **driving at night.** 밤에 운전하는 것을 좋아하지 않아.

➜ 'rained for the night'는 'rained through the night'와 같은 뜻으로 '밤새 내내 비가 왔다'는 뜻이 된다.
➜ 'at night'와 'in the night'는 'during the night'와 같은 뜻이다.

10 하루 종일 일하고 있어요. We are working around the clock.

'하루 종일(all day and all night without stopping)'이라고 말할 때 'all day long / day and night / around the clock' 등이 쓰인다. 특히 해야만 하는 급한 일이 있어서 밤낮으로 일을 한다고 할 때 'around the clock'이 쓰인다.

A : We are working around the clock to finish the job.
그 일을 끝마치려고 우리는 쉬지 않고 일하고 있어요.

B : Take it easy.
서두르지 마세요.

➜ 〈P. 21 10번 참조〉

- We provide **a twenty-four-hour repair service.**
  24시간 수리 서비스를 제공합니다.

provide[prəváid] 제공하다
repair[ripɛ́ər] 수리

- They broadcast **twenty four hours a day.**
  그들은 하루 종일 방송을 한다.

broadcast[brɔ́ːdkæ̀st] 방송하다

- The shop opens **seven days a week.**
  그 상점은 일주일 내내 개점한다.

11 편리한 시간이 언제죠? What's the convenient time for you?

'~시가 좋겠습니까?' 하고 상대방의 스케줄에 불편함을 주지 않는 편리한 시간이 언제인가 물어볼 때 쓰이는 단어가 'convenient[kənvíːnjənt]'이다. 'convenient'는 '상대방의 필요나 계획에 적합한(suiting one's needs or plans)', '어려움을 주지 않는(giving no trouble or difficulty[dífikʌ̀lti])', '적절한(suitable[súːtəbəl])'의 뜻이다. 그 외에 'be good for / a good time for / suit(형편에 알맞다)' 등이 쓰이고, 반대로 '형편에 적합하지 않다'는 뜻으로 'be bad for / inconvenient[ìnkənvíːnjənt] / a bad time for' 등이 쓰인다.

A : **When would be a good time for you?**
언제가 당신에게 좋겠어요?

B : Friday night would be fine with me.
금요일 저녁이 나에겐 좋겠어요.

S : **Which day would suit you best?**
무슨 요일이 가장 좋아요?

M: I'm free on Sunday.
일요일은 한가해요.

suit[suːt] 적합하다; 어울리다

- At your convenience, anytime.
  네가 편리한 시간 아무 때나.
- What's the best time for you?
  가장 좋은 시간이 언제죠?
- When would it be convenient for you?
  언제가 편하시겠습니까?
- Ten o'clock is good for me.
  10시가 나에겐 좋아.
- Saturdays are bad for me.
  토요일은 나에겐 안 좋아.
- This weekend is a bad time for us.
  이번 주말은 우리에겐 안 좋아.
- Will it be convenient for you to meet me at 8 tomorrow morning?
  내일 아침 8시에 만나도 괜찮겠어요?

convenience[kənvíːnjəns] 편의, 편리

12

빠르면 빠를수록 좋아요. The sooner, the better.

'the + 비교급~, the + 비교급…'은 '~하면 할수록, 더욱 …하다'의 뜻이 된다.

A : When's a good time to go?
언제가 가기에 좋습니까?

B : **The sooner, the better.**
빠르면 빠를수록 더욱 좋습니다.

S : Do you want a big house?
큰집을 원하세요?

M: Yes, **the bigger, the better.**
네. 크면 클수록 더 좋아요.

cost ~의 비용이 들다

S : But **the smaller it is,** the less it will cost to heat.
하지만, 작으면 작을수록 난방 비는 적게 들 거야.

- **The more, the better.** 다다익선(多多益善).

haste[heist] 급함, 서두름

- **The more haste, the less speed.** 서두를수록 일이 더뎌진다.

dessert[dizə́:rt] 디저트, 후식

cf. No dinner, no dessert.
저녁을 먹지 않으면 후식을 안 줄 거야.

➔ 'the+비교급'을 이용한 엄마가 아이들에게 쓰는 유사 표현들이다.

No homework, no TV.
숙제를 안 하면 TV를 못 보게 할 거야.

13

일요일을 제외하고 언제고 좋습니다. Anytime will be fine except Sunday.

'~을 제외하고'라고 할 때 전치사 'except[iksépt]'를 사용하고 '~시 이후에'라고 말할 때는 전치사 'after'가 쓰인다. '퇴근 후에 어느 때고 좋아요.'라고 말하려면 'Anytime will be fine after work.'라고 하면 된다.

convenient[kənví:njənt] 적합한, 편리한

noon[nu:n] 정오

A : What time will it be convenient?
몇 시가 편리하시겠습니까?

B : **Anytime is all right after noon.**
정오 이후에는 언제나 좋습니다.

S : What's the best time for you?
당신은 언제가 가장 좋아요?

M: **Anytime will be fine/OK with me except Sunday.**
일요일을 제외하고 언제고 좋습니다.

A : When shall I give you a buzz?
언제 전화를 드릴까요?

B : **Feel free to call me anytime after three.**
3시 이후에는 언제고 전화하세요.

give sb a buzz [bʌz] ~에게 전화를 하다

feel free to 마음놓고 ~하세요

14 7시가 괜찮아요? Would 7:00 be all right?

'all right(=O.K./okay)'는 'fine'과 같은 뜻으로 '받아들일 수 있는 (acceptable [ækséptəbəl]), 마음에 드는', 어떤 제안에 동의할 때 '좋습니다.(Yes, I agree.)'의 뜻으로 쓰인다.

A : **Would 7:00 be all right?**
7시가 괜찮습니까?

B : That's fine. See you then.
좋습니다. 그 때 뵙죠.

S : Is three o'clock convenient for you?
3시가 괜찮아요?

M: **Yes, it's all right with me.**
네. 저는 좋아요.

15 아는 대로 알려 줄게요. I'll let you know as soon as I find out.

A : When is your brother coming here?
형이 이곳에 언제 옵니까?

B : **I'll let you know as soon as I find out.**
아는 대로 알려주겠어요.

as soon as ~하자마자, ~하는 대로

find out (이름, 주소, 전화번호 또는 몰랐던 사실(fact) 등을) 알아내다

- We found it was time to go as soon as we sat down.
  자리에 앉자마자 가야 할 시간이 된 것을 알았다.

- I'll drop by as soon as I get a free evening.
  저녁에 시간 나는 대로 들를게.

drop by 잠깐 들르다

16

3시나 돼야 시간이 나겠어요. I'll not be free until 3.

'~해야 비로소 …하다'라고 할 때 'not ... until~' 구문이 쓰인다. '6시 30분이 돼야 잠자리에서 일어나.'라고 할 때 'I don't get up until 6:30.'라고 한다. 이 문장을 'It ... that 강조 구문'으로 바꾸면 'It's not until 6:30 that I get up.'이 된다. 또한 부정 부사(구)가 문두에 오면 주어 · 동사 도치되어 'Not until 6:30 do I get up.'이 된다.

A : What time will you be free this afternoon?
오늘 오후 몇 시에 한가하시겠습니까?

B : **I'll not be free until 3.**
3시나 돼야 시간이 나겠습니다. (= Not until 3 will I be fine.)

S : What time does the show start?
쇼가 몇 시에 시작합니까?

M: **Not until seven o'clock.**
7시가 돼야 시작할 겁니다.

- I'll be **free after 6 p.m.**
  6시 이후가 한가하죠.

wake up 잠이 깨다 (awake[əwéik])
get up 잠자리에서 일어나다 (arise[əráiz])

- I wake up at six but **I don't get up until 6:30.**
  6시에 눈은 뜨지만 6시 30분이 되어야 잠자리에서 일어나지.

17

꾸물거릴 시간이 없어요! We have no time to lose!

우리 나라 사람들이 어딜 가나 으레 하는 말이 '빨리 빨리'이다. 이럴 때 쓰는 영어 표현이 'Hurry up[hə́:ri ʌp].'이다. 또한 시간이 없는데도 만사태평으로 늑장부리는 답답한 사람에게 '꾸물댈 시간 없어요.'라고 말할 때 아래와 같은 표현들을 쓰면 OK.

A : Come on! **We have no time to lose!**
자! 꾸물거릴 시간이 없어요!

make it 시간에 맞춰 도착하다 (arrive in time)

B : Don't worry. We'll make it.
걱정 말아요. 시간에 맞게 도착할 거야.

- Could you **hurry up a little?**
  좀 서둘러 주시겠어요?

- Hurry up, **there's no time to lose!**
  서둘러요, 꾸물거릴 시간이 없어요!

➔ '자동차의 속력을 내다'라는 뜻에서 비유한 것.

- **Step on it/the gas.**
  빨리 서둘러.

18

지금 좀 바빠요. I'm in rather a hurry now.

'in a hurry[hə́:ri]'는 '허둥지둥, 급히, 시간이 없는, ~하고 싶어하는(anxiously eager [ǽŋkʃəsli í:gər]), (보통 부정문에서) 기꺼이' 등의 다양한 뜻이 있다.

A : Can I speak to Lucy, please? 루시와 통화할 수 있을까요?

B : I'm sorry, but her line's busy. Would you like to hold?
죄송하지만 통화중이네요. 기다리시겠어요?

A : **No, thanks, I'm in rather a hurry now.** Can I leave a message?
아뇨, 감사합니다만 제가 좀 바빠요. 메모를 좀 전해 주시겠습니까?

- You make mistakes if you do things in a hurry.
  일을 서둘러 하다 보면 실수를 하는 거야.
- She seemed to be in a hurry to go there.
  그녀는 그곳에 가고 싶어 안달하는 것 같아.
- I won't help her again in a hurry – she's been so ungrateful.
  그녀를 다시는 기꺼이 도와주지 않을 거야. 배은망덕해.

ungrateful[ʌ̀ngréitfəl] 은혜를 모르는

19

천천히 여유 있게 하세요. Take your time.

빨리 빨리 서두르는 사람에게 'Take your time.(천천히 신중히 하세요.=do something slowly or carefully without hurrying)'은 시간이 넉넉하니까 좀더 침착하고 여유롭게 일을 처리해야지 그렇게 서두르거나 성급해할 필요 없다고 상대방을 안심시킬 때 쓰는 표현이다. 어떤 문제에 관해 지나치게 초조해 하거나 걱정스러워 하는 사람에게 'The situation is not urgent.(상황이 절박하지 않아)'라는 뜻으로 이 말을 종종 쓴다. 이와 비슷한 표현으로 좀더 침착하고 여유롭게, 근심 걱정하지 말고, 서두르지 않으며 편안한 마음으로 일을 하라고 할 때 쓰는 표현이 'Take it easy.' 이다.

urgent[ə́:rdʒənt] 매우 중요하거나 즉시 조치를 취해야 하는, 긴급한, 절박한

A : We are working round the clock to finish the job.
그 일을 끝마치려고 우리는 쉬지 않고 일하고 있어요.

B : **Take it easy.** 서두르지 마세요.

(a)round the clock 하루종일(all day and all night without stopping)
➔〈P. 21 10번 참조〉

관련 표현

상대방에게 서두르지 말라고 할 때 쓰이는 표현들이다.

- There's no rush. 서두를 것 없어요.
- Don't rush (it). 서두르지 마.
- Relax. There's no big hurry. 진정해. 그렇게 빨리 할 필요가 없어.

rush[rʌʃ] 서두르다, 빨리 하다

plenty of 많은, 충분한

- There's no need to hurry. We've got plenty of time.
  서두를 필요가 없어. 시간이 많아.

20

그냥 시간을 때우고 있는 중이야. I'm just killing time.

'time to kill'은 어떤 일을 하기 전의 '무료한 시간'을 말한다. 예를 들어 버스 · 기차 시간 또는 친구와의 약속 시간보다 먼저 도착한 경우 무료함을 달래고자(to while away) 당구장에 가서 한 게임 칠 수 있는 시간이 바로 'time to kill'이다.

- We killed time playing cards.
  카드놀이 하면서 시간을 보냈다.
- I saw a movie just to kill time.
  시간을 때우기 위해 영화를 봤다.
- The train was late so I killed an hour window-shopping.
  기차가 연착을 해서 상점의 상품을 구경하며 한 시간을 보냈다.

21

잠깐 휴식하는 게 어때요? How about taking a break for a while?

일 · 수업 등의 사이의 잠깐 휴식(an interval between periods of work), 또는 잠깐 쉬거나 무엇을 먹기 위하여 하던 일을 잠깐 멈추는 시간(a period of time when you stop what you're doing in order to rest or eat)을 'break[breik]'라고 한다.

A : **How about taking a break for a while?**
잠깐 휴식하는 게 어때요?

B : Sounds great.
좋지요.

- It's time for our coffee/lunch break.
  커피 타임/점심시간이야.
- Let's take a 10 minutes' break.
  10분간 휴식을 가집시다.
- We'll take another break at 11:00.
  11시에 다시 휴식을 가질 거야.
- We've worked 24 hours without a break.
  24시간 계속해서(continuously[kəntínjuəsli]) 공부를 했다.

commercial break[kəmə́:rʃəl breik] 광고방송

- I'll make a cup of coffee during the next commercial break.
  다음 광고하는 사이에 커피 한잔 끓일게.

관련 어휘

- rest[rest] 에너지 충전을 위하여 일을 멈추고 편안히 쉬는 것

a. You'll feel much better after a good night's **rest.**
밤에 충분한 휴식을 하고 나면 기분이 훨씬 더 좋아질 거야.

b. Take some time off work and try to **rest.**
직장에서 휴가를 좀 내서 휴식을 하도록 해봐.

- relaxation[rì:lækséiʃən]
일 · 공부 등과 같은 일에 대한 근심 · 걱정을 멈추고 휴식을 위해 즐길 수 있는 행위를 하는 것, 즉 커피를 마시며 음악을 듣는 것, 편안한 마음으로 독서 · 산책하기 등

a. Dropping in a coffee shop after work is a good way to **relax.**
퇴근 후에 커피숍에 들르는 것이 휴식을 할 수 있는 하나의 좋은 방법이다.

b. We usually go for a walk in the evenings. It's a really good **relaxation** after a hard day at work.
저녁에 보통 산책을 가는데, 직장에서 열심히 일을 한 후에 산책이 정말로 좋은 기분 전환이 된다.

22 이번 토요일 근무 안 해? Are you off duty this Saturday?

'근무하지 않고 쉬는(free from regular work), 비번인'의 뜻으로 'off '가 쓰이며 그 반대의 뜻으로 'on'이 쓰인다. 'off duty[djú:ti]'는 '근무시간 외의'란 뜻으로 '비번'임을 나타내고, 반대로 'on duty'는 '근무 중'임을 나타낸다.

S : **Are you off duty this Saturday?**
이번 토요일 근무 안해?

M: No. **Sunday's my only day off.**
아니. 내가 쉬는 날은 일요일뿐이야.

duty[djú:ti] 의무, 임무, 직무

A : **What do you usually do on your day off?**
쉬는 날에 보통 무엇을 합니까?

B : **On my day off,** I stay in and watch TV all day.
쉬는 날엔 집에서 하루종일 TV를 봅니다.

stay in 집에 있다(stay at home)
↔ **stay out** 집밖에 있다(be out)
all day (long) 하루종일

- I'm on night duty this week. 이번 주는 야간 근무야.
- I'm off today. 오늘 비번이야.
- Mary is off with the flu today. 메리는 오늘 독감으로 쉬고 있다.

23

며칠간 휴가를 낼 수 있어요? Can you take a few days off?

'휴가를 내다' 라고 할 때 'take ~ off' 가 쓰인다. '금요일 휴가를 내다' 라고 하려면 'take Friday off (from work)' 라고 하고, '오전 시간을 빼다' 라고 하려면 'take morning off' 라고 하면 된다.

A : **Can you take a few days off?**
며칠간 휴가를 낼 수 있어요?

B : No, I can't. I'm so busy.
아니오. 시간을 낼 수 없어요. 너무 바빠요.

- You look tired. Why don't you **take tomorrow off**?
피곤해 보이는데, 내일 휴가를 내는 게 어때요?

- I'm **taking Friday off** to do some Christmas shopping.
크리스마스를 위한 장을 좀 보려고 금요일을 휴가 낼 거야.

be entitled [entáitld] **to** ~할 권리/자격이 있다

- I'm entitled to **25 days off** a year.
일년에 25일 휴가를 낼 수가 있어.

leave [liːv] (신청에 따른 군인들의) 정식 휴가

- They got married while he was **on leave** from the army.
그들은 그의 휴가 중에 결혼했다.

24

결혼할 때가 됐지. It's about time you were married.

'It's about time + 주어 + 과거 동사' 의 구문은 이전에 벌써 되었을 일이 이제 이뤄졌다는 뜻으로 '화가 났거나, 조소하는 분위기' 를 나타낸다. 'about time' 은 적절한(proper[prɑ́pər]), 알맞은(appropriate[əpróupriət]) 때, 또는 제때(right time)가 된 것을 나타내고 'high time' 은 시기가 늦었다는 것을 강조하는 것이다.

cf. a. **It's about time** you were married.

➔ 결혼 적령기임을 암시

b. **It's high time** you were married.

➔ 결혼 시기가 지난 것을 암시

announce [ənáuns] 발표하다
engagement [engéidʒmənt] 약혼, 약속

A : Did you hear that Jim and Donna announced their engagement?
짐과 도나가 약혼 발표한 얘기 들었어?

B : **About time, too.** They've been going together for five years.
그럴 때가 됐지. 두 사람은 5년간이나 같이 지내 왔으니까.

S : I'm sorry I'm late. 늦어서 미안해.

show up 나타나다(appear [əpíər])

M: **It's about time you showed up.** 벌써 왔어야 했잖아.

A : Oh boy! Breakfast's all ready.
아휴, 아침 준비가 다 돼 있구나.

B : Well, **it's about time you got up**. Everyone else has already eaten.
일어날 시간을 잊었어. 벌써 일어나야 했잖아. 다른 사람은 다들 먹었다구.

Oh, boy! 여, 이런, 참, 어휴(유쾌 · 놀람 · 경멸 등을 나타내는 소리)

'It's time to + 동사'와 'It's time for + 명사'

'It's time to + 동사/for + 명사'를 사용하여 '~할 때'를 나타내기도 한다.

a. Come on kids, it's time to go home. 얘들아, 집에 가야겠다.

b. It's time for us to have lunch. 점심 먹을 시간이야.

c. The voters felt it was time for a change.
유권자들은 변화할 때라고 생각했다.

25 오늘은 이만 끝냅시다. Let's call it a day.

'Let's call it a day.'에서 'it'는 '지금까지 한 것'을 의미하며, 열심히 일을 했고 피곤하므로 지금까지 한 일을 하루로 간주하고 일을 그만 끝내자는 뜻이다. '오늘밤은 이것으로 끝냅시다.' 라고 할 때는 'Let's call it a night.'라고 한다.

'Let's wrap it up.'도 '자, 끝냅시다.'의 뜻으로 쓰이는데 'wrap up[rǽpʌp]~'은 '토론·일·모임·사업 협상 등을 완전히 성공적으로 일단락 짓다/끝내다'라는 뜻이다. 영어 방송을 듣다 보면 아나운서가 방송 종료 멘트를 할 때 이 단어를 흔히 사용하는 것을 들을 수 있을 것이다.

A : Come on, **let's call it a day and go home.**
자, 그만 끝내고 집에 갑시다.

B : Good idea! I'm exhausted.
좋은 생각이야! 너무 지쳤어.

exhausted[igzɔ́:stid] 녹초가 된, 몹시 지친

A : It's getting pretty late – **shall we call it a day**?
상당히 늦었는데 이만 마칠까요?

B : Okay. Let's pack up and go home.
좋아요. 끝내고 집에 갑시다.

pack up 일을 끝내다, 짐을 꾸리다

• That's it for the day.
오늘은 여기까지.

- So much for today.
  오늘은 이만 합시다.

- Well, that just about wraps it up for today, gentlemen.
  자, 여러분 이것으로 오늘 방송을 마치겠습니다.

wrap-up 간추린 뉴스

- And finally here's a wrap-up of the six o'clock news.
  그리고 마지막으로 6시 뉴스의 요약입니다.

- Let's wrap this meeting up as quickly as possible. I have another appointment in an hour.
  가능한 한 이 모임을 빨리 일단락 지읍시다. 나는 1시간 후에 또 다른 약속이 있어요.

26

잠깐 얘기 좀 할까요? Have you got a minute?

'잠깐 얘기 좀 할 수 있어요?' 하고 상대방에게 시간이 있는가를 물을 때 다음과 같은 표현을 사용한다. 좀 과장하여 아주 짧은 시간을 내 달라고 하는 의미로 'a minute[mínit](1분)' 또는 'a second[sékənd](1초)' 와 같은 단어가 쓰이기도 한다.

disturb[distə́:rb] 방해하다

A : Sorry to disturb you. **Have you got a minute?**
방해해서 죄송하지만, 잠깐 시간 좀 있어요?

B : Sure, come on in.
물론이지. 어서 들어와.
Not right now. In thirty minutes.
지금은 안 되고 30분 후에.

A : **May I have a word with you?**
얘기 좀 나눌 수 있어요?

B : Sure. What is it?
물론이죠. 뭔데요?

- Do you have a minute, Sam?
  샘, 잠깐 얘기 좀 할까요? (= Do you have a second?)

- Can I talk to you for a short time?
  얘기 좀 할 시간 있어요?

- There's something I want to talk to you about. So I want to see you tonight for a few minutes.
  얘기할 것이 좀 있어요. 그래서 오늘 저녁 잠깐 만나고 싶어요.

27

시간을 낼 수가 없어. I can never seem to find the time.

'잠깐 시간 좀 있어요?(Have you got a moment[móumənt]?)' 라는 물음에 '(다른 일을 하기 위하여) 따로 시간을 낼 수 없다'는 영어 표현을 'cannot find the time'이라고 한다.

A : Were you able to help your neighbor prepare the party?
이웃집이 파티 준비하는 데 좀 도와줄 수 있었어요?

B : No. **I got busy and couldn't spare the time.**
아니오, 바빠서 시간을 낼 수가 없었어요.

neighbor[néibər] 이웃
prepare[pripέər] 준비하다

spare[spεər] (남에게 시간 · 돈 등을) 할애하다, 내주다, 나누어주다

S : How about going out for a coffee?
커피 한 잔 하러 나갈까?

M: No. **I can never seem to find the time to drink coffee.**
아뇨. 커피 마실 시간을 낼 수가 없어서.

28

직장에서 눈코 뜰 새 없이 바빠요. I'm tied up at work.

주말이면 그 동안 못 만났던 사람들도 만나야 하고 결혼식에도 참석해야 하고 해야 할 일이 너무나 많다. 이렇게 '해야 할 일이 너무 많거나, 가야 할 곳이 너무 많아서 눈코 뜰 새 없이 너무 바쁘다(very busy)'고 할 때 '손과 발을 묶다'라는 동사 'tie'를 사용한 'be tied up (with)'가 흔히 쓰인다.

S : Can you manage Friday for our meeting?
우리 모임에 금요일은 괜찮겠어?

M: **I'm afraid I'm tied up then.** The only time I'm free is Saturday afternoon.
그 땐 눈코 뜰 새 없을 것 같아. 시간을 낼 수 있는 것은 토요일 오후뿐이야.

manage[mǽnidʒ] ~할 시간이 있다; 처리/ 관리하다
eg. **Can you manage lunch on Friday?** 금요일에 나와 점심 먹을 시간 있어?

A : Honey, can you come over here for a second?
여보, 잠깐만 이리 좀 와 봐요.

B : Sorry, I can't. **I'm tied up with the dishes right now.**
미안하지만 안 되겠어요. 지금 설거지하느라 매우 바빠요.

A : Okay. Never mind, then.
알았어요. 그러면 됐어요.

for a second 잠깐만(for a minute/moment)

- I may be tied up until noon today.
오늘 12시까지는 눈코 뜰 새 없이 바쁠 거야.

- I'm sorry, he's tied up at the moment. Could you call back later? 죄송하지만 그는 지금 매우 바빠요. 나중에 전화하시겠어요?

- I can't see you tomorrow – I'm going to be tied up all day.
  내일 만날 수 없어. 너무 바빠서 하루 종일 꼼짝 못할 거야.

29

시간 좀 지켜요. Please be on time.

약속을 해 놓고 상대방을 늘 기다리게 하는 사람에게 '시간 좀 지켜요.' 라고 말할 때 'Please be on time.' 이라고 하면 된다. 시간을 어기지 않고, 정각에라는 의미로 'on time' 이 쓰이지만 강조하기 위하여 'right/dead on time' 이라고도 한다. 영국에서는 'right/dead on time' 의 뜻으로 'bang on time' 이라는 표현도 쓰인다. 'on time' 은 '정각에(punctually [pʌ́ŋktʃuəli])' 의 뜻이고, 'in time' 은 '(예정된) 시간 전에, ~할 시간에 맞게, 늦지 않게(not late)' 라는 뜻이다.

A : The party starts at seven o'clock. **Try to be here on time.**
파티가 7시에 시작해요. 이곳에 시간에 맞추어 오도록 해요.

B : No problem.
걱정 말아요.

S : I'll meet you at seven.
7시에 만나러 갈게.

M: **OK, but please be right on time.**
알았어. 하지만 시간 좀 꼭 지켜.

A : **Are you sure you can do it in time?**
너 시간에 맞게 할 수 있니?

B : No sweat!
우습지! 식은 죽 먹기야.

sweat [swet] 땀 (perspiration [pə̀ːrspəréiʃən]), 힘들고 재미없는 일
➔ 'No sweat.' 는 '걱정 마, 어려운 일이 아니야.' 의 뜻으로 어떤 일을 아주 쉽게 할 수 있다고 자신 있게 말할 때 'It's a piece of cake.' 의 뜻으로 쓰인다.

- Our train arrived bang on time.
  우리가 타고 갈 기차가 정각에 도착했다.

at 7:30 on the dot 7시 30분 정각에(= at 7:30 sharp)

- I expect you to arrive at 7:30 on the dot.
  네가 정확히 7시 30분에 도착할 것으로 생각해.

- Will I be in time for the train?
  기차 시간에 댈 수 있을까?

➔ 'on time' 의 주어로 사람 · 사물이 될 수 있지만 'in time' 의 주어는 사람만 된다. 그러나 위 예문에서 'in time' 이 '조만 간에(sooner or later), 얼마간의 시간이 지나면' 의 뜻일 때는 무생물 주어가 쓰일 수 있다.
punctually [pʌ́ŋktʃuəli] 정각에 (exactly [igzǽktli] on time)
punctual [pʌ́ŋktʃuəl] 시간을 엄수하는

cf. Don't worry – I'm sure things will get better in time.
걱정하지 말아. 조만 간에 상황이 좋아질 거라고 난 확신해.

- Be there punctually at nine o'clock. 9시 정각에 그곳에 있거라.

- He's always so punctual. 그는 언제나 시간 엄수를 잘하는 사람이야.

30 **시간 가는 줄도 몰랐네. I lost track of the time.**

'lose track of'는 '~을 놓치다(misplace), 잊다(forget)'의 뜻이고, 'keep track of'는 '(누가 어디에 있는지, 그들에게 지금 무슨 일이 벌어지고 있는가에) 계속 관심을 가지다'라는 뜻이다.

A : Well, see you tomorrow.
저, 내일 봐요.

B : I'd better go. Friday's my son's birthday, and I want to buy him a computer.
나도 가는 게 좋겠군요. 금요일이 아들아이 생일인데 컴퓨터 하나 사주려고요.

A : I think you're going to have to buy it for him tomorrow. The stores are closing in fifteen minutes.
내 생각엔 아들애 선물은 아무래도 내일 사셔야겠는데요. 상점이 15분 후면 닫히니까요.

B : Oh, no! You're right. **I guess I lost track of the time.**
오, 맙소사! 그렇군요. 시간 가는 줄도 몰랐네

- I lose all track of time when I listen to this music.
  이 음악을 들을 때는 나는 시간 가는 줄을 몰라.
- It's hard to keep track of all one's old school friends.
  모든 동창들과 계속 연락하며 지내기는 누구나 어려운 일이다.

31 **8월말입니다. At the end of August.**

어떤 기간이나 일의 처음을 'at the beginning of(~의 초에)', 끝을 'at the end of(~의 말에)'라고 하고, '도중에, 중순에'라고 할 때 'in the middle of'가 쓰인다.

A : When are you supposed to return home?
언제 귀국할 예정입니까?

B : **At the end of August.**
8월말입니다.

be supposed[səpóuzd] **to** ~할 예정이다(be expected to)
August[ɔ́:gəst] 8월

- It will be ready at the beginning of next week.
  다음주 초에 준비가 될 것이다.
- All the spectators were excited at the end of the match.
  경기가 끝날 무렵에 모든 관중은 흥분했다.

spectator[spékteitər] 관중

- Why don't we meet sometime in the middle of the week?
  주중에 언제 만납시다.

32

제철이 아닙니다. It's out of time.

'과일 야채 등이 철이 지난, 한물 지난'의 뜻으로 'out of season[sí:zən]' 또는 'out of time'이 쓰이며, 이와 반대로 '한창/제철 때에'라고 할 때는 'in season'이라고 한다. '(때를 가리지 않고) 언제든지, 끊임없이'라고 할 땐 'in (season) and out of season'이라고 한다.

strawberry[strɔ́:bèri] 딸기
dessert[dizə́:rt] 후식

A : Could I have some strawberry for dessert?
후식으로 딸기 좀 먹을 수 있어요?

B : **Sorry, it's out of time.**
죄송합니다. 제철이 아니라 없습니다.

• The hotels are **usually full in season.**
성수기에 호텔은 보통 만원이다.

33

지금 별로 할 일이 없으면, … If you're not doing anything, ...

상대방을 초대하거나 어떤 일을 하고자 청할 때 또는 이성에게 데이트 신청을 할 때 먼저 상대방에게 'If you're free, ...(한가하면/시간 있으면)', 'If you're not busy, ...(지금 바쁘지 않다면)', 'If you don't have any other plans, ...(다른 계획이 없다면)' 등과 같이 시간이 있는지 물어 보는 것이 예의이다.

A : **If you're not busy tonight, how about going to an opera?**
오늘밤 바쁘시지 않으면 오페라 구경가는 것이 어때요?

B : Sounds great. What time does it start?
좋습니다. 몇 시에 시작하지요?

• Do you have **time for a quick drink?**
잠깐 술 한잔할 시간 있어요?

come over 들르다
➔ 시간이 있으면 잠깐 들르라는 말에 대한 응답.

cf. I'll try and come over next weekend, but I doubt if I'll have the time.
다음주에 들르도록 노력해 보겠지만 시간이 있을지는 모르겠어요.

34

시간이 말해 주지. Only time will tell.

'옳게 했는지, 진실인지 훗날에 알게 될 것이다'라고 말할 때 'Only time will tell. / It's only a matter of time.'이라고 한다. 시간이 흐르면 모든 것이 다 해결된다는 뜻으로 '세월이 약이겠지요.'라는 말이 있다. 이것을 영어로 하면 'Time cures everything. / Time heals all sorrow. / Time heals all wounds.'라고 한다.

cure[kjuər] 치료하다
heal[hi:l] (상처 · 마음의 아픔 등을) 고치다
wound[wu:nd] (마음의) 상처
sorrow[sárou] 슬픔

• **Only time will tell** if you are right.
시간이 지나면 네가 옳은지 알게 될 거야.

LESSON 33

날씨 Weather

01	오늘 날씨가 어때요?	What's the weather like today?
02	날씨가 변덕스러워요.	The weather is changeable.
03	비가 왔으면 좋겠어요.	I wish it would rain.
04	좋은 아침이죠?	It's a lovely morning, isn't it?
05	점점 더 더워져요.	It's getting hotter.
06	푹푹 찔 겁니다.	It's going to be boiling hot.
07	히터 좀 올리면 안 돼요?	Can't we turn the heat up?
08	오늘 밤 비가 올 것 같아?	Do you think it'll rain tonight?

L·E·S·S·O·N

33 날씨 Weather

01

오늘 날씨가 어때요? What's the weather like today?

'날씨가 어때요?' 라고 물을 때 '~을 닮은, ~과 같은' 의 뜻인 'be like' 를 사용하여 'What's the weather like?' 라고 말한다. 이때 '일기예보에 의하면 오늘 날씨가 ~할 거래요.' 라고 말할 때 'The weather forecast says it's going to be cold (추울) / warm(따뜻할) / sunny(맑을) / windy(바람이 불) / rainy(비가 올).' 와 같이 하면 된다. 일기예보에서 기상 상태를 말할 때는 형용사가 쓰이지만 실제로 '눈 또는 비가 온다든지, 바람이 분다든지' 할 때는 'It's snowing / raining / blowing.' 과 같이 진행형 시제가 쓰인다.

A : **What's the weather like today?** 오늘 날씨가 어때요?

B : The weather forecast says it's going to be cloudy today.
일기예보에 의하면 내일 날씨가 흐릴 거래요.

forecast [fɔ́ːrkæ̀st] 예보, 예측

날씨에 대한 여러가지 표현들

pleasant [plézənt] (날씨가) 좋은 ; 즐거운, 상냥한

cool [kuːl] 시원한, 냉정한 ; 훌륭한, 멋진

chilly [tʃíli] 차가운, 으스스한 ; 냉담한

sweltering [swéltəriŋ] 무더운

sticky [stíki] 끈적끈적한

a. It's **pleasant.** 상쾌합니다.

b. It's **cool.** 서늘해.

c. It's **chilly.** 쌀쌀해. (= It's rather cold.)

d. It's **sweltering.** 찌는 듯이 덥군요. (= It's very hot.)

e. It's rather **sticky.** 다소 후텁지근해. (= It's hot and wet.)

f. It's **clearing up.** (날씨가) 개고 있다. (= It's getting better.)

g. It's **clouding over.** 날씨가 흐려지고 있어요. (= It's getting worse.)

h. It's **drizzling.** 이슬비가 내리고 있어요. (= It's raining a little.)

i. It's **pouring.** 폭우가 내리고 있어요. (= It's raining very fast.)

j. It's **sleeting.** 진눈깨비가 내리고 있어요.

k. **A cold wind is blowing.** 찬바람이 불고 있어요.

blow [blou] 바람이 불다

gale [geil] 강풍

cf. storm 폭풍우

l. It's **blowing hard.** 강풍이 불고 있어요.
= It's blowing a gale.
= There's a strong wind.

m. In the afternoon, **it will begin to snow lightly.**
오후에는 약간의 눈이 내릴 것이다.

clear up [kliərʌp] (날씨가) 개다

n. The snow will stop and skies will **clear up.**
눈이 멈추고 하늘은 맑게 개일 것이다.

02

날씨가 변덕스러워요. The weather is changeable.

날씨가 변덕스럽다고 할 때 형용사 'changeable[tʃéindʒəbəl], capricious[kəpríʃəs], fickle[fíkəl], 또는 uneven[ʌní:vən](불규칙한, 고르지 않은)' 등이 쓰이며, 심하게 변덕스러운 날씨를 'crazy weather[kréizi wéðər]'라고 한다.

A : What was the weather like on your vacation?
휴가 중에 날씨가 어땠어요?

B : **The weather was very changeable.**
날씨가 매우 변덕스러웠어요.

- We can't go camping while the weather is so capricious.
날씨가 너무나 변덕스러운 기간에는 야영 갈 수가 없어.

- We had marvellous weather on our trip.
여행 중에 날씨가 매우 좋았어요.

- The weather here is notoriously fickle – one moment it's raining, the next the sun's out.
이곳의 날씨가 변덕스러운 것은 유명해. 잠깐 비가 오다 잠깐 햇볕이 비치다가 하잖아.

marvellous[mɑ́:rvələs] 훌륭한, 멋진

notoriously[noutɔ́:riəsli] (나쁜 의미로) 널리 알려져서

03

비가 왔으면 좋겠어요. I wish it would rain.

미래에 어떤 일이 이루어졌으면 하는 소망을 나타낼 때 'I wish that + 가정법'이 쓰인다.

A : It's very hot and sticky today.
매우 덥고 후텁지근해.

B : It sure is. **I wish it would rain.**
정말 그래. 비가 왔으면 좋겠어.

A : The paper said it is going to rain.
신문에는 비가 온다고 했는데.

B : I hope so. Rain would cool things off a little.
비가 오길 바래. 비가 오면 좀 시원해질 텐데.

- Isn't it lovely today – I wish it could be like this all year round.
오늘 날씨가 좋지요? 일년 내내 이런 날씨였으면 해요.

sticky (습도가 많아) 후텁지근한

cool off ~을 식히다, 가라앉히다

all (the) year round 일년 내내

'진행형'과 'be going to + 동사'의 차이점

문장 a는 '지금 비가 내리는가?'의 뜻으로 현재의 상황을 묻는 것이고, b는 '비가 올 것 같은가?'를 묻는 미래의 상황을 묻는 것이다.

a. Is it raining?

b. Is it going to rain?

I wish that + 가정법 과거

'I wish' 다음에 절(節)이 올 경우 현재 또는 과거의 가망성이 없는 소원을 나타내며 'if only'나 'I would rather' 다음에 절(節)이 올 경우에도 마찬가지 뜻이다.

1. 실현 가망성은 없지만 지금 당장 어떤 특별한 상황이 일어났으면 하고 바랄 때

a. I wish I were taller! 키가 좀더 컸으면 좋겠어! (= but it is impossible)

b. I wish I were 10 years younger. 10년만 젊어졌으면 좋겠어.

c. I wish I were in your shoes. 내가 네 입장이라면 얼마나 좋을까.

2. 미래에 어떤 일이 이루어졌으면 하는 소망

a. I wish that you would come.
(너는 원치 않지만) 네가 와 줬으면 하고 나는 바래.

➔ 법조동사(would, could 등)는 인간의 마음 상태를 나타내므로 그 뜻을 정확히 알고 사용해야 한다.

b. I wish that you could come.
(뭔일이 있어서 못 오겠지만) 네가 와 줄 수 있기를 바래.

c. I wish I could speak English half as good as you.
너의 절반 정도라도 영어를 할 수 있다면 좋겠어.

d. I wish you wouldn't go out every night.
매일 밤마다 외출하지 않았으면 좋겠어.

e. If only I could give up smoking.
담배를 끊었으면 해. (= I wish I could give up smoking.)

f. I wish I could have my own house.
앞으로 내 소유의 집이 있었으면 좋겠어.

➔ 〈현재의 소망〉

cf. I wish I had my own house. 지금 내 소유의 집이 있었으면 좋겠어.

3. 어떤 사람의 현재 행동이나 버릇을 불평(complaints)할 때

a. I wish you would look where you're going.
= Why don't you look where you're going?
어딜 가고 있는지 좀 봤으면 좋겠어.

b. I wish he wouldn't drop his cigarette ash on the carpet!
= Why does he always drop his cigarette ash on the carpet?
그가 카페트에 담뱃재를 떨어뜨리지 않으면 좋겠어!

04
좋은 아침이죠? It's a lovely morning, isn't it?

아침에 맑고 화창한 날씨를 맞이했을 때 'lovely[lʌ́vli], wonderful[wʌ́ndərfəl], marvellous[mɑ́:rvələs]' 등의 형용사가 쓰인다. 이와 반대로 구름이 끼고 날씨가 우중충하고 좋지 않은 날씨에 'awful[ɔ́:fəl], terrible[térəbəl], miserable[mízərəbəl], dreadful [drédfəl]' 등의 형용사가 쓰인다.

A : **It's a lovely morning, isn't it?**
날씨가 좋은 아침이죠?

B : Yes, beautiful.
네. 좋은 아침입니다.

S : **It's a dreadful morning, isn't it?**
날씨가 몹시 불쾌하지 않아요?

M: Yes, terrible.
맞아요. 지독한 날씨예요.

- What a morning!
  얼마나 좋은 아침이에요!

- It's a pleasant morning.
  상쾌한 아침입니다.

pleasant[plézənt] 즐거운; (날씨가) 좋은

05
점점 더 더워져요. It's getting hotter.

진행 시제는 현재 일어나는 동작 및 상태를 나타내고, 오랫동안 반복적으로 계속 같은 행위가 지속되는 경우에는 현재 시제가 쓰인다. 아래 대화문에서 '저녁만 되면 더 시원해진다.'는 것은 일반적인 기상 상태이므로 현재 시제가 쓰인 것이다. 또한 '낮에는 덥다가 저녁만 되면 시원해진다.'는 상태 변화를 나타낼 때에 'get' 동사가 쓰이는 것에 주의해야 한다.

A : **It's getting hotter every day, isn't it?**
날씨가 점점 더워지는 것 같죠?

B : It sure is, but **it gets cooler in the evening.**
그래요. 하지만 저녁에는 더 시원해져요.

- It's cooler than this afternoon, isn't it?
  오늘 오후보다 시원하지 않아요?

- It's much better than yesterday.
  어제보다 날씨가 훨씬 좋아요.

➔ 'much, (by) far, even, still' 등이 비교급 · 최상급을 강조하는 데 쓰임.

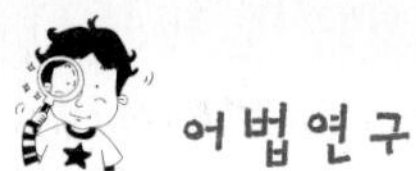

비교급

둘을 비교해서 한쪽이 성질 · 상태 · 크기 · 정도 등이 다른 쪽 '보다 우수하다'는 것을 우등 비교(-er + than)라 하고 '~보다 못하다'는 것을 열등 비교(less + 원급 + than)라 한다.

➔ 〈우등 비교〉
➔ 〈열등 비교〉

a. I am taller than he. 내가 그보다 더 커.
   = He is less tall than I. 그는 나보다 키가 작아.

b. It was less than I expected. 기대했던 것보다 못했어요.

c. It was better than I thought. 생각했던 것보다 좋았어요.

d. Much better than nothing. 없는 것보다 훨씬 낫지.

06 푹푹 찔 겁니다. It's going to be boiling hot.

'boiling[bɔ́iliŋ](끓는) / sizzling[sízəliŋ](기름 등이 지글거리는) / baking[béikiŋ](타는 듯이 더운) / roasting[róustiŋ](타는 듯한) / scorching[skɔ́ːrtʃiŋ]'은 현재분사가 부사처럼 'hot'를 강조하여 'very'의 뜻으로 쓰인다. 'piercing[píərsiŋ] / freezing[fríːziŋ] / biting[báitiŋ] / cutting[kʌ́tiŋ]'은 'cold'를 강조할 때 쓰인다.

scorcher[skɔ́ːrtʃər] 타는 듯이 더운 날

hate 싫어하다
remind sb of ~에게 …을 연상시키다, 생각나게 하다

A : It looks like another scorcher today.
오늘도 무척 더울 것 같군요.

B : It sure does. **It's going to be boiling hot this afternoon.**
정말 그래요. 오늘 오후는 푹푹 찔 겁니다.

A : I hate these sizzling hot days. Such a hot day reminds me a glass of cold beer.
이런 무더운 날씨는 싫어요. 이렇게 더울 때는 시원한 맥주가 생각나지요.

- It's piercing/biting/cutting cold.
  살을 에는 듯한 추위다.
- It's piping/burning/scorching hot.
  몹시 뜨거운 날씨다.
- Put your sweater on before you go out because it's freezing cold outside.
  밖이 추워 얼어죽을 지경이니 나가기 전에 스웨터를 입어.

be going to의 용법

'be going to'는 확정된 미래의 동작이나 상태 등을 나타내는 데 쓰이며, 앞으로 일어날 일에 증거를 가지고 있거나 강한 결심(strong determination[ditə̀ːrmənéiʃən])을 나타낼 때 쓰인다.

① 첫 번째 진술이 두 번째 진술의 증거가 될 때

Look at those clouds. It's going to pour down!
저 구름 좀 봐. 폭우가 내릴 것 같아!

② 현재의 증거를 바탕으로 미래를 예측할 때

Mary's going to have another baby in June.
메리는 6월에 아기를 하나 더 낳을 거야.

③ 계획 · 강한 의지 또는 이미 결정된 것을 말할 때

I'm going to keep asking her out until she says 'Yes'.
그녀가 허락할 때까지 나는 계속해서 데이트를 청할 거야.

pour down 쏟아 붓다

07 히터 좀 올리면 안 돼요? Can't we turn the heat up?

'turn up / down the heat'는 보일러 등과 같은 난방 장치의 '온도(temperature[témpərətʃər])를 올리고 내리다'라는 뜻이고, 'turn up / down the heater'는 난로와 같은 가열기의 '온도를 올리고 내리다'라는 뜻이다.

→〈P. 111 참조〉

A : Boy. It is cold! **Can't we turn the heat up?**
어휴, 추워라! 히터 좀 올리면 안 돼요?

B : Heat is expensive, Sam. Just put on a sweater.
난방비가 얼마나 비싼데, 샘. 스웨터를 입어 봐.

- Did you turn the heater off? It's freezing in this room.
  히터를 껐어요? 이 방에 있다가 얼어죽겠어.
- I'm freezing to death. Please turn the heater on.
  추워서 얼어죽겠어요. 난로 좀 켜 주세요.
- Would you mind turning up the air conditioner? It's too warm.
  에어컨 좀 세게 틀어 주겠어요? 너무 더워요.

cf. She got very *heated* about it.
그 여자 그것에 관해 매우 열 받았다.

→ '날씨가 어때요?'의 응답으로 'It's freezing.'이라고 할 수 있지만 'I'm freezing.'이라고 하지 않는다.

→ 'mind' 동사는 동명사를 목적어로 갖는다.

heated[híːtid] 흥분한, 성난

08

오늘 밤 비가 올 것 같아? Do you think it'll rain tonight?

'~일지도 모른다'는 '가능성(possibility[pὰsəbíləti])'을 조동사 'may, might, could'가 나타낸다. 또한 조동사 대신에 가능성 또는 추측을 나타내고자 할 때 'I'm sure, I suppose [səpóuz], perhaps[pərhǽps], probably[prάbəbli]' 등을 사용한다. 가능성을 나타내는 의문문에 'may'는 쓰이지 않고 'be likely to' 또는 'do you think'가 쓰인다. '오늘밤에 비가 올 것 같아?'를 영어로 'May it rain tonight?'라고 하지 않고 'Is it likely to rain tonight? / Do you think it'll rain tonight?'라고 해야 한다.

A **: Do you think it'll rain tonight?**
오늘밤에 비가 올 것 같아?

B : May or may not.
글쎄.

- It might rain. Why don't you take your umbrella?
비가 내릴지 모르니 우산을 가져가지 그래.
= It is likely to rain.
= It'll probably rain.

➔ 주어의 확신을 뜻하는 'will'이 'probably[prάbəbli]'와 함께 쓰이면 가능성을 의미함.

LESSON 34

이해 Understanding

01	알겠어요?	Have you got all that?
02	잘 알겠어요.	I got the picture.
03	가만있어 보자.	Let me see.
04	NGO가 무슨 뜻이죠?	What does NGO stand for?
05	모르겠어요.	I can't make it out.
06	전혀 감이 안 잡히는데요.	I haven't got a clue.
07	요령을 곧 알게 돼.	You'll get the hang of it.
08	찍은 거야.	It was a shot in the dark.
09	어림잡아 말해 보세요.	Give me a ballpark figure.
10	요점을 피하지 말아.	Don't beat around the bush.
11	오해하지 말아요.	Don't get me wrong.
12	내가 진실을 밝히지.	Let me put the record straight.
13	알고 있니?	You know?

L·E·S·S·O·N

34

이해 Understanding

01

알겠어요? Have you got all that?

뭔가를 이야기하면서 상대방이 이해했는가를 확인할 때(checking another person's understanding), '알겠어요/이해합니까?' 라고 물어 볼 때 아래와 같은 표현이 쓰인다. 'get' 은 영어 회화에서 여러모로 유용하게 쓰이는 기본 동사인데 'follow[fálou]' 와 함께 '이해하다(understand)' 의 뜻이다. '그녀는 그 농담을 이해하지 못했다.' 라고 말하려면 'She didn't get the joke.' 라고 하면 된다.

A : Excuse me. Could you tell me how to get to the bus terminal?
죄송합니다. 버스 터미널에 가는 길 좀 알려주시겠어요?

B : Okay. First, go straight until you get to the next intersection and turn left and then walk two blocks and turn left again. **Are you with me so far?**
좋아요. 우선 다음 교차로에 이를 때까지 똑바로 가서 왼쪽으로 돌아서 두 블록을 걸어가서 다시 왼쪽으로 돌아요. 지금까지 이해가 돼요?

A : Yes. **I'm following you.** 네. 알아요.

B : Then walk two more blocks, and you can't miss it. **Have you got all that?**
그리고 나서 두 블록을 가면 쉽게 찾을 겁니다. 모두 이해했습니까?

A : Yes. **I've got it.** Thank you very much.
네. 알겠습니다. 매우 감사합니다.

intersection[ìntərsékʃən] 교차로

so far 지금까지
➔ '내가 하는 설명이나 얘기를 이해하면서 지금까지 함께 있는가?' 라는 뜻
➔ 내가 하는 설명이나 얘기를 이해하는가 물어 보는 표현.

- **Are you with me (so far)?** (지금까지) 이해가 돼요?
- **Do you follow me?** 이해가 됩니까?
- **Okay?** 알겠어요?
- **(Have you) Got it?** 알겠어요?
- Do you think **you've got it now?** 이해가 되는 것 같아요?
- **Have you got all that?** 모두 이해했습니까?

02

잘 알겠어요. I got the picture.

상대방이 하는 설명이나 얘기를 듣고 이해했을 때 'I understand / I'm following you / I've got it / I see / I'm with you.' 등과 같이 말하면 된다. 또한 'picture' 는 상황 내지는 정세라는 뜻으로 'I get the picture.' 는 '무슨 말을 하고 있는 건지 전후 사정을 잘 알겠다.' 는 말이 된다.

A : (Have you) Got it? 알겠어요?

B : **Yes. / Of course. / Sure.** 네. / 물론이죠. / 알고말고요.

S : Did you catch on? 이해했어요?

M: Of course, **I got the picture very well.** 물론입니다. 매우 잘 알겠어요.

catch on 이해하다(understand)
get the picture 이해하다

- Now I see what you're talking about.
  이제야 당신이 무슨 말을 하는지 알겠어요.
- I see what you mean.
  무슨 말인지 알겠어요.

03

가만있어 보자. Let me see.

상대방이 말한 것을 자신이 이해했는가를 확인하려 할 때(checking one's own understanding), 또한 뭔가를 신중이 생각하거나, 다른 사람이 말했던 것을 기억하고 있는가 확인하려고 할 때, 뭔가를 생각해 내려고 할 때 'Let me see.(가만 있어 보자.)' 또는 'Let's see. / Let me think.'가 쓰인다.

A : Who shall I invite in place of Mary?
메리 대신 누구를 초대할까?

B : **Let me see** - what about Diana?
글쎄요. 다이아나가 어때요?

invite[inváit] 초대하다
in place of 대신에(instead of)

- Now let me see – where did he say he lived?
  자 그런데 그가 어디에 살았다고 말했지?
- You sent it to, um, let me see, ... George.
  그것을 누구에게 보냈지, 음, 가만있어 보자… 맞아 조지에게 보냈어.

04

NGO가 무슨 뜻이죠? What does NGO stand for?

'~의 약어(abbreviation[əbrìːviéiʃən])이다, ~의 뜻이다(mean), ~을 나타내다'라고 할 때 'stand for'가 쓰인다.

A : **What does NGO stand for?**
NGO가 무슨 말입니까?

B : **NGO stands for 'Non-Governmental Organization.'**
NGO는 비정부 기구란 뜻이죠.

A : Oh, I see.
아. 알겠어요.

government[gʌ́vərnmənt] 정부
organization[ɔ̀ːrgənəzéiʃən] 조직, 기구

represent [rèprizént] 상징하다, 의미하다, 나타내다

- The fifty stars on the American flag **represent** the fifty states.
  미국 국기의 별 50개는 50주를 나타낸다.

dove [dʌv] 비둘기

- The dove **represents** peace. 비둘기는 평화를 상징한다.
- What does this **mean**? 이것은 무슨 뜻입니까?

➜ 'Nimby'는 'Not in my back-yard'의 약자로서 '우리 집 뒷마당에는 안 된다.'라는 사람들의 태도에서 유래된 것. 핵발전소, 쓰레기 매립장, 공해 업소 같은 혐오 시설이 들어오는 것에 대한 주민들의 집단 반발 현상을 지칭하는 것이다.

- What does Nimby **stand for**? Nimby가 무슨 뜻이죠?

05 모르겠어요. I can't make it out.

상대방의 말을 알아듣지 못했을 때 어물쩍 넘어가면 오해가 생길 수도 있기 때문에 무슨 말인지 이해하지 못했을 때는 이해하지 못했다고 솔직하게 말하는 것이 좋다. 상대방이 한 말을 못 들었거나 이해하지 못했을 때 'What?(뭐라고요?)'라고 말하는 것은 점잖지 못한 표현이다. 이럴 때 'Sorry? / Pardon me?' 또는 'Excuse me?'라고 말하는 것이 예의바른 표현이며 아래에 있는 표현들을 사용할 수 있다.

roadsign [róudsàin] 도로 표지

make out 이해하다

A : Can you read what the roadsign says?
도로 교통 표지판에 뭐라고 씌어 있는지 좀 읽어 주겠어요?

B : Well, **I can't make it out.**
글쎄요. 잘 모르겠어요.

➜ 상대방의 말을 알아듣지 못했을 때 미국에서는 '(I beg your) Pardon?', 영국에서는 'Pardon?'과 함께 'Sorry?'를 사용한다.

A : He's late. 그가 늦었어.

B : **Sorry?** 뭐라고 말했어?

A : I said he's late. 그가 늦었다고 말했어.

get 이해하다

- **I don't get you.**
  무슨 말인지 모르겠어요. (= I don't get your meaning.)
- **I'm afraid I'm not following you.**
  이해가 잘 안 되는 것 같습니다.

mean 의미하다; ~의 뜻으로 말하다

- **What do you mean** (by that)?
  무슨 말씀이시죠?
- **I don't get it** – why would she do a thing like that?
  왜 그녀가 그와 같은 일을 하려고 하는지 이해를 못하겠어.
- **She still doesn't get** what the movie's about.
  그녀는 아직도 영화 내용을 이해를 못하고 있어.

06

전혀 감이 안 잡히는데요. I haven't got a clue.

어떤 사실을 모른다고 할 때는 'I don't know. / I've no idea.'가 가장 일반적인 표현이지만 가까운 사이에는 '(It) Beats me.(= I can't understand.)'라고 말하기도 한다. 상대방이 물어 보는 질문에 대답할 수 없거나 전혀 감을 잡지 못할 때 사용 할 수 있는 말이다. 또한 '감이 안 잡히는데요.'라는 우리말에 대응하는 표현이 'I haven't got a clue. / I don't have the slightest idea. / I know nothing about it.' 등이 있다.

clue[klu:] 실마리, 단서
slight[slait] 약간의, 적은

A : Guess what I got for your birthday at the mall.
내가 오늘 쇼핑센터에서 네 생일 선물로 뭘 샀는지 맞혀 봐.

B : (It) **Beats me. I haven't got a clue.**
몰라요. 전혀 감이 안 잡히는데요.

(shopping) mall[mɔ:l] 쇼핑센터
beat[bi:t] 손들게 하다, 쩔쩔 매게 하다

S : Honey, you'll never guess what happened to me today.
여보, 오늘 나한테 무슨 일이 있었는지 당신은 짐작조차 못할걸.

M: O.K. **I give up.** Tell me.
좋아요. 모르겠어. 말해 봐요.

I give up (guessing) 맞히는 걸 포기하지.

- **We don't have the faintest idea of** what the murderer looks like.
  살인범이 어떻게 생겼는지 전혀 파악되지 않고 있다.
- **What beats me** is how that idiot got the job.
  어떻게 저 얼간이가 직장을 구했는지 이해가 안 돼.
- **Your guess is as good as mine.**
  나도 모르겠어. (= I don't know.)

faint[feint] (생각 · 희망 등이) 실낱같은
murderer[mə́:rdərər] 살인자
look like ~인 것 같다
idiot[ídiət] 바보, 천치
guess[ges] 명 추측, 추정 동 추측하다; 알아 맞히다

07

요령을 곧 알게 돼. You'll get the hang of it.

'hang[hæŋ]'이 명사로 쓰여 '올바르게 다루는 법, 사용법, 요령'이라는 뜻이 있어 '~의 요령을 터득하거나 다루는 법을 알게 될 거야.'라고 할 때 'You'll get the hang of it.'라고 한다. 'You'll get it. / You'll understand it. / You'll learn how to do it.'도 같은 의미로 자주 쓰인다.

A : I've never used a computer before.
전에 컴퓨터를 한번도 사용해 본 적이 없어요.

B : Don't worry – **you'll soon get the hang of it.**
걱정 말아요. 사용법을 곧 알게 될 겁니다.

- Don't worry. You'll get it.
  걱정 말아요. 곧 알게 될 거예요.

go on (불이) 켜지다; 계속되다; 계속하다; (시간이) 지나다

- Press this button when the light goes on – you'll soon get the hang of it.
  불이 들어오면 이 버튼을 누르세요. 곧 요령을 알게 될 거야.

once [wʌns] (조건, 시간의 부사절에서) 일단 ~하면

- Using the computer isn't difficult once you get the hang of it.
  일단 요령을 터득하면 컴퓨터를 사용하는 것은 어렵지 않아.

08

찍은 거야. It was a shot in the dark.

'a shot in the dark'는 캄캄한 어둠 속에서 총을 쏜다는 것은 대충 감으로 총을 쏜다는 것이므로 '감으로 하는 추측' 또는 '넘겨짚기'라는 뜻의 숙어이다. 권투에서 상대방의 코에 명중을 시키면 정확한 펀치가 되므로 'hit it'는 '바로 알아맞히다'라는 뜻이고 'on the nose'는 '정확히(exactly [igzǽktli], precisely [prisáisli])'라는 뜻의 숙어이다.

A : How did you know?
어떻게 알았어?

B : **It was a shot in the dark.**
대충 맞춰 본 거야.

A : You hit it right on the nose.
(너 진짜 족집게구나.) 정확히 맞혔어.

- You've hit it on the nose.
  너는 정확히 맞혔어.

- You've understood it on the nose.
  넌 정확히 이해했어.

complete [kəmplíːt] 완전한, 완벽한

- My answer to the last question was a complete shot in the dark.
  마지막 문제에 대한 나의 답은 완전히 찍은 거였어.

rough [rʌf] 대충의

- I'd say he was about 35, but that's only a rough guess.
  그는 대략 35세쯤 됐을 거야. 하지만 대충 맞혀 본거야.

guess [ges] 추측(하다)

- You guessed right, but I guessed wrong.
  네 추측은 맞았지만 내 추측은 틀렸어.

have a hunch that ~이 아닌가 하는 예감이 들다/생각이 들다
hunch [hʌntʃ] 예감, 육감

- I have a hunch that Mark may be planning a surprise party.
  마크가 깜짝 파티를 준비하고 있을지도 모른다는 예감이 들어.

09

어림잡아 말해 보세요. Give me a ballpark figure.

미국의 국기인 야구장(ballpark)에 가보면 관중들이 인산 인해를 이루고 있어 그 수를 헤아리기란 결코 쉽지가 않다. 여기에서 비롯된 말이 'ballpark figure'이다. 그래서 '정확하지는 않지만 어림잡은(approximate[əprɑ́ksəmèit]) 수치(number[nʌ́mbər])나 양(amount[əmàunt])'을 'ballpark figure'라고 한다.

- Give me a rough figure.
  대충 어림잡아 말해 보세요.
- He said $25,000 but it's just a ballpark figure.
  2만 5천 달러라고 그는 말했지만 그저 개략적인 수치였다.
- Their estimate was in the right ballpark.
  그들의 추정치는 근사치에 가까웠다.

cf. They're not *in the same ballpark.*
그들의 생각은 전혀 다르다.

rough[rʌf] 대강의, 거칠거칠한, 난폭한
figure[fígjər] 형태, 숫자

estimate[éstəmèit] 견적, 추정, 추정치
in the right ballpark (원하거나 생각하고 있는 양 · 수 또는 가격이) 근사치에 가까운, 거의 정확한

10

요점을 피하지 말아. Don't beat around the bush.

'beat about the bush'는 '사냥을 하면서 엉뚱한 데만 뒤지고 다닌다'는 뜻에서부터 '질문에 대한 정확한 답변을 피하다(avoid answering a question directly or immediately)', '빙 둘러서 말하다, 요점을 피하다' 등의 의미로 쓰이는 표현이다. 또한 잔소리 말고 요점만 말하자고 할 때 'Let's get to the point.(요점을 말해 봅시다.)'라고 한다.

beat 사냥감을 찾아 덤불을 두드리다, 헤쳐 뒤지다

A : **Let's stop beating about the bush and discuss the main subject.**
쓸데없는 주변 이야기들은 그만하고 본 주제에 관한 논의를 시작합시다.

B : Take it easy. Where's the fire?
쉬엄쉬엄 합시다. 어디 불났어요?(서두르지 마라는 뜻)

discuss[diskʌ́s] 토의하다
main[mein] 중요한
subject[sʌ́bdʒikt] 의제, 주제

➔ 〈P. 21 10번 참조〉

- Stop beating about the bush and answer my question.
  그만 회피하고 내 질문에 대한 대답을 하시오.
- Don't beat around the bush. Come to the point.
  말을 돌리지 말고 요점만 말해요.
- He always talks in circles.
  그는 항상 주변을 맴도는 이야기만 해.
- They seem to be arguing in a circle.
  그들의 논쟁은 아무런 진전이 없는 것처럼 보인다.

bush[buʃ] 수풀, 덤불
come/get to the point 요점에 이르다
circle[sə́:rkl] 원, 원형

11 오해하지 말아요. Don't get me wrong.

사람이 사는 집단생활 속에서는 언제나 오해(misunderstanding)란 있을 수 있는 것이고, 오해가 생기면 빨리 오해를 푸는 것이 사회 생활하는 데 좋은 방법이다. '오해하지 마세요.'라는 말을 영어로 하면 'Don't misunderstand. / Don't get me wrong.'이 된다.

with all one's heart 진심으로

worry about 걱정하다

A **: Don't get me wrong. I do love you with all my heart.**
오해하지 마세요. 나는 당신을 진정으로 사랑합니다.

B **:** Don't worry about it. I understand you.
걱정 말아요. 난 당신을 알아요.

- She misunderstood what I said.
그녀는 내가 말한 것을 오해했다.

- I am misunderstood.
난 오해를 받고 있어.

- You got me wrong. I'm not what you think I am.
날 오해하고 있어요. 난 당신이 생각하는 그런 사람이 아닙니다.

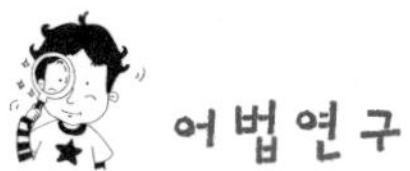

목적 보어를 갖는 동사

목적어의 성질 · 상태 및 결과를 완전하게 나타내기 위하여 필요로 하는 것을 목적 보어라고 하며 이런 동사를 불완전 타동사(5형식 동사 : S + V + O + O.C)라고 한다.

at home 편안한(comfortable)

leave ~한 상태로 놓아두다

get into hot water 고민이나 곤경에 처하다

a. Make yourself *at home*, please.
편히 쉬세요.

b. That guy makes me so *mad*!
저 녀석 때문에 미치겠어!

c. Leave me *alone*!
나를 혼자 있게 내버려 둬!

d. Leave your schedule on weekend *free/open*.
주말 스케줄을 비워 놔.

e. Keep water *clean* for the next generation.
다음 세대를 위해서 물을 깨끗이 합시다.

f. Mr. Park got himself *into hot water*.
박 선생님은 곤경에 빠지셨어.

12

내가 진실을 밝히지. Let me put the record straight.

'put/set the record straight'는 '오해를 풀다, 진실을 밝히다'라는 뜻으로 '내가 진실을 밝히지.' 라고 말하려면 'Let me put the record straight.' 하면 된다.

- To set the record straight, it was not my decision to do this.
  진실을 밝히건대 이것을 하기로 한 것은 내 결정이 아니었어.

decision [disíʒən] 결정

- The director gave an interview to the newspapers to set the record straight.
  진실을 밝히기 위하여 감독은 신문과 인터뷰를 했다.

- The president must speak officially on the matter in order to put the record straight.
  대통령은 사태를 분명히 하기 위해 그 문제에 공식 입장을 발표해야만 한다.

officially [əfíʃəli] 공식으로
in order to ~하기 위해

13

알고 있니? You know?

뭔가에 대해 화제를 유도하거나, 상대방에게 말하고 싶은 얘기가 있거나 상대방의 관심을 끌려고 할 때 쓸 수 있는 표현이 '(Do) You know (something)?(알고 있니?)' 이다.

1 화제를 유도하거나, 간격을 두기 위해

- You know, the kids are watching far too much TV.
  저기요, 우리 애들이 TV를 지나치게 많이 봐요.

- He is a bit, you know, crazy.
  그는 좀 정신이 이상한 거야.

2 강조하기 위하여

- He is angry, you know.
  보시다시피 그는 화가 났다.

- I don't like to brag but, you know, I did do pretty well.
  자랑하고 싶지는 않지만 나 공부 매우 잘했던 것 너도 알잖아.

brag (자기가 한 행위, 학교 다닐 때 공부 또는 소유물 등에 대해 상대방의 관심을 끌기 위해) 자랑하다

3 뭔가를 상기시켜 주려고 하거나 더 많은 정보를 주려고 할 때

- Guess whom I've just seen? Susan! You know – Jim's wife.
  내가 방금 누굴 봤는지 맞혀 봐. 수잔! 짐의 부인이라는 사실을 너도 알지.

④ **중요하다고 생각되는 것을 말해 주려 할 때**

- **You know what?** I've never told you this before, but this is my second marriage.
  알아둘 게 있는데, 전에 말한 적은 없지만, 난 이것이 두 번째 결혼이오.

- **Do you know what?** He got fired.
  그거 알아? 그가 해고됐어.

⑤ **뭔가 상대를 깜짝 놀라게 해줄 만한 소식이 있거나 신나는 일을 말하려고 할 때**

- **Guess what?** Karen is going to get married to Bill.
  저 말야. 캐런이 빌하고 결혼한대.

- **Guess what?** I've just won 500 dollars!
  뭔일이 있는 줄 알어? 500달러를 방금 땄어!

guess[ges] 추측하다, 알아 맞히다
guess what 맞혀 봐, 저 말야

LESSON 35

생각·느낌 Feeling

01	생각 좀 해봐야만 하겠어.	I'll have to think about it.
02	깜빡 했어요.	I forgot about it.
03	지금 당장 생각이 안 나네요.	I can't come up with it right now.
04	생각이 나요.	It rings a bell.
05	깜빡 잊을 뻔했네.	That reminds me.
06	그 점을 명심하겠습니다.	I'll keep that in mind.
07	~라는 생각이 들어요.	I get a feeling that ...
08	그저 예감이 그랬어.	It was just a hunch.

L·E·S·S·O·N

35 생각·느낌 Feeling

01 생각 좀 해봐야만 하겠어. I'll have to think about it.

'think about'는 '곰곰이 생각하다(ponder[pándər]), 고려하다(consider[kənsídər]), 결정하기 전에 신중히 생각하다(consider seriously[síəriəsli] before making a decision[disíʒən])'의 뜻이고, 'think of'는 '생각해 내다, 어떤 생각 · 이름 · 제안 등이 떠오르다(come to mind)'라는 뜻의 차이가 있다.

A : Will you buy me a new bike? 새 자전거 사주시겠어요?

B : Well, **I'll have to think about it.** 글쎄, 생각 좀 해봐야만 하겠어.

occur[əkə́:r] 머리에 떠오르다

- I can't think of the name of the hotel. If it occurs to you, let me know.
  호텔 이름 생각이 안 나. 생각나시거든 알려 주세요.

sight[sait] 'see'의 명사

- Whenever I see white roses, I think of my wedding.
  흰 장미를 볼 때마다 내 결혼식이 생각나.
  = My wedding comes to mind at the sight of white roses.
  = White roses remind me of my wedding.

➔ 〈P. 208 5번 참조〉

- They are still trying to think of a name for the baby.
  그들은 아기 이름을 지으려고 계속 생각하고 있다.

02 깜빡했어요. I forgot about it.

completely[kəmplí:tli] 완전히, 전부

바쁜 생활을 하다 보면 깜빡깜빡 무엇을 잊어버리는 경우가 종종 있다. 이 때 '깜빡 잊었어요.'라고 말하려면 'I forgot about it.' 또는 'It completely slipped my mind.'라고 하면 된다. 'slip one's mind'는 '잊다(forget)'라는 뜻이다.

A : Where were you last evening? I was waiting for you half an hour.
어제 저녁에 어디 있었어? 30분이나 기다렸는데.

B : I'm sorry. **I forgot about it.**
미안해. 깜빡 잊었어.

slip (기억들이) 없어지다; (기억에서) 사라지다

S : I'm sorry I missed your birthday. **It completely slipped my mind.**
생일을 챙기지 못해 죄송합니다. 깜빡 잊었어요.

M: Think nothing of it.
미안해 할 것 없어요.

> **A :** Did he remind you to bring the passport?
> 여권을 가져오는 것을 그가 말해 주던?
>
> **B :** Yes. **It would have slipped my mind** if he hadn't mentioned it.
> 네. 그가 말해 주지 않았으면 그것을 잊어버릴 뻔했어요.

remind sb to ~에게 …하도록 일러주다

mention [ménʃən] 언급하다

- It **went (right) out of my mind.** 깜빡했어요. (= I forgot it.)
- His name has **slipped from my memory.** 그의 이름을 깜빡했어요.
- Maybe something **slipped your mind.** 뭔가 잊었군요.

03

지금 당장 생각이 안 나네요. I can't come up with it right now.

상대방이 뭘 물었을 때 금방 생각이 나지 않거나 어떤 좋은 'idea'가 떠오르지 않을 때 '지금 당장 생각이 안 나네요.'라고 말한다. 이 때 'come up with(생각해 내다, 기억하다)', 또는 'come to mind(머리에 떠오르다)'를 사용하여 'I can't come up with it right now.' 또는 'It doesn't come to mind right now.'라고 말하면 된다.

> **A :** Do you happen to know Sammy's phone number?
> 혹시 새미의 전화번호를 알아요?
>
> **B :** Well, **I can't come up with it right now.**
> 글쎄요. 지금 당장 생각이 안 나네요.

happen to (혹시, 우연히, 마침) ~하다

- His name doesn't **come to mind.**
  그의 이름이 생각나질 않아.
- I'm afraid that **her number escapes me** at the moment.
  지금 그녀의 전화번호가 기억나질 않는 것 같아.
- I've met the woman before, but **her name escapes me.**
  그 부인을 전에 만나 본 것 같지만 그녀의 이름이 기억나질 않아.
- I **hit upon** a good idea.
  좋은 생각이 떠올랐어요.
- The thought **came across my mind.**
  그 생각이 떠올랐어요.
- Marriage? **It never even crossed my mind.**
  결혼요? 생각도 못해 봤어요.
- **Didn't it ever occur to you** that I would be worried?
  내가 걱정할 것이라는 생각을 안 해봤어요?

escape [iskéip] (전화번호·이름·날짜·제목 등이) 기억 나질 않는다

at the moment [móumənt] 지금 바로

hit upon 생각해 내다, 머리에 떠오르다

come across one's mind (생각 등이) ~에 떠오르다

cross one's mind (생각 등이) ~에 떠오르다

occur [əkə́:r] 머리에 떠오르다, 생각나다

04

생각이 나요. It rings a bell.

전에 보았거나 들어본 적이 있어서 희미하나마 생각이 난다고 할 때 'ring a bell'이라고 한다.

A : Do you know Mary Wilson? 메리 윌슨을 알아요?

B : **Her name rings a bell**, but I can't remember whether I've met her before.
그녀의 이름은 생각나지만 어디서 만났는지를 기억할 수가 없어.

- **Does it ring a bell?** 생각이 나요?
- **His face rings a bell.** 그의 얼굴이 생각나요.
- **Her name rings a bell**, but I can't remember her face.
그녀의 이름은 들어본 것 같지만 얼굴은 기억이 안 나.

05

깜빡 잊을 뻔했네. That reminds me.

우산을 사무실에 놓고 나왔다가 다른 사람이 우산을 들고 가는 모습을 보면서 '아차, 그렇지/깜빡 잊을 뻔했네.' 정도로 말할 때 영어로 어떻게 할 수 있을까 하고 고민해 본 사람이 많을 것 같다. 잊고 있던 일이 무엇인가를 보거나 듣고 갑자기 생각났을 때 영어로 'That reminds me.' 라고 하며 'Now I remember.(이제야 생각이 난다.)' 또는 'I've just remembered.'의 뜻이다.

remind[rimáind] 생각나게 하다

feed[fi:d] (동물 등에) 먹이를 주다

dentist[déntist] 치과의사

- Oh, **that reminds me**, I saw Jenny in town today.
아, 생각이 나는데, 오늘 시내에서 제니를 봤어.
- **That reminds me**, I must feed the cat.
깜빡 잊을 뻔했네. 고양이에게 밥을 줘야만 해.
- Oh, **that reminds me**, I have to go to the dentist.
아차 그렇지. 생각났네. 치과에 가야만 해.

06

그 점을 명심하겠습니다. I'll keep that in mind.

'keep sth in mind'는 '~을 염두에 두다, 명심하다(remember[rimémbər])'란 뜻이다. 영국에서는 'bear in mind'라고 한다. 분주한 사회생활 속에서 기억해야 할 것이 너무 많기 때문에 중요한 것은 'keep sth in mind' 해야만 한다.

A : **You should keep this in mind.** 이것을 염두에 두어야만 한다.

B : **I'll keep it in mind.** 그것을 명심할게요.

- **You should keep in mind** what your parents tell you.
  부모님이 말씀하시는 것을 너는 명심해야만 한다.

- It's a good idea – **I'll keep it in mind.**
  좋은 생각인데 기억하고 있겠습니다.

- **Bear in mind** that our meeting is tomorrow.
  모임이 내일이라는 것을 염두에 둬.

- **Mind** what I tell you. 내 말을 잘 들어라.

- **Mind you!** Smoking is not allowed here. 명심해! 이곳은 금연 지역이야.

mind 주의하다, 염두에 두다

Mind you! 잘 들어!
allow [əláu] 허락하다

07 ~라는 생각이 들어요. I get a feeling that...

'~라는 생각 또는 느낌이 들어요.' 라고 할 때 'I get a feeling that ~' 라고 한다.

> ***A*** : **I got a good feeling about this.**
> 저는 이 일이 잘 될 것 같은 느낌이 들었어요.
>
> ***B*** : Did you? I did too.
> 그랬어요? 나도 그랬는데.

- **I've got a horrible feeling** I forgot to turn off the cooker.
  쿠커 불을 끄는 것을 잊은 것 같은 끔찍한 생각이 들었다.

- I can't understand why, but suddenly **I had this feeling that** something terrible was going to happen.
  이유는 알 수 없지만 뭔가 무서운 일이 일어날 것 같은 생각이 갑자기 들었다.

horrible [hɔ́:rəbəl] 무서운, 끔찍한

suddenly [sʌ́dnli] 갑자기
terrible [térəbəl] 소름끼치는

08 그저 예감이 그랬어. It was just a hunch.

'hunch [hʌntʃ]'는 '예감(an idea based on feeling rather than on reason), 직감'이란 뜻으로 '어쩐지 ~한 예감이 들어'라고 말하려면 'I have a hunch that ~'라고 하면 된다.

> ***A*** : How did you know that Mark was a murderer?
> 마크가 살인범이라는 사실을 어떻게 알았니?
>
> ***B*** : **It was just a hunch.**
> 그저 예감이 그랬어.

murderer [mə́:rdərər] 살인자

- **I have a hunch** that she didn't really want to go.
  그녀가 정말로 가고 싶어하지 않았다는 예감이 들어.

LESSON 36

길 안내 Showing the Way

01	길 좀 가르쳐 주시겠어요?	Could you tell me the way ...?
02	저도 초행입니다.	I'm a stranger here myself.
03	시내 구경시켜 주겠어요?	Could you show me around the city?
04	근처에 약국이 있어요?	Is there a drugstore nearby?
05	쉽게 찾을 겁니다.	You can't miss it.
06	여기서 멀지 않아요.	Not far from here.
07	어디서 내려야 하는지 알려주세요.	Let me know where to get off.

L·E·S·S·O·N

36 길 안내 Showing the Way

01

길 좀 가르쳐 주시겠어요? Could you tell me the way ...?

'show sb the way to...'는 '~에게 …로 가는 길을 안내하다(guide[gaid] sb to a place)'라는 뜻이고, 'tell sb the way to...'는 '~에게 …로 가는 방법을 말해 주다(tell sb how to get to)'라는 뜻이다. 그러므로 아래 문장 a는 '우체국까지 데려다 줄 수 있는가?'라는 말이고, 문장 b는 '가장 가까운 은행이 어디 있는지 말해 줄 수 있는가?'를 물어 보는 말이다.

a. Excuse me. Could you **show me the way to the post office**?

b. Excuse me. Can you **tell me where the nearest bank is**?

➔ 〈P. 60 참조〉

cf. Don't just *tell me how to do it*; *show me.*
그것을 어떻게 하는 것인지 말로만 하지 말고 나에게 방법을 보여줘.

the way to ~에 가는 길(how to get to)

A : Excuse me, **could you tell me the way to the station?**
죄송하지만 정거장 가는 길 좀 가르쳐 주시겠어요?
= Could you tell me how to get to the station?

B : No problem.
그럼요. 가르쳐 드리죠.

- Excuse me, **could you tell me if there's a post office near here?**
  죄송하지만 이 근처에 우체국이 있는지 알려주시겠어요?
- I'm trying to find the bank. **Could you tell me how to get there?**
  은행을 찾으려고 하는데, 가는 길을 알려주시겠어요?
- **May I ask you for directions?**
  길을 물을 수 있을까요?
- **Can I get the subway around here?**
  이 근처에서 전철을 탈 수 있나요?
- Excuse me, **which buses go to the sports center?**
  죄송하지만 어느 버스가 스포츠 센터로 갑니까?

ask for (남에게) 부탁하다
direction[dirékʃən] 방향, 방면

get (택시나 전철을) 타다

길을 묻는 사람에게 친절하게 응답하기 위한 표현

a. Turn right/left. 오른쪽 / 왼쪽으로 도세요.

b. Cross the street and turn right. 길 건너서 오른쪽으로 돌아가세요.

c. Not far from here. 이곳에서 멀지 않아요.

➔ 〈P. 408 참조〉

d. It is on the corner straight ahead. 앞으로 똑바로 가면 모퉁이에 있습니다.

e. Go straight ahead about one hundred meters.
100m 정도 앞으로 똑바로 가세요.

f. There's a rotary just after that.
그것을 바로 지나면 로터리가 있어요.

g. The place you want is a good 5 minutes' walk from here.
가고자 하는 장소는 여기에서 5분 걸으면 충분합니다.

h. Go along Chelston Avenue until you come to the Odeon cinema.
Odeon영화관에 이를 때까지 Chelston길을 따라 가세요.

i. Go straight back down as far as Chelston Avenue.
첼스톤 길이 나올 때까지 돌아서 쭉 가세요.

straight[streit] 똑바로
ahead[əhéd] 전방에, 앞에
➔ 숫자 앞에 쓰인 'about'는 '대략(approximately[əprάksəmitli], roughly[rΛfli])'이란 뜻의 부사이다.
rotary[róutəri] (美)=**roundabout**[ráundəbàut] (英)
good (수 · 양적으로) 충분한

come to ~에 이르다

as far as ~까지
➔ 'down'은 지도상으로 '남쪽으로', 'up'은 '북쪽으로'란 뜻이다.

관련 어휘

길을 안내할 때 필요한 전치사

- around[əráund] ~의 주위에, ~를 돈 곳에 around the bank 은행 주위에
- near[niər] ~의 가까이에 near the station 정거장 가까이에
- beside[bisáid] ~의 옆에 beside the cinema 영화관 옆에
- next to ~의 이웃에 next to the park 공원 옆에
- in front of ~의 앞에 ↔ at the back of ~의 뒤쪽에
- opposite[άpəzit] ~의 맞은편에, 반대쪽에 opposite the street 길 맞은편에
- across[əkrɔ́:s] ~을 가로질러 across the street (가로질러) 길 맞은편에

02 저도 초행입니다. I'm a stranger here myself.

'어떤 장소에 생소하거나 익숙지 못한(unfamiliar[Λ̀nfəmíljər]) 사람'을 'stranger[stréindʒər]'라고 하며, '저도 이곳에 초행입니다.'를 영어로 'I'm a stranger here myself.'라고 한다. 'myself'는 주어를 강조하며 생략해도 된다.

➔ ⟨P. 19/38 9번 참조⟩

A: Excuse me, but could you tell me the way to the museum?
죄송합니다만 박물관 가는 길 좀 가르쳐 주시겠습니까?

B: Sorry. **I'm a stranger here myself.**
죄송합니다. 저도 이곳에 초행입니다.

museum[mju:zí:əm] 박물관

03

시내 구경시켜 주겠어요? Could you show me around the city?

'show around'는 '흥미로운 것이나 유익한 것을 보여주기 위해 두루 구경시키다'라는 뜻이다. '사무실 또는 집의 안팎을 안내해 주다'는 'show sb in and out'이라고 한다.

A : **Could you show me around the city?**
시내 구경시켜 주겠어요?

B : With pleasure.
기꺼이 해 드리죠.

S : **Let's have a look around.**
한 바퀴 돌아봅시다.

M: O.K. Let's do that.
좋아요. 그러죠.

elderly [éldərli] 초로(初老)의

- We were shown around by an elderly guide.
나이가 지긋한 가이드의 안내를 받아 돌아다녔다.

- Show the gentleman in, please.
그 신사분 건물 내부 (또는 집안) 좀 구경시켜 드리세요.

secretary [sékrətèri] 비서

- Mrs. Davies, my secretary will show you out.
데이비스 부인, 제 비서가 사무실 밖을 안내해 줄 겁니다.

- May I show you to your seat?
손님 좌석으로 안내해 드릴까요?

04

근처에 약국이 있어요? Is there a drugstore nearby?

'이 부근에' 또는 '이 근처에'라는 말을 영어로 'nearby[níərbài], near here, around here'라고 한다. '이 근처 어디에 우체국이 있습니다.'라고 말하려면 'The post office is somewhere around here.'라고 하면 된다.

drugstore [drʌ́gstɔ̀ːr] (약품 외에 일용 잡화를 파는) 약국

A : **Is there a drugstore nearby?**
약국이 근처에 있습니까?

B : Around the corner.
모퉁이를 돌아서면 있습니다.

- Is there a gas station nearby?
근처에 주유소가 있습니까?

laundromat [lɔ́ːndrəmæ̀t] 동전을 넣어 작동시키는 세탁기가 있는 세탁소
cf. **laundry** [lɑ́ːndri] 세탁소

- Is there a laundromat near here?
근처에 셀프 세탁소가 있습니까?

- His house is (just) around the corner.
  그의 집은 바로 가까이 있어.

around the corner 바로 근처에, ~이 임박한

cf. Don't give up; success is *around the corner.*
포기하지 마. 성공이 눈앞에 있지 않은가.

success [səksés] 성공

- Excuse me, am I anywhere near Marks & Spencers?
  죄송합니다만 Marks & Spencers가 근처에 있습니까?
- Could you tell me if I'm anywhere near the post office?
  제가 우체국 근처에 와 있나요?

cf. Are we *anywhere near finishing*?
거의 끝날 때쯤 됐나요?

She isn't *anywhere near* as clever as her sister.
그녀가 언니만큼 똑똑하려면 아직 멀었어.

anywhere near 거의; (근처에도 못 미친다는 것을 강조하기 위하여 부정문에서) 조금도, 결코

05

쉽게 찾을 겁니다. You can't miss it.

'You can't miss it.'에서 'miss'의 뜻은 '보지 못하다, 못 맞히다, 놓치다, 차 등을 잡지 못하다, ~가 없어서 섭섭하게 생각하다' 등의 여러 가지 뜻이 있는데 '보지 못하다'와 'can't'가 결합하여 '놓치지 않고 틀림없이 볼 수 있다.'는 뜻이 된다.

A : Excuse me. Where is the nearest post office?
실례합니다. 가장 가까운 우체국이 어디에 있습니까?

B : Just cross the street and turn right. **You can't miss it.**
길 건너서 오른쪽으로 돌아가세요. 쉽게 찾을 겁니다.

A : Thank you very much.
감사합니다.

B : Don't mention it.
천만에요.

mention [ménʃən] 언급하다

- I've missed you so much. 당신이 무척 그리웠어요.
- I'm sorry I missed your birthday. 생일을 챙기지 못해 죄송합니다.
- I wouldn't miss the game for anything.
  어떤 일이 있어도 그 경기는 꼭 볼 거야.

for anything (부정 · 의문문에서) 절대로, 결코

- I'm hungry. I missed lunch. 배가 고파. (바빠서) 점심을 못 먹었어.
- I miss living in the country. 시골에 살고 싶어.

06

여기서 멀지 않아요. Not far from here.

'far from'은 '~로부터 먼(a long way from being), 결코 ~이 아닌(not at all) ~하기는 커녕(instead of)'이라는 뜻으로 'Not far from here.'라고 하면 '이곳에서 멀지 않아요.'라는 말이다. 또한 순서적으로 몇 가지 사항을 열거할 때 'First(우선 첫째로, 맨 먼저), Next(그 다음에), Finally[fáinəli](마지막으로)'와 같은 연결어를 사용하여 이미 앞에서 말한 내용과의 관계를 논리적으로 연결해 준다.

A : Excuse me. Where is the nearest post office?
실례합니다. 가장 가까운 우체국이 어디에 있습니까?

B : **Well, it isn't far from here.** First, go down this street to the traffic light. Next, turn right and then, look for the drug store. Finally, cross the street and you can't miss it.
저, 이곳에서 멀지 않아요. 먼저 신호등까지 이 길을 따라 내려가세요. 다음에 오른쪽으로 도세요. 그리고 나서 약국을 찾으세요. 마지막으로 길을 건너면 바로 찾을 수 있을 겁니다.

traffic[trǽfik] 교통, 거래, 무역

S : Are you happy here?
이곳에서 행복해?

M: **No, far from it**; I've never been so miserable in my life.
당치도 않아. 내 생애에 이렇게 불행해 본 적은 결코 없어.

far from it 그런 일은 결코 없다/어림도 없어
miserable[mízərəbəl] 비참한

- My office is **not far from the station.**
  내 사무실은 정거장에서 멀지 않은 곳에 있어.

far from ~로부터 먼

- I grew up in a little country town **not far from here.**
  이곳에서 멀지 않은 작은 시골 마을에서 자랐어요.

grow up[grou ʌp] 성장하다

- The problem is **far from easy.**
  그 문제는 결코 쉽지 않아.

far from easy = very difficult

- I'm **far from satisfied** with the result.
  그 결과에 결코 만족하지 않아.

satisfied[sǽtisfàid] 만족한
result[rizʌ́lt] 결과

cf. "Have you met your new neighbor?" "*Not so far.*"
"새로 이사온 이웃과 인사 나눴어요?" "아직 못했어요."

neighbor[néibər] 이웃 사람
➜ 'so far = up to now(지금까지)'는 완료 시제에 사용되는 부사구이다.

07

어디서 내려야 하는지 알려주세요. Let me know where to get off.

지리를 모르는 곳에서 여행할 때 긴요한 표현이 '어디서 내려야 하는지 알려주세요.'라는 말이다. 이것을 영어로 'Please let me know where to get off.'라고 한다. 'Let me know ~'는 '나에게 ~에 관하여 알려주다(tell me about sth)'라는 뜻이고, 'I'll let you know ~'는 '당신에게 ~에 관하여 알려주겠다'는 뜻이다.

➜〈P. 300 어법연구 참조〉

A **: Could you let me know where to get off for the bus terminal?**
버스 터미널에 가려면 어디서 내리는지 알려주시겠어요?

B : No problem.
걱정 마세요.

terminal [tə́ːrmənəl] 명 종점, 터미널; 끝 형 학기말의; 말기 증상의

- If you don't know when to get off, please tell me.
  언제 내리는지를 모르면 말씀하세요.
- I don't know if I can come, but I'll let you know tomorrow.
  갈 수 있을지 모르지만 내일 알려 드리죠.
- Let me know when you'll be coming.
  언제 올지 알려주세요.
- Give him this medicine, and let us know if he's not better in 2 days.
  그에게 이 약을 먹이시고 이틀이 지나도 호전되지 않으면 알려주세요.
- When the washing machine stops, let me know.
  세탁기가 멈추면 알려주세요.

washing machine [wɑ́ʃiŋ məʃíːn] 세탁기

의문사 + to부정사

'의문사(who, when, why, what) + to부정사'의 형태가 명사구로 주어 · 목적어 · 보어 역할(명사적 용법)을 한다. 또한 명사구를 명사절로 바꾸어 사용할 수도 있다. '의문사 + 주어 + should + 동사 원형'으로 바꿔 쓸 수 있다.

a. Don't tell me *what to do*. 무엇을 하라고 나에게 시키지 마시오.
= Don't tell me what I should do.
= Don't tell me what I am to do.

b. I don't know *how to drive*.
나는 운전할 줄 몰라.

c. Don't teach a fish *how to swim*.
공자(孔子) 앞에서 문자 쓰지 마.

d. I don't know *how to express* my gratitude.
고마운 마음을 어떻게 표현해야 할지 모르겠어요.

gratitude [grǽtətjùːd] 감사하는 마음

LESSON 37

과장 Exaggeration

01	창피해서 죽을 뻔했어.	I almost die of humiliation.
02	보고 싶어 죽겠어요.	I'm dying to see her.
03	지루해 죽겠어.	I'm bored to death.
04	머리가 아파 죽겠어.	My head is killing me.
05	진담이야!	I mean it!
06	농담이겠지!	You don't mean it!
07	설마? / 놀리는 거지?	You're kidding.
08	허풍떨지 마!	Don't exaggerate it!
09	그건 말도 안 돼.	That's a joke.
10	정말 뜻밖인데요!	What a surprise!
11	어휴 살았네!	What a relief!
12	우연의 일치네!	What a coincidence!

L·E·S·S·O·N 37

과장 Exaggeration

01

창피해서 죽을 뻔했어. I almost died of humiliation.

'almost'가 동사를 수식할 때 '하마터면, 자칫 ~할 뻔하여'의 뜻으로 'almost die of'는 '~해서 죽을 뻔했다'라는 말로 매우 놀랍거나 당황스러움을 나타낼 때 쓰인다.

- I almost died of embarrassment.
  난처해서 죽을 뻔했어.

➔ 〈P. 448 20번 참조〉

- You can't imagine how humiliating it was!
  얼마나 쪽팔렸는지 넌 모를 거야!

➔ '전치사(to) + 추상명사(embarrassment)'는 '어떤 일에 대한 반응'을 나타냄.

- To my embarrassment, I forgot my wife's birthday.
  난처하게도 나는 부인의 생일을 잊었다.

관련 어휘

- humiliating [hjuːmílièitiŋ] 쪽팔리는(causing a complete loss of self-respect), 굴욕적인
- humiliated [hjuːmílièitid] 창피한(ashamed), 쪽팔린(shamefaced)
- humiliate [hjuːmílièit] 굴욕감을 느끼게 하다(make sb feel ashamed and upset)
- humiliation [hjuːmìliéiʃən] 창피를 줌, 굴욕
- embarrass [imbǽrəs] 당혹하게 하다, 난처하게 하다
- embarrassment [imbǽrəsmənt] 당혹, 곤혹
- embarrassed [imbǽrəst] 당황한(nervous [nə́ːrvəs]), 곤란한(uncomfortable)

02

보고 싶어 죽겠어요. I'm dying to see her.

무엇을 간절히 바라거나, 무척 하고 싶을 때 'dying for + 명사, dying to + 동사'가 쓰인다. 그리고 'aching for, aching to do'도 같은 뜻으로 쓰인다.

- I'm dying for a drink.
  한잔하고 싶어 죽겠다.
- I'm dying for a cigarette.
  담배 피우고 싶어 죽겠어.
- They were all dying to go to Paris.
  그들 모두는 파리에 가는 것을 간절히 바라고 있다.
- We're all dying to hear what happened.
  뭔 일이 일어났는가 듣고 싶어 죽겠어.

- I was aching to tell them the good news.
  그들에게 좋은 소식을 전하고 싶어 못 견디겠어.

- I was aching for home.
  몹시 집에 가고 싶었다. (= I was aching to go home.)

ache [eik] ~하고 싶어 못 견디다

03 **지루해 죽겠어. I'm bored to death.**

참을 수 있는 한계에 이르렀다는 말을 강조한 나머지 허풍을 떨 때 다음과 같은 표현이 쓰인다.

- I'm frightened to death. 겁나서 죽겠어.
- I'm worried to death. 걱정되어 죽겠다.
- I'm scared to death. 무서워 죽겠어.
- I'm starving to death. 배고파 죽겠다.
- I'm sick to death of your complaining. 너의 불평 불만 지겨워 죽겠어.
- I laughed myself to death. 우스워 죽을 뻔했어.

frightened [fráitnd] 깜짝 놀란, 겁먹은
death [deθ] 죽음
worry [wə́:ri] 근심/ 걱정하다
scared [skεərd] 무서워하는

➔ 〈P. 242 6번 참조〉
starve [stɑ:rv] 굶주리다
sick [sik] 싫증나는
complain [kəmpléin] 불평하다
laugh [læf] (소리를 내어) 웃다

04 **머리가 아파 죽겠어. My head is killing me.**

신체 부위의 통증이 심해서 '아파 죽겠어.' 라고 말하거나, 또는 '추워 죽겠어.' 라고 허풍을 떨 때 'kill' 동사의 진행형을 사용한다.

- My feet are killing me.
  발이 아파 죽을 지경이에요.

- My back is killing me.
  허리가 아파 죽겠어.

- The heat is killing me.
  더워서 죽겠다.

cf. a. *My mother will kill me* when she finds out where I've been.
엄마는 내가 어디에 갔었는지 알기만 하면 매우 화를 내실 거야.

b. I *nearly killed myself with* laughing.
하도 웃어서 죽을 뻔했어.

c. *That kills me.*
그것 때문에 미치겠어. (= It drives me crazy.)

nearly 하마터면

05

진담이야! **I mean it!**

mean[miːn] 의미하다, 진심으로 말하다

'I mean it.'는 '농담을 하거나(joking) 허풍을 떠는(exaggerating[igzǽdʒərèitiŋ]) 것이 아니고 진심으로 말하는 거야 그러니 날 믿어야 돼.(I am speaking seriously, and you should believe me.)' 라고 상대방을 설득하려 할 때 쓰이는 말로 'I'm serious[síəriəs]. / I'm not joking. / I'm being honest with you.' 와 같은 뜻으로 쓰인다.

A : Do you really love me?
정말로 날 사랑해?

B : Of course. **You are the only one I love, I mean it.**
물론이지. 내 사랑은 당신뿐이야. 진심이야.

- (Do) You mean it?
  (상대방의 말을 의아해 할 때) 진담이야? (= Are you serious?)
- I mean what I say.
  진심으로 말하는 거야. 날 믿어.
- He means what he says.
  그는 진담으로 말하는 거야.
- When he asked me to marry him I wasn't sure whether he was joking or being serious.
  그가 나에게 결혼 신청을 했을 때 농담인지 진담인지 알 수가 없었어.

mean 의미하다 (express[iksprés], represent[rèprizént], signify[sígnəfài])

serious[síəriəs] (상황 · 문제가) 심각한, 진지한, 신중한

cf. What do you mean, she's left? She said she'd stay till 3 o'clock.
그녀가 떠났다니 무슨 말씀이죠. 3시까지 있겠다고 말했는데.

➔ '그녀가 정말로 떠났다는 것을 믿을 수가 없군요(I can't believe she has really left)' 라는 뜻이다.

06

농담이겠지! **You don't mean it!**

상대방이 하는 말이 너무 과장된 것(exaggerating[igzǽdʒərèitiŋ]) 같을 때 '농담하지 마! / 진짜 아니지? / 거짓말이지?' 라고 말할 때 쓰이며 'You don't mean what you say.' 와 같은 의미.

marriage[mǽridʒ] 결혼
divorce[divɔ́ːrs] 이혼하다

A : Their marriage ended up in divorced.
그들 결혼이 이혼으로 끝났어.

B : **You don't mean it!**
농담이겠지!

- I wasn't serious. I meant it for/as a joke.
  진담이 아니었어. 농담으로 한 말이야.
- This is a serious matter. I wish you wouldn't make jokes about it.
  이건 심각한 문제야. 네가 이것에 대해 농담을 하지 않았으면 해.

- Tim's a cheerful man – always smiling and cracking jokes.
  팀은 항상 웃으며 농담을 하는 명랑한 사람이야.

cheerful[tʃíərfəl] 기분좋은, 즐거운
make a joke / crack a joke / be joking 농담하다

end up (in) (동)명사

'end up (in) (동)명사'는 '(어느 장소 · 상황 · 상태 등에) 이르다(come to, reach), 결국 ~으로 끝나다(finish up)'의 뜻으로 위 대화문에서는 'end up in being divorced'의 'being'이 생략된 것으로 '이혼한 상태로 끝났다'라는 뜻이다.

a. You'll end up in prison if you go on like this.
   계속 이와 같이 행동하면 결국 교도소에 가게 될 거야.
b. We have endless rows about it and I end up in tears.
   끊임없이 그것에 관해 심하게 입씨름을 벌이지만 싸움은 눈물로 끝나죠.
c. If he carries on driving like that, he'll end up dead.
   그와 같이 차를 운전하면 그는 죽음으로 끝장날 거야.

go on (행동을)계속하다; (불이)켜지다

endless[éndlis] 끝이 없는
row[rau] 시끄러운 입씨름 (quarrel[kwɔ́:rəl])
tear[tiər] 눈물
➔ 'end up in being dead'에서 'in being'이 생략됨.

07 설마? / 놀리는 거지? You're kidding.

'kid'는 상대방을 웃기려는 말이나 행동을 할 때 쓰이며 '놀리다, 조롱하다'라는 뜻이다. 그래서 'You're kidding (me)! / You must be kidding (me)!'은 악의 없이 장난 삼아(playfully) 상대방을 놀리거나 속이려고(deceive[disí:v]) 할 때 '설마.' 또는 '놀리는 거지?' 하는 우리말에 해당하며 'I don't believe you.'의 뜻이다.

A : The last class is called off. 마지막 수업은 휴강이야.
B : **You're kidding.** 놀리는 거지?

call off (행사 · 약속 등을) 취소하다

S : My dad's a millionaire. 우리 아빠는 백만장자야.
M: **No kidding!** 놀리지 마!

millionaire[mìljənέər] 백만 장자

- I'm not kidding. 웃기려고 하는 말이 아냐.
- Don't get mad. I was only kidding. 화내지 마. 단지 농담이었어.
- You won $5,000? You're kidding! 네가 5천 달러를 땄다구? 놀리는 거지?
- I can't believe it! 믿을 수가 없어!
- That can't be! 그럴 리 없어!

serious [síəriəs] (상황 · 문제가) 심각한, 진지한, 신중한

make fun of ~를 놀리다, 바보 취급하다

- You can't be serious! 사실이 아니죠/농담이겠죠!
- You're making fun of me. 날 놀리고 있군요.
- I don't care how much fun you make of me.
네가 나를 아무리 놀려도 상관없어.

play a joke on ~를 놀리다

- He's always playing jokes on people. 그는 항상 사람들을 놀려.

tease [ti:z] 끈질기게 괴롭히다, 놀리다

pull one's leg 놀리다, 속이다

- Don't tease! 놀리지 마!
- Don't pull my leg! 날 놀리지 마!
- Stop fooling me! 그만 놀려! (= Stop pulling my leg!)

08

허풍떨지 마! Don't exaggerate it!

10억 복권이 당첨되었다고 허풍을 떨든가 실제보다 과장해서 말하는 경우에 '허풍떨지 마!'라고 할 때 쓰인다.

bleed [bli:d] 출혈하다

exaggerate [igzǽdʒərèit] 과대하게 말하다, 과장하다

A : I'm bleeding to death!
피를 많이 흘려서 죽겠어!

B : **Don't exaggerate.** It's only a little cut.
허풍떨지 마. 단지 살짝 벤 거야.

- She's a big talker. 그녀는 허풍이 심해.
- He talks big. 그는 언제나 큰소리를 잘 친다. 즉 '호언장담한다'는 뜻이다.

blow [blou] one's own horn/trumpet 자화자찬하다 (praise [preiz] oneself), 허풍을 떨다

economic [i:kənámik] 경제의

theory [θíəri] 이론, 학설

talk through one's hat 전혀 알지도 못하는 것에 관해 말하다, 헛소리를 하다

- She's very good at blowing her own trumpet.
그녀는 자기 자랑을 매우 잘해.
- He says he understands economic theory, but he's talking through his hat!
그는 경제 이론을 안다고 말하지만 말도 안 되는 소리를 해!

09

그건 말도 안 돼. That's a joke.

'That's a joke.'는 어떤 일이나 계획이 전혀 성사되지 않을 것 같을 때 쓰이는 하는 구어 표현으로 'That's absurd.(그건 얼빠진 소리야.)', 'That's ridiculous.(그건 웃기는 소리야.)'와 같은 뜻이다.

absurd [æbsə́:rd] 터무니없는, 어리석은

ridiculous [ridíkjələs] 우스운, 터무니없는

A : Sam is actually going to try and make it as a businessman.
샘이 정말 사업가로 노력해서 성공해 보겠대.

B : Him? Boy, **that's a joke.**
그 친구가? 야, 그건 말도 안 돼.

actually[ǽktʃuəli] 실지로
make it 성공하다 (succeed[səksíːd])

S : Did you hear that Mark is going to enter a marathon?
마크가 마라톤에 참가한다는 얘기 들었어?

M: **That's a joke.** He can't even get up the stairs without panting.
그건 말도 안 돼. 그 앤 계단 올라가는 것도 언제나 헐떡거리잖아.

get up 일어나다, 올라가다
not ~ without …하면 반드시 ~하다
stair[stɛər] 계단
pant 숨차다

10 정말 뜻밖인데요! What a surprise!

오랫동안 연락을 취하지 못했던 사람을 우연한 장소에서 만나게 되었을 때 기쁨을 나타내는 인사말로서 적절한 표현이 'What a surprise[sərpráiz]!'이다. 그밖에도 특별히 자신을 위한 파티가 준비되었다든가 전혀 기대치 않던 일이 벌어졌을 때 제일 처음 입에서 나올 수 있는 자연스러운 표현이다.

A : Linda Evans! **What a surprise!**
린다 에반스! 정말 뜻밖인데요!

B : I don't believe my eyes! Is that you, Mamong?
꿈인지 생신지! 당신, 마몽 아니에요?

A : I didn't know that you were a member here.
당신이 여기 회원인 줄 미처 몰랐는데.

B : Oh, I just joined last week.
오, 난 지난주에 가입했어요.

S : **What a surprise to see you here!**
아니, 너 여기 웬일이야!

M: Yeah, I'm on my way to work.
응, 직장에 가는 길이야.

on one's way to ~로 가는 도중에

감탄문

감탄문은 희로애락(喜怒哀樂)을 나타내며 'What a + 단수 명사' 또는 'What + 셀 수 없는 명사/복수 명사'와 'How + 형용사 + (S + V)'의 형태가 쓰인다.

a. What a delicious meal! 참으로 맛있게 식사했습니다!
b. What a fine morning! 상쾌한 아침입니다!
c. What a man! (어이없을 때) 허 그 사람 참!
d. What a relief! 정말 다행이에요 / 참 잘되었군!
e. What a coincidence[kouínsədəns]! 우연의 일치네!
f. What a pity (it is)! 정말 안됐네!
g. What nice flowers! 참으로 예쁜 꽃이군요!
h. What delicious coffee! 커피가 매우 맛있습니다!
i. How strange (it is)! 정말 이상하군!
j. How expensive (it is)! 참으로 비싸네!
k. How beautiful (you are)! (당신은) 참으로 아름답군요!

과거분사와 현재분사

현재분사와 과거분사 중 어느 것을 사용해야 되는지 헷갈릴 때가 종종 있다. 둘 사이에는 커다란 의미상의 차이가 있으므로 사용시 혼동하지 말아야 한다.
인간의 감정을 나타내는 동사(amaze[əméiz], bore[bɔːr], embarrass[imbǽrəs], excite[iksáit], interest[íntərist], satisfy[sǽtisfài], surprise[sərpráiz]...)는 사람이 주어일 때 현재분사와 과거분사를 보어로 사용할 수 있다. 인간의 감정을 나타냄에 있어 현재분사는 상대방에게 감정을 야기시키는 능동의 뜻이다. 그러나 과거분사는 사람이 감정동사의 느낌을 받는 수동의 뜻이다.
감정 표현을 주고 받을 수 있는 사람이 주어일 때는 현재분사와 과거분사 둘다 쓰일 수 있지만, 인간과는 달리 무생물은 감정 표현을 느낄 수가 없으므로 주어가 무생물인 경우에는 'My life is interested.'와 같이 과거분사를 사용할 수 없고 'My life is interesting.'처럼 현재분사만을 사용한다. 예를 들어 주먹으로 바위를 쳤을 때 인간은 아픔을 느낄 수가 있지만 바위는 무생물(無生物)이기 때문에 아픔을 느낄 수 없는 것이다.

다음에 나오는 현재분사와 과거분사의 쓰임과 의미를 생각해 보라.

① If an explanation is confusing, students get confused.
설명이 혼란을 주면 학생들은 헷갈리게 된다.

② The game was exciting and the spectators got excited.
경기는 재미있었고 관중은 열광했다.

confuse[kənfjúːz] 혼동하다, 헷갈리게 하다

excite[iksáit] 흥분시키다
spectator[spékteitər] 관중

③ After a tiring day, I feel tired.
힘든 하루가 지나면 나는 피로를 느낀다.

④ a. I'm disappointed in you! How could you have lied like that?
당신에게 실망했어요! 어떻게 그렇게 거짓말을 할 수 있어요?

b. Your behavior was a little disappointing.
네 행동은 좀 실망스러웠어.

⑤ a. His story is embarrassing.
그의 이야기는 당황스러웠다.

b. We're embarrassed by his story.
우리는 그의 이야기 때문에 당황했다.

⑥ a. Today's TV programs were fascinating.
오늘의 TV 프로그램은 아주 재미있었다.

b. We're fascinated by the programs.
우리는 그 프로그램에 매혹되었다.

disappoint[dìsəpɔ́int] 실망시키다

behavior[bihéivjər] 행동, 품행

embarrass[imbǽrəs] 당혹하게 하다

fascinate[fǽsənèit] 황홀케 하다, 매혹시키다

11

어휴 살았네! What a relief!

지하철에 무심코 중요한 서류 가방을 두고 내린 뒤 나중에 분실물 센터(the lost-and-found(美), lost property[prάpərti] office(英))에서 찾았을 때, 그 기쁨은 이루 말할 수 없다. 이렇게 고통거리가 제거되거나 부담되던 상황이 끝났을 때 안도감을 나타내는 표현이 'What a relief[rilí:f]!(정말 다행이에요/살았다/참 잘되었군!)' 이다.

A : Here, I'll lend you the money.
자, 돈을 빌려줄게.

B : **What a relief!** This is the last day of the sale.
그것 잘됐네! 오늘이 세일 마지막 날이거든.

S : Mrs. Bradley, your child is out of danger now.
브래들리 여사, 자제분이 이제 위험한 순간을 벗어났습니다.

M: **Thank God!** I've been out of my mind with worry.
하느님, 감사합니다! 걱정이 돼서 제 정신이 아니었어요.

- Now I can relax. 이제 안심할 수 있어.
- Now I can breathe again. 이제 안도의 숨을 쉬겠어.

relief[rilí:f] 안심, 구원, 경감

out of one's mind 제정신이 아닌

relax[rilǽks] 긴장을 풀다

breathe[bri:ð] 숨을 쉬다
➔ 'breathe again'은 '위험스러운 일이나 걱정스러운 일이 끝나서 안도의 숨을 쉬다. 마음을 놓다'라는 뜻이다

12

우연의 일치네! What a coincidence!

'coincidence[kouínsədəns]'는 '우연의 일치(similar events or circumstances happening at the same time by chance)'라는 뜻이며, 관련된 두 가지가 놀랍거나 예기치 않게 놀라운 상황에서 일어날 때 쓰인다. 예를 들어 어느 날 만난 친구가 자신과 똑같은 옷을 입었다거나 같은 곳으로 여행을 간다고 할 때 쓰이는 표현이다.

S : What school did you go to?
어느 학교에 다녔나요?

M: I went to Wilson High School.
윌슨 고등학교요.

S : **Wow! What a coincidence!** My sister's boyfriend did too.
야아! 우연의 일치네! 우리 누나 남자 친구도 그래요.

관련 어휘

놀람 · 기쁨 · 칭찬 · 짜증 등을 나타낼 때 쓰이는 표현

- Jeez[dʒiːz]!
  (놀람, 분노 등을 강하게 나타낼 때) 이런! 저런! 아이고! 어머나!
- Gee[dʒiː]!
  ('Jesus'의 뜻으로 쓰이는 감탄사) 아이구머니나! 아이 깜짝이야! 야아!
- Wow[wau]!
  놀람(surprise) · 기쁨 · 칭찬(admirations) 등을 나타낼 때 쓰이는 말

eg. **Gee, that's terrible!** 아이고, 안됐군요!
Wow! What a fantastic dress! 야아! 정말 환상적인 드레스군요!

LESSON 38

무관심 Indifference

01	아무 상관없어.	It doesn't matter to me.
02	좋을 대로 하시구려.	(Do) Whatever you like.
03	걱정 마.	Never mind.
04	네가 결정해.	It's up to you.
05	내게 맡겨.	Leave it to me.
06	말만 해보라고.	You name it.
07	네 일이나 신경 써.	None of your business.

L·E·S·S·O·N 38

무관심 Indifference

01

아무 상관없어. It doesn't matter to me.

상대방이 묻는 말에 관심이 없어서 '아무래도 좋아, 아무 상관없어요.' 라고 말할 때 영어로 'It doesn't matter to me. / I don't care. / It doesn't make any difference[dífərəns] (to me) / It's all the same to me.' 등과 같이 말한다.

A : Do you want to drive or do you want me to?
네가 운전할래 아니면 내가 운전하길 바래?

B : **It doesn't matter to me.**
난 상관없어.

S : Do you want to sit in the front seat or the back?
앞좌석에 앉고 싶어 뒷좌석에 앉고 싶어?

M: **I don't care.**
관계없어. (= I'm not fussy.)

fussy[fʌ́si] (하찮은 일에) 야단 법석하는, 까다로운
as long as ~하기만 하면
cheap[tʃiːp] 값이 싼

- **I'm not fussy** where I stay as long as it's cheap.
싸기만 하면 어디에 머무르든 난 상관없어.
- You can go on Thursday or Friday – **It's all the same to me.**
네가 목요일에 갈 수 있건 금요일에 갈 수 있건 난 아무래도 좋아요.

whether or not 어느 쪽이든

- **It doesn't matter to me** whether you love me or not.
당신이 나를 사랑하든 안 하든 상관없어요.

make no difference[dífərəns] 차이가 없다, 영향이 없다, 중요하지 않다

- With or without him, **it doesn't make any difference** (to me).
그 사람이 있건 없건 전혀 차이가 없어요.

02

좋을 대로 하시구려. (Do) Whatever you like.

'Do whatever you like.' 를 화가 나서 말할 때는 '당신 맘에 드는 대로 하세요.(Do as you wish.)' 또는 '네 멋대로 해.(You're the boss.)' 라는 뜻이 되겠지만, 유머스럽게 또는 넓은 마음으로 아량을 베풀 때는 '너 좋은 대로 해.' 즉 네가 원하면 하고 그렇지 않으면 하지 않아도 된다는 뜻이다.

A : I'm going out to play cards with my friends tonight.
나 오늘밤 나가서 친구들과 카드놀이할 거야.

anyway 어쨌든

B : **Whatever you like.** You always do as you wish anyway.
좋을 대로 해요. 어쨌든 당신이 원하는 대로 늘 하잖아요.

S : I don't feel like going out after all.
어쨌든 외출하고 싶지 않아.

M: **All right, suit yourself!**
알았어. 네 마음대로 해!

feel like + -ing ~하고 싶다
after all 어쨌든, 결국
➔ 'Suit yourself!'는 '네가 어떻게 하던 난 상관없어'라는 뜻

03

걱정 마. Never mind.

'Never mind.'는 '걱정 마(Don't worry.), 괜찮아(It doesn't matter.), 아무 것도 아냐.'의 뜻으로 쓰이지만 신경질적으로 짜증을 내면서 말할 때는 '상관 말아.'라는 뜻이 된다.

복합 관계사

복합 관계사(compound relatives)는 '관계대명사 + ever'의 형태로 선행사를 포함하고 있으며, 주어와 목적어로 쓰이는 명사적 용법, 형용사적 용법, 양보 절을 유도하는 부사적 용법이 있다.

1. 명사적 용법
   a. Whenever you give me a call is fine with me.
   전화를 언제 하든 난 괜찮아.
   b. Whoever comes to the party is fine with me.
   파티에 누가 오든 난 좋아.
   c. Order whatever you like.
   네가 좋아하는 거 뭐든지 주문해. (= Order anything that you like.)
2. 형용사적 용법
   a. When you're older you can watch whatever film you like.
   나이가 들면 네가 좋아하는 영화는 어느 것이나 볼 수 있어.
   b. You may read whatever/whichever book you like most.
   네가 가장 좋아하는 어떤 책을 읽어도 된다.
3. 부사적 용법
   a. Don't open the door, whoever comes.
   누가 온다 하더라도 문을 열지 마시오. (= no matter who comes)
   b. I'll call you tonight no matter what (happens).
   어떤 일이 있어도 오늘 저녁에 꼭 전화할게. (= whatever happens)

➔ 'whatever'와 'whichever'의 차이: 전자는 막연한 것 중에서 선택을 하는 경우이고 후자는 주어진 것 중에서 선택을 하는 것이다.

fix 고치다, 수리하다
➔ 'ge+to+p.p'는 '~시키다, ~하게하다'와 '해치우다'의 뜻이 있다.

A : I'm afraid I've broken the chair.
의자를 망가뜨린 것 같아요.

B : **Never mind,** I can easily get it fixed.
걱정 말아. 내가 쉽게 고칠 수 있을 거야.

S : Have you lost it?
그것 잃어버렸어?

M: **Never mind**, we can buy another one.
괜찮아. 또 하나 사면 돼.

A : What did you say?
뭐라고 말했어요?

B : **Never mind.**
신경 쓰지 마. 중요한 것 아냐.

- **Never mind the dishes** – I'll do them later.
  설거지 신경 쓰지 말아요. 내가 나중에 할게요.

- **Never mind your damaged gate**; what about the front of my car!
  망가진 당신 대문은 중요하지 않아. 내 차의 앞부분은 어떻게 할 거야!

04

네가 결정해. It's up to you.

다른 사람 개의치 말고 '전적으로 당신이 결정할 일이죠, 네가 알아서 해, 결정은 네 맘대로야, 전적으로 너에게 달려 있어.'라고 선택 또는 결정권을 위임할 때 'It's entirely up to you. / It's entirely your decision. / It's for you to decide. / You must decide.' 등이 쓰인다.

entirely[entáiərli] 완전히, 오직
decision[disíʒən] 결정
decide[disáid] 결정하다

leave[li:v] 내버려 두다

A : Shall we finish the job now or leave it till tomorrow?
그 일을 지금 끝낼까요 내일로 미룰까요?

B : I am not the best person to decide that. **That's up to you!**
그걸 결정하는 데 내가 적임자가 아니야. 네가 알아서 해!

garage[gərá:ʒ] 차고

➔ 'When you do it'이 'is'의 주어

S : When do you want me to paint the garage?
차고 페인트칠은 언제 할까?

M: **When you do it is up to you.**
그것을 언제 할 것인가는 네 형편에 따라 결정할 문제야.

A: I'm almost ready with the contract proposal.
나는 계약 제안 준비가 거의 됐어.

B: All right. **Everything is up to you.**
좋아요. 모든 것은 당신에게 달려 있어요.

contract[kɑ́ntrækt] 계약
proposal[prəpóuzəl] 제안

S: I've changed my mind. I'm not coming with you.
마음을 바꿨어. 너와 함께 안 갈 거야.

M: All right, **suit yourself!**
알았어. 네 마음대로 해!

➔ 'Suit yourself!'는 '네가 어떻게 하던 난 상관없어'라는 뜻

- **The decision is up to you,** and you're welcome to think it over.
  결정은 네가 하는 것이니까 얼마든지 신중히 생각해도 좋아.

welcome to 마음대로 할 수 있는
think over 숙고하다

05

내게 맡겨. Leave it to me.

'책임 · 결정을 ~에게 맡기다, 위임하다'라고 할 때 'leave[liːv]' 동사를 사용하며 '내게 맡겨. 내가 책임질게.'라고 말하려면 'Leave it to me.'라고 한다. 'I'll leave it to you.(너에게 맡기겠어.)'는 'It's entirely up to you.'와 같은 뜻.

entirely[entáiərli] 아주, 완전히, 전적으로

A: Shall we have red wine or white?
적포도주를 마실까요 흰 포도주를 마실까요?

B: **I don't mind, I'll leave it to you.**
상관없어. 너에게 맡기겠어.

- **Leave it to me.** I can do the work by myself.
  내게 맡겨. 혼자서 그 일을 할 수 있어.

by oneself 혼자서

- I've always **left financial decisions to** my wife.
  돈 쓰는 결정권은 항상 부인에게 맡겼어.

financial[finǽnʃəl] 재정상의
decision[disíʒən] 결정

- I'll **leave buying the tickets to** you.
  표 사는 것은 너에게 맡길 거야.

06 **말만 해보라고.** **You name it.**

시간 · 장소 등을 정할 때 상대방에게 결정권을 주거나 또는 어떤 요구든 필요하면 다 들어줄 수 있으니 '네가 한 번 말해 봐 / 말만 해보라고.' 라고 할 때 쓰이는 표현이다.

name 지정하다(nominate[námənèit]), 암시하다(suggest[səgdʒést]), 고르다(choose[tʃu:z])

A : What are we going to have tonight?
오늘 저녁 우리 뭐 먹을까?

B : **You name the place since it's your birthday.**
네 생일이니까 장소는 네가 정해

S : What time shall we make it?
몇 시로 정할까?

M: **You name it.**
네가 말해 봐.

- Name the place, we'll be there.
장소만 정해, 그러면 우리가 그곳으로 갈 테니까.

stock[stɑk] (가게에 물품을) 놓다, 갖추다

- This is one of the best stocked department stores in the country. You name it, we'll have it.
이곳은 전국에서 상품을 가장 잘 구비하고 있는 백화점 중의 하나입니다, 말씀만 하세요, 뭐든 다 있을 겁니다.

expert[ékspə:rt] 전문가

- He's an expert on films. You name it, he's seen it!
그는 영화 전문가예요. 말만 하세요. 그는 뭐든 봤을 겁니다.

07 **네 일이나 신경 써.** **None of your business.**

None of your business[bíznis].(너 알 바가 아니야/ 쓸데없는 참견 말아.)' 는 개인적인 일이라서 상대방이 물어 보는 것을 원치 않을 때 쓰이고, 'Mind your own business.(네 일이나 신경써.)' 는 남의 일에 사사건건 참견하는 사람에게 쓰이지만 혼용되어 사용된다.

S : Are you going out with Kate tonight?
오늘 저녁 케이트와 데이트할 거야?

M: **That's my business.**
내가 알아서 할 일이야.

- It's none of my business but you look better without glasses.
제가 상관할 바는 아니지만 안경을 쓰지 않는 것이 더 보기 좋아요.

concern[kənsə́:rn] (관계가 있는) 일
keep out of ~에 끼지 않다

- This is not your concern. Will you keep out of this?
네가 걱정할 일이 아냐. 좀 빠져 줄래?

LESSON 39

좋아하는 것과 싫어하는 것 Likes & Dislikes

01	고기를 좋아해요.	I'm fond of meat.
02	좋아하는 음악이 뭐죠?	What's your favorite music?
03	홍차를 더 좋아하죠.	I prefer tea.
04	스티브는 야구라면 사족을 못써.	Steve is crazy about baseball.
05	외출하고 싶지 않아.	I don't feel like going out.
06	지긋지긋해.	I'm sick of it.
07	여기 있는 물건에 진저리가 나.	I'm fed up with things here.
08	정떨어져.	It makes me sick.
09	네가 싫어.	I hate you!
10	참을 수가 없어.	I just can't stand being talked about...
11	더 이상 못 참아.	It is the limit.

L·E·S·S·O·N **39**

좋아하는 것과 싫어하는 것 Likes & Dislikes

01 고기를 좋아해요. I'm fond of meat.

'~을 좋아하다'라고 할 때 가장 일반적인 단어는 'like', 'be fond of'는 '(오랫동안 좋아해 온 사람/사물 또는 사랑해 온 사람을) 좋아하다', 'be attached[ətǽtʃt] to'는 '(매우 오랫동안 알아 온 사람에) 애정/애착을 가지다', 'be keen on'은 '~을 매우 좋아하다'라는 뜻으로 영국에서 쓰이며 사람을 목적어로 하지 않는다.

A : What kind of food do you like?
어떤 음식을 좋아합니까?

B : **I'm fond of meat.**
고기를 좋아해요.

happen to 우연히 ~하다
particularly[pərtíkjələrli] 특히
fond[fand] 좋아하는

- I happen to know that **he's particularly fond of meat.**
  나는 그가 고기를 특히 좋아한다는 사실을 우연히 알았다.
- Over the years the old man **grew very fond of this nurse.**
  수년에 걸쳐 그 노인은 이 간호사를 매우 좋아하게 되었다.

gradually[grǽdʒuəli] 차차

- At first Sam really hated New York, but **gradually he got to like it.**
  샘은 처음에 뉴요크를 정말로 싫어했지만 점차 좋아하게 되었다.

get/come/grow to like 좋아하게 되다
cf. **get to know** 알게 되다
eccentric[ikséntrik] 별난
grown[groun] 차차~하게되는; 성장한

- **I've gradually come to like him** and his eccentric habits.
  나는 점차 그 사람과 그의 기이한 습관을 좋아하게 되었다.
- **We've grown quite attached to you**, Anne, and we'll be very sorry to see you leave.
  앤, 우리는 당신에게 상당한 애정을 가지게 되었는데 당신을 떠나 보낸다면 매우 섭섭할 겁니다.

➔ 권유받은 음식을 거절할 때 쓰이는 표현이다.

- I'm afraid **I'm not very keen on meat.** 저는 고기를 별로 좋아하지 않아요.
  = I'm afraid meat doesn't agree with me.

02 좋아하는 음악이 뭐죠? What's your favorite music?

'favorite[féivərit]'는 다른 어떤 것보다 더 좋아한다고 할 때 형용사로 '마음에 드는, 좋아하는'의 뜻으로 쓰이며 명사로 '더 좋아하는 또는 마음에 드는 사람/사물'을 뜻하기도 한다. 'preference[préfərəns]/first choice/number one'도 'favorite'와 같은 의미로 쓰인다.

A : **What's your favorite music?**
좋아하는 음악이 뭐죠?

rock'n'roll = rock and roll 블루스와 민요조를 가미한 박자가 격렬한 재즈곡

B : Jazz, rock'n'roll, pop, classic. I like all of them, I guess.
재즈, 로큰롤, 팝, 클래식. 모두가 다 좋은 것 같아요.

S : Would you like tea or coffee?
홍차와 커피 어느 것을 드시겠어요?

M: Either, but **I've no strong preference.**
어느 것이나 좋아요. 하지만 진한 것을 좋아하지 않아요.

- What's **your favorite pastime**?
  기분 전환으로 좋아하는 것이 무엇입니까?

  pastime[pǽstàim] 기분 전환, 오락

- What's **your favorite food**?
  좋아하는 음식이 뭐죠?

- Tina is **the boss's favorite**.
  티나는 사장이 좋아하는 사람이야.

- Everyone has **different tastes**.
  모든 사람이 각기 다른 취향을 갖고 있다.

  taste[teist] 취향, 취미, 기호

- Add milk and sugar **to taste**, please.
  기호에 따라 밀크와 설탕을 넣으세요.

  add[æd] 더하다, 추가하다

- I've no **special preference**.
  특별히 좋아하는 것은 없어요.

- I don't know **your preferences**, so please help yourself.
  당신이 좋아하는 것을 모르니 좋아하는 것을 골라 드세요.

  ➔ 〈P. 169 4번 참조〉

- Jane is **our number one customer**.
  제인은 우리가 좋아하는 고객이야.

- It's time for **my favorite soap opera**.
  내가 즐겨 보는 연속극을 할 시간이야.

  soap opera 연속 홈(멜로) 드라마 (가정 주부를 위한 주간 연속 라디오 · TV 드라마로, 원래 비누 회사가 광고주였던 데서 비롯된 말)

관련 어휘

- sitcom[sítkɑ̀m] 동일 등장 인물에 관하여 재미있는 이야기로 꾸며지는 라디오 · TV 의 인기 드라마로 'situation comedy' 의 줄임말
- tearjerker[tíərdʒə̀ːrkər] 눈물을 짜게 하는 신파조 영화 · 연극
- cops-and-robbers '수사 반장' 같은 경찰관이 도둑을 쫓는 형사물
- whodunit[huːdʌ́nit] 'who did it?' 의 뜻으로 추리 소설 · 영화 · 연극

03

홍차를 더 좋아하죠. I prefer tea.

동사 'prefer[prifə́:r]'는 선택적인 것을 나타낼 때 'prefer A to B(B 보다 A를 더 좋아하다)' 의 형태로 쓰인다. 또한 'superior[səpíəriər](~보다 우수한), inferior[infíəriər](~보다 열등한), prior[práiər](~보다 앞선, 중요한), junior[dʒú:njər](손아래의), senior[sí:njər](손위의), major[méidʒər](~보다 중요한), minor[máinər](중요하지 않은)' 등 같은 라틴계 비교급 형용사는 'than'이 아닌 'to'를 사용한다.

A : Would you like some coffee for dessert?
후식으로 커피 하겠어요?

B : No, thank you. **I prefer tea (to coffee).**
아니요, 홍차를 더 좋아해요.

➔ **I prefer tea (to coffee)**
= I'd rather have tea (than coffee).

- I prefer travelling by plane to travelling by train.
나는 기차보다 비행기로 여행하는 것을 더 좋아한다.

candidate[kǽndədèit] 후보자

- She is clearly superior to the other candidates.
그녀는 다른 후보자들보다 분명히 더 훌륭하다.

- Only one manager is senior to me now.
단지 부장 한 분만이 나보다 손위야.

04

스티브는 야구라면 사족을 못써. Steve is crazy about baseball.

'be crazy[kréizi] about'은 '~에 열광하다, ~을 매우 좋아하다(like sb/sth very much), ~에 대단한 관심을 가지다(be very interested in)'라는 뜻으로 어떤 대상에 관해 대단한 관심과 애정을 지닌 상태를 가리킨다. 'be nuts[nʌts] about'도 같은 뜻으로 쓰인다.

- Steve is crazy about baseball. He never misses a game.
스티브는 야구라면 사족을 못 쓰더라고요. 한 게임도 안 놓쳐.

- Most kids are crazy about ice cream.
대부분의 애들은 아이스크림이라면 사족을 못써요.

- All the kids are crazy about computer games.
모든 어린이들이 컴퓨터 게임을 매우 좋아한다.

- They're crazy about each other.
그들은 서로 너무 좋아해.

be nuts about = be crazy about

- She's nuts about the boy next door.
그녀는 옆집 소년을 매우 좋아한다.

05
외출하고 싶지 않아. I don't feel like going out.

'feel like + (동)명사'는 '~하고 싶다, ~을 원하다'라는 뜻으로 'would like to, have a wish for, want'와 같은 뜻으로 쓰이지만, 일반적인 기호(嗜好)에 대해서 말할 때는 'like'를 사용하고 일시적인 현재의 기호를 나타낼 때는 'feel like + (동)명사'가 쓰인다.

A : **I don't feel like going out after all.**
어쨌든 지금 외출하고 싶지 않아.

B : All right, suit yourself!
알았어. 네 마음대로 해!

after all 어쨌든, 결국

suit yourself 네 마음대로 해

A : **What do you feel like eating for lunch?**
점심으로 뭐 먹고 싶어요?

B : **I feel like eating hamburgers right now.**
지금은 햄버거가 먹고 싶어요.

for lunch 점심으로

- Do you **feel like** a cup of coffee? 커피 한 잔 마시겠어요?
- I **felt like** another glass of wine. 와인을 한 잔 더 하고 싶었다.

06
지긋지긋해. I'm sick of it.

어떤 사물이나 행동이 지겹고 싫어서 생각만 해도 머리가 지끈거리고 아프기까지(sick)한 경우에 위 표현이 쓰인다. 화가 머리끝까지 난 여자 친구가 남자 친구에게 '네 꼴도 보기 싫어.'라고 말할 때 'I am sick of the sight of you.'와 같이 하면 된다. 'be sick (and tired) of'는 뭔가에 더 이상 관심이 없어 신물이 날 정도로 지겹고(bored with) 정나미가 떨어진 상태를 나타내며 'be fed up with'와 같은 의미.

➜ 'sight[sait]'는 'see(보다)'의 명사.

A : How about eating at that Chinese place tonight?
오늘 저녁 그 중국 음식점에서 식사하는 것 어때?

B : **I'm sick (and tired) of that joint.** Let's try someplace else.
그 음식점은 이제 지겨워. 다른 곳으로 한 번 해보자.

joint (식당 · 호텔 · 술집 등의) 장소

S : **I'm sick and tired of that music.** 그 음악은 신물이 났어.

M: Do you want me to shut it off? 그 음악 꺼 버릴까?

shut[ʃʌt] sth off ~을 차단하다, 끄다(turn off)

- **I'm tired of the routine life.** Day after day I do the same thing – go to work, return home, watch TV, and then go to bed.
틀에 박힌 생활에 싫증이 났어. 매일매일 하는 일이 똑같아 — 출근하고, 퇴근하고, TV보고, 잠자리에 들고.

routine[ru:tí:n] 같은 일을 반복하는, 판에 박힌

07

여기 있는 물건에 진저리가 나. I'm fed up with things here.

'feed[fi:d]'는 '환자 또는 아이에게 음식을 먹이다, 젖을 먹이다'라는 뜻으로 수동이 되어 'be fed up with'가 되면 너무 많이 먹어 '~에 물리다, 진저리나다'라는 뜻이다. 즉 애정을 갖고 시작했던 일이 나중에는 싫증이 날 때 'be tired of'와 같은 뜻으로 쓰인다.

- **I'm fed up with things here.**
  여기에 있는 모든 것에 넌더리가 나.

telephone[téləfòun] ~에게 전화를 걸다

- **I'm fed up with waiting for her to telephone.**
  그녀가 전화해 주길 기다리는 것에 질렸어.

ask sb out ~에게 데이트를 신청하다
excuse[ikskjú:z] 변명
go out with ~와 데이트하다

- **The guys who ask me out are getting pretty fed up with my excuses for not going out with them.**
  나에게 데이트를 요청하는 사내들은 그들과 데이트를 할 수 없다는 나의 여러 가지 핑계에 넌더리를 내고 있다.

08

정떨어져. It makes me sick.

'make sb sick'는 '~를 역겹게 만든다, 혐오감을 주다(disgust[disgʌ́st]), 정떨어지게 하다'는 뜻으로 상대방이 또는 그들의 행위가 매우 화나게 했을 때 쓰는 관용 표현이다.

- **People like you make me sick!**
  너 같은 사람들 밥맛이야!

hypocrisy[hipɑ́krəsi] 위선

- **His hypocrisy makes me sick.**
  그의 위선 행위 때문에 정떨어져.

spit 침을 뱉다

- **Look at the way people spit on the street. It makes me sick.**
  사람들이 길에 침을 뱉는 저 모습 좀 봐. 구역질이 나.

09

네가 싫어! I hate you!

hatred[héitrid] 미움
abhorrence[əbhɔ́:rəns] 혐오, 딱 질색인 것

'hate[heit]'는 '사람 또는 어떤 행위에 대하여 몹시 싫어하다'라는 뜻으로 'dislike/do not like'보다 감정적으로 강한 의미를 나타낸다. 'abhor[æbhɔ́:r]'는 'terrorism[térərìzəm](테러 행위), terrorist[térərist](폭력주의자)'와 같이 도덕적으로 잘못되었다고 생각하는 어떤 행위나 태도를 싫어하다.

mean[mi:n] 비열한
greedy[grí:di] 탐욕스러운
selfish[sélfiʃ] 이기적인
majority[mədʒɔ́(:)rəti] 다수
violence[váiələns] 격렬함, 폭력

- **I hate you! How I hate your mean, greedy, selfish ways.**
  난 네가 싫어! 비열하고, 욕심 많고 이기적인 너의 태도를 얼마나 싫어한다고.

- **The great majority of the people have always abhorred violence.**
  국민 대다수는 항상 폭력을 싫어했다.

- The President **abhorred all forms of racism.**
  대통령은 모든 형태의 인종 차별을 싫어했다.

- She distrusted media men and **detested politicians.**
  그녀는 언론인을 불신하고 정치가들을 혐오했다.

- She **despised their corrupt business methods.**
  그녀는 그들의 부도덕한 장사 수단을 경멸했다.

racism[réisizəm] 민족적 우월감, 인종적 차별
racist[réisist] 인종 차별 주의자
distrust[distrʌ́st] 불신하다
media men 언론인
detest[ditést] 몹시 싫어하다, 혐오하다
despise[dispáiz] 경멸하다(look down upon)
corrupt[kərʌ́pt] 타락한, 부정한, 뇌물이 통하는

10 참을 수가 없어. I just can't stand being talked about...

'~을 참을 수 없어' 라고 불평할 때(complaining[kəmpléiniŋ] about) 'I can't stand ~' 라고 한다. 동사 'stand' 는 의문문 · 부정문에서 '불쾌한 상황을 (어쩔 수 없이) 받아들이다, 참다, 견디다(endure[endjúər], put up with, bear[bɛər], tolerate[tálərèit])' 의 뜻으로 쓰인다.

A : What's wrong?
무슨 일이죠?

B : Oh, nothing. **I just can't stand being talked about behind my back.**
아, 별일 아녜요. 사람들이 나 없는 데서 수군대는 것을 그저 참을 수가 없어요.

be talked about 남들 입에 오르내리다
behind one's back 안 보는 데서
talk about behind one's back 남몰래 이야기하다
➔ 'can't stand' 의 목적어는 (동)명사이고 'being talked about' 의 의미상 목적어 'I' 는 수동이 되어 주어 자리에 나타나 있다.
bully[búli] 명 약자를 괴롭히는 사람, 깡패 동 (약자를) 들볶다, 괴롭히다

- **I can't stand seeing people being bullied.**
  깡패들이 사람들을 괴롭히는 걸 보고만 있을 수가 없어요.

- He wants to marry me, but **I can't stand the sight of him.**
  그는 나와 결혼을 하고 싶어하지만 난 그 사람 꼴도 보기 싫어.

- He has **a lot to put up with.**
  그는 참아야 할 일이 많다. (= He has many troubles.)

put up with 참다

- Many workers said **they couldn't tolerate the long hours.**
  많은 근로자들은 긴 근무시간을 참을 수 없다고 했다.

tolerate[tálərèit] 참다, 관대히 다루다

- **Her loneliness was hard to bear,** after her husband died.
  남편이 죽은 후 외로움을 참기가 어려웠다.

loneliness[lóunlinis] 쓸쓸함
bear[bɛər] 참다

- **If you can't stand the heat,** get out of the kitchen.
  더위를 참을 수 없다면 부엌에서 나가라.

➔ '미국 대통령 'Harry S. Truman' 이 처음 사용한 이 말은 '직장에서 받는 고민거리나 스트레스를 해결할 수 없다면 다른 일자리를 찾아보라' 는 뜻으로 '절이 싫으면 중이 절을 떠나라' 는 우리 속담과 비슷한 말이다.

수동문을 사용하는 경우

➔ 〈P. 225 10번 참조〉

1. 행위자가 중요하지 않거나(not important), 분명치 않을 때(not known)

call off 취소하다(cancel)

   a. The last class **is called off.**
   마지막 수업은 휴강이야.

cf. cotton [kátn] 면

   b. **Is** your sweater **made of** wool?
   네 스웨터는 울로 만들어진 거니?

tow away 견인해 가다
illegal [ilí:gəl] 불법의

   c. My car **was towed away** for illegal parking.
   내 차는 불법 주차로 견인되었어.

2. 말하는 사람을 나타내지 않거나 공지사항을 전달할 때

   a. I don't like **being told** what to do.
   난 무엇을 하라고 지시 받는 것을 좋아하지 않아.

request ~하도록 부탁하다, 요청하다
lean 기대다

   b. Passengers **are requested** not to lean out of the window.
   승객들은 창밖으로 몸을 내밀지 않기를 바랍니다.

3. 전후 문장의 주제의 연결이 필요할 때

➔ 'to부정사의 의미상 주어는 'I''

   a. Please go away. I want to **be left alone.**
   가 주세요. 혼자 남고 싶어요.

castle [kǽsl] 성(城)
quite 꽤

   b. The castle is quite old. It **was built** over a century ago.
   그 성은 꽤 오래되었는데 100여 년 전에 지어진 거야.

wallet [wálit] 지갑
disappear [dìsəpíər] 사라지다
➔ ''must + 완료'는 과거 사실에 대한 확실한 추측을 나타냄.

   c. My wallet has disappeared. It must have **been stolen.**
   내 지갑이 없어졌어. 도둑맞은 게 틀림없어.

4. 새로운 발명품 · 새로 태어나는 아기 · 출판물 등

   a. The telephone **was invented** in 1876.
   전화가 1876년에 발명되었다.

   b. Her first son **was born** last month.
   그녀의 첫째 아들이 지난달에 태어났다.

   c. The magazine **is published** monthly.
   그 잡지는 매달 출판된다.

11 더 이상 못 참아. It is the limit.

'limit'는 '(참을 수 있는) 한계, 극한, 극한을 넘은 사람'이라는 뜻으로 너무 짜증나고, 어렵고, 고통스러워서 참을 수 없는 상황을 나타낼 때 'It is the limit.'라는 표현을 쓴다. 과음을 해서 운전하기에 안전하지 않은 친구에게 '너는 운전을 해선 안 돼. 술을 너무 많이 마셨어.'라고 말하려면 'You shouldn't drive — you're over the limit.'와같이 하면 된다. '속도 제한'은 'speed limit', '시간 제한'은 'time limit', '연령 제한'은 'age limit'라고 한다.

- **You really are the limit!**
  정말로 너는 참아 줄 수 없는 놈이야!
- I can't drink any more. **I know my limits.**
  더 이상 못 마시겠어. 내 주량을 알거든.
- We want to buy the house but **we have an upper limit** on what we can spend.
  그 집을 사고 싶지만 우리가 돈을 지출할 수 있는 상한선이 있어.

upper limit 상한선
↔ **lower limit** 하한선

LESSON 40

기분 · 감정 Mood

01	내 탓이 아니야.	Don't point the finger at me.
02	내게 화풀이하지 마.	Don't take it out on me.
03	눈 밖에 나는 일을 하지 마.	Don't get on my bad side.
04	곤경에 처했어.	I'm just in a jam.
05	긴장이 돼.	I get nervous.
06	신경 거슬려요.	It just gets on my nerves.
07	그는 겁이 많아.	He scares easily.
08	제정신이에요?	Are you insane?
09	짜증나니?	Are you annoyed?
10	화내지 마.	Don't get angry with me.
11	뚜껑 열렸어.	He blew his top.
12	흥분하지 말고 진정해!	Don't get excited and cool it!
13	신경 쓰지 마.	Don't bother.
14	정말 우울해.	I'm really feeling down.
15	우울하게 하죠.	It depresses me.
16	왜 그렇게 표정이 어두워?	Why are you looking so gloomy?
17	상심하고 있어요.	She's heartbroken.
18	속상해.	I'm upset.
19	당신에게 실망했어요!	I'm disappointed in you!
20	쪽팔렸어.	I lost face.
21	기분이 좋아요.	I'm in a good mood.
22	하늘로 날아갈 듯한 기분이야.	I'm feeling on top of the world.
23	딴 사람이 된 기분이야.	I feel like another person.
24	기분이 끝내 줘요!	I'm walking on air.
25	만족해요?	Are you satisfied?
26	좋아 죽을 지경이야.	I'm tickled to death!

L·E·S·S·O·N **40**

기분·감정 Mood

01 내 탓이 아니야. Don't point the finger at me.

우리말의 '손가락질하다, 놀리다'의 표현처럼 영어에서도 'point the finger at sb'는 어떤 일의 잘못된 결과에 대한 책임을 누군가에게 돌릴 때 쓰이는 표현이다.

A : Why didn't you tell me before?
왜 전에 내게 말하지 않았니?

B : **Don't point the finger at me.**
내 탓이 아니야.

wallet[wálit] 남자들이 지폐를 넣고 다니는 지갑
cf. change purse[pə:rs] 여자들이 들고 다니는 동전 지갑

S : Now, who took my wallet?
누가 내 지갑을 가져갔지?

M: **Don't point the finger at me.** I didn't take it.
나보고 그러지 마. 내가 가져간 게 아니야.

pin on ~에게 책임을 지우다

- Don't pin that on me.
나에게 책임을 지우지 마./나에게 죄를 덮어씌우지 마.

blame[bleim] 비난하다, ~의 탓으로 돌리다
fault[fɔ:lt] 과실
criticize[krítisàiz] 비난하다, 흠잡다

- Don't blame me if it doesn't work – it's not my fault.
고장이 나도 나를 탓하지 마. 그건 내 잘못이 아냐.
- Don't criticize me for that.
그 일을 제 탓이라고 하지 마세요.

02 내게 화풀이하지 마. Don't take it out on me.

'take it out on sb'는 '~에게 화풀이하다(bent one's anger[ǽŋgər] on sb)'라는 뜻으로 'Don't take it out on me.'는 우리말의 '종로에서 뺨맞고 한강에서 눈흘긴다.'와 비슷한 뜻이다.

A : What's wrong with your husband?
당신 남편이 왜 그러셔?

B : Oh, **he doesn't know who to blame, so he's taking it out on me.**
아, 누굴 나무라야 할지 몰라서 나에게 화풀이를 하는 중이야.

frustration[frʌstréiʃən] 좌절, 짜증(feeling of being annoyed[ənɔ́id],discouraged[diskɔ́:ridʒd]), 욕구 불만

- After having a hard day many husbands often take out their frustrations on their wives.
직장에서 종일 시달린 남편들은 귀가해서 종종 아내들에게 짜증을 낸다.

03 **눈 밖에 나는 일을 하지 마.** **Don't get on my bad side.**

'get on one's bad side'는 '~의 신경을 거스르다(annoy[ənɔ́i]), ~의 마음에 들지 않다, ~의 분노를 사다(incur another's wrath[ræθ])'라는 뜻이다. 이와 반대로 'get on one's good side'는 '~의 비위를 맞추다(please[pliːz])'라는 뜻이다.

A : What's wrong with you?
무슨 일이야?

B : Oh, I forgot my wife's birthday again.
아, 나 말야 마누라 생일을 또 잊어버렸어.

A : I see. **You must've really gotten on her bad side.**
알겠구먼. 자네 정말 아내 심사를 나쁘게 하고도 남았네 그래.

cf. He *got out of bed on the wrong side.*
그는 기분이 엉망이야.

She's *on the wrong side of 30.*
그녀는 30이 훨씬 넘었어.

He's still *on the right side of 30.*
그는 30이 아직 안됐어.

04 **곤경에 처했어.** **I'm just in a jam.**

출퇴근 시간의 러시아워나 모처럼의 휴일 여행에서 돌아올 때면 십중팔구 경험하게 되는 교통 체증 상태를 'traffic-jam[dʒæm]'이라고 한다. 그야말로 자동차들이 빽빽이 몰려 있어서 오도 가도 못하는 상태이다. '곤란하거나 불편한 상황(difficult or uncomfortable situation)에 처하다'라고 할 때 'be in a jam'이라고 한다.

➔ 〈P. 455 참조〉

A : What's wrong? You look upset.
무슨 일이야? 걱정스러 보이는데.

B : **I'm just in a jam,** that's all.
난 지금 어려운 상황에 있어, 그뿐이야.

upset[ʌpsét] 혼란한, 당황한, 걱정한

- His gambling activities eventually **got him into hot water.**
  그는 노름 행위로 인하여 마침내 곤경에 빠지고 말았다.

gambling[gǽmbəliŋ] 도박
activity[æktívəti] 활동, 행동, 행위
eventually[ivéntʃuəli] 드디어
get into hot water ~을 잘못해서 어려운 상황에 처하다(get into trouble)

05 **긴장이 돼.** **I get nervous.**

마음이 긴장되거나 불안할 때 'nervous[nə́:rvəs](긴장한, 초조해 하는)', 'uptight[ʌ́ptáit](마음이 조마조마하고 불안한)', 'on edge[edʒ](안절부절못하여, 긴장된)' 등의 형용사가 쓰인다.

calm down 마음을 가라앉히다, 진정하다
take it easy 마음을 편안히 해

A : Look, why don't you calm down and just take it easy.
자, 진정하고 그저 마음을 편안히 해.

B : **Every time I go to the dentist's office, I get nervous.**
치과에 갈 때마다 긴장이 돼.

relax[rilǽks] 긴장을 풀다

help 피하다(avoid)
➔ **I can't help it** = It can't be helped.

S : Relax, will you? **Don't be so uptight.**
진정해요, 네? 그렇게 불안해하지 마세요.

M: I can't help it. **This is our first child and I'm completely on edge.**
어쩔 수가 없어요. 이번이 첫 아이라서 아주 좌불안석(坐不安席)입니다.

06 **신경 거슬려요.** **It just gets on my nerves.**

get on one's nerves[nə:rvz] 신경을 거스르다

bother[bɑ́ðər] ~을 괴롭히다

- Please turn off the radio. **It just gets on my nerves.**
  라디오 좀 꺼 주세요. 신경 거슬려요.
- That noise is really **bothering me.**
  그 소음은 정말 짜증이 나.

07 **그는 겁이 많아.** **He scares easily.**

'scare[skεər]'는 타동사로 쓰일 땐 '겁주다, 깜짝 놀라게 하다'의 뜻이지만, 자동사로 쓰일 땐 '겁을 잘 내/겁이 많아/잘 놀래.'라는 뜻이 된다. 그리고 '무서워요.'라고 말하려면 'I'm scared.'라고 하면 된다.

out of one's senses 정신을 잃고

chicken 명 겁쟁이 동 꽁무니를 빼다

- Didn't you **feel scared**? 안 무서웠니?
- I'm **not scared of** snakes. 난 뱀이 안 무서워.
- He's **scared out of his senses.** 놀라서 정신을 못 차리고 있다.
- I'm **scared of** telling her what really happened.
  나는 그녀에게 사실 그대로를 말해 주기가 겁난다.
- Don't **chicken out.** 두려워하지 마.

08 제정신이에요? Are you insane?

'nuts[nʌts]'는 '미친(crazy[kréizi]), 멍청한(stupid[stjúːpid])'이라는 뜻의 속어로 'be off one's nut, go nuts'는 '미치다'라는 뜻으로 쓰인다. 또한 'be nuts about'는 '~을 매우 좋아하다(be crazy about)'의 뜻이다. 'Are you nuts?(너 미쳤어?)'는 'Are you crazy/mad?'보다 더 일반적으로 쓰이는 표현이다.

insane[inséin] 제정신이 아닌
↔ sane 제정신의, (사상 · 행동이) 건전한

S : Say, Frank, could you lend me a few hundred dollars?
이봐, 후랭크 몇 백 달러 빌려주겠어?

F : **Are you nuts?** You still haven't paid back any of the money I've already lent you.
너 미쳤구나? 내가 이미 빌려준 돈도 하나도 안 갚았잖아.

- You paid 2,000 dollars for it. Are you out of your mind?
  그것을 2,000달러나 주고 샀다니, 당신 제정신이에요?
- I have so much to do – I feel like I'm going out of my mind.
  할 일이 너무 많아. 미칠 것만 같아.

go out of one's mind 정신적으로 이상한 행동을 하다

- Being ignored can drive me nuts.
  무시당하는 건 정말 날 미치게 만들어.

ignore[ignɔ́ːr] 무시하다
drive sb nuts ~에게 화를 나게 하다

09 짜증나니? Are you annoyed?

'annoy[ənɔ́i]'는 '귀찮은 일을 반복함으로 화가 나고 짜증나게 하다(make sb a little angry or impatient[impéiʃənt] by repeated troublesome actions), 귀찮게 굴다, 괴롭히다'라는 뜻.

- Are you annoyed with me for being late?
  내가 늦은 것에 짜증나니?

be annoyed with ~에게 약간 화를 내다

- Your arguing each other annoys me.
  너희들 서로 싸우는 것이 귀찮아 죽겠어.

argue[áːrgjuː] 입씨름하다

관련 어휘

- irritate[irətèit] 몹시 화나고 짜증나게 하다(make sb angry or impatient)
- provoke[prəvóuk] 고의로 약을 올리다(deliberately try to make sb angry)
- incense[ínsens] 몹시 화나게 하다(make sb extremely angry, outrage[áutrèidʒ])
- aggravate[ǽgrəvèit] 몹시 화나게 하다(make sb extremely angry)

10 **화내지 마.** **Don't get angry with me.**

'~에게 화를 내다'라고 할 때 흔히 쓰이는 표현이 'get angry with'라고 하며, 사람이 아닌 다른 것에 화를 낼 때는 'get angry about'이라고 한다. 'make sb angry / make one's blood boil'은 '상대방을 화나게 하다'라는 뜻의 표현이다.

- Don't **make me angry.** 화나게 하지 마.

stupid [stjú:pid] 어리석은
matter [mǽtər] 중요하다

- It's stupid to **get angry about** things that don't matter.
  중요하지도 않은 일에 화를 내는 것은 어리석은 짓이야.

keep sb waiting ~를 기다리게 하다

- Are you still **angry with** me for keeping you waiting?
  아직도 내가 기다리게 한 것에 화가 나 있어요?

leave sb out ~를 제외시키다

- I **felt angry** that they had left me out.
  그들이 나를 왕따시킨 것에 분노를 느꼈다.

blood [blʌd] 피, 혈액
boil [bɔil] 끓다, 끓어오르다; 끓이다
freeze [fri:z] 얼다

- He **made my blood boil.** 그 사람 때문에 열 받았어.

cf. The sight of the masked gunman *made my blood freeze.*
가면을 쓴 총잡이를 보고 난 간담이 서늘했어.

관련 어휘

➔ '어린아이들이 사용

- cross [krɔ:s] 화를 내는
- worked up (이성을 잃었을 때) 화가 나고 당황한(angry and upset)
- furious [fjúəriəs] 노하여 펄펄 뛰는, 격노한(uproar[ʌ́prɔ̀:r])
- incensed [ínsenst] (다른 사람이 한 행위에 격한 반응을 나타내며) 매우 화가 난
- indignant [indígnənt] 분개한

11 **뚜껑 열렸어.** **He blew his top.**

ceiling [sí:liŋ] 천장

'go through the roof'는 숙어적 표현으로서 '지붕을 뚫고 나가다'는 말만 들어도 그 뜻이 'get very angry'임을 금방 알 수 있다. 이와 유사한 표현으로는 'lose one's temper(울화통을 터뜨리다) / blow one's top(뚜껑 열리다) / hit the roof / hit the ceiling / blow a fuse('퓨즈를 터지게 하다'라는 말로 '몹시 화내다')'는 '갑자기 벌컥 화를 내다(unexpectedly become very angry), 화가 나서 길길이 뛰다'의 뜻으로 쓰이는 숙어 표현들이다.

A : What did your dad say when you came in at two in the morning?
새벽 2시에 집에 들어가니까 네 아버지가 뭐라고 하시든?

B : **As you can imagine, he really went through the roof.**
뻔하지 뭐, 정말 굉장히 화를 내시더라고.

S : **I wonder why he is fit to be tied.**
그 사람 왜 그렇게 화가 났어?

M: No wonder. He fought with his wife again
당연하지 뭐. 부인하고 또 싸웠어.

fit to be tied 몹시 화가 난

wonder[wʌ́ndər] 경이, 놀라움

- He went into a tantrum. 그는 불끈 화를 냈다.
- He flew off the handle. 그는 사소한 일에 갑자기 화를 냈다.
- He blew his top. 그는 갑자기 몹시 화를 냈다.
- He lost his head. 그 사람은 열받았어.
- I'm pretty pissed off right now. 나 지금 엄청 화났어.

tantrum[tǽntrəm] 발끈 화내기

fly off the handle 자제심을 잃다

blow one's top 발끈하여 성내다

lose one's head 흥분하고 화가 나서 이성을 잃고 설치다

➜ 'piss'는 슬랭으로 'urinate[júərənèit](소변보다)'의 저속한 표현이므로 사용하지 않는 게 좋다.

관련 어휘

다혈질(hot-blooded[blʌ́did])인 사람들이 화를 내는 표현은 다음과 같다.

- quick-tempered[kwíktémpərd] 성질이 급한, 화를 잘 내는
- irritable[írətəbəl] 화를 잘 내는, 안달하는
- bad-tempered[bǽdtèmpərd] 화를 잘 내는

12 흥분하지 말고 진정해! Don't get excited and cool it!

화가 머리끝까지 난(hit the ceiling[síːliŋ]) 친구에게 '흥분하지 마!'라고 말할 때 'Don't get angry/excited[iksáitid]!'와 같은 뜻으로 'Don't lose your cool!'이란 말도 자주 쓰인다. 이 때 'cool'은 '냉정, 침착(calmness[kɑ́ːmnis])'의 뜻이다. 또한 'cool'이 형용사로 'excellent[éksələnt]'의 의미로 쓰여 'That's cool!'하면 '끝내 주는군!'의 뜻이 된다.

- Chill out, man, I didn't do it on purpose!
  진정해, 이 사람아. 일부러 그런 게 아니었어!
- Look, why don't you calm down.
  자, 진정하세요.
- What makes you lose your temper?
  왜 화가 났어?
- Keep your voice down.
  흥분하지 말고 목소리를 낮추세요.
- I lost my cool and shouted at him.
  화가 나서 그에게 소리를 버럭 질렀다.

chill out (화가 나거나 흥분했을 때) 마음을 진정하다

on purpose[pə́ːrpəs] 고의로

calm down[kɑːm daun] 마음을 가라앉히다, 진정하다

lose one's temper 화를 내다

shout[ʃaut] 큰 소리를 내다

➜ 〈P. 42 어법 연구 참조〉

keep one's cool 침착하다
(remain calm[riméin kɑ:m])
panic[pǽnik] 공포에 질리다

cool = very good

- She **kept her cool** while everyone else panicked.
  다른 사람은 모두가 허둥대는데 그녀는 침착했다.

cf. You look *really cool* in that new dress.
그 새 옷을 입으니까 정말로 멋져 보여.

관련 어휘

- keep one's temper 화를 참다
- get/fly into a temper 화를 내다, 울화통을 터뜨리다
- a sweet temper 상냥한 기질
- a bad temper 못된 성질
- an uncertain temper 변덕스러운 기질

uncertain[ʌnsə́:rtən] 변덕스런; 불확실한

13 신경 쓰지 마. Don't bother.

'bother[bάðər]'는 타동사일 때는 '~을 괴롭히다(cause trouble[kɔ:z trʌ́bəl], worry[wə́:ri] or annoyance[ənɔ́iəns]), 어떤 일을 하려고 할 때 계속 방해함으로 짜증나게 하다, 성가시게 하다, 귀찮게 하다'라는 뜻이고, 자동사일 때는 '신경을 쓰다, 걱정하다'라는 뜻이다.

A : Do you want me to wait for you?
내가 기다리길 바래?

B : **No, don't bother.**
아냐, 신경 쓰지 마.

➔ 상대의 호의나 제안 등을 부드럽게 거절하는 표현.

- **Don't bother.** I'll do it later.
  신경 쓰지 마세요. 나중에 할 겁니다.
- **Don't bother about me.** I can do it for myself.
  제 걱정하지 마세요. 저 혼자 할 수 있으니까요.

for oneself 혼자, 자력으로

- **Don't bother to** call on him.
  일부러 그를 방문하지 마세요.

bother to (부정문에서) 일부러 ~하다
call on 방문하다

- Danny, **stop bothering me** while I'm trying to work.
  대니야, 공부 좀 하려고 하니까 짜증나게 좀 하지 마.
- I'm busy. **Don't bother me** just now.
  바쁘니까 지금 성가시게 하지 마.
- **Don't bother your mom now.** She's very tired.
  엄마를 지금 귀찮게 굴지 마. 매우 피곤하셔.

14

정말 우울해. I'm really feeling down.

삶이 즐겁지 않아서 슬플 때 '우울하거나 저기압이다'라고 한다. 이런 기분일 때 'feel depressed[diprést] / low / down / despondent[dispándənt] / blue' 등이 쓰인다. 반면에 '즐겁고(cheerful[tʃíərfəl]), 신나는(excited[iksáitid]) 기분을 나타낼 때'는 'be up'이 쓰인다.

S : How was your date with Ned last night?
어젯밤 네드와 데이트 잘 했니?

M: Lousy. She ignored me most of the evening and just talked with her friends.
아주 형편없었어. 저녁 내내 날 무시하고 그저 자기 친구들하고만 얘기를 하잖아.

S : That was a lousy thing to do.
그건 돼먹지 않은 짓이야.

M: Well, I feel lousy, too. **I'm really feeling down.**
그래, 나도 기분이 나빠. 정말 우울해.

ignore[ignɔ́:r] 무시하다

lousy[láuzi] 불결한, 더러운, 불쾌한(unpleasant)

- Jane quarrelled with her boyfriend and was depressed about it for weeks afterwards.
제인이 남자 친구와 말다툼을 해서 그 후 몇 주 동안 그 때문에 우울해 한다.

quarrel[kwɔ́:rəl] 말다툼하다
depressed[diprést] 풀이 죽은
afterwards[ǽftərwərdz] 후에, 그 후

- No wonder the fans were growing despondent. The team had already lost eight out of nine games.
팬들이 풀이 죽은 것은 당연하다. 응원하는 팀이 9경기 중 벌써 8게임에서 패배했기 때문이다.

despondent[dispándənt] 낙담한
(It is) No wonder (that)~ ~하는 것은 당연하다

- I'm feeling a bit down at the moment.
지금 약간 저기압이야. (= I'm feeling blue now.)

- Please don't let me down.
제발 나를 실망시키지 말아.

let sb down 실망시키다
➔ 〈p.447 참조〉

- He's been really up since getting that job.
그 직장을 구한 이래 그는 정말로 싱글벙글이야.

15

우울하게 하죠. It depresses me.

어떤 일로 마음이 슬프거나 우울해질 때 동사 'sadden[sǽdn], upset[ʌpsét], depress[diprés]' 또는 'make sb sad/unhappy, get sb down' 등의 관용어구가 쓰인다.

- It always makes me sad when I see so many talented out of work.
이렇게 많은 재능 있는 사람들이 실직해 있는 것을 보면 항상 마음이 아파요.

talented[tǽləntid] 재능이 있는
out of work 실직한

➔ 〈P. 55 참조〉

- Please don't cry. I didn't mean to upset you.
  울지 말아요. 일부러 당신 마음을 아프게 하려고 했던 게 아니에요.
- I don't read the newspapers because it depresses me too much.
  내 마음을 너무나 우울하게 하기 때문에 난 신문을 읽지 않아.

thoughtlessness [θɔ́:tlisnis] 남을 생각하지 않음
get sb down 풀이 죽게 하다

- We've been married three years but my husband's thoughtlessness gets me down.
  결혼한 지 3년이 되었습니다만 나의 남편의 몰인정함 때문에 나는 우울해집니다.

16 왜 그렇게 표정이 어두워? Why are you looking so gloomy?

무엇인가 근심 걱정이 있어 얼굴이 밝지 못하고 우울한 사람의 얼굴을 'gloomy face[glú:mi feis]'라고 한다. 이런 사람에게 '얼굴 좀 펴라!'라고 말하려면 'Smile! / Brighten up!'이라고 하고, 같은 맥락으로 '기운 좀 내!'라고 할 땐 'Cheer up!'하면 된다.

A : **Why are you looking so gloomy?**
왜 그리 우울한 표정을 하고 있어?

B : I failed in my driver's test!
운전 면허 시험에 떨어졌어!

gloomy [glú:mi] 표정이 어두운, 울적한

- When I saw their gloomy faces. I knew that something was wrong.
  그들의 어두운 표정을 봤을 때 무엇이 잘못되고 있다는 것을 알았다.

chap [tʃæp] ('chapman'의 줄임 말로) 놈, 녀석

- He's such a gloomy chap. You can never get him to smile.
  그는 이렇게 우울한 놈이라 그를 웃길 수는 없을 거야.

miserable [mízərəbəl] 비참한, 불쌍한, 가엾은

- The child's cold, hungry, so of course he's feeling miserable.
  그 아이는 춥고 배고파서 당연히 비참함을 느끼고 있다.

cheerful [tʃíərfəl] 기분좋은, 상쾌한

- I was miserable in the morning, but now I'm feeling more cheerful.
  아침엔 우울했는데 지금은 기분이 훨씬 좋아요.

depressing [diprésiŋ] 사람의 마음을 우울하게 하는

- There's nothing more depressing than spending Christmas alone.
  크리스마스를 홀로 보내는 것보다 사람의 마음을 더 우울하게 하는 것은 아무것도 없다.

dreary [dríəri] 음산한, 울적한, 따분한
brighten sth up ~을 밝게 하다

- This room is so dreary. You really ought to brighten it up a little.
  이 방은 너무 음산해. 방을 좀 밝게 하는 게 좋겠어.

brighten up [bráitn ʌp] 명랑해지다

cf. She *brightened up* as soon as she saw us.
그녀는 우리를 보자마자 얼굴이 환해졌다.

17
상심하고 있어요. She's heartbroken.

사랑하는 사람이 죽었거나 자기 곁을 멀리 떠났을 때의 마음을 'broken-hearted [bróukənhá:rtid]' 또는 'heartbroken[há:rtbròukən]'이라고 한다.

A: What happened to Vicky?
비키에게 무슨 일이 있어요?

B: **She's heartbroken because she broke up with her boyfriend.**
그녀는 남자 친구와 헤어져서 상심하고 있어요.

break up with ~와 헤어지다
↔ **make up with** ~와 화해하다 (reconcile[rékənsàil])

- When her parents split up **she was heartbroken.**
  그녀는 부모님이 헤어졌을 때 상심했다.

split up 헤어지다

- **He was broken-hearted** when his wife died.
  부인이 죽었을 때 그는 비탄에 잠겼다.
- **The girl was broken-hearted** when she was left out of a group.
  그 소녀는 동료들로부터 따돌림을 받았을 때 상심했다.

be left out (모임 등에서) 왕따 당하다(not accepted[ækséptid], rejected[ridʒéktid])

18
속상해. I'm upset.

'upset[ʌpsét]'가 동사로 '사람의 마음을 뒤집어 놓다, 언짢게 하다, 당황하게 하다, 사람을 근심시키다'라는 뜻이고 형용사로 '마음이 동요한, 혼란한, 당황한'의 뜻이다.

- **I was very upset to** hear the holiday had been cancelled.
  휴가가 취소되었다는 말을 듣고 매우 속상했어.

cancel[kǽnsəl] 취소하다(call off)

- **I'm upset with** your nagging.
  네 잔소리에 속상해.

nag[næg] 잔소리하다, 바가지를 긁다
➔ 'annoyed/upset'보다 강한 감정 표현이 'mad at, angry at, furious [fjúəriəs] with'이다.

- Do what he wants, or **you'll upset him.**
  그가 원하는 대로 해. 그렇지 않으면 그의 마음이 뒤틀릴 거야.

cf. Eating fish sometimes upsets me. 생선을 먹으면 가끔 뱃속이 불편해.

19
당신에게 실망했어요! I'm disappointed in you!

'~에 실망하다'는 'be disappointed[dìsəpɔ́intid] in/with'라고 하며, 'discouraged [diskə́:ridʒd]'는 '낙담한, 실망한'의 뜻이고, 'let sb down'은 '약속을 어겼거나 좋지 못한 행동으로 실망시키다(disappoint)'라는 뜻의 관용 표현이다.

cf. **feel let down** 실망감을 느끼다

- They were ashamed of their daughter's behavior, and **felt badly let down.**
  그들은 자기 딸의 행동을 부끄러워했고 몹시 실망감을 느꼈다.

be ashamed[əʃéimd] **of** ~을 부끄러워하다
behavior[bihéivjər] 행위
badly[bǽdli] 몹시

- I'm sorry to let you down, but I can't go to the movie with you tonight.
  실망시켜서 미안하지만 오늘 저녁에 너와 극장에 갈 수가 없어.

- She's getting very discouraged because she hasn't had a date in six months.
  그녀는 반년씩이나 데이트 한 번 못 해 본 탓에 매우 풀이 죽어 있다.

20 쪽팔렸어. I lost face.

➔ 〈P. 412 1번 참조〉

'lose face'는 '체면을 잃다, 낯 깎이다'라는 말로 우리말 속어에 '쪽 팔리다(suffer from loss of respect)'라는 말과 일맥상통한다. 'humiliate[*h*ju:mílièit]'는 '~를 수치스럽고 당황케 하다, 굴욕감을 느끼게 하다, 자존심을 상하게 하다'라는 뜻이다. '그대 앞에만 서면 나는 왜 작아지는가?(If I am with you, why do I feel small?)'라는 유행가 가사처럼 '주눅이 들고 열등감을 느끼다'라고 할 때 'feel small'이라고 한다. 'feel inferior[infíəriər]'는 '열등감을 느끼다', 'feel stupid[st*j*ú:pid]'는 '어리석은 생각이 들다'라는 뜻이다.

- I've never felt so humiliated in all my life!
  내 생애에 이렇게 창피해 본 적은 결코 없어!

humiliating[*h*ju:mílièitiŋ] 쪽팔리는, 굴욕적인

- You can't imagine how humiliating it was!
  얼마나 굴욕적이었는지 넌 모를 거야!

colleague[káli:g] 동료

- Her boss humiliated her in front of all her colleagues.
  그녀의 상사는 모든 동료 앞에서 그녀에게 굴욕감을 주었다.

make sb feel small ~를 주눅들게 하다

- Don't make me feel small in front of everybody.
  모든 사람들 앞에서 나를 기죽이지 말아.

21 기분이 좋아요. I'm in a good mood.

기분이 좋고(happy) 명랑할(cheerful) 때는 'be in a good mood', 화나고 짜증이(annoyed) 나 있을 때는 'be in a bad mood'라고 울적한 기분일 때는 'in a melancholy mood'라고 한다.

melancholy[mélənkàli] 우울한, 슬픈

A : Can I see the boss?
사장님 좀 뵐 수 있을까요?

B : Not right now. **Wait until he's in a good mood.**
지금은 안 돼요. 그가 기분이 좋아질 때까지 기다리세요.

relaxed[rilǽkst] 편한, 느긋한

- Everyone in the room looked happy and relaxed.
  방안에 모든 사람들이 행복하고 마음이 편안해 보였다.

- Don't talk to Jean. She's in a filthy mood!
  진에게 말 걸지 마. 그녀는 매우 화가 났어!

filthy[fílθi] 매우 화가 난, 불결한, 상스러운

- He's in no mood for (telling) jokes/to tell jokes.
  지금 그는 농담할 기분이 전혀 아니야.

➔ in no mood for + (동)명사/to ~할 기분이 전혀 아닌

- I'm not in the mood for (going to) a party tonight.
  오늘밤엔 파티에 가고 싶은 기분이 아냐.

22

하늘로 날아갈 듯한 기분이야. I'm feeling on top of the world.

사람은 누구나 성공(success[səksés])·행운(good luck)에 매우 행복하고(very happy) 자랑스러워하는(proud[praud]) 것은 당연하다. 이와 같은 기분을 나타내는 표현이 'on top of the world'이다. 등산가들이 정상에 오른 후의 느낌이 바로 이런 기분일 것이다. 'I'm feeling on top of the world.'는 '하늘로 날아갈 듯한 기분이야.'라는 말이다.

A : How did you feel on the first night of your honeymoon?
신혼여행 첫날밤 기분이 어땠어요?

B : **I felt like I was on the top of the world.**
완전히 뿅간 기분이었어.

23

딴 사람이 된 기분이야. I feel like another person.

'I feel like another person.(난 전혀 딴 사람이 된 기분인데.)'은 정신적으로나 신체적으로 소생된(renewed[rinjú:d])기분이 들 때 말하는 표현으로 'I feel like a new person.'이라고도 한다. 'I feel good.'보다 뜻이 강하다.

another[ənʌ́ðər]
➔ ⟨P. 174 어법 연구 참조⟩

A : Now that you're away from the office, you seem more relaxed.
출근을 안 하니까 자네는 더 느긋해 보이는군.

B : That's for sure. **Getting away from that pressure makes me feel like another person.**
그건 확실해. 사무실의 스트레스를 벗어나니까 전혀 다른 사람이 된 기분이야.

relax[rilǽks] 긴장을 풀다

get away from ~로부터 벗어나다

pressure[préʃər] 압박, 압력

24

기분이 끝내 줘요! I'm walking on air.

'I'm walking on air.'는 '너무 너무 행복하다(feel extremely[ikstrí:mli] happy).'는 뜻으로 매력적인(attractive) 아가씨로부터 데이트 허락을 받은 후에 친구에게 '하늘에 붕 떠 있는 것처럼(floating[flóutiŋ] on air) 내 기분 끝내 줘!'라고 말할 때 쓰일 수 있다.

A : Is he pleased? 그가 만족해?

B : **Yes, he's walking on air.** 그래. 날아갈 듯한 기분이야.

• She passed the exam, and **now she's walking on air.**
그녀는 시험에 합격해서 지금 기뻐서 어쩔 줄 모르고 있어.

25

만족해요? **Are you satisfied?**

'~에 만족하다'라고 할 때 'be pleased[pli:zd] / satisfied[sǽtisfàid] / content [kəntént] with'가 쓰인다.

A : **Are you pleased with the results?**
그 결과에 만족하니?

B : Of course.
물론이지.

• I've done everything you asked; now **are you satisfied?**
네가 부탁한 것은 다 해줬어. 이제 만족하니?

at the moment[móumənt] 지금

• **Are you content with** your job at the moment?
현재의 직업에 만족하니?

• **I'm not really satisfied with** the way he cut my hair.
그가 이발한 나의 머리 스타일이 정말로 맘에 안 들어.

26

좋아 죽을 지경이야. **I'm tickled to death!**

'전율할 정도로 만족해/좋아 죽겠어.'라고 말할 때 'I'm tickled pink/I'm tickled to death.'라고 한다. 'tickle[tíkəl]'은 '기쁘게 하다(delight[diláit]), 즐겁게 하다(amuse [əmjúːz])'라는 뜻 외에 '간질이다, 간지럽다'라는 뜻으로도 흔히 쓰인다.

A : How do you like your new dress?
새로 산 옷 마음에 들어?

B : **I'm tickled pink! / I'm tickled to death!**
매우 만족해!/좋아서 죽을 지경이야!

• He was **highly tickled at** the idea.
그는 그 생각에 매우 만족했다.

• My **nose tickles.**
코가 근질근질하다.

LESSON 41

색깔로 나타내는 인간의 심리 Colors

L·E·S·S·O·N 41

색깔로 나타내는 인간의 심리 Colors

grey 회색의, (놀랐거나, 피곤하거나 또는 건강이 좋지 않아) 창백한
fatigue [fətíːg] 피로
blue 명 파랑, 푸른색 동 슬픈(sad), 우울한
blues (미국 남부 지방에서 흑인들에 의해서 그들의 어려운 삶과 실연(失戀)을 주제로 만들어진) 느리고 슬픈 재즈음악
black 암담한, 불길한, 미워하고 저주하는 감정으로 가득한(full of anger, hate or evil)
green 얼굴이 핼쓱한, (질병 · 공포 · 질투 따위로) 얼굴이 파리해진, 창백한(pale and ill)
green with envy 상대방이 가진 것을 찾지 못해 매우 질투하는
envy [énvi] 질투, 부러움, 시기
vomit [vámit] 토하다
enthusiasm [enθúːziæzəm] 열광, 열중

- Her face was white with anger/fear.
  그녀의 얼굴은 분노 / 두려움으로 얼굴이 창백해(pale [peil])졌다.
- She is in the pink.
  그녀는 매우 건강하다.(in good health, very well)
- Her face is grey with fatigue.
  지쳐서 그녀의 얼굴은 창백하다.
- When I'm feeling blue, all I have to do is take a look at you, then I'm not so blue.
  마음이 좀 우울해(depressed [diprést])질 땐 당신을 바라만 보면 되죠. 그러면 나는 그렇게 우울하지는 않아.
- He gave me a black look.
  그는 나에게 미워하고 저주하는 표정을 지었다.
- I was green with envy when I heard he'd been given the job.
  그에게 그 일이 주어졌다는 소식을 들었을 때 매우 질투가 났다.
- You sometimes go/turn green when you are going to vomit.
  토하려고 할 때 때때로 넌 얼굴이 창백해(pale and ill) 져.

관련 어휘

기분을 나타내는 색깔 표현

- red-hot 매우 신나는(exciting), 열광적인, 격렬한
- red-hot enthusiasm 격렬한 열광
- red-hot news 따끈따끈한 뉴스
- paint the town red 뭔가를 축하하기 위하여 술 마시며 신나게 놀다

직업과 거짓말에도 색깔이 있다?

- blue-collar worker (3-D 업종에 종사하는) 노동자 · 근로자
- pink-collar worker (비교적 하위직의 여자 직업) 비서 · 종업원 · 타이피스트
- white-collar worker (사무실 또는 전문 직업에 종사하는) 근로자
- white lie (공손한 나머지 저지른) 가벼운 거짓말, 악의 없는 거짓말
- black lie 악의 있는 거짓말

LESSON 42

교통 Traffic

01	제 차로 모시겠습니다.	Let me drive you home.
02	지하철 타고 왔어요.	By subway.
03	지하철이 더 편안하죠.	The subway is more comfortable.
04	교통 혼잡 때문에	Because of a traffic jam
05	교통이 아주 혼잡해.	The traffic is heavy.
06	심한 교통 체증에 빠질지도 몰라.	We may run into heavy traffic.
07	카풀(carpool)입니다.	I share a ride with my neighbor.
08	차 좀 태워 줄 수 있어요?	I wonder if you could give me a lift.
09	6시에 나를 태우러 올 수 있어요?	Can you pick me up at 6 o'clock?
10	저쪽에 내려 주세요.	Please drop me off over there.
11	여기서 세워 주시겠어요?	Could you pull over here?
12	어디서 갈아타야 합니까?	Where should I transfer?
13	기름 값이 비싸서	With the high price of gas
14	얼마나 자주 버스가 다닙니까?	How often do the buses run?
15	차 좀 천천히 몰아요.	Please slow down.
16	초보 운전입니다.	I'm a novice driver.
17	음주 운전을 해선 안 돼.	You shouldn't drink and drive.
18	드라이브 갈까요?	Shall we go for a drive?
19	안전벨트를 맸어요?	Did you fasten the seat belt?
20	휘발유가 떨어졌어.	We've run out of gas.
21	가득 채워 주세요.	Fill it up, please.
22	차멀미를 해요.	I'm feeling carsick.
23	펑크가 났어요.	We've got a flat.
24	여기는 견인 지역입니다.	This is a tow-away zone.
25	속도 제한을 지켜라.	You must keep to the speed limit.
26	과속으로 딱지 뗐어.	I got a ticket for speeding.
27	앞으로 좀 빼 주시겠어요?	Could you move up a little?
28	승용차와 트럭이 충돌했다.	The car collided with the truck.

L·E·S·S·O·N

42 교통 Traffic

01

제 차로 모시겠습니다. Let me drive you home.

'자동차 또는 오토바이로 집에 데려다 주다'라고 할 때 'take sb home' 또는 'drive sb home'이라고 한다. 그러나 '걸어서 집에 바래다주다'라고 할 때는 'walk sb home'이라고 하면 OK.

➔ 〈P. 300 어법 연구 참조〉

A : **Let me drive you home.**
제 차로 모시겠습니다. (= I'll drive you home.)

B : Thanks a lot.
고맙습니다.

➔ 〈P. 104 참조〉

S : **Would you mind driving me home?**
집까지 차로 데려다 주시겠어요?

M: Certainly not.
물론이죠.

- Let me take you to your hotel in my car.
  제 차로 호텔까지 모시겠습니다.
- Let me walk you home.
  제가 댁까지 (걸어서) 바래다 드리겠습니다.
- It's late – I'll walk you home.
  시간이 늦었으니 집까지 바래다줄게.

on one's way to ~로 가는 도중에

- It's no problem. I can take you to the bank on my way to work.
  괜찮아요. 출근하는 길에 은행에 데려다 줄 수 있어요.

02

지하철 타고 왔어요. By subway.

'교통 수단'을 나타낼 때 전치사 'by'가 쓰인다. '비행기 타고 가다'는 'go by air' 또는 'go by plane'이라고 하고 '걸어가다'는 'go on foot'라고 한다.

➔ 'how'는 '출근하는 방법' 즉 교통 수단을 묻는 의문 부사

A : How did you get here?
여기에 무얼 타고 왔어요?

B : **By subway.**
지하철 타고 왔어요.

rather[rǽðər] 차라리, 약간, 다소

- I don't like driving. I'd rather go by train.
  운전하고 싶지 않아. 차라리 기차 타고 가고 싶어.

➔ '~에 도착하다(arrive)'의 뜻인 동사 'get' 다음에 'here, there, home' 등과 같은 부사가 뒤따라올 때는 전치사(to)를 사용하지 않는다.

eg. What time did you *get home*?
몇 시에 집에 도착했니?

03

지하철이 더 편안하죠. The subway is more comfortable.

A : Which is more comfortable, bus or subway?
버스와 지하철 어느 것이 더 편안합니까?

B : The subway is more comfortable. **And it's quicker than the bus and not as expensive (as the bus).**
지하철이 더 편안하죠. 그리고 지하철은 버스보다 빠르고 그렇게 비싸지도 않습니다.

comfortable [kʌ́mfərtəbl] 편안한

expensive [ikspénsiv] 값비싼

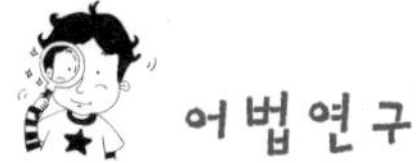

우등 비교/동등 비교

1. 두 사람 · 사물을 비교할 때 하나가 다른 하나보다 더 나을 때 우등 비교라 한다.
   a. Is this more expensive than that?
   이것이 저것보다 비싸요?
   b. Bangkok is much smaller than Seoul.
   방콕은 서울보다 훨씬 작다.
2. 어떤 성질이 같은 정도를 나타내는 것을 동등 비교라고 하며 'as~ as(…만큼 ~한)' 구문이 쓰인다.
   The bus isn't as crowded as the subway.
   버스는 지하철만큼 혼잡하지 않다.

➔ 〈p.383 참조〉

➔ 'much, still, even, (by) far'는 비교급 · 최상급을 강조하기 위하여 쓰인다.

➔ 〈p.333 참조〉

04

교통 혼잡 때문에 Because of a traffic jam

출퇴근 시간의 러시아워나 모처럼의 연휴 여행에서 돌아올 때 차량이 길게 늘어서서 움직일 수 없거나 차량이 매우 천천히 움직이는 도로 상황을 'traffic jam[trǽfikdʒæm](교통 혼잡)'이라고 한다. 그야말로 자동차들이 빽빽이 몰려 있어서 오도 가도 못하는 상태이다.

➔ 〈p.439 참조〉

A : Do you go to work in your car?
자가용으로 출근하나요?

B : Yes, I used to, but now **I use public transportation because of a traffic jam.**
네, 전에는 내 차로 출근을 했지만 지금은 교통 혼잡 때문에 대중 교통 수단을 이용하죠.

- We were stuck in a traffic jam for two hours.
  2시간이나 차량으로 막혀서 꼼짝을 못했어.

used to ~하곤 했다〈과거의 습관〉
transportation [trӕnspərtéiʃən] 수송, 운송
the public transportation 대중 교통
jam (사람 · 차량 등의) 혼잡
be stuck in 꼼짝 못하게 되다

05 교통이 아주 혼잡해. The traffic is heavy.

'비 · 눈 · 교통(traffic[trǽfik]) · 손실(loss[lɔ(:)s]) · 세금(taxation[tækséiʃən]) 등의 양(amount[əmàunt])이 많다'고 할 때 형용사 'heavy[hévi]'가 쓰인다.

be supposed[səpóuzd] to ~ 해야만 하다
departure[dipɑ́:rtʃər] 출발, 떠남

A : Now remember. **The traffic to the airport is heavy** and you're supposed to be there an hour before departure.
자 명심해. 공항까지의 교통이 아주 혼잡해. 그리고 넌 출발보다 한 시간 앞서 가야만 해.

B : Right. I'd better get going then.
맞아. 그럼 서둘러야겠는데.

go ahead[əhéd] 계속하다
despite[dispáit] ~에도 불구하고

- The match went ahead despite the heavy rain.
폭우에도 불구하고 경기는 계속되었다.

- We got caught in heavy traffic and missed our plane.
격심한 교통 체증에 밀려서 우리는 비행기를 놓쳤다.

06 심한 교통 체증에 빠질지도 몰라. We may run into heavy traffic.

'어려움에 빠지다'라고 할 때 'run into problems/difficulties'라고 하며, '쉽게 빠져나올 수 없기 때문에 어려운 상황에 있다'라고 할 때 'be caught[kɔ:t] in'이 쓰인다. 또한 '이동을 지연 또는 차단하다'라고 할 때는 'hold up'이라고 한다.

run into ~ heavy traffic 극심한 교통 체증에 빠지다

S : **We may run into heavy traffic on the way to the airport so let's leave early.**
공항으로 가는 도중 심한 교통 체증에 빠질지도 모르니까 일찍 출발합시다.

M: All right.
알았어요.

- An accident on the eastbound lane is holding up traffic.
동쪽 방향 차선에서의 사고로 교통이 막히고 있다.

tie up 손발을 묶다

- I'm sorry I'm late. I was tied up in traffic.
늦어서 미안해. 차가 꽉 막혀서.

be caught in 어려운 상황에 처하다

- I got caught in a traffic jam.
교통 체증에 시달렸어.

- I was caught in the shower on my way here.
이곳에 오는 중에 소나기를 만났어.

07

카풀(carpool)입니다. I share a ride with my neighbor.

자동차를 소유한 여러 사람이 날짜를 정하여 한 번에 한대의 차를 이용하여 출퇴근하는 것을 카풀(carpool)이라 한다. 'share[ʃɛər] sth with'는 '~와 …을 함께 하다/나누다/공유하다'란 뜻이다.

A : How do you get to work?
직장에 무얼 타고 가죠?

B : I take the subway. How about you?
언제나 지하철을 탑니다. 당신은요?

A : I usually share a ride with my neighbor.
보통 이웃 사람과 차를 같이 타고 가죠.

- Carpooling, or sharing a ride to work allows us to save on gas.
  직장에 자동차를 함께 타고 가는 카풀을 하면 우리는 기름을 절약할 수 있다.

get to 도착하다

share a ride[raid] 차를 함께 타다

neighbor[néibər] 이웃(사람)

allow[əláu] ~할 수 있게 되다

save on 낭비를 줄이다(avoid wasting)

08

차 좀 태워 줄 수 있어요? I wonder if you could give me a lift.

'I wonder if ~'는 상대방에게 무엇을 부탁할 때 쓰이는 예의를 갖춘 정중한 표현이다. 'lift'는 '무료로 태워 주기(a free ride in a vehicle[ví:ikəl])'란 뜻이지만 영국에서는 'elevator[éləvèitər] (美)'의 뜻으로 쓰인다.

A : I wonder if you could give me a lift.
차 좀 태워 줄 수 있어요?

B : No problem. Get in.
그럼요. 타요.

- Do you want a lift/ride?
  차 태워 줄까요?
- Give me a lift/ride, please.
  차 좀 태워 주세요
- Thanks for the ride.
  태워 줘서 고맙습니다.

cf. Passing the exam *gave me a real lift.*
시험에 합격해서 기분 끝내 줘.

get in 타다(hop in), 들어가다

ride[raid] 탐, 태움

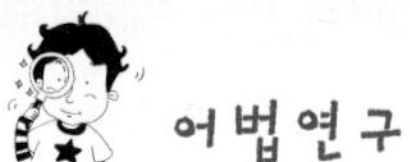

타다/내리다

버스 · 기차 · 비행기에 타고 내릴 때 'get on, get off'라 하고, 승용차 또는 지하철을 타고 내리는 것을 'get into, get out of'라 하지만 종종 혼용되어 쓰이기도 한다.

eg. I hit my head as I was getting into the car.
승용차에 타다가 머리를 부딪혔다.

09

6시에 나를 태우러 올 수 있어요? Can you pick me up at 6 o'clock?

➔ 〈P. 334 참조〉

'pick sb up'은 '~를 자동차로 마중 나가다, 도중에서 태우다(meet somebody and give him a ride)'의 뜻이며 그 외에 다양한 의미로 쓰인다.

***A* : Can you pick me up at 6 o'clock?**
6시에 나를 태우러 올 수 있어요?

***B* :** No problem – I'll stop by after work.
괜찮아. 퇴근 후에 들를게.

stop by 잠깐 들르다
after work 퇴근 후에
➔ 'no problem[prάbləm]/no trouble[trʌ́bəl]'은 어떤 사람이 무엇을 요청 · 부탁을 기꺼이 허락할 때 쓰인다.

10

저쪽에 내려 주세요. Please drop me off over there.

자동차를 태워 준 사람에게 '~에서 내려 주세요'라고 말할 때 'drop sb off'라고 한다.

***A* :** Where do you want to get off?
어디서 내리고 싶어요?

***B* : Drop me (off) at the corner.**
모퉁이에서 내려 줘요.

- Please drop me at the next stop.
다음 정류소에서 내려 주세요.(=Let me off at the next stop.)

cf. Take the bus. *Get off at the third stop.*
저 버스를 타고 가다 3번째 정류장에서 내리세요.

11
여기서 세워 주시겠어요? Could you pull over here?

운전 중에 신호등에서 자동차를 멈출 때 'pull up'이라 하고, 잠깐 볼일이 있거나 주변 경관을 구경하기 위해 길가로 차량을 잠시 정차하는 것을 'pull over'라 한다. 그리고 얼마 동안 차를 세워 놓는 것을 'park(주차하다)'라 한다.

A : **Why did the cop signal to you to pull over?**
왜 경찰이 길가로 차를 세우도록 신호를 하는 거야?

B : Because I was driving faster than the legal speed limit.
내가 법적 제한 속도 이상으로 빨리 차를 몰아서 그래.

cop[kɑp] 순경
signal[sígnl] 신호하다

legal[líːgəl] 합법적인
↔ **illegal** 불법의

- Sam pulled up at the red light.
  샘은 빨간 신호등에 차를 멈췄다.

12
어디서 갈아타야 합니까? Where should I transfer?

지하철 역에서 흔히 볼 수 있는 영어 단어가 'transfer[trænsfə́ːr]'이다. 이 뜻은 '환승(煥乘) 또는 갈아타는 곳'이란 뜻이다. 이와 같이 지하철이나 버스 등을 갈아타는 것을 'change' 또는 'transfer'라고 한다.

A : **Where should I transfer?**
어디서 갈아타야 합니까?

B : **You'll have to transfer at Los Angeles.**
LA에서 갈아타야만 할 겁니다.

- Transfer here for Seoul.
  서울행은 여기서 갈아타십시오.
- At London we transferred from the train to a bus.
  우리는 런던에서 기차를 버스로 갈아탔다.
- Is this a direct flight or do we have to change?
  직항 노선입니까 아니면 갈아타야만 합니까?

flight[flait] 정기 노선, 비행, 항공편

- The train broke down so we transferred to a bus.
  기차가 고장나서 우리는 버스로 갈아탔다.
- I must have lost my baggage when we transferred.
  갈아탈 때 내 짐을 잃어버린 것이 틀림없어.

baggage[bǽgidʒ] 수화물

13

기름 값이 비싸서 With the high price of gas

전치사 'with'가 '~ 때문에'의 뜻으로 이유를 나타내기도 하며 'because of[bikɔ́:z ɑv], on account[əkáunt] of'와 같은 뜻을 나타낸다.

get to 도착하다(arrive at)
work 근무처, 직업
take the bus = go by bus

A : How do you get to work?
직장에는 뭐 타고 다니죠?

B : **With the high price of gas, I take the bus.**
기름 값이 비싸서 버스를 타고 다니죠.

- She's been at home with a bad cold since last Sunday.
  그녀는 지난 일요일부터 독감 때문에 집에 있었다.

numb[nʌ́m] 곱은, 마비된

- Her fingers are numb with cold.
  날씨가 추워서 그녀의 손가락이 곱았어.

14

얼마나 자주 버스가 다닙니까? How often do the buses run?

'run'은 '정기적으로 운행하다, 다니다'라는 뜻으로 '옥스포드행 버스는 매 10분마다 다닌다.'라고 말하려면 'Buses to Oxford run every 10 minutes.'라고 말하면 된다.

A : **How often do the buses run on this route?**
이 노선에 얼마나 자주 버스가 다닙니까?

B : Every 5 minutes.
매 5분마다 다닙니다.

- The traffic runs day and night.
  교통편은 주야로 있다.
- This bus runs from here to the station.
  이 버스는 여기에서 정거장까지 운행한다.

15

차 좀 천천히 몰아요. Please slow down.

'차 좀 천천히 몰아요.'라고 할 때 'Drive slowly.'라고 말해도 뜻은 통하지만 'slow down'이라고 말하는 것이 보통이다. 'slow down'은 '천천히 운전하다, 속도를 늦추다, 둔화되다'라는 뜻이다.

A : **You're driving too fast. Please slow down.**
속도가 너무 빨라요. 차 좀 천천히 몰아요.

experienced[ikspíəriənst]
경험이 많은, 노련한

B : Don't worry. I'm an experienced driver.
걱정 말아. 난 운전이 노련해.

16 초보 운전입니다. I'm a novice driver.

'novice[nάvis]'는 '초보자(beginner)'란 뜻이며 초보 운전자를 'a novice driver'라고 하고, '완전 초보, 왕초보, 병아리 운전'이라는 말은 'a complete novice[kəmplíːt nάvis]'이다. 이와는 반대로 운전을 노련하게 한다고 할 때는 'an experienced driver'라고 하며 'experienced[ikspíəriənst]' 대신에 'seasoned[síːzənd], veteran[vétərən]'이 쓰일 수 있다.

A : Your brother seems to be a highly experienced driver.
너의 형은 상당히 운전을 잘하는 것 같아.

B : Yes, he is, **but my sister is a novice**; she obtained a driving licence just last month.
그래, 매우 노련해. 그런데 나의 누나는 면허증을 바로 지난달에 취득했어.

obtain[əbtéin] 손에 넣다, 얻다
driving licence[láisəns] 운전면허증

17 음주 운전을 해선 안 돼. You shouldn't drink and drive.

음주 운전(drunk driving)은 불법(against the law)이고 타인의 생명을 위협하기(threaten other's life) 때문에 경찰이 엄하게 통제하고 있다. 이 음주 운전을 미국에선 'drunk-driving' 영국에선 'drink-driving'이라 한다.

A : **You shouldn't drive a car after drinking alcohol.**
음주 운전을 해선 안 돼.

B : You got it.
알겠습니다.

alcohol[ǽlkəhɔ̀(ː)l] 알코올, 술
➔ 상대방의 요청을 받아들일 때 'You got it.'이라고 말하면 이는 'I'll do as you requested. / I'll take care of it. / I'll do what you ask.'(당신이 부탁한 그대로 내가 하겠습니다. 즉, 알겠습니다.)이다.

- You **shouldn't drive** – you're over the limit.
  너는 운전을 해선 안 돼. 술을 너무 많이 마셨어.
- He had a couple of drinks, and **is not fit to drive.**
  그는 몇 잔을 마셔서 운전을 할 수가 없어.
- **Drunk drivers are potential murderers.**
  음주 운전자들은 살인 가능성이 있는 사람들이다.

limit (참을 수 있는) 한계
fit ~하기에 적합한
potential[pouténʃəl] (현재는 실현되지 않고 있으나) 장차 가능성이 있는, 잠재적인
murderer[mə́ːrdərər] 살인자

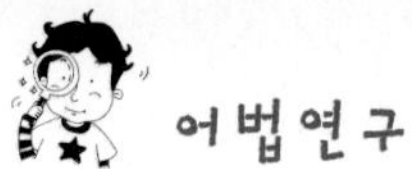

Q '그는 술이 많이 취해서 운전할 수가 없어요.' 라는 우리말을 영어로 옮길 때 'He's very drunk and cannot drive.' 라고 하면 왜 틀릴까?

A '그는 술이 많이 취해서 운전할 수가 없어요.' 라는 말은 운전은 할 줄 아는데 지금 술이 취해서 운전하기에 적합하지 않다는 뜻이므로 'cannot drive' 라고 하면 옳지 못하다. 왜냐하면 조동사 'can' 은 '어떤 행위를 할 수 있는 기술이나 방법을 알다(have a particular skill or know how to do a particular activity)' 라는 뜻이므로 'cannot drive' 라고 하면 '운전을 할 줄 모른다' 라는 말이 되어 우리말과 일치하지 않는다. 위에서 언급한 우리말은 '그는 술이 많이 취해서 운전하기에 적합하지 않아 또는 운전을 해서는 안 돼.' 라는 뜻이므로 '~하기에 적합한(suitable[súːtəbəl]), 알맞은(right)' 의 뜻을 가진 형용사 'fit' 를 사용하여 'He's very drunk and is not fit to drive.' 라고 하거나, 충고나 조언을 할 때 쓰이는 조동사 'should' 를 사용하여 *'He's very drunk and should not drive.'* 라고 말해야 옳은 표현이 된다.

18 드라이브 갈까요? Shall we go for a drive?

사랑하는 사람과 시골길을 따라 드라이브를 한다면 얼마나 멋질까 하고 꿈꾸는 사람들에게 꼭 필요한 말이 '드라이브 갈까요?' 이다. '드라이브 가다' 라고 할 때 'go for a drive' 또는 'go for a ride' 라고 한다. 자동차가 없으면 자전거 드라이브는 어떨까? '자전거를 타고 가다' 는 'go for a bicycle ride' 라고 말하면 된다.

A : **Let's go for a drive along the coast.**
해안선을 따라 드라이브 갑시다.

B : Sounds great.
좋습니다.

- We went for a drive around the city.
  우리는 시내를 드라이브했다.
- If the weather was fine, his family would go for a drive in the country.
  날씨가 좋으면 그의 가족은 시골로 드라이브 가곤 했다.
- We all went for a ride in Mike's old jeep.
  우리 모두는 마이크의 낡은 지프차로 드라이브 갔다 왔다.
- We spent the vacation going for bicycle rides.
  자전거 타기를 하며 방학을 보냈다.

vacation[veikéiʃən] 휴가, 방학

19 안전벨트를 맸어요? Did you fasten the seat belt?

'안전벨트는 생명 벨트'이니 벨트를 매자는 캠페인(campaign[kæmpéin])이 한창이어서 안전벨트를 매지 않으면 벌금을 내야 한다. 한때 안전벨트가 그려진 옷이 나올 정도로 벨트를 매지 않으려고 이리저리 피하기도 했었다. 어쨌든 안전벨트를 맨다는 표현을 하려면 'buckle up' 또는 'fasten[fǽsn] the seat belt'라고 하면 된다.

A : Do you think I should fasten the seat belt?
안전벨트를 매야 한다고 생각해?

B : Yes, I think it would be a wise move.
그래. 그게 현명한 조치라고 난 생각해.

move[mu:v] 움직임; 조처

- **She buckled herself into her seat.**
  그녀는 안전벨트를 맸다.

- He **buckled up** his belt tightly.
  그는 벨트를 팽팽하게 맸다.

20 휘발유가 떨어졌어. We've run out of gas.

'run out of'는 '~을 다 써 버리다, 동나다(have no more)'라는 뜻이다.

A : We've run out of gas.
휘발유가 떨어졌어.

B : Don't worry. There's a gas station right over there.
걱정 말아. 바로 저기에 주유소가 있어.

gas station 주유소(= filling station)

- Erin **ran out of** money, and therefore she had to look for a job.
  에린은 돈이 떨어져서 일자리를 찾아야만 했다.

therefore[ðέərfɔ̀:r] 그 결과

21 가득 채워 주세요. Fill it up, please.

'fill up'은 '가득 채우다'라는 뜻으로 주유소에서 'Fill it up, please.'라고 말하면 '기름을 가득 채워 주세요'라는 말이 된다. 자동차가 무생물이기 때문에 'fill it up'을 사용하며 자동차를 여성으로 생각하여 'Fill her up, please.'라고도 한다.

A : Fill her up with premium, please.
고급 휘발유로 가득 채워 줘요.

B : You got it.
알겠습니다.

premium[prí:miəm] 고급 휘발유(high-octane gas)
cf. **regular**[régjələr] 납(lead) 성분이 들어 있는 보통 휘발유
unleaded[ʌnlédid] 납 성분이 없는 휘발유, 무연
➔ 〈P. 461 참조〉

- I used to just have a sandwich for lunch, but that doesn't fill me up anymore.
  전에는 점심으로 샌드위치 하나면 됐는데 지금은 그거 가지곤 배가 고파.

- Don't fill yourself up with too many cookies.
  너무 많은 과자로 배를 채우지 마라.

부사 up의 뜻

종결 · 완성 · 충만 등을 나타내는 강조어로서 동사와 결합하여 '전부, 완전히' 라는 뜻으로 쓰인다.

a. Eat up! (아이들에게 밥을 남기지 말고) 싹 먹어 치워라!
b. Drink up! 쭉 비워!
c. The paper is all used up! 이제 종이는 다 써 버렸다.
d. Our savings are all used up! 예금이 완전히 바닥났어.

22 차멀미를 해요. I'm feeling carsick.

자동차 여행을 하다 보면 멀미를 하는 경우가 있는데 '차멀미'를 'carsick[ká:rsìk]', '비행기 멀미'를 'airsick[ɛ́ərsìk]', '뱃멀미'를 'seasick[sí:sìk]'라고 한다. 또한 '향수병'을 'homesick[hóumsìk]'라고 하며 '상사병'은 'lovesick[lʌ́vsìk]'라고 한다.

A : What's wrong?
어디 아파?

B : **I'm feeling carsick.**
차멀미를 해요.

desperately[déspəritli] 몹시

- Michael was desperately homesick for Italy.
  마이클은 이탈리아를 몹시 그리워하고 있었다.

teenager[tí:nèidʒər] (13~19살까지의) 소년, 소녀

- You're acting like a lovesick teenager!
  너는 상사병에 걸린 10대처럼 행동하는구나!

23 **펑크가 났어요. We've got a flat.**

공이나 타이어에 바람이 빠져서 납작한 상태, 즉 펑크가 난 것을 'flat[flæt]'라고 하며 명사 또는 형용사로도 쓰인다.

- I think we've got a flat.
  펑크가 난 것 같아요.
- On the way back home, we had a flat tire.
  집으로 돌아오는 도중, 차가 펑크가 났어요.

on one's way (to) ~로 가는 길에

24 **여기는 견인 지역입니다. This is a tow-away zone.**

- If you park your car here the police might tow it away.
  이곳에 주차하면 경찰이 견인해 갈지도 몰라요.
- My car was towed away for illegal parking.
  내차는 불법 주차로 견인해 갔어.
- My car broke down and it had to be towed to a garage.
  내차는 고장나서 차고로 견인해야만 했다.

tow away 견인해 가다
illegal[ilí:gəl] 불법의
break down 고장나다
garage[gərά:ʒ] 차고

25 **속도 제한을 지켜라. You must keep to the speed limit.**

'40 mph' 또는 '100 mph'와 같은 숫자를 차도 도로 표지판에서 볼 수 있을 것이다. '40 mph'란 시속 40마일(40 miles per hour)이란 뜻으로 이 도로에서는 40마일을 초과하지 말라는 일종의 약속인 것이다.

- You must not exceed the speed limit.
  제한 속도를 넘어서지 말아야 한다.

➔〈P. 435 11번 참조〉
keep to ~을 지키다
exceed[iksí:d] (한도 · 권한 · 예상을) 넘다

26 **과속으로 딱지 뗐어. I got a ticket for speeding.**

'교통 법규 위반으로 인한 딱지'를 'ticket[tíkit]'라고 하며 '속도 위반 딱지'는 'a speeding ticket'라고 하고, '주차 위반 딱지'는 'a parking ticket'라고 한다. 또한 '위반 딱지를 떼였다'라고 할 때는 'get a ticket'라고 한다.

A : I got a ticket for speeding on my way to work this morning.
오늘 아침 출근하다가 과속으로 딱지 뗐어.

B : You did? That's too bad! I'm sorry to hear that.
그래? 저런! 그 말을 들으니 안됐군.

speeding[spí:diŋ] 속도 위반

- If you leave your car there **you might get a parking ticket.**
  그곳에 자동차를 두면 주차 딱지 떼일지도 몰라요.

27

앞으로 좀 빼 주시겠어요? Could you move up a little?

'move up'은 '앞으로 전진하다' 'back up'은 '뒤로 후진하다' 운전기사들이 말하는 '빠꾸'는 영어의 'back'을 뜻하는 일어식 발음이다.

A : **Could you move up a little, please?** I'm sandwiched between two cars and can't get out.
차 좀 앞으로 빼 주시겠어요. 두 차 사이에 끼여서 빠져나갈 수가 없어요.

B : No problem.
걱정 말아요. 문제없어요.

- Would you **back (up) your car a little**?
  차 좀 뒤로 빼 주세요.
- Get out of the way – **the car is backing up**!
  비켜. 자동차가 후진하고 있어!
- You can **back up another two meters or so.**
  2미터 정도는 더 후진할 수 있어요.

28

승용차와 트럭이 충돌했다. The car collided with the truck.

'~에/과 부딪치다, 충돌하다'는 'collide[kəláid] against/with', '추돌하다'는 'dash[dæʃ] /bump[bʌmp] against a car from behind / run into a car from behind'라고 한다.

- The two cars **almost collided with each other.**
  두 자동차가 서로 충돌할 뻔했어.
- His car was **struck from behind.**
  그의 차는 추돌당했다.

almost[ɔ́:lmoust]와 barely[bέərli]

'almost'는 '하마터면, 자칫 ~할 뻔하여'의 뜻으로 동작이 실제로 이루어지지 않은 것을 나타내고 'barely'는 '간신히, 겨우'라는 뜻으로 동작이 가까스로 이루어졌다는 것을 의미한다.

a. I almost bought a new TV.
새 TV를 살 뻔했어. (사실은 사지 않았다.)

b. I barely bought this bike.
나는 이 자전거를 겨우 샀다. (실제로 샀다.)

almost[ɔ́:lmoust]와 nearly[níərli]

'almost'와 'nearly'가 거의 같은 의미로 쓰이지만 'almost'가 미국에서 흔히 쓰이는 반면 'nearly'는 영국에서 흔히 쓰인다.

1. 시간 등이 접근해 있음을 나타내어 '거의, 조금 있으면'

It's almost ten o'clock.
10시가 다 되었다./조금 있으면 10시가 된다.

2. 'all, every, the whole, alway' 등의 앞에 두어 '거의, 대부분'

Almost/Nearly all (of) my friends came to the party.
거의 모든 나의 친구들이 파티에 왔다.

3. 'any' 또는 'no, nobody, nothing' 등과 같은 부정어와 'almost'는 함께 쓰일 수 있지만 'nearly'는 함께 쓰이지 않는다.

a. Almost no one believed him.
거의 아무도 그를 믿지 않았다.

b. She ate almost nothing. 그녀는 거의 아무것도 먹지 않았다.
= She ate hardly anything.

c. Almost anything will do.
거의 어느 것이나 좋습니다.

4. 형용사, 부사를 수식하여 '대체로, 거의'

Dinner is almost/nearly ready.
저녁 준비가 거의 다 되었다.

➔ 'Almost no one ~'보다는 'Hardly anybody ~'가 더 자주 쓰인다.
cf. Nearly no one believed him. (x)

LESSON 43

여행 Travel

01	어디로 가세요?	Where are you off to?
02	지금 어디 가는 길입니까?	Where are you headed?
03	지금 그곳에 가는 길입니다.	I'm on my way there now.
04	해외 여행 가본 적이 있어요?	Have you ever been abroad?
05	유럽으로 여행 갑시다.	Let's take a trip to Europe.
06	세계 일주 여행을 생각하고 있어요.	I'm thinking of making a journey.
07	그들의 관습이 우리 것과는 달라요.	Their customs are different to ours.
08	예약을 하고 싶은데요.	I'd like to make a reservation, please.
09	예약을 재확인하려고 합니다.	I'd like to reconfirm my reservation.
10	예약하길 잘했어.	It's a good thing we made a reservation.
11	뉴욕행 2등 편도 하나 주세요.	A second class single to New York.
12	4시 출발 예정입니다.	It is due at 4 o'clock.
13	비행기가 착륙했나요?	Did the plane touch down?
14	벌써 탑승 절차를 다 밟았어요.	We're all checked in.
15	시차 때문에 약간 피곤합니다.	I'm feeling a little jet-lagged.
16	오늘 밤 묵을 객실이 있습니까?	Do you have any accommodations ...?

L·E·S·S·O·N

43 여행 Travel

01 어디로 가세요? Where are you off to?

'be off'는 '놀러 가기 위하여 여행(journey[dʒə́ːrni])을 떠나다'라는 뜻이다.

A : Hi, Susan! **Where are you off to?**
안녕하세요, 수잔! 어디로 가세요?

B : Oh, Sam, hi! We're taking a few days off and going to Japan.
아, 샘, 안녕하세요. 우리는 며칠간 휴가를 내서 일본에 가려고 합니다.

take a few days off 며칠 휴가를 내다

- We are off now on our trip.
  우리는 지금 여행에 나섰다.
- I must be off.
  이제 떠나야 해.

02 지금 어디 가는 길입니까? Where are you headed?

'be headed (for)'는 '~로 향해 가다'라는 뜻으로 'Where are you headed?'는 'Where are you going?'과 같은 의미로 쓰인다.

A : **Where are you headed?**
행선지가 어디죠?

B : I am headed for Seoul.
서울에 가요.

S : **Where are you heading?**
어디 가는 거야?

M: We're going to the river for a swim.
수영하러 강으로 가는 거야.

- This train is headed south from Boston to Washington.
  이 열차는 보스턴발 워싱턴행 남행열차다.
- We're heading in the same direction.
  우리는 같은 방향으로 가고 있다.
- After the basketball game, all the players immediately headed for the locker room.
  농구 시합 후에 모든 선수들은 곧장 락커 룸으로 향했다.

immediately[imíːdiətli] 즉시

03 지금 그곳에 가는 길입니다. I'm on my way there now.

'on one's way to'는 '~으로 가는 길에'라는 뜻이다. 'there, home, out'와 같은 장소 부사가 뒤따라 올 때는 전치사 'to'가 쓰이지 않는다.

A : Are you going to the funeral?
장례식에 갈 겁니까?

B : Yes. **I'm on my way there now.**
네. 지금 가는 길입니다.

funeral [fjú:nərəl] 장례식

S : Where are you going?
어디 가세요?

M: **I'm on my way to work.**
직장에 가는 중입니다.

- I'm just **on my way out.**
  지금 막 외출하는 길이야.
- I ran into Susan **on my way from work.**
  퇴근 길에 우연히 수잔을 만났어.
- I think I'll drop in on Sam **on my way home.**
  집에 가는 길에 샘에게 잠깐 들를까 해.
- I met him **on my way back to London.**
  나는 그를 런던으로 되돌아가는 길에 그를 만났다.
- It's getting late; **we must be on our way.** Good-bye.
  늦었군요. 이제 가봐야겠습니다. 안녕히 계세요.

cf. I'm *on the way to completing* the work.
나는 그 일을 마무리지어 가고 있다. (= I've nearly finished the work.)

on one's way out 외출하는 도중에

run into 우연히 만나다

on one's way from work 퇴근하는 길에

drop in on ~에게 들르다

on one's way home 집에 가는 길에

04 해외 여행 가본 적이 있어요? Have you ever been abroad?

요즘 공항에 가보면 해외 여행가는 사람들로 발 디딜 틈이 없을 정도이다. '해외 여행가다'라고 할 때 영어로 'go abroad[əbrɔ́:d]' 또는 'go overseas[óuvərsí:z]'라고 한다.

A : **Have you ever been abroad?**
해외 여행을 해본 적이 있어요?

B : No, I'm the only person I know who's never been abroad or even on an airplane.
아니요, 내가 알기로는 해외에 가본 적도 없고 심지어 비행기도 타본 적이 없는 사람은 나 하나뿐이죠.

abroad [əbrɔ́:d] 해외에, 외국으로

desperately [désparitli] 몹시

- He wanted desperately to go abroad.
  그는 몹시 해외 여행 하고 싶어했다.

overseas [óuvərsí:z] 해외로
work as ~로 근무하다
journalist [dʒə́:rnəlist] 신문/ 잡지 기자

- At the age of 20 I went overseas and worked as a journalist in Canada.
  20세에 해외로 가서 캐나다에서 기자로 근무했죠.

05 유럽으로 여행 갑시다. Let's take a trip to Europe.

미국 영어에서 'make a trip'는 사업상의 여행에, 'take a trip'는 관광 여행에 쓰인다.

A : Let's take a trip to Europe.
유럽으로 여행 갑시다.

depend on ~에 달려 있다
take time off 시간을 내다

B : We're hoping to go there, but it depends on our jobs. We're not sure we can take time off.
가고 싶지만 일이 어떻게 되느냐에 달려 있어요. 시간을 낼 수 있을지 확실하지 않아요.

- Did you have a good honeymoon trip to Hongkong?
  홍콩으로 간 신혼 여행이 즐거웠습니까?

- It's a lovely day, how about going on a boat trip?
  날씨가 아름다운데 보트 타고 여행하는 것 어때요?

cf. a shopping trip 쇼핑 여행
a day-trip 당일치기 여행

- She's gone on a business trip and won't be back until Friday.
  그녀는 출장 갔는데 금요일이나 돼야 돌아올 것이다.

06 세계 일주 여행을 생각하고 있어요. I'm thinking of making a journey.

'세계 일주 여행을 하다'라고 할 때 'make a journey around the world' 또는 'travel around the world'라고 말한다.

A : She and I are thinking of making a journey around the world.
그녀와 함께 세계 일주 여행을 하려고 생각하고 있어.

B : That sounds exciting! When (are you going)?
신나겠는데! 언제 갈 거야?

A : During the summer vacation. 여름방학에.

set off 출발하다

- After leaving college and earning some money he set off to see the world.
  대학을 졸업하고 돈을 좀 번 후에 그는 세계 일주 여행을 떠났다.

07

그들의 관습이 우리 것과는 달라요. Their customs are different to ours.

여행을 하다 보면 지역 또는 나라마다 관습이 다르기 때문에 'Do in Rome as the Romans do.'와 같은 격언이 생겨난 것이다. 그러므로 '방문하는 지역의 관습에 적응해야만 한다(You should adapt yourself to the customs of the places you visit.)'는 사실을 명심해야 한다.

A : You must keep in mind that their customs are very different to ours.
그들의 관습이 우리의 것과는 매우 다르다는 것을 명심해야만 한다.

B : No problem.
걱정 마세요.

keep in mind 명심하다(remember)
A is different from B A와 B는 다르다(not the same, unlike)

- Other times, other manners.
  시대가 다르면 관습도 다른 거야.

time (Pl.) 시대
manner[mǽnər] 방법; (Pl.)예절; 풍습

관련 어휘

- custom[kʌ́stəm] 지역사회에서 오랫동안 행해지고 있는 관습
- habit[hǽbit] 규칙적으로 이루어지는 개인적 습관
- convention[kənvénʃən] 사회에서 널리 인정되는 행위의 기준 · 관습

08

예약을 하고 싶은데요. I'd like to make a reservation, please.

'예약하다'는 'reserve[rizə́ːrv]' 또는 'make a reservation[rèzərvéiʃən]'이라고 하며 영국에서는 'book' 또는 'make a booking'이라고 한다. 'cancel a booking'은 '예약을 취소하다', 'be booked up / be fully booked'은 '입장권 · 좌석 등이 완전 매진/예약되다'라는 뜻이다.

A : Could you book me a seat on today's flight?
오늘의 비행기에 좌석 하나 예약해 주시겠어요?

B : The flight is booked up, but I'll do what I can.
모두 예약이 되어 있습니다만 할 수 있는 한 해보지요.

flight[flait] (정기 항공로의) 편

➔ 〈P. 477 15번 참조〉

- I'm sorry, but this seat's reserved.
  죄송하지만 이 자리는 예약이 되었습니다.
- You already got a flight booked.
  당신 비행기편이 벌써 예약되어 있어요.
- Would you book me an afternoon flight to Seattle?
  시애틀행 오후편 비행기를 예약해 주시겠습니까?

book afternoon flight 오후편 비행기를 예약하다.

reserve [rizə́:rv] 지정하다
the elderly [éldərli] 노인
the disabled [diséibəld] 신체 장애인
➜ the + 형용사 = 복수 보통명사
be allergic [ələ́:rdʒik] **to** 알레르기 반응을 보이다, 싫어하다 (dislike, hate)

- These seats **are reserved for** the elderly and disabled.
  이 좌석들은 노인과 지체 장애자들을 위한 지정석입니다.

- I must be in the nonsmoking section. I'm allergic to smoke.
  저는 금연 구역에 있어야 합니다. 저는 담배에 알레르기가 있습니다.

09

예약을 재확인하려고 합니다. I'd like to reconfirm my reservation.

보통 출발하기 3일 전에 비행기 좌석 예약을 재확인하라고 비행기 표에 쓰여 있다. 이와 같이 '(예약을) 재확인하다' 라는 뜻이 'reconfirm [rì:kənfə́:rm]' 이다.

A : Hello. This is Mark Perry. **I'd like to reconfirm my reservation.**
여보세요. 저는 마크 페리라고 하는데요. 예약을 재확인하려고 합니다.

B : What reservation are you holding?
어떤 예약을 하고 있나요?

A : I've made reservations for your flight 777 leaving tomorrow at 3:30 p.m. to Seoul.
내일 오후3시반 서울행 777기편입니다.

B : Hold on, please... Yes, you're booked on our flight 777 to Seoul tomorrow afternoon.
잠시 기다리세요… 네, 내일 오후 서울행 777기 편에 예약되어 있습니다.

hold [hould] 소유하다, 갖다
hold 보유하다, 갖고 있다, 소유하다
hold on (전화상에서) 잠깐 기다리다

be sure to 잊지 말고 꼭 ~하라 (don't forget to)

confirm [kənfə́:rm] 확인하다

- Be sure to **reconfirm your return reservations** three days before your flight.
  비행 3일 전에 반드시 돌아갈 예약을 재확인하세요.

cf. Did you *confirm* the booking of the hotel room by phone?
전화로 호텔 방 예약을 확인했어요?

10

예약하길 잘했어. It's a good thing we made a reservation.

'~하길 잘했어.' 라고 말할 때 'it's a good thing ~' 이라고 한다. 즉 '~한 것이 운이 좋았다 (lucky, fortunate [fɔ́:rtʃənit])' 는 뜻이다. 특히 불행 중 다행이라는 뜻으로 흔히 쓰인다. '예약하기를 잘했어.' 라고 하려면 'It's a good thing we made a reservation.' 이라고 하면 된다.

- **It's a good thing** I brought my umbrella.
  내 우산을 가져오길 잘했어.

- **It's a good thing** we brought some food with us.
  음식을 가져온 것은 잘한 일이야.

- (It's a) **Good thing** you didn't buy it.
  그것을 사지 않기를 잘했어.

- **It's a good job** you were there to help.
  도와주기 위하여 그곳에 있었던 것이 잘한 일이야.

➔ 'It's a good job ~'은 영국 영어이다.

11

뉴욕행 2등 편도 하나 주세요. A second class single to New York.

'편도행 차표 또는 비행기표'를 미국에서는 'a one-way ticket', 영국에서는 'a single'이라고 한다. '왕복표'를 영국에서는 'a return ticket', 미국에서는 'a round-trip ticket'라고 한다.

A : Excuse me. I'd like to get some information about a trip to Los Angeles.
실례합니다. L.A로 가는 여행에 관한 정보를 얻고 싶습니다.

B : Certainly. Have a seat, please... Now, what exactly would you like to know?
네, 그러지요. 앉으세요. 정확히 무엇을 알고 싶으세요?

A : **First of all, the cost of a round-trip flight to L.A.**
먼저, L.A왕복 비행기 값을 알고 싶습니다.

first of all 먼저, 우선
round-trip[ráundtríp] 왕복 여행의

- Do you want **a one-way or a round-trip ticket**?
  편도권을 원하십니까? 아니면 왕복권을 원하십니까?

- Is this **a one-way street**?
  여기는 일방 통행로입니까?

12

4시 출발 예정입니다. It is due at 4 o'clock.

형용사 'due[dju:]'는 '(비행기 · 기차 등이) 출발 · 도착예정인, 아기 출산 예정인'의 뜻이고, 'due to'는 '~할 예정인, ~하기로 되어 있는'의 뜻이다.

A : When is the next train to London?
런던으로 가는 다음 열차는 몇 시입니까?

B : **It is due at 4 o'clock.**
4시 출발 예정입니다.

S : **Have you heard when Steve is due to arrive at the airport?**
스티브가 언제 공항에 도착하기로 되어 있는지 들었어요?

M: Yes, his flight gets in just after two.
네, 그가 탄 비행기가 2시 조금 지나서 들어올 겁니다.

get in 도착하다

- What time is **the next bus due?**
  다음 버스는 언제 옵니까?

due 아기 출산 예정인
January [dʒǽnjuèri] 1월

- Their first baby is **due in January.**
  그들의 첫 아기 예정일은 1월이야.

publish [pʌ́bliʃ] 출판하다
December [disémbər] 12월

- His book is **due to be published in December.**
  그의 책은 12월에 출간 예정이다.

be due to ~때문에(because of)
faulty [fɔ́:lti] 결함이 많은, 과실이 있는

cf. The fire *was due to* a faulty wire in a plug.
플러그의 누전 때문에 화재가 발생했다.

13 비행기가 착륙했나요? Did the plane touch down?

'비행기가 이륙하다'는 'take off', '착륙하다'는 'land' 또는 'touch down'이라고 한다.

A : **Did the plane touch down?**
비행기가 착륙했나요?

not long ago 조금 전에

B : Yes, **it landed at the airport not long ago.**
예, 얼마 전에 비행기가 공항에 착륙했습니다.

S : We should hurry up. **Our flight takes off at five o'clock.**
서둘러야겠습니다. 비행기는 5시에 떠납니다.

M: There is no need to rush. It only takes half an hour to get there.
서두를 필요 없어요. 그곳까지는 30분밖에 안 걸려요.

14 벌써 탑승 절차를 다 밟았어요. We're all checked in.

호텔 등에서 숙박부에 기명(記名)하거나, 공항에서 탑승 절차를 밟는 것을 'check in'이라 한다. 이와 반대로 호텔에서 계산을 하고 나오는 것을 'check out'이라 한다.

A : When should we get on the plane?
언제 비행기에 탑승해야 하죠?

B : There's no rush. **We're all checked in.**
서두를 것 없어요. 벌써 탑승 절차를 다 밟았어요.

S : **When do I have to check out?**
호텔 퇴실 시간이 언젭니까?

M: Usually we ask that the guests check out by noon.
보통 손님들은 12시까지 나가시도록 되어 있습니다.

- You need to check in one hour before the flight.
  비행기가 출발하기 1시간 전에 탑승 절차를 밟아야 합니다.

- We checked out (of a hotel) at noon.
  우리는 12시에 (계산을 하고) 호텔을 나왔다.

- Do I have to register?
  숙박부에 기명해야 합니까?

register[rédʒəstər] (호텔 등에서) 기명하다, (숙박부 등에) 기입하다

15

시차 때문에 약간 피곤합니다. I'm feeling a little jet-lagged.

시차가 다른 지역에 비행기여행을 한 후 생기는 피로감을 'jet-lagged[dʒetlǽgd]' 라고 한다.

A : **I'm feeling a little jet-lagged.**
시차 때문에 약간 피곤합니다.

B : You'll get over it soon.
곧 회복될 겁니다.

A : I'm sure I'll be all right within a couple of days.
2, 3일 정도 지나면 괜찮을 거라고 생각합니다.

get over 회복하다(recover), 극복하다(overcome)
a couple of 두서넛의(a few)

- Thomas was jet-lagged after his ten-hour flight.
  토마스는 10시간의 비행 때문에 피곤했다.

flight[flait] 비행; 비행기 여행; (정기 항공로의) 편

16

오늘 밤 묵을 객실이 있습니까? Do you have any accommodations ...?

'accomodations[əkɑ̀mədéiʃənz]'는 '(호텔 · 비행기 · 배 · 기차 등에서 제공되는 방, 음식, 서비스 등이 제공되는) 숙박 시설'을 의미한다. 호텔이나 여관 등에서 '빈 방 있습니까?' 라고 물어 보려면 'Do you have any vacancies[véikənsiz]?' 와 같이 말하면 된다. 그러나 호텔이나 여관 앞에 'No vacancies.(빈방 없음.)' 라는 말이 붙어 있으면 들어가 볼 필요도 없다.

A : **Do you have any accommodations for tonight?**
오늘 밤 묵을 객실이 있습니까?

B : Certainly, what are you looking for?
예, 어떤 객실을 원하십니까?

A : I need a room for a night. How much for a single?
하룻밤 묵을 방을 원하는데요. 1인용이 얼마죠?

B : That will be ninety five dollars per night, tax included.
세금을 포함해서 하룻밤에 95달러입니다.

look for ~을 찾다
per night 하룻밤에
tax included 세금 포함하여

vacant[véikənt] (건물 · 방 등이) 비어 있는

occupied[ákjəpàid] (방 · 좌석 등이) 사용 중인

S : **Is there any vacant room?**
빈방이 있습니까?

M: Sorry, sir. All the rooms are occupied.
죄송합니다만 모든 방이 찼습니다.

- All our singles are filled up now.
  독방은 다 찼습니다.
- Do you have anything less expensive?
  좀더 싼 방은 없습니까?

view[vjuː] 경치, 전망

- I'd like to have a single room with a view of the sea.
  바다가 바라보이는 독방에 머무르고 싶습니다.

'여행'을 뜻하는 다양한 어휘

누구에게나 여행은 즐거운 것이다. 그러나 우리말과는 달리 영어에서는 용도에 따라 'travel[trǽvəl], trip, journey[dʒə́ːrni]'가 쓰이며, 배를 타고 가거나 우주여행은 'voyage[vɔ́iidʒ]', 정치인, 연예인 또는 운동선수들이 전지훈련을 하기 위하여 여러 지역을 방문하는 계획된 여행을 'tour[tuər]', 비행기로 하는 여행은 'flight[flait]', 레크리에이션 등을 위해 많은 사람이 함께 하는 짧은 여행은 'excursion [ikskə́ːrʒən]'이라고 하며, '소풍 또는 야유회 가다'라고 할 때 'go for a (school) outing'이라고 한다.

travel[trǽvəl]
'여행'의 뜻으로 가장 널리 쓰이는 말로 먼 나라 또는 장기간에 걸친 여행

trip
사업상 또는 답사를 하기 위해 멀지 않은 곳으로 잠깐 다녀오는 여행

journey[dʒə́ːrni]
보통 육로의 장거리 여행으로 반드시 돌아오는 것을 뜻하지는 않는다.

LESSON 44

문화 Cultural Behavior

L·E·S·S·O·N

44 문화 Cultural Behavior

❶ 특별한 상황이 아니라면 다음과 같은 질문은 하지 않는 것이 좋다.

- Are you married? 결혼했어요?
- Why are you single? 왜 미혼이세요?
- Why aren't you married? 왜 결혼을 안 해요?
- When are you going to get married? 언제 결혼할 거예요?
- Why don't you have any children?
(결혼을 했지만 자식이 없는 사람에게) 왜 아이가 없어요?
- How old is your wife? 부인은 몇 살입니까?
- Why did you marry so young? 왜 그렇게 어린 나이에 결혼했나요?
- What's your weight? / How much do you weigh?
몸무게는 얼마죠?
- How much do you get paid a month? 한 달에 얼마나 받습니까?
- How much money do you earn? 얼마나 벌어요?
- Do you believe in God? 하느님의 존재를 믿습니까?
- How much was your watch? 시계는 얼마 주고 샀습니까?

❷ 서로 처음 만났을 때 가족, 직장(work), 학교, 또는 스포츠와 같은 이야기를 서로 주고받는다. 아래와 같은 질문은 개인적(personal[pə́:rsənəl])이거나 사적인(private[práivit]) 질문이 아니므로 물어 봐도 괜찮다.

- Do you have any brothers or sisters? 형제 자매가 있습니까?
- Where do you work? 어디에 근무하나요?
- What school do you go to? 어느 학교에 다닙니까?
- Do you like sports? 스포츠를 좋아하나요?
- Where do you come from? 고향이 어디죠?
- Where do you live? 어디에 사세요?

미국에서의 식사 예절

미국에 여행가면 미국인 가정에 주말 유숙을 초대받을 가능성이 충분히 있다. 그러한 경우에는 초대해 준 가정의 사람들과 여러 차례에 걸쳐 식사를 함께 하게 될 것이다. 따라서 식사 예절에 관한 다음의 조언들이 여러 모로 도움이 될 것이다. 다음은 대략 기본적인 지침들로 상황에 따라 물론 다를 수도 있다. 잘 모를 때는 다른 사람들이 식탁에서 어떻게 하는지 살펴보고 따라 하는 것이 가장 좋은 방법이다.

- If the dinner is informal, ask if you can bring something, such as something to drink or dessert.
  저녁 식사가 비공식적인 것이라면, 당신이 마실 음료라든가 후식 같은 것들을 가져가도 되는지 물어 보세요.
- Arrive five to ten minutes late, but never early. Your host or hostess may still be getting ready.
  5분 내지 10분 정도 늦게 가세요. 주인이 아직 준비중에 있을지도 모르므로 절대로 일찍 가지 마세요.
- Take off your hat and coat as soon as you enter someone's home.
  일단 집에 도착하면, 들어가자마자 모자와 코트를 벗으세요.
- If the family begins the meal with a prayer, it's polite to bow your head.
  가족이 식전 기도를 드릴 때는 함께 머리를 숙이는 것이 예의입니다.
- Feel free to politely refuse food that you don't want. Say, "No, thanks. I don't care for any."
  당신이 원하지 않는 음식에 대해선 정중하게 거절하셔도 됩니다. "감사합니다만 전 별로 생각이 없습니다."라고 말하세요.
- Put your napkin on your lap before you begin to eat.
  식사를 하기 전에 냅킨을 당신의 무릎 위에 펴놓으세요.
- If there are a number of utensils; several forks, knives, and spoons, those farthest from the plate are supposed to be used first, and gradually move to the inside ones during the course of the meal.
  식탁 위에 포크, 나이프, 스푼과 같은 식사 도구들이 놓여 있으면 접시에서 가장 멀리 떨어져 있는 것부터 사용하도록 되어 있고 식사가 진행됨에 따라 차츰 안쪽의 것으로 옮겨갑니다.
- Hold the fork in your right hand unless you are left-handed.
  당신이 왼손잡이가 아니면 포크는 오른손으로 잡으세요.
- Keep your left hand in your lap unless you are cutting something.
  칼로 뭘 썰지 않을 때는, 왼손을 무릎에 올려놓으세요.
- Eat quietly, chewing with the mouth closed.
  음식을 씹을 때에는 입을 다물고 조용히 드십시오.
- Compliment the hostess on the food: "It's really good/delicious."
  여주인에게 "정말 맛이 좋습니다."라고 칭찬을 하십시오.
- Remember to thank your host or hostess when you leave. You should also telephone the next day to say 'thank you' again.
  떠나올 때 주인에게 감사하다고 인사하는 것을 잊지 마세요. 그 다음날 전화를 걸어 한 번 더 감사하다고 말해야 합니다.

LESSON 45

속담 Old Sayings

01	호랑이도 제말하면 온다!	Talk of the devil!
02	유전 무죄 무전 유죄	One law for the rich and another for the poor.
03	가난은 죄가 아냐.	Poverty is not a crime.
04	식은 죽 먹기야.	It's a piece of cake.
05	천리 길도 한 걸음부터	Rome wasn't built in a day.
06	더디더라도 착실히 하는 편이 결국 이긴다.	Slow and steady wins the race.
07	항상 처음이 가장 어려운 거야.	The first step is always the hardest.
08	내일은 좋아질 거야.	Tomorrow is another day.
09	공자(孔子) 앞에서 문자 쓰지 마.	Don't teach a fish how to swim.
10	서당개 삼년에 풍월(風月)을 한다.	The sparrow near a school sings the primer.
11	백문(百聞)이 불여일견(不如一見)	Seeing is believing.
12	우물을 파도 한 우물을 파라	A rolling stone gathers no moss.
13	엎질러진 물이야.	It's no use crying over spilt milk.
14	치료할 수 없는 것은 참고 지낼 수밖에 없는 거야.	What can't be cured must be endured.
15	부전자전(父傳子傳)	Like father, like son.
16	유유상종(類類相從)	Birds of a feather flock together.
17	사람은 친구를 보면 알 수 있는 거란다.	A man is known by the company he keeps.
18	항상 집적거리는 놈은 싸우길 두려워해.	A bully is always a coward.
19	반짝이는 모든 것이 금은 아니다.	All that glitters is not gold.
20	미모는 거죽 한 꺼풀뿐이야.	Beauty is definitely only skin-deep.
21	옷이 날개야.	Fine feathers make fine birds.
22	남에게 대접받고자 하는 대로 행하라.	Do as you would be done by.
23	오늘 할 일을 내일로 미루지 마라.	Tomorrow never comes.
24	지금 하세요.	No time like the present.
25	이심전심(以心傳心)이야.	Great minds think alike.
26	나도 모르겠어.	Your guess is as good as mine.
27	공짜란 없는 법이야.	You don't get something for nothing.
28	백지장도 맞들면 낫다.	Two heads are better than one.
29	이웃사촌.	A near neighbor is better than a distant cousin.

30	사고란 언제나 일어나기 마련이죠.	Accidents will happen.
31	남의 돈 천냥보다 제돈 한 냥.	A bird in the hand is worth two in the bush.
32	사공이 많으면 배가 산으로 오른다.	Too many cooks spoil the broth.
33	천재는 10퍼센트의 영감과 90퍼센트의 땀이다.	Genius is ten percent inspiration and ninety percent perspiration.
34	쇠뿔도 단김에 빼라.	Strike while the iron is hot.
35	필요는 발명의 어머니.	Necessity is the mother of invention.
36	용감한 자만이 미인을 차지할 수 있다.	None but the brave deserve the fair.
37	남의 떡이 커 보이는 법이야.	The grass is always greener on the other side of the fence.
38	뿌린 대로 거두리다.	As you sow, so shall you reap.
39	화불단행(禍不單行)	It never rains but it pours.
40	물에 빠진 사람은 지푸라기라도 잡는다.	A drowning man will clutch at a straw.
41	뭉치면 살고 헤어지면 죽는다.	United we stand, divided we fall.
42	세상물정 모르는 사람이 아녜요.	I wasn't born yesterday.
43	돌다리도 두드려 보고 건너라.	Look before you leap.
44	과오를 시정하는 데 주저하지 말라.	It's never too late to mend.
45	구관이 명관이야.	You don't know what you have until you've lost it.
46	아니 땐 굴뚝에 연기 날까.	Where there's smoke, there's fire.
47	전화위복(轉禍爲福)	Every cloud has a silver lining.

L·E·S·S·O·N 45

속담 Old Sayings

01

호랑이도 제말 하면 온다! Talk of the devil!

점심을 먹고 사무실에 모여 새로 입사한 신입사원 이야기를 하고 있는데 그가 나타난다. 이 때 쓰는 영어 표현이 'Talk/Speak of the devil!' 이다.

devil [dévl] 악마

- Oh, talk of the devil – here he comes now.
  오, 호랑이도 제말 하면 온다더니, 그가 지금 오고 있네.

02

유전 무죄 무전 유죄 One law for the rich and another for the poor.

돈이 인간처럼 말을 할 수는 없지만, 다른 사람에게 돈의 영향력을 발휘하여 모든 원하는 문제를 해결할 수 있다고 생각하는 사람들이 있기 때문에 비유해서 쓰이는 표현이 '돈이면 안 되는 일이 없다(Money talks.)' 이다. 또 '부유한 사람들이 죄를 짓고 벌을 모면할 수 있지만 가난한 사람들은 대개 벌을 받는다.' 라고 해서 생겨난 말이 '유전 무죄 무전 유죄(有錢無罪 無錢有罪)' 이다.

03

가난은 죄가 아냐. Poverty is not a crime.

poverty [pάvərti] 빈곤
crime [kraim] (법률상의) 범죄
sin (종교상 · 도덕상의) 죄
criminal [krímənəl] 형 범죄의 명 형사상의 범인(offender)
common criminal 좀도둑
commit a crime 죄를 짓다

'Poverty is not a crime/sin.' 은 '가난은 죄가 아니다.' 라는 뜻으로 '가난하다고 사람을 비난하지 말라.' 고 경고하는 속담이다.

04

식은 죽 먹기야. It's a piece of cake.

어떤 일을 아주 쉽게(very easily) 할 수 있다고 자신 있게 말할 때 하는 말이 '누워서 떡먹기' 라는 표현이 있다. 이와 비슷한 영어 표현이 'It's a piece of cake.' 이다. 누워서 떡을 먹다 보면 체할지 모르지만 아무튼 우리는 쉽다는 뜻으로 이 표현을 쓴다. 같은 의미로 'No problem.(걱정 마, 문제없어.), No sweat [swet]!(걱정 마, 어려운 일이 아니야!)' 또는 'There's nothing to it.(전혀 어려울 게 없어.(= There's no difficulty in it.))' 가 쓰인다.

- The exam was a piece of cake.
  그 시험은 아주 쉬웠어.

translate [trænsléit] 번역하다

- To her, translating French to English is a piece of cake.
  그녀에게 불어를 영어로 번역하는 것은 식은 죽 먹기야.

05

천리 길도 한 걸음부터 Rome wasn't built in a day.

'로마는 하루에 이루어지지 않았다.' 라는 속담처럼 큰 일은 단시일에 되는 것이 아니다. 우리말에도 '천리 길도 한 걸음부터', 또는 '첫 술에 배부르랴' 라는 속담이 있다. 즉, '중요한 일을 하는 데는 많은 시간이 걸린다.(It takes a lot of time to achieve something important.)' 는 뜻이다. 이와 비슷한 속담으로 'Success doesn't come overnight.(성공은 하룻밤 사이에 오지 않는다.)' 도 자주 쓰인다.

overnight [óuvərnàit] 하룻밤 사이에

06 더디더라도 착실히 하는 편이 결국 이긴다. Slow and steady wins the race.

"토끼와 거북이"의 우화(fable[féibəl])와 관련된 속담으로 '천천히 그러나 꾸준히 일을 하면 짧은 시간에 빨리 후딱 해치우는 것보다 더 잘할 것이다.(If you work slowly but constantly, you will succeed better than if you work fast for a short while and do not continue.)' 라는 뜻.

- Now that you've made a good start on your project, don't get lazy. **Slow and steady wins the race.**
  이제 너의 계획의 출발이 좋으니까 게으름 피우지 마. 천천히 착실히 하는 것이 이기는 길이야.

now that ~이니까
project[prədʒékt] 계획, 사업
lazy[léizi] 게으른
steady[stédi] 한결같은, 착실한

07 항상 처음이 가장 어려운 거야. The first step is always the hardest.

'시작이 반이다.' 라는 말이 있듯이 처음 시작하는 것이 항상 어려운 것이다.

A : I want to quit smoking, but I can't convince myself to sign up for the "stop smoking" program.
나는 담배를 끊고 싶지만 '금연' 계획에 서명할 자신이 없어.

B : **The first step is always the hardest.**
항상 처음 단계가 가장 어려운 거야.

quit[kwit] 그만두다(stop)
convince[kənvíns] 납득시키다
sign up for ~에 서명하다

- Everything has a beginning.
  만사가 다 시작이 있는 법이다.
- All's well that ends well.
  끝이 좋으면 다 좋다.
- Well begun is half done.
  시작이 반이다.

08 내일은 좋아질 거야. Tomorrow is another day.

지금 좋지 않은 일들이 '내일이면 좋아지게 될 거야.' 라고 말할 때 'Tomorrow is another day.' 라고 말하며 상대방을 격려 또는 위로할 때 흔히 쓰인다.

A : Everything went wrong for me today. I feel like crawling into a hole and never coming out again.
오늘은 모든 것이 엉망이었어. 구멍으로 들어가 다시는 나오고 싶지 않아.

B : I'm sorry today was so bad, but don't overreact. **Tomorrow is another day.**
오늘 그렇게 엉망이었다니 유감이군. 하지만 지나친 반응을 보이지 마. 내일은 좋아질 거야.

feel like ~ing ~하고 싶다
crawl[krɔ:l] **into** 기어 들어가다
overreact[òuvəriǽkt] 지나치게 반응하다
another 다른(different), 딴

09 공자(孔子) 앞에서 문자 쓰지 마. Don't teach a fish how to swim.

짧은 지식을 가진 사람이 박식한 사람 앞에서 아는 체할 때 '공자(孔子) 앞에서 문자 쓰지 마.' 라고 하려면 'Don't teach a fish how to swim.(물고기에게 수영하는 법을 가르치지 마라.)' 이라고 말하면 된다.

chase [tʃeis] 뒤쫓다
rabbit [rǽbit] 토끼
cf. hare [hɛər] 산토끼

- Can you **teach a dog to chase rabbits**?
  개에게 토끼 쫓는 법을 가르칠 수 있나요?

- Do you have to **teach the Pope how to pray**?
  교황에게 기도하는 법을 가르치는 건가요?

10 서당개 삼년에 풍월(風月)을 한다. The sparrow near a school sings the primer.

sparrow [spǽrou] 참새
primer [práimər] 초보 독본

학생들이 즐겨 사용하는 말 중에 '식당개 3년이면 라면을 끓인다.' 라는 말이 있다. 이 때 사용할 수 있는 우리말과 비슷한 영어 속담이 바로 'The sparrow near a school sings the primer.(학교 근처에 있는 참새는 1학년 독본을 따라 한다.)' 이다.

11 백문(百聞)이 불여일견(不如一見) Seeing is believing.

'Seeing is believing.(백문(百聞)이 불여일견(不如一見))' 은 '실제로 보고 나서 믿을 수 있다' 는 말이다. 이와 유사한 속담이 'One picture is worth a thousand words.(천 마디의 말보다 그림 한 장이 낫다.)' 이다. 즉, 그림을 통해서 상대방에게 정보(information)를 전달하려 할 때 천 마디의 말보다 하나의 그림이 더 설득력이 있다는 뜻으로 '백문(百聞)이 불여일견(不如一見)' 이란 우리 속담과 같은 말이 될 수 있다.

slim 매력적이며 몸매가 늘씬한
as ~ as …만큼 ~한

S : My new girlfriend is very pretty and slim.
내가 새로 사귄 여자 친구는 매우 예쁘고 몸매가 날씬해.

M: I don't think that she can be as pretty as you said she is, but **seeing is believing.**
네가 말한 것만큼 예쁘지 않다고 생각하지만 보기 전엔 알 수 없지.

blind date (제3자의 주선에 의한) 모르는 남녀간의 데이트, 미팅

A : How was your blind date last weekend?
지난 주말의 미팅 어땠어?

B : Fantastic! Mark is wonderful.
끝내 줬어! 마크는 멋있어.

A : What does he look like?
어떻게 생겼어?

B : Wait a minute. I'll show you. **One picture is worth a thousand words.**
잠깐만 기다려. 내가 보여줄게. 백문이 불여일견이야.

동명사와 to부정사

Seeing is believing. 백문이 불여일견(百聞이 不如一見)

동일한 명사적 용법이라고 동명사 대신 'to부정사'를 쓸 수 있을까?
바꾸어 쓸 수 없다. 그 이유는 첫째, 현재를 기준 시점으로 하는 to부정사는 구체적이고 특정한 행위, 동작을 나타내고, 과거를 기준 시점으로 하는 동명사는 일반적인 행위, 사실을 나타낸다. 즉 'Seeing is believing.'의 뜻은 "百聞이 不如一見"이라는 일반적인 사실을 나타내는 격언이므로 구체적인 사실을 나타내는 부정사 구문 'To see is to believe.'로 바꿔 쓸 수 없다.
둘째, 명사적 성격을 지닌 동명사와는 달리 동사적 성격이 강한 부정사가 타동사일 경우에 목적어가 없으면 매우 부자연스럽게 들리므로 거의 쓰이지 않는다.

a. Reading is my favorite pastime.
   내가 기분 전환으로 즐겨 하는 것이 독서이다.

b. To read is my favorite pastime. (x)

c. To be, or not to be; that is the question.
   사느냐 죽느냐 그것이 문제로다.

Hamlet의 독백인 문장 C는 동명사로 바꿔 쓸 수 없다. 그 이유는 일반적인 사실을 나타내는 동명사와는 달리 현재 자신의 괴로운 심정을 토로하기 때문이다. 또한 여기서 'be'동사는 보어가 필요 없는 완전 자동사이므로 타동사 'read'와는 달리 목적어 없이도 쓰일 수 있기 때문이다.

12

우물을 파도 한 우물을 파라. A rolling stone gathers no moss.

거주지 또는 직업을 자주 바꾸는 사람에게 어떤 일에 애착을 가지라는 뜻으로 비난이 담긴 속담이 'A rolling stone gathers no moss.(구르는 돌에는 이끼가 끼지 않는 법이야.)'이다. 미국에서는 '활동가는 녹슬지 않는다.'는 뜻으로 근면성을 강조할 때 쓴다.

A : I worry about Tim. He's never lived in the same place for two years in a row, and he keeps changing jobs.
팀이 걱정돼. 그는 같은 장소에 계속해서 2년을 못 살아. 그리고 계속해서 직장도 바꿔.

B : True. **A rolling stone gathers no moss.**
맞아. 우물을 파도 한 우물을 파야 돼.

in a row[rou] 연속적으로 (in succession[səkséʃən], without a break)
keep -ing 계속 ~하다(continue)

roll[roul] 구르다
gather[gǽðər] 모으다
moss[mɔ(:)s] 이끼

13 **엎질러진 물이야.** **It's no use crying over spilt milk.**

우리 속담에 '엎질러진 물은 주워 담을 수 없다.'는 표현이 있는데 이 말은 '돌이킬 수 없는 일을 저질렀을 때 화를 내거나 후회해 봐야 소용이 없다.'는 뜻이다. 이와 비슷한 의미를 가진 영어 속담이 바로 'It's no use crying over spilt milk/What's done cannot be undone.'이다.

kick sth out of 발에 걸려 ~이 빠져나오다
erase [iréis] 지우다

A : I accidently kicked the plug out of my computer. It erased everything.
실수로 플러그가 발에 걸려서 컴퓨터에서 빠져 버렸어. 그래서 모든 것이 다 지워졌어.

spill 엎지르다

B : Too bad. **But there's no use crying over spilt milk.**
안됐군. 하지만 엎질러진 물이잖아.

- Don't cry over spilt milk.
엎질러진 우유에 대해 울어 봐야 소용이 없다.

- What's done is done.
끝난 일은 끝난 일이야.

grieve [gri:v] 슬퍼하다
can't help ~하지 않을 수 없다
cf. 'help'가 '피하다(avoid)'의 뜻

- Never grieve what you cannot help.
어쩔 수 없는 일을 슬퍼하지 마라.

14 **치료할 수 없는 것은 참고 지낼 수밖에 없는 거야.** **What can't be cured must be endured.**

어떤 문제를 해결할 수 없다면 골치 아픈 일이다. 이럴 경우 참고 지낼 수밖에 없다.

put up with 참다(bear [bεər], tolerate [tálərèit])

A : Jane's husband drinks hard every day. I don't know how she puts up with his drinking.
제인의 남편은 매일 폭주해. 그녀가 남편이 술 마시는 것을 어떻게 참는지 모르겠어.

cure [kjuər] 치료하다
endure [endjúər] 참다

B : Well, she can't do anything about it. **And what can't be cured must be endured.**
글쎄, 그녀도 어쩔 도리가 없을 거야. 그리고 도저히 고칠 수 없는 것은 참고 견디는 수밖에 없는 거야.

15 **부전자전(父傳子傳)** **Like father, like son.**

소년이 하는 짓이나 성격이 자기 아버지를 닮았을 경우에, 특히 좋지 않은 행동을 할 때 쓰이는 말이다. 이 때 'like'는 전치사로 '~와 같이, ~처럼, ~을 닮은(similar[símələr] to)'의 뜻이다.

A : Did you mail my letter yesterday?
너, 어제 편지 부쳤어?

B : Oh, I'm sorry, Robert. It completely slipped my mind.
아, 죄송합니다, 로버트. 깜빡 잊었어요.

A : Well, as they say, **"Like father, like son."**
저런, 부전자전(父傳子傳)이야.

completely[kəmplí:tli] 완전히
slip one's mind 잊다(forget)

- Like mother, like daughter.
  모전녀전(母傳女傳)

16 **유유상종(類類相從)** **Birds of a feather flock together.**

'깃털이 같은 새들은 함께 모인다.'라는 뜻으로 '끼리끼리 논다.'고 할 때 쓰이는 영어 속담이다.

A : Why do you think Donald is dishonest?
왜 도날드가 정직하지 못하다고 생각해?

B : All his friends are dishonest. **Birds of a feather flock together.**
그의 친구 모두가 불성실해. 끼리끼리 노는 법이야.

feather[féðər] 깃털
flock[flɑk] 모이다

17 **사람은 친구를 보면 알 수 있는 거란다.** **A man is known by the company he keeps.**

A : Son, when you go to school, spend your time with serious students; don't hang around with people who go to parties all the time. **A man is known by the company he keeps.**
얘야, 학교에 다닐 때 성실한 학생들과 같이 놀아라. 늘 파티에나 놀러 다니는 사람들과 돌아다니지 말아라. 사람은 사귀는 친구를 보면 그 사람됨을 알 수 있는 거란다.

B : Thank you very much for your good advice!
좋은 충고에 감사드립니다.

son (연하자에게 쓰이는 호칭) 여보게, 젊은이
serious[síəriəs] 성실한
hang around 방황하다
all the time 항상(always)
➔ 'by'는 '판단이나 수단'을 뜻한다.

- You can tell him by his voice.
  너는 그의 목소리를 들어보면 그를 알아볼 수 있어.

➔ 'tell' 동사는 'can, could'와 함께 쓰여 '~을 알 수 있다'는 뜻

look 표정
terrible[térəbəl] 무서운, 소름끼치는

- I could tell **by the look** on her face that something terrible had happened.
  그녀의 얼굴 표정만 봐도 무서운 일이 일어났었다는 것을 알 수 있었어.

recognize[rékəgnàiz] 알아보다

- I recognized her **by her red hair.** 빨간 머리를 보고 그녀를 알아봤어.

18

항상 집적거리는 놈은 싸우길 두려워해. A bully is always a coward.

건들거리는 사람들은 자기와 힘이 비슷한 사람과는 싸우는 것을 두려워하기 때문에 자기보다 약한 사람들을 괴롭힌다는 뜻이다.

pick on 괴롭히다
bully[búli] 약한 사람을 못살게 구는 아이
coward[káuərd] 겁쟁이

A : Dad, Sam keeps picking on me. How can I make him stop?
아빠, 샘이 계속 괴롭혀요. 어떻게 하면 못 하게 할 수 있어요?

B : Try fighting back. **A bully is always a coward.**
네가 싸움을 걸어 봐. 항상 집적거리는 놈은 싸우길 두려워해.

19

반짝이는 모든 것이 금은 아니다. All that glitters is not gold.

세익스피어의 베니스 상인에 나오는 'Not everything that appears attractive actually is.(겉으로 매력적인 것처럼 보이는 모든 것이 실제로 매력적이지 않다.)' 라는 말을 약간 바꾸어 인용한 것으로 '겉만 보고 판단하지 마라.(Never judge[dʒʌdʒ] by appearance[əpíərəns].)' 는 뜻이다.

popular[pάpjələr] 인기 있는
make friends with ~와 친구가 되다
glitter[glítər] 빛나다

A : I know Jane is popular and pretty, but you shouldn't make friends with her.
제인이 인기도 있고 예쁘지만 그녀와 사귀지는 마.

B : Why? 왜?

A : **All that glitters is not gold.**
반짝이는 모든 것이 금이 아냐. 즉 겉이 예쁘다고 진짜 예쁜 것은 아니야.

대명사 all의 용법

'all' 이 사물을 나타낼 때는 단수 취급하고 사람을 나타낼 때는 복수 취급한다.

a. *All* is not gold that glitters. 반짝이는 모든 것이 금이 아니다.

b. That is *all* I know about it. 그것이 내가 아는 전부야.

c. *All* in the room were silent. 방에 있는 모든 사람들은 조용했다.

20 **미모는 거죽 한 꺼풀뿐이야. Beauty is definitely only skin-deep.**

'예뻐 보이는 사람이 좋은 성격을 가지고 있지 않을 수도 있고 미모는 영원하지 않다.' 라는 말은 '외관만 보고 사람을 평가하지 말라.' 는 뜻이다.

A : I hope Nancy will go out with me. She's so pretty!
냰시가 나와 데이트를 했으면 좋겠어. 그녀는 너무 예뻐!

B : I hate to disillusion you, but in Nancy's case, **beauty is definitely only skin-deep.**
네가 꿈에서 깨어나게 하고 싶지는 않지만 낸시의 경우에 미모는 분명히 거죽 한 꺼풀 뿐이야. 성질은 더러워.

go out with ~와 데이트하다
hate to ~하고 싶지 않다(dislike)
disillusion [dìsilúːʒən] (그들이 좋다고 생각하는 것이 정말로 좋지 않은 것이라고) 깨닫게 하다
definitely [défənitli] 틀림없이, 분명히, 확실히

21 **옷이 날개야. Fine feathers make fine birds.**

'품위 있게 옷을 입으면 사람들은 당신이 품위 있다고 생각할 것이다. (If you dress elegantly, people will think you're elegant.)' 라는 말로 'The tailor makes the man.' 도 같은 뜻이다.

feather [féðər] 깃털
elegant [éləgənt] 품위 있는, 우아한
elegantly [éləgənt] 우아하게
tailor [téilər] 재단사

22 **남에게 대접받고자 하는 대로 행하라. Do as you would be done by.**

'누가복음 6장 31절' 의 성경 말씀으로 동사 'do' 는 '남을 대접하다(treat[triːt])' 라는 뜻이고 'would' 는 소망을 나타내는 'wish to' 의 뜻이다.

A : Don't call your playmates names.
친구들을 욕하지 마라.

B : Why not?
왜?

A : Because you should follow the Golden Rule: **Do as you would be done by.**
'남에게 대접받고자 하는 대로 행하라' 는 황금 룰을 따라야만 해.

call sb names ~를 욕하다
playmate 놀이 친구

- You should treat other people the way you want them to treat.
남이 대접해 주길 네가 바라는 대로 다른 사람을 대접하라.

23

오늘 할 일을 내일로 미루지 마라. Tomorrow never comes.

내일이 오면 또 내일, 내일이 오면 또 내일이라고 하므로 그 날은 결코 오지 않을 것이라는 말로 자꾸만 미루지 말라는 속담이다. 이와 비슷한 영어 속담으로 'Don't put off until tomorrow what you can do today.'가 있다.

take out 꺼내다, 버리다, 데리고 나가다
garbage[gáːrbidʒ] 쓰레기(美) = **rubbish**[rʌ́biʃ](英)
cf. **put off** 미루다 (postpone[poustpóun], delay[diléi]), 질질 끌다 (procrastinate[proukrǽstənèit])

S : Take out the garbage.
쓰레기 좀 버려라.

M: I'll do it later.
조금 있다가 할게요.

S : **Don't put off until tomorrow what you can do today.**
오늘 할 일을 내일로 미루지 마라.

24

지금 하세요. No time like the present.

'지금이 ~하기에 좋은 시기(now is a good time to do sth)'이니 '지금 당장 행하라.(Do it now.)'고 제안할 때 쓰이는 격언이다.

A : When should we start cleaning up the house?
언제 집안 청소를 시작하죠?

B : **No time like the present.**
지금 하세요.

25

이심전심(以心傳心)이야. Great minds think alike.

'매우 영리한 사람들은 동시에 같은 생각을 한다'는 뜻으로 상대방이 머리가 좋다고 추켜주는 것을 암시한다. 이와 유사한 표현으로 두 사람 서로에게 똑같은 감정을 가지고 있다고 말할 때 'The feeling is mutual[mjúːtʃuəl].(이심전심(以心傳心))'이 쓰인다.

instead of ~하는 대신에, ~하지 않고

A : Let's ride our bikes to the store instead of walking.
걷지 말고 상점에 자전거 타고 가자.

B : I was just thinking we should do that, too.
그렇게 하자고 나도 역시 생각하고 있었는데.

alike[əláik] 동일하게, 마찬가지로

A : **Great minds think alike.**
머리가 좋은 사람은 이심전심(以心傳心)이야.

mutual[mjúːtʃuəl] 서로의, 상호 간의, 공통의

- I love her and I hope **the feeling is mutual.**
  그녀를 사랑하는데 이심전심(以心傳心)이길 바래.

26 **나도 모르겠어. Your guess is as good as mine.**

동등 비교(as good as)를 사용하여 '네 추측은 내 추측이나 마찬가지야.' 즉 '나도 모른다.(I don't know.)' 라고 할 때 쓰인다.

guess[ges] 추측, 추정
as good as 거의(nearly, almost)

A : Where do you think she's gone? 그 여자가 어디에 갔다고 생각하니?

B : **Your guess is as good as mine.** 나도 모르겠어.

- A miss is as good as a mile.
  오십 보 백 보야.(살짝 빗나간 것은 멀리 벗어난 것과 마찬가지다.)

27 **공짜란 없는 법이야. You don't get something for nothing.**

'for nothing'은 '공짜로(free), 무료로(without payment[péimənt]), 거저, 까닭 없이'란 뜻이고, 'something for nothing' 하면 '공짜로 얻는 것'이란 뜻으로 'You don't get something for nothing.' 하면 '거저 얻을 수 있는 것은 아무것도 없다.'라는 말이 된다.

A : This newspaper ad says we can get a trip to Hong Kong for free.
신문광고에 의하면 홍콩 여행을 공짜로 할 수 있대.

B : There must be a catch to it somewhere. **You don't get something for nothing.**
광고 어딘가에 함정이 있는 것이 틀림 없어. 공짜란 없는 법이야.

ad[æd] 광고(advertisement)
for free 무료로
must be ~임에 틀림없다
catch[kætʃ] 명 속임수(trick)

어법연구

추측을 나타내는 must / can / may

must는 어떤 것에 대하여 논리적으로 확신(확실한 추측)을 할 때 사용하며, 의문문과 부정문의 추측에는 can, cannot을 사용한다. may는 반반의 추측을 나타낼 때 사용한다.

S : **Can** it **be** Mary? 메리일까?

M : No, it **can't be** Mary. She **must be** in London now.
아니야. 메리일 리 없어. 그녀는 틀림없이 지금 런던에 있어.

A : Is it true? 그것이 사실이야 ?

B : It **may be** true. 사실일지도 몰라.

C : **May or may not.** 글쎄.

28 백지장도 맞들면 낫다. Two heads are better than one.

'백지장도 맞들면 낫다'는 함께 생각하고 일을 하면 더 잘할 수 있다는 협동정신을 나타내는 속담이다.

figure out [fígjəraut] 이해하다
insurance [inʃúərəns] 보험
document [dákjəmənt] 문서, 증서

➜ 〈P. 73 참조〉

A : Can you figure out what this insurance document means?
이 보험 서류가 무엇을 뜻하는지 알 수 있어?

B : Why ask me? I don't know anything about insurance.
나에게 묻지 마. 나는 보험에 대해 아는 바가 전혀 없어.

A : Neither do I, but **two heads are better than one.**
나도 모르지만 백지장도 맞들면 나은 거야.

- Let me help you with that. **Many hands make light work.**
  내가 좀 도와줄게. 백지장도 맞들면 나으니까.
- My wife and children will help me with this. **Every little bit helps.**
  내 집사람과 아이들이 이것을 도와줄 거야. 백지장도 맞들면 낫다고.

29 이웃사촌. A near neighbor is better than a distant cousin.

'가까운 이웃이 먼 일가친척보다 낫다.(A near unrelated person is better than a distant relative.)'는 이 속담은 '피는 물보다 진하다.(Blood is thicker than water.)'는 속담과 대조가 된다.

flood [flʌd] 홍수
awful [ɔ́:fəl] 안 좋은, 불쾌한; 끔찍한
neighbor [néibər] 이웃
relative [rélətiv] 친척
offer [ɔ́(:)fər] 제의/ 제안(하다)
distant [dístənt] 먼, 떨어진
cousin [kʌ́zn] 사촌

A : Did you know that John's family lost their home in the flood?
존의 가족이 홍수로 집을 잃은 거 알아?

B : Yes, isn't that awful? What are they going to do?
그래, 안됐지? 어떻게 한대?

A : Well, right now they are living with their neighbors.
지금 당장은 이웃 사람들과 함께 지내고 있어.

B : Don't they have any relatives?
친척이 없나?

A : Yes, but their relatives live far away and they haven't offered to help them.
있지. 하지만 친척들은 멀리 살고 있어서 도움을 주지 못했나 봐.

B : I guess what they say is true: **A near neighbor is better than a distant cousin.**
이웃사촌이라더니, 그 말이 맞구나.

- I'll be out of your sight, but I hope not out of your mind.
  당신과 헤어지지만 마음만은 멀어지지 않기를 바래요.

out of ~에서 떠나/ 벗어나

- I can't get her out of mind.
  그녀를 잊을 수가 없어. (마음에서 그녀를 떨쳐버릴 수 없어.)

- Ever since I heard that song on the radio I've been able to get it out of my mind.
  라디오에서 그 노래를 들은 이래 그 생각을 떨쳐버릴 수가 없어.

- Let's go to the movies. That will take your mind off the problem for a while.
  극장이나 갑시다. 영화를 보면 당분간 고민을 잊게 될 거야.

- She waved until the car was out of sight.
  자동차가 안 보일 때까지 그녀는 손을 흔들었다.

- Ever since I moved, none of my old friends have gotten in touch with me. It's out of sight, out of mind with them evidently.
  내가 이사간 이래 나의 옛날 친구들과 연락이 없어. 안 보면 마음도 멀어지는 게 분명해.

get in touch with ~와 접촉하다
out of sight, out of mind 안 보면 멀어진다
evidently [évidəntli] 분명히, 명백히

30 사고란 언제나 일어나기 마련이죠. Accidents will happen.

A : I'm so embarrassed. I was just tapping on your window to wake you up; I didn't mean to break it.
너무 당황했어요. 당신을 깨우려고 그저 창문을 두드렸어요. 창문을 깨려고 했던 것은 아니에요.

B : **Accidents will happen.** 사고란 언제나 일어나기 마련이죠.

embarrassed [imbǽrəst] 당황한(nervous)
tap 두드리다
wake sb up ~를 깨우다

어법연구

조동사 will

어떤 특별한 상황에서 항상 또는 일반적으로 일어나거나 일반적인 사실을 나타낼 때 조동사 'will'이 쓰인다.

a. Oil will float on water. 기름은 물에 뜬다.

b. Fruit will keep longer in the fridge. 과일은 냉장고에서 좀더 오래 보관된다.

c. She'll listen to music, alone in her room, for hours.
그녀는 자기 방에서 홀로 몇 시간씩 음악을 듣곤 한다. ➔ 〈현재의 습관〉

cf. He *would* go fishing last year. 그는 지난해에 낚시를 가곤 했다. ➔ 〈과거의 습관〉

31

남의 돈 천냥보다 제돈 한 냥. A bird in the hand is worth two in the bush.

a bird in the hand 현실의 이익
bush [buʃ] 관목, 덤불, 수풀

'숲 속의 두 마리 새보다 수중의 새 한 마리가 더 실속이 있다.'는 속담은 '더 많은 것을 얻으려고 애쓰다가 모든 것을 잃는 모험을 하는 것보다 현재 가지고 있는 것에 만족하는 것이 더 좋다.(It is better to be content with what one has than to risk losing everything by trying to get much more.)'는 뜻이다.

32

사공이 많으면 배가 산으로 오른다. Too many cooks spoil the broth.

cook 요리사
spoil 망치다, 못쓰게 만들다
broth [brɔ(:)θ] 묽은 수프
involved [inválvd] **in** ~에 관련된

'어떤 일에 관련된 사람이 너무 많으면 그 일이 잘 되지 않는다(If too many cooks are involved in something, it will not be done well.)'라는 뜻이다.

33

천재는 10퍼센트의 영감과 90퍼센트의 땀이다. Genius is ten percent inspiration and ninety percent perspiration.

genius [dʒíːnjəs] 놀라울 정도의 대단한 정신적 또는 창조적 재능 (mental or creative ability)
cf. **a genius** 천재, 귀재, 신동
inspiration [ìnspəréiʃən] 영감
perspiration [pə̀ːrspəréiʃən] 땀 (sweat[swet])

'사람들은 타고난 특별한 힘이 있어서가 아니라 열심히 일함으로써 놀라운 결과를 얻게 된다(People get brilliant results by working hard, not because they have special inborn powers.)'는 뜻이다.

34

쇠뿔도 단김에 빼라. Strike while the iron is hot.

'어떤 일을 할 기회가 주어지면 그 기회를 잃기 전에 행하라(When you have an opportunity to do something, do it before you lose your chance.)'는 속담이다.

A : Well, when would like to start to work?
그럼 언제부터 일을 시작할 수 있죠?

B : Today! **Strike while the iron is hot!**
오늘요! 쇠뿔도 단김에 빼야죠!

35

필요는 발명의 어머니. Necessity is the mother of invention.

necessity [nisésəti] 필요(성)
invention [invénʃən] 발명
figure [fígjər] **out** 알아내다 (discover)

'뭔가를 해야 할 필요를 정말로 느낄 때 사람들은 그것을 할 수 있는 방법을 알아낼 것이다(When people really need to do something, they will figure out a way to do it.)'라는 뜻이다.

36

용감한 자만이 미인을 차지할 수 있다. None but the brave deserve the fair.

but ~을 제외한(except)
the fair [fɛər] 미인
courageous [kəréidʒəs] 용기 있는
gallant [gǽlənt] (사랑 · 행위 등이) 용감한
deserve [dizə́ːrv] 언행(言行)이 칭찬 · 격려 · 축하 등을 받을 만하다 (be worthy of)

'단지 용감하고 씩씩한 사람만이 미인을 차지할 수 있다. 즉 최고만이 최고를 차지하는 것이다.(Only a courageous and gallant man deserves a beautiful woman; only the best deserves the best.)'라는 말이다.

37 **남의 떡이 커 보이는 법이야. The grass is always greener on the other side of the fence.**

'울타리 저편의 풀은 언제나 더 푸르다.' 라는 말은 '다른 환경이 더 좋지 않은데도 다른 환경에 있다면 더 행복할 텐데.(People always think they would be happier (if they were) in a different set of circumstances.)' 라고 생각한다는 뜻이다.

circumstance [sə́:rkəmstæ̀ns] 환경

38 **뿌린 대로 거두리다. As you sow, so shall you reap.**

'당신이 선행을 하면 당신에게 좋은 일이 일어날 것이고, 못되게 굴면 좋지 않은 일이 일어날 것이다(If you behave well, good things will happen to you; if you behave badly, bad things will happen to you.)' 라는 뜻으로 우리 속담의 '자업자득(自業自得), 인과응보(因果應報), 자기가 뿌린 씨는 자기가 거둔다.' 와 일맥상통한다고 볼 수 있다.

sow [sou] 뿌리다
reap [ri:p] 거둬들이다, 수확하다
behave [bihéiv] 행동하다

39 **화불단행(禍不單行) It never rains but it pours.**

'비가 오면 억수로 온다' 라는 말은 '불행한 일은 한 번에 한두 번 일어나는 것이 아니라 갑자기 여러 개 겹치게 마련이다(Bad things do not just happen a few at a time, but in large numbers all at once.)' 라는 뜻이다. 'It's raining cats and dogs.' 도 '폭우가 쏟아지다(rain very heavily)' 라는 말이지만 '어떤 한 가지 일이 잘못되었을 때 모든 일이 잘못되어 가기 시작하는 것(when one thing goes wrong, everything starts to go wrong)' 을 의미한다.

but (부정문에서) ~하지 않으면
pour [pɔ:r] 억수같이 내리다
at a time 한번에
all at once 갑자기(suddenly)

40 **물에 빠진 사람은 지푸라기라도 잡는다. A drowning man will clutch at a straw.**

'매우 위험한 상황에 처하게 되면 별로 도움이 안 될지라도 도움이 될 만한 것을 찾는다(When you're desperate, you'll look for anything that might help you, even if it cannot help you very much.)' 라는 뜻이다.

drowning [dráuniŋ] 물에 빠진 허우적거리는
clutch [klʌtʃ] **at** ~을 잡다(seize)
straw [strɔ:] 짚, 밀짚, 짚 한 오라기
desperate [désp*ə*rit] 매우 심각하거나 위험한(extremely serious or dangerous)
desperately 필사적으로, 절망적으로

41 **뭉치면 살고 헤어지면 죽는다. United we stand, divided we fall.**

'개별적으로 사람들을 쳐부수는 것보다 한 집단으로 뭉쳐 있는 사람들을 물리치는 것이 훨씬 더 어렵다.(People who join together as a group are much harder to defeat than they would be separately.)' 라는 뜻이다.

defeat [difí:t] 격퇴하다, 이기다
join 한 패가 되다, 합치다
separately 따로따로, 개별적으로
separate [sép*ə*rit] 다른(different), 따로따로의(individual [ìndəvídʒuəl]), 격리된
➔ they would be (hard to defeat) separately = it would be hard to defeat them separately
'defeat' 의 목적어 'them' 을 강조하기 위하여 주어 자리로 이동한 것이다.

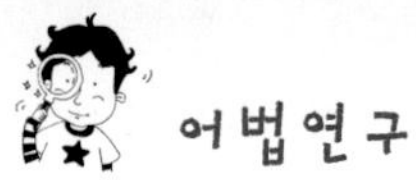

He is easy to deceive.

사람을 주어로 할 수 있는 형용사와 사람을 주어로 할 수 없는 형용사가 있는 것에 유의해야 한다. 형용사 'awkward[ɔ́:kwərd], convenient[kənví:njənt], difficult[dífikʌ̀lt], easy, hard, impossible[impɑ́səbəl], pleasant[plézənt], tough[tʌf]' 등은 사람을 주어로 하지 않는다. 그러면 'He is easy to deceive.'와 같은 문장은 어떻게 'easy'의 주어로 'he'가 된 것일까?

그 설명은 다음과 같다.

deceive[disí:v] 속이다

ⓐ It is easy to deceive him. 그는 잘 속는다.

ⓑ He is easy to deceive.

문장 ⓑ는 문장 ⓐ에서 동사 'deceive'의 목적어 'him'을 강조하기 위하여 아무런 뜻이 없는 가주어(it) 위치로 이동한 것이다. 그러므로 'He'는 'is easy'의 주어가 아니라 'deceive'의 목적어인 것이다. 결론적으로 말해서 문장 ⓑ에서 'He'를 주어로 해석하면 안 되고 'deceive'의 목적어로 해서 '그를 속이기는 쉽다'로 해석해야 한다.

➔ 'Mary'는 'be with'의 목적어

a. *Mary* is pleasant to be with.
메리와 함께 있으면 즐겁다.

➔ 'Jack'는 'fool(놀리다)'의 목적어

b. *Jack* is easy to fool.
잭을 놀리기는 쉽다.

➔ 'He'는 'understand'의 목적어

c. *He* is difficult to understand.
그가 하는 말을 이해하기는 어렵다.

➔ 'story'는 'believe'의 목적어

d. *Your story* is hard for us to believe.
우리가 네 이야기를 믿기는 어렵다.

42 세상물정 모르는 사람이 아녜요. I wasn't born yesterday.

'그렇게 세상물정 모르는 사람이 아녜요.', '저도 한두 살 먹은 어린애가 아니라고요.'라는 뜻으로 하는 말이 'I wasn't born yesterday.'이다.

fool[fu:l] 놀리다, 속이다

• You can't fool me. I wasn't born yesterday.
날 속이려고 하지 마. 난 풋내기가 아냐.

43
돌다리도 두드려 보고 건너라. Look before you leap.

'행동으로 옮기기 전에 잘 생각하라'는 말로 우리 속담의 '돌다리도 두드려 보고 건너라.'와 일맥 상통한다.

- Marriage is a big commitment. You'd better look before you leap.
  결혼은 인륜지 대사야. 돌다리도 두드려 보고 건너는 게 좋을 거야.

commitment [kəmítmənt] 공약, 약속
leap [li:p] 껑충 뛰다, 도약하다, 행동하다

44
과오를 시정하는 데 주저하지 말라. It's never too late to mend.

'이미 저지른 행동 또는 잘못된 것에 사과를 하는 데 주저하지 말라'는 뜻의 영어 속담이다.

A : I still miss Tim, but it's been a year since our big fight and we haven't spoken to each other since.
여전히 팀이 보고 싶지만 크게 한바탕 한 지 1년이 지났어. 그리고 그 이후 우리는 서로 말을 안 하고 있어.

B : Well, **it's never too late to mend**; why don't you call him up and apologize?
글쎄. 허물 고치기를 꺼려하지 말고, 그에게 전화해서 사과를 해봐.

speak to ~에게 말을 걸다
since 그 이후
mend (행실 등을) 고치다
call up 전화하다
apologize [əpάləd͡ʒàiz] 사과하다

- Better late than never.
  늦어도 하지 않는 것보다 낫다.

45
구관이 명관이야. You don't know what you have until you' ve lost it.

'가지고 있던 것을 잃고 나서야 비로소 옛것이 무엇인가 깨닫게 된다.'라는 말로 우리말의 '구관이 명관이야.'라는 말과 일맥상통한다고 볼 수 있다.

A : The new girlfriend isn't compared with the old girlfriend. I want her back.
새로 사귄 여자 친구는 전에 사귀던 여자 친구와 비교가 안 돼. 그 여자 친구가 돌아와 줬으면 좋겠어.

B : Yes. **You don't know what you have until you've lost it.**
맞아. 구관이 명관이야.

be compared [kəmpέərd] **with** ~와 비교되다
cf. **be compared to** ~와 비유되다
not ~ until …해야 비로소 ~하다

46 아니 땐 굴뚝에 연기 날까. Where there's smoke, there's fire.

'아니 땐 굴뚝에 연기 날까(No smoke from the chimney without fire in the kitchen.)'는 '어떤 일이 있으면 반드시 그 원인이 있다(No cause[kɔːz], no effect [ifékt].)', 또는 '모든 소문 뒤에는 진실이 있다.'고 말할 때 쓰인다.

- (There's) No smoke without fire.
  아니 땐 굴뚝에 연기 날까.

- Where there are reeds, there is water.
  갈대 있는 곳에 물이 있다.

47 전화위복(轉禍爲福) Every cloud has a silver lining.

cloud [klaud] 구름
a silver lining [láiniŋ] 밝은 전망
disaster [dizǽstər] 재앙
roll over 굴러가다
blessing 은혜, 축복
typhoon [taifúːn] 태풍
pear [pɛər] 배
gather up 주워 모으다
suck [sʌk] 빨다
bitter 쓴

'재앙이 바뀌어 오히려 복(福)이 된다.(Disaster rolls over and becomes blessing.)'는 영어 속담으로 아무리 어려운 상황이라도 긍정적인 면(positive aspects)이 있다는 뜻이다.

- After a typhoon there are pears to gather up.
  태풍이 지나면 떨어진 배를 줍는다.

- The bee sucks honey out of the bitterest flowers.
  꿀벌은 가장 쓴 꽃에서 꿀을 빨아들인다.

INDEX

본 도서의 대표 표현을 중심으로 인덱스를 정리하였습니다.

A

496 **A bird in the hand is worth two in the bush.** 남의 돈 천 냥보다 제돈 한 냥.

490 **A bully is always a coward.** 항상 집적거리는 놈은 싸우길 두려워해.

497 **A drowning man will clutch at a straw.** 물에 빠진 사람은 지푸라기라도 잡는다

226 **A friend of mine is getting married.** 친구가 결혼하거든.

489 **A man is known by the company he keeps.** 사람은 친구를 보면 알 수 있는 거란다.

213 **A man should broaden his horizons.** 사람은 견문을 넓혀야 해.

494 **A near neighbor is better than a distant cousin.** 이웃사촌.

487 **A rolling stone gathers no moss.** 우물을 파도 한 우물을 파라.

475 **A second class single to New York.** 뉴욕행 2등편도 하나 주세요.

346 **A week from today.** 다음 주 오늘.

248 **About the same.** 차도가 거의 없어요.

358 **About three o'clock.** 3시쯤 됐어.

495 **Accidents will happen.** 사고란 언제나 일어나기 마련이죠.

491 **All that glitters is not gold.** 반짝이는 모든 것이 금은 아니다.

28 **All the best for the New Year.** 새해에 만사형통하길 바랍니다.

224 **All the pretty girls are taken.** 예쁜 여자들은 다 임자가 있더라고.

129 **All you have to do is press the button.** 단지 버튼만 누르면 돼.

314 **Am I supposed to call her back?** 응답 전화를 해야 합니까?

222 **Anyone I know?** 내가 아는 사람이니?

276 **(Do you need) Anything else?** 더 필요한 것 없습니까?

B

489 **Birds of a feather flock together.** 유유상종(類類相從)

298 **Bottoms up!** 남은 술 들고 일어섭시다!

454 **By subway.** 지하철 타고 왔어요.

347 **By the main entrance to Seoul Hotel.** 서울 호텔 정문 근처에서 만나죠.

C

316 **Call me collect.** 수신인 부담으로 전화해.

385 **Can't we turn the heat up?** 히터 좀 올리면 안 돼요?

331 **Can I exchange this shirt, please?** 교환할 수 있어요?

330 **Can I get a refund?** 환불해 줍니까?

274 **Can I see the menu, please?** 메뉴 좀 보여주세요.

308 **Can I take a message?** 전하실 말씀 있으세요?

338 **Can you come down a little more?** 좀더 깎아 주실 수 있어요?

122 **Can you fix my car?** 자동차를 수리할 수 있어요?

458 **Can you pick me up at 6 o'clock?** 6시에 나를 태우러 올 수 있어요?

372 **Can you take a few days off?** 며칠간 휴가를 낼 수 있어요?

92 **Can you turn the TV down?** TV소리 좀 줄일 수 있겠어요?

140 **Can you work nights?** 야근할 수 있어요?

340 **Cash or charge?** 현금으로 하시겠어요, 외상으로 하시겠어요?

296 **Cheers!** 건배!

338 **Cigarettes are going up again.** 담뱃값이 또 오르고 있어요.

D

28 **Did you major in English?** 영어를 전공했어요?

491 **Do as you would be done by.** 남에게 대접받고자 하는 대로 행하라.

208 **Do I remind you of anyone?** 나를 보면 누가 생각나요?

284 **Do you have a table for six?** 여섯 명이 앉을 자리가 있어요?

344 **Do you have an appointment tonight?** 오늘 저녁에 약속 있어요?

477 **Do you have any accommodations ...?** 오늘 밤 묵을 객실이 있습니까?

480 **Do you have any brothers or sisters?** 형제 자매가 있습니까?

283 **Do you have your favorite restaurant?** 단골 식당이 있어요?

40 **Do you remember a guy called Sam?** 샘이라는 이름의 사내가 기억나요?

118 **Do you think I should study harder?** 내가 좀더 열심히 공부해야 한다고 당신은 생각하나요?

386 **Do you think it'll rain tonight?** 오늘 밤 비가 올 것 같아?

393 **Don't beat around the bush.** 요점을 피하지 말아.

444 **Don't bother.** 신경 쓰지 마.

164 **Don't bring up that topic.** 그런 얘기는 꺼내지 마.

217 **Don't butter me up.** 아첨하지 마.

416 **Don't exaggerate it!** 허풍떨지 마!

442 **Don't get angry with me.** 화내지 마.

443 **Don't get excited and cool it!** 흥분하지 말고 진정해!

394 **Don't get me wrong.** 오해하지 말아요.

439 **Don't get on my bad side.** 눈밖에 나는 일을 하지 마.

38 **Don't I know you from somewhere?** 어디선가 뵌 것 같군요.

225 **Don't keep me in suspense.** 마음 졸이게 하지 말아요.

E

F

463 **Fill it up, please.** 가득 채워 주세요.

491 **Fine feathers make fine birds.** 옷이 날개야.

164 **For a change.** 기분 전환할 겸.

G

496 **Genius is ten percent inspiration and ninety percent perspiration.** 천재는 10퍼센트의 영감과 90퍼센트의 땀이다.

271 **Get yourself in shape!** 운동을 해서 몸을 가꿔!

393 **Give me a ballpark figure.** 어림잡아 말해 보세요.

216 **Give me a break.** 기회를 줘 봐.

317 **Give me a wake-up call, please?** 전화를 해서 깨워 주겠어요?

24 **Give my (best) regards to your mom.** 엄마께 안부 전해 주세요.

65 **Good for you!** 잘했어!

29 **Good luck on your test.** 시험 잘 봐.

16 **Good morning.** 좋은 아침!

20 **Good-bye.** 잘 가.

492 **Great minds think alike.** 이심전심(以心傳心)이야.

17 **Great.** 아주 좋아요.

179 **Have a good time!** 즐거운 시간 되세요!

191 **He's pretty heavy.** 체격이 좋아.

200 **He's quick-tempered.** 그는 성질이 급해.

198 **He's quite generous.** 그는 꽤 관대한 사람이야.

207 **He's really something.** 대단한 사람이야.

202 **He's really stubborn.** 그는 정말로 고집이 세.

140 **He's responsible for sales promotion.** 그는 판촉 담당이야.

203 **He's so capricious.** 변덕스러워.

184 **He's the life and soul of the party.** 그는 파티의 스타야.

202 **He's very ambitious.** 야망에 찬 사람이야.

196 **He's very particular.** 그는 매우 까다로워.

198 **He's very selfish.** 그는 매우 이기적이야.

352 **He always breaks his word.** 그는 항상 약속을 어겨.

442 **He blew his top.** 뚜껑 열렸어.

141 **He got the ax.** 그는 해고됐어.

199 **He has a heart of stone.** 무정한 사람이야.

156 **He has gone to Spain.** 스페인으로 가 버렸어.

310 **He is on another line right now.** 다른 전화를 받고 있어요.

128 **He is on the ball.** 빈틈없고 유능한 분이야.

309 **He just stepped out.** 잠깐 나가셨어요.

243 **He killed himself.** 그는 자살했다.

212 **He knows his way around.** 주위 사정에 밝다.

116 **He must be one of the guests. He knows a lot of people.** 많은 사람들을 아는 것으로 봐서 그는 하객 중의 하나임이 틀림없어.

I

464 **I'm feeling carsick.** 차멀미를 해요.

449 **I'm feeling on top of the world.** 하늘로 날아갈 듯한 기분이야.

428 **I'm fond of meat.** 고기를 좋아해요.

282 **I'm going to skip lunch.** 점심을 거를 거야.

45 **I'm grateful to you for your help.** 도와주신 것에 감사합니다.

448 **I'm in a good mood.** 기분이 좋아요.

183 **I'm in charge of food and beverage.** 식음료 담당이야.

369 **I'm in rather a hurry now.** 지금 좀 바빠요.

439 **I'm just in a jam.** 곤경에 처했어.

370 **I'm just killing time.** 그냥 시간을 때우고 있는 중이야.

322 **I'm just looking around.** 그저 둘러보는 거예요.

256 **I'm not (feeling) myself today.** 오늘 내 정신이 아니야.

86 **I'm not sure.** 확실히 모르겠어.

258 **I'm not up to drinking tonight.** 오늘밤 술을 못 마시겠어.

268 **I'm on a diet.** 다이어트 중입니다.

471 **I'm on my way there now.** 지금 그곳에 가는 길입니다.

83 **I'm positive.** 틀림없어.

445 **I'm really feeling down.** 정말 우울해.

431 **I'm sick of it.** 지긋지긋해.

52 **I'm sorry I'm so late.** 너무 늦어 죄송합니다.

52 **I'm sorry, did I step on your foot?** 죄송합니다.제가 발을 밟았나요?

53 **I'm sorry, I can't.** 빌려 드릴 수 없어 죄송합니다.

375 **I can never seem to find the time.** 시간을 낼 수가 없어.

80 **I can see your point.** 네 말뜻을 알겠어.

165 **I checked it on my way out.** 나오면서 확인했어.

257 **I couldn't get a wink of sleep.** 한숨도 못 잤어요.

41 **I didn't recognize you at first.** 처음엔 못 알아봤어요.

89 **I disagree.** 난 반대야.

431 **I don't feel like going out.** 외출하고 싶지 않아.

181 **I don't have anything nice to wear.** 입고 갈 만한 옷이 없어.

86 **I doubt it.** 자신 못해.

149 **I drop in on friends on the weekend.** 주말엔 친구를 찾아가지요.

252 **I feel dizzy.** 현기증이 있어.

449 **I feel like another person.** 딴 사람이 된 기분이야.

251 **I feel like throwing up.** 토할 것 같아요.

183 **I felt like a fish out of water.** 분위기가 어색했어.

123 **I find studying English difficult.** 영어 공부가 어렵다는 것을 알았어.

398 **I forgot about it.** 깜빡 했어요.

354 **I gave in to temptation.** 유혹에 굴복하고 말았어.

401 **I get a feeling that ...** ~라는 생각이 들어요.

440 **I get nervous.** 긴장이 돼.

465 **I got a ticket for speeding.** 과속으로 딱지 뗐어.

310 **I got cut off in the middle ...** 전화가 갑자기 끊겼어요.

334 **I got it for a steal.** 헐값에 샀어요.

257 **I like to sleep in on Saturdays.** 토요일엔 늦잠 자고 싶어.

230 **I live alone.** 혼자 살아요.

207 **I look up to my parents.** 부모님을 존경합니다.

448 **I lost face.** 쪽팔렸어.

141 **I lost my job.** 실직했어요.

377 **I lost track of the time.** 시간 가는 줄도 몰랐네.

414 **I mean it!** 진담이야!

27 **I met him by chance.** 우연히 만났어.

175 **I must be going soon.** 가봐야겠어요.

41 **I only know her by sight.** 안면만 있어요.

232 **I overheard in the elevator.** 엘리베이터에서 우연히 들었어.

430 **I prefer tea.** 홍차를 더 좋아하죠.

337 **I seem to be overcharged.** 바가지 쓴 것 같아요.

457 **I share a ride with my neighbor.** 카풀(carpool)입니다.

20 **I should get going now.** 가 봐야겠습니다.

256 **I slept like a baby.** 푹 잤어요.

253 **I suffer from high blood pressure.** 고혈압으로 시달려요.

138 **I take pride in my work.** 내 일에 자부심을 갖고 있어요.

260 **I was injured in the traffic accident.** 교통사고로 부상당했어요.

225 **I was stood up.** 바람맞았어.

498 **I wasn't born yesterday.** 세상물정 모르는 사람이 아녜요.

180 **I will bring my wife.** 집사람도 함께 갈게요.

384 **It's going to be boiling hot.** 푹푹 찔 겁니다.

232 **It's just a rumor.** 그냥 소문이야.

186 **It's just what I wanted.** 꼭 갖고 싶었던 거예요.

306 **It's making a funny noise.** 이상한 소리가 나요.

499 **It's never too late to mend.** 과오를 시정하는 데 주저하지 말라.

488 **It's no use crying over spilt milk.** 엎질러진 물이야.

331 **It's of very good quality.** 품질이 매우 좋아.

378 **It's out of time.** 제철이 아닙니다.

319 **It's right there.** 바로 저기 있잖아요.

334 **It's selling like hotcakes.** 날개 돋친 듯 팔리고 있어요.

328 **It's too large for me.** 내겐 너무 커요.

424 **It's up to you.** 네가 결정해.

47 **It's very nice of you to ....** ~해 주시니 고맙습니다.

445 **It depresses me.** 우울하게 하죠.

280 **It doesn't agree with me.** 식성에 맞지 않아요.

422 **It doesn't matter to me.** 아무 상관없어.

475 **It is due at 4 o'clock.** 4시 출발 예정입니다.

435 **It is the limit.** 더 이상 못 참아.

440 **It just gets on my nerves.** 신경 거슬려요.

432 **It makes me sick.** 정떨어져.

497 **It never rains but it pours.** 화불단행(禍不單行)

259 **It really works.** 정말 잘 들어.

J

K

L

286 **Let's go Dutch.** 각자 냅시다.

23 **Let's keep in touch.** 연락하며 살자고.

354 **Let's put it off until tomorrow.** 내일로 연기합시다.

472 **Let's take a trip to Europe.** 유럽으로 여행 갑시다.

229 **Let bygones be bygones.** 지난 일을 잊어버려요.

300 **Let me buy a drink tonight.** 오늘 저녁에 내가 한잔 사지.

454 **Let me drive you home.** 제 차로 모시겠습니다.

32 **Let me introduce myself.** 저를 소개하겠습니다.

408 **Let me know where to get off.** 어디서 내려야 하는지 알려주세요.

395 **Let me put the record straight.** 내가 진실을 밝히지.

389 **Let me see.** 가만있어 보자.

146 **Let's relax over coffee.** 커피나 마시면서 쉽시다.

66 **Lighten up!** 기운 내!

489 **Like father, like son.** 부전자전(父傳子傳)

18 **Long time no see.** 오랜만이야.

499 **Look before you leap.** 돌다리도 두드려 보고 건너라.

318 **Look it up in the phone book.** 전화번호부에서 찾아봐요.

356 **Made any New Year's resolutions?** 새해에 무슨 각오라도 했어?

168 **Make yourself at home, please.** 편하게 하세요.

N

34 **(It's) Nice to meet you.** 만나서 반갑습니다.

168 **Nice to see you. Come on in.** 반가워요. 어서 들어와요.

57 **(It's) No big deal.** 큰일 아녜요.

170 **No thank you. I'm full.** 배가 불러요.

492 **No time like the present.** 지금 하세요.

84 **No two ways about it.** 두말하면 잔소리야.

496 **None but the brave deserve the fair.** 용감한 자만이 미인을 차지할 수 있다.

426 **None of your business.** 네 일이나 신경 써.

70 **Not bad for a novice.** 초보자 치고는 괜찮았어.

408 **Not far from here.** 여기서 멀지 않아요.

151 **Nothing special.** 특별한 일 없어.

O

60 **Oh, excuse me. I didn't know anyone was in here.** 아, 죄송합니다, 누가 안에 있는지를 몰랐어요.

88 **Oh, that's not true. I love you as much as always.** 오, 그렇지 않아. 난 변함없이 당신을 사랑하고 있다고.

484 **One law for the rich and another for the poor.** 유전 무죄 무전 유죄

172 **Only a small piece.** 단지 작은 것으로 주세요.

378 **Only time will tell.** 시간이 말해 주지.

P

241 **Please accept my condolences.** 조의를 표합니다.

R

S

98 **Shall we dine out?** 외식할까요?

462 **Shall we go for a drive?** 드라이브 갈까요?

201 **She's arrogant.** 그녀는 거만해.

238 **She's five months pregnant.** 임신 5개월 됐어요.

128 **She's got what it takes to be a boxer.** 권투선수로 성공할 소질이 있어.

447 **She's heartbroken.** 상심하고 있어요.

221 **She's my type.** 내가 좋아하는 타입이야.

190 **She's rather good-looking.** 약간 잘생겼어.

203 **She's tough.** 강인해.

213 **She's two-faced.** 이중 인격자야.

199 **She's very calm.** 그녀는 매우 침착해.

197 **She's very soft-hearted.** 그녀는 매우 상냥해.

204 **She's very talkative.** 수다쟁이야.

204 **She doesn't forget her manners.** 예의가 밝아요.

238 **She gave birth to a boy.** 사내아이를 낳았어.

126 **She has a good head for business.** 사업에 상당한 재능이 있어.

325 **She has a good sense of clothing.** 그녀는 옷을 고르는 안목이 있어요.

192 **She has dimples on her cheeks.** 양 볼에 보조개가 있어.

324 **She helped me pick out what I wanted.** 원하는 것을 고르도록 도와주었어.

241 **She lost her father last week.** 지난주 아버지를 여의었어.

239 **She went away.** 돌아가셨어요.

146 **Sit down, please.** 앉으세요.

485 Slow and steady wins the race. 더디더라도 착실히 하는 편이 결국 이긴다.

258 Some rest should fix you up. 좀 쉬면 나아질 거야.

162 Something urgent has come up. 급한 일이 예기치 않게 생겼어요.

430 Steve is crazy about baseball. 스티브는 야구라면 사족을 못써.

68 Stick to the first plan. 초지일관(初志一貫)하라.

496 Strike while the iron is hot. 쇠뿔도 단김에 빼라.

279 Sunny-side up, please. 한 쪽만 익혀 주세요.

72 Sure thing. 물론이지.

T

152 Take a hot bath. 뜨거운 물로 목욕 좀 해.

21 Take it easy. 무리하지 마세요.

369 Take your time. 천천히 여유 있게 하세요.

484 Talk of the devil! 호랑이도 제말하면 온다!

175 Thank you again. 다시 감사드립니다.

46 Thanks anyway. 여하튼 감사합니다.

44 Thanks for everything. 매사에 감사합니다.

46 Thanks to your help. 네가 도와준 덕에.

259 That'll do wonders for you. 그렇게 하면 좋은 효과를 볼 거야.

416 That's a joke. 그건 말도 안 돼.

56 That's all right. 괜찮아요.

85 **That's for sure!** 그건 확실해.

235 **That's news to me.** 금시초문인데.

215 **That's part of my nature.** 타고난 성격이죠.

78 **That's true.** 동감이야.

339 **That's what they charge everywhere.** 어디서든 그 값에 팔고 있어요.

82 **That makes sense.** 잘 생각했어요.

336 **That price is out of line.** 터무니없이 비싸군요.

400 **That reminds me.** 깜빡 잊을 뻔했네.

81 **That sounds great.** 참 좋은 생각 같군요.

174 **That was a wonderful meal.** 훌륭한 식사였습니다.

160 **That's always the way.** 세상일이 다 그런 거죠, 뭐.

64 **That's fantastic!** 끝내주는군/멋져요!

70 **That's life.** 인생이란 다 그런 거야.

69 **That's the spirit!** 힘을 내. 바로 그거야!

466 **The car collided with the truck.** 승용차와 트럭이 충돌했다.

234 **The castle is supposed to be haunted.** 그 성에서 귀신이 나온다고 하던데.

77 **The feeling is mutual.** 이심전심

485 **The first step is always the hardest.** 항상 처음이 가장 어려운 거야.

292 **The food needs heating.** 음식 좀 데워야겠어.

287 **The food was awful.** 음식 맛이 엉망이었어.

287 **The food was out of the world!** 정말로 음식 맛이 끝내 줬어요!

497 **The grass is always greener on the other side of the fence.** 남의 떡이 커 보이는 법이야.

W

106 **Would you like to come along?** 함께 가시겠어요?

104 **Would you mind if I smoked?** 담배를 피워도 괜찮습니까?

172 **Would you please pass the salt?** 소금 좀 건네주세요.

93 **Would you see if he's at home?** 그가 집에 있는가 알아 봐 주겠어요?

Y

112 **Yes, it's all right with me.** 네, 나는 괜찮아요.

119 **You'd better not carry lots of cash.** 현금을 많이 갖고 다니지 않는 게 좋겠어.

391 **You'll get the hang of it.** 요령을 곧 알게 돼.

18 **You're a sight for sore eyes.** 참 반갑다.

126 **You're familiar with most kinds of computers.** 컴퓨터에 도사군요.

123 **You're good at languages.** 언어에 재능이 있군요.

271 **You're in great shape!** 몸매가 균형 잡혀 있는데!

415 **You're kidding.** 설마? 놀리는 거지?

19 **You're quite a stranger.** 얼굴 잊어버리겠어요.

78 **You're telling me!** 정말 그래요.

211 **You're very photogenic.** 사진을 잘 받네요.

312 **You're wanted on the phone.** 전화 왔어요!

48 **You're welcome.** 천만에요.

81 **You've got a point there.** 네 말에 일리가 있어.

311 **You've got the wrong number.** 전화 잘못 걸었습니다.

215 **You speak Korean like a native.** 한국어를 참 잘하네요.

77 **You took the words right out of my mouth.** 제가 하고 싶었던 말이에요.

493 **Your guess is as good as mine.** 나도 모르겠어.

SHOW
you the best way to
ENGLISH
CONVERSATION

홍익미디어+
DongYang Books
www.hongikmediaplus.co.kr

동양문고 I
www.dongyangbooks.com